Ivonne Bemerburg · Arne Niederbacher (Hrsg.)

Die Globalisierung und ihre Kritik(er)

Ivonne Bemerburg
Arne Niederbacher (Hrsg.)

Die Globalisierung und ihre Kritik(er)

Zum Stand der aktuellen
Globalisierungsdebatte

VS VERLAG FÜR SOZIALWISSENSCHAFTEN

Bibliografische Information Der Deutschen Nationalbibliothek
Die Deutsche Nationalbibliothek verzeichnet diese Publikation in der
Deutschen Nationalbibliografie; detaillierte bibliografische Daten sind im Internet über
<http://dnb.d-nb.de> abrufbar.

1. Auflage März 2007

Alle Rechte vorbehalten
© VS Verlag für Sozialwissenschaften | GWV Fachverlage GmbH, Wiesbaden 2007

Lektorat: Frank Engelhardt

Der VS Verlag für Sozialwissenschaften ist ein Unternehmen von Springer Science+Business Media.
www.vs-verlag.de

Das Werk einschließlich aller seiner Teile ist urheberrechtlich geschützt. Jede Verwertung außerhalb der engen Grenzen des Urheberrechtsgesetzes ist ohne Zustimmung des Verlags unzulässig und strafbar. Das gilt insbesondere für Vervielfältigungen, Übersetzungen, Mikroverfilmungen und die Einspeicherung und Verarbeitung in elektronischen Systemen.

Die Wiedergabe von Gebrauchsnamen, Handelsnamen, Warenbezeichnungen usw. in diesem Werk berechtigt auch ohne besondere Kennzeichnung nicht zu der Annahme, dass solche Namen im Sinne der Warenzeichen- und Markenschutz-Gesetzgebung als frei zu betrachten wären und daher von jedermann benutzt werden dürften.

Umschlaggestaltung: KünkelLopka Medienentwicklung, Heidelberg
Druck und buchbinderische Verarbeitung: Krips b.v., Meppel
Gedruckt auf säurefreiem und chlorfrei gebleichtem Papier
Printed in the Netherlands

ISBN 978-3-531-15166-3

Inhalt
Inhalt

Ivonne Bemerburg und Arne Niederbacher
Globalisierung und Langsicht 7

I. Weltgesellschaft, Nationalstaat und Herrschaft

Manfred Prisching
Globalismus und Weltgesellschaft 19

Jens Luedtke
Globaler Wandel: Nationalstaaten und nationale Gesellschaften unter
Druck 40

Katharina Inhetveen
Der Nationalstaat und das internationale Flüchtlingsregime: Perspektiven
der Herrschaft im Flüchtlingslager 57

II. Weltkultur, Ökonomie, Sozial- und Bildungspolitik

Boris Holzer und Barbara Kuchler
Globalisierungskritik und Weltkultur 75

Jakob Rösel und Pierre Gottschlich
Kritiker, Gegner, Nutznießer: Die Rahmenbedingungen des
ökonomischen Globalisierungsprozesses in Indien 94

Michael Opielka
Wohlfahrtsglobalisierung: Wie Sozialpolitik die Globalisierungskritik
unterläuft 114

Achim Brosziewski
Bildungsmonitoring in der Globalisierung der Bildungspolitik 135

III. Attac, Weltsozialforum und Amerikanisierungskritik

René John und Holger Knothe
Globalisierung und kein Ende? Zur Problemkonstruktion der neuesten
sozialen Bewegung ... 151

Ulrich Brand und Miriam Heigl
Strategien und Dilemmata globalisierungskritischer Bewegungen am
Beispiel des Weltsozialforums – oder: was hat Nicos Poulantzas in
Caracas zu tun? ... 165

Thomas Kern
Amerikanisierungskritik und Globalisierung: Das Fallbeispiel Südkoreas ... 182

IV. Wirtschaftseliten, extreme Rechte und Globalisierungskritiker

Peter Imbusch
Globalisierung, Wirtschaftseliten und soziale Verantwortung ... 199

Fabian Virchow
Die extreme Rechte als globalisierungskritische Bewegung? ... 215

Ivonne Bemerburg und Arne Niederbacher
Globalisierungskritiker in Deutschland: Zwischen moralisch
ambitionierter Kritik und professionalisierter politischer Arbeit ... 233

Angaben zu den Autoren ... 247

Globalisierung und Langsicht

Ivonne Bemerburg und Arne Niederbacher

Der Begriff ‚Globalisierung' fand in der sozialwissenschaftlichen Literatur bis Ende der 1980er Jahre nahezu keine Verwendung (Evers 2000: 400). Gleichwohl wurde das moderne Weltsystem, die internationale Arbeitsteilung oder die Kapitalakkumulation im Weltmaßstab analysiert. Der Reiz des Begriffs besteht denn wohl auch mehr darin, dass er theoretisch unscharf, unterbestimmt und ideologisch vielfältig aufladbar ist, so dass nahezu keine Beschränkungen hinsichtlich seiner Verwendung zu erkennen sind. Extreme Rechte verwenden ihn zur Erläuterung ihrer Sichtweisen und zur Begründung ihres Vorgehens ebenso wie Wirtschaftseliten, Gewerkschaftsfunktionäre oder Globalisierungskritiker. Der Begriff globalisiert sich quasi selbst, wobei das analytische Durcheinander seinen derzeitigen Höhepunkt in der Rede vom ‚Zeitalter der Globalisierung' findet. Geht es dabei nun um eine sehr alte Geschichte oder um ein vergleichsweise junges Phänomen, um einen langen Prozess oder um einen aktuellen Zustand? Die Meinungen gehen diesbezüglich weit auseinander: Globalisierung beginnt mit der Verwendung des Begriffs Globalisierung, Globalisierung beginnt mit dem Plaza-Abkommen vom 22. September 1985, Globalisierung beginnt mit dem Schwellenländerphänomen der 1970er Jahre, Globalisierung beginnt am Ende des Zweiten Weltkriegs, Globalisierung beginnt im Zeitalter des Imperialismus am Vorabend des Ersten Weltkriegs, Globalisierung beginnt mit der Industriellen Revolution, Globalisierung beginnt mit der europäischen Welteroberung, Globalisierung beginnt mit den Flottenexpeditionen des Zheng He, Globalisierung beginnt mit der Errichtung der Pax Mongolica (Menzel o.J.: 10ff.). Die Liste der Vorschläge ließe sich beliebig fortsetzen. Augenscheinlich wird, auch ohne hier im Detail auf die einzelnen Argumentationslinien eingehen zu müssen, dass ordnungspolitischen Überlegungen, technischen Entwicklungen, räumlicher Ausdehnung und ökonomischen Aspekten immer schon eine herausragende Bedeutung für Wandlungsprozesse beigemessen wurde. Anders formuliert: Der Globalisierungsschub der 1990er Jahre ist auf eine Welt getroffen, „für die Globalität bereits seit langem nichts besonderes mehr war" (Osterhammel und Petersson 2003: 109). Gleichwohl überwiegen im öffentlichen Diskurs derzeit ökonomische Begriffsinhalte: es ist die Rede von steigenden ausländischen Direktinvestitionen, der Verlagerung von Produktionskapazitäten über nationale Grenzen hinweg, der zunehmenden Bedeutung von Finanzmärkten sowie transnationaler Unternehmen oder der Aufspaltung von Wertschöpfungsketten auf immer mehr Nationen. Derartige Entwicklungen lassen gesellschaftlichen Akteuren (Parteien, Tarifpartnern, Unternehmen, Individuen etc.) scheinbar keine Handlungsalternativen und binden sie in Sachzwänge ein. Bei genauer Betrachtung entpuppen sich Sachzwänge als von Menschen ausgeübte oder konstruierte Zwänge (Mättig 1998: 35). Wenn wir Globalisierung als ein Element im Integrationsprozess der Menschheit in den Blick nehmen, werden die kulturellen und sozialen Dimensionen ebenso wie die (ökonomischen) Dynamiken des derzeitigen Globalisierungsschubs besser verständlich. Ohne nun explizit eine Diskussion über das Verhältnis der Begriffe Globalisierung und Weltgesellschaft zu führen (siehe dazu den Beitrag von Manfred Prisching in diesem Band) soll gleichwohl aber festgehalten werden, dass Prozesse der Globalisierung und der Herausbildung einer Weltgesellschaft nicht identisch sind. Die Herausbildung einer Weltgesellschaft stellt die übergeordnete Entwicklung dar, wohingegen Globalisierung innerhalb dieser Entwicklung die vereinheitlichenden Tendenzen in positiver und negativer Hinsicht betont. Neben Globalisierungsprozessen ist die Herausbildung einer Weltgesellschaft aber auch von Fragmentierungsprozessen geprägt. Auf der einen Seite zeichnet sich also der „Trend zur Globalisierung der Ökonomie, zur Zivilisierung der Weltpolitik, zur Universalisierung und Säkularisierung von Kultur und Wertesystemen […] [ab]. Auf der anderen Seite verzeichnen wir einen Prozeß der Fragmentierung, der Renaissance der Nationalismen, der staatlichen Zersplitterung, der Retribalisierung, der Refundamentalisierung, des Ethnoprotektionismus, des kulturellen Relativismus und der zivilisatorischen Regression bis hin zum blanken Atavismus" (Menzel 1998: 46). Es genügt jedenfalls nicht, den „globalen Bezugsrahmen vieler einzelner sozialer Vorgänge als ein Zustandmodell vor Augen zu haben. Es handelt sich nicht um etwas, das stillsteht. Menschen befinden sich im Augenblick in einem massiven Integrationsprozeß, der nicht nur mit vielen untergeordneten Desintegrationsschüben Hand in Hand geht, der darüber hinaus auch jederzeit einem dominanten Desintegrationsprozeß Platz machen kann. Aber zunächst einmal herrscht gegenwärtig die Richtung auf eine umfassendere und festere Gesamtintegration der Menschheit vor" (Elias 1994: 221). Das Interdependenzgeflecht umspannt nicht nur die Meere weiter, „als irgendein anderes in der Vergangenheit, sondern darüber hinaus auch mächtige Binnenlandsgebiete bis zum letzten Ackerwinkel" (Elias 1997: 348). Das Tempo, mit dem diese Veränderungen voranschreiten, ist „ein Ausdruck für die Fülle der Handlungen, die voneinander abhängen, für die Länge und Dichte der Ketten, zu denen sich die einzelnen Handlungen zusammenschließen, wie Teile zu einem Ganzen, und für die Stärke der Wett- oder

Ausscheidungskämpfe, die dieses ganze Interdependenzgeflecht in Bewegung halten" (ebd.). Gleichwohl macht es einen beträchtlichen Unterschied aus, ob jemand in einer Welt mit dichten, weit ausgesponnenen Abhängigkeitsbändern „nur als ein passives Objekt der Interdependenz lebt, ob er von fernen Ereignissen in Mitleidenschaft gezogen wird, ohne daß er diese weitreichenden Verflechtungen seiner eigenen Existenz zu beeinflussen oder auch nur zu erkennen vermag, oder ob jemand eine Lage und eine Funktion in der Gesellschaft hat, die unmittelbar zu ihrer Bewältigung selbst eine dauernde Anspannung der Langsicht über größere Verflechtungen hin und eine beständige Regelung seines Verhaltens in deren Sinn erfordert" (ebd.: 349f.). Die Langsicht und das Vermögen der Beteiligung an Wett- oder Ausscheidungskämpfen sind ungleich ausgeprägt und verteilt. Auf der Ebene von Individuen zeigt sich, dass der mit dem Integrationsprozess der Menschheit einhergehende Machtverlust des Einzelnen oft ein Gefühl der Verunsicherung hinterlässt. Auf der Ebene von Staaten zeigt sich, dass Aufgrund der Figurationen die sie bilden und Aufgrund der wechselseitigen Verflechtung von Problemlagen langfristig mit einem weiteren Abbau der Machtdifferentiale zu rechnen ist. Die unterschiedliche Wahrnehmung des Integrationsprozesses ist ein Ausdruck der Angst von Menschen vor Bedrohung ihrer kollektiven Identität. Sie hinken damit weit hinter dem tatsächlichen Stand des Integrationsprozesses her: Hindernisse jeglicher Art zwischen Staaten lassen sich bei vorhandenem politischen Willen durch Kompensationsleistungen oder Kompromisse aus dem Weg räumen. Eine wie auch immer geartete Wir-Identität der Menschen lässt sich jedoch weder verordnen noch ist sie durch Kompensationsgeschäfte aushandelbar (Elias 1994: 291ff., Mättig 1998: 43f.).

Nichtsdestotrotz hat der jüngste Globalisierungsschub insbesondere zur Intensivierung und Beschleunigung[1] grenzüberschreitender Transaktionen[2] bei deren gleichzeitiger räumlicher Ausdehnung geführt. Zwar wurden schon zu Beginn der Neuzeit bis zur Mitte des 18. Jahrhunderts alle Kontinente ‚entdeckt' und über neue Seefahrtsrouten erschlossen – wie auch Handelsbeziehungen interkontinental verstetigt und stabile multilaterale Interdependenzen im politischen, kulturellen und ökonomischen Bereich hergestellt wurden. Gleichwohl war diese Vernetzung noch ausgesprochen lückenhaft (Osterhammel und Peters-

---

[1] *Intensivierung* bedeutet, dass das jeweilige Aufkommen grenzüberschreitender Transaktionen schneller wächst als das korrespondierende Aufkommen innerhalb nationalstaatlicher Grenzen, dass also beispielsweise Meldungen über Geschehnisse im Ausland in den Nachrichten einen wachsenden Raum einnehmen gegenüber Inlandsmeldungen. *Beschleunigung* bedeutet, dass das Tempo grenzüberschreitender Transaktionen wächst, dass also beispielsweise in Echtzeit kommuniziert werden kann oder via Email große Datenmengen innerhalb kürzester Zeit ausgetauscht werden können (Menzel o.J.: 3).
[2] *Grenzüberschreitende Transaktionen* sind z.B. Nachrichten, Tourismus, Flüchtlingsbewegungen, Arbeitsmigration, Epidemien, Moden, Finanz- und Energieströme, Werbung, Filme oder Handel.

son 2003: 12ff.). Das Neue der räumlichen Ausdehnung besteht also vielmehr darin, dass erst in jüngster Zeit aufgrund moderner Informations- und Kommunikationstechnologien von einer nahezu flächendeckenden Integration aller Teile der Welt gesprochen werden kann. Die räumliche Ausdehnung von politischen, kulturellen und ökonomischen Beziehungen sowie die Interdependenzen von Akteuren und Problemlagen haben zu Kontroversen über den Stellenwert und die Auswirkungen derartiger Entwicklungen geführt. Die in diesem Band versammelten Beiträge[3] zeichnen die (jeweiligen) Rahmenbedingungen des derzeitigen Globalisierungsschubs und die Divergenzen der Globalisierungskontroversen in Bezug auf kulturelle, politische und ökonomische Dimensionen nach und nehmen eine (soziologische) Deutung der damit einhergehenden transnationalen, internationalen und nationalen Phänomene vor. Deutlich wird dabei, dass die begriffliche Gleichsetzung von Globalisierung mit Verwestlichung oder Herrschaft des Marktes eine beschränkte und zudem eurozentristische Sicht der Dinge ist. Deutlich wird dabei aber auch, dass wir es derzeit mit einer Triadisierung der Weltwirtschaft und keineswegs mit deren Globalisierung zu tun haben, da Großregionen in Afrika, Zentralasien oder im Andenbereich Südamerikas marginalisiert werden. Dies ist Ausdruck sich (nicht nur in ökonomischer Hinsicht) ausgesprochen langsam wandelnder Machtbalancen, verringernder Kontraste und vergrößernder Spielarten. Die Integration der Menschheit auf globaler Ebene befindet sich dementsprechend noch in einem frühen Entwicklungsstadium.

Dimensionen der Globalisierung: Die Beiträge

I. Weltgesellschaft, Nationalstaat und Herrschaft

In den Beiträgen des ersten thematischen Blocks wird das Ziel verfolgt, die mit dem Prozess der Globalisierung einhergehenden ordnungspolitischen Dimensionen zu analysieren und zu systematisieren. *Manfred Prisching* verweist in seinem Beitrag darauf, dass der Begriff ‚Weltgesellschaft' nicht Addition, Ansammlung von sozialen Einheiten, auch nicht nur die gestiegene Interaktivität der Staaten und Völker meint; sondern er soll ein Weltsystem, ein emergentes Phänomen, bezeichnen, im Sinne eines qualitativen Bruchs mit der vorherigen

---

[3] Die Mehrzahl der Beiträge basiert auf Vorträgen bei der Tagung ‚Die Globalisierung und ihre Kritik(er)', die am 20. und 21. Januar 2006 als Veranstaltung der DGS-Sektion ‚Politische Soziologie' in den Räumen der Deutschen Arbeitsschutzausstellung (DASA) in Dortmund stattgefunden hat. Weitere Autoren haben dankenswerterweise unserer Bitte um direkte Mitwirkung an diesem Buch entsprochen. Dank gebührt auch Sandra Schipper, die sich intensiv an der technischen Herstellung des Bandes beteiligt hat.

Epoche. Prisching zufolge gehe es nicht nur um den intensiveren Kontakt sozialer Einheiten, sondern um ein als Einheit gedachtes weltweites soziales System: eine zusammenhängende Figuration; einen neuen Prozess der Erzeugung, Erweiterung und Verfestigung eines global-holistischen Gebildes. Um eine Intensivierung der sozialen Kontakte zwischen Menschen, Gruppen und Völkern, die sich dem nähert, was bislang als Spezifikum einer ‚Gesellschaft' aufgefasst wurde. Dies ruft Prisching zufolge Euphoriker und Reformisten ebenso wie Apokalyptiker auf den Plan, deren jeweilige Positionen er in Bezug auf die Aspekte Naturalismus, Ökonomismus, Postnationalismus und Multikulturalismus diskutiert. – *Jens Luedtke* geht in seinem Beitrag der Frage nach, inwiefern der globale Wandel Nationalstaaten und nationale Gesellschaften unter Druck setzt. Typisch für das moderne Staatsverständnis sei es, den Nationalstaat als homogenen Flächenstaat mit dem Monopol auf legitime Gewaltanwendung zu denken. Die darin unterstellte territoriale Homogenität mit der Möglichkeit, den Innenraum kontrollierbar zu halten, gerate jedoch durch globale Prozesse – wie beispielsweise globale Migration und Kriminalität – unter Druck, so dass der Nationalstaat nicht mehr wie bisher Machtstaat sei. Neue private Räume ‚überlagerten' sein Territorium, reichten über seine Grenzen hinaus und störten, wie beim globalen Terrorismus, die Prozesse der Raumbildung. Andererseits bleibe der Nationalstaat eine relevante Bezugsgröße, selbst dann, wenn die Probleme nur transnational bearbeitet werden könnten. Ein Risiko besteht laut Luedtke aber darin, dass die herausgeforderten Nationalstaaten in ihrem Bestreben nach Raumkontrolle (mittels moderner Informationstechnologie und über die Einschränkung von Freiheitsrechten) die Modernität der Nationalgesellschaften in Frage stellen. – Im Anschluss an die Beiträge von Prisching und Luedtke untersucht *Katharina Inhetveen* die Stellung des Nationalstaates vor dem Hintergrund von Globalisierungsprozessen und der Herausbildung einer Weltgesellschaft am Beispiel des Flüchtlingslagers – d.h. dort, wo eine nationale Regierung, internationale und nichtstaatliche Organisationen (UNHCR, NGOs) und Flüchtlinge direkt interagieren. Inhetveen verfolgt in ihrem Beitrag damit die Frage, in welchem Verhältnis staatliche und nichtstaatliche Herrschaft in einer transnationalisierten Ordnung stehen. Anhand von empirischem Material aus einer Feldforschung in zwei sambischen Flüchtlingslagern werden die Deutungen der Lagerherrschaft durch die verschiedenen Akteure und die systematischen Differenzen zwischen ihren Interpretationen diskutiert. Dergestalt wird herausgearbeitet, welche Position der Nationalstaat auf der Mikroebene des internationalen Flüchtlingsregimes einnimmt und welche Implikationen dieses weltweit institutionalisierte Regime damit für das Konzept des territorialen Nationalstaates hat.

II. Weltkultur, Ökonomie, Sozial- und Bildungspolitik

In den Beiträgen des zweiten thematischen Blocks geht es um die Einbettung der Globalisierungsdebatte in kulturelle, ökonomische, sozial- und bildungspolitische Kontexte. Aus der Perspektive des soziologischen Neoinstitutionalismus lässt sich der Erfolg zeitgenössischer Globalisierungskritik daraus erklären, dass sie mehr an weltweit anerkannte Werte anschließt, als dass sie diese negiert. Die im Beitrag von *Boris Holzer und Barbara Kuchler* vertretene These lautet dementsprechend, dass die Problemdefinitionen, Ziele und Organisationsformen der Globalisierungskritik sich an einer global durchgesetzten ‚Weltkultur' orientieren. Die globalisierungskritische Bewegung unterscheide sich insofern nur geringfügig von anderen Akteuren der modernen Weltgesellschaft, wie zum Beispiel Staaten und Organisationen. Dies wird von Holzer und Kuchler anhand von vier Aspekten näher erläutert: Erstens habe sich die globalisierungskritische Bewegung in hohem Tempo über den ganzen Erdball verbreitet und dabei in den unterschiedlichsten Ländern zu erstaunlich ähnlichen Themen und Organisationsmodellen gefunden. Zweitens würden die Problemdefinitionen und Zielformulierungen der Globalisierungskritik sehr gut in das Raster einer modernen, auf individuelle Freiheit und sozialen Fortschritt festgelegten Weltkultur passen. Drittens würden sich die Globalisierungskritiker einen altruistischen, gleichsam ‚interesselosen' Stil des Auftretens zu eigen machen, der typisch sei für so genannte ‚rationalisierte Andere', welche die legitimen Werte der Weltkultur propagierten. Viertens komme es in der globalisierungskritischen Bewegung infolge der Diskrepanz zwischen weltkulturellen Anforderungen und lokalen Möglichkeiten zu einer erheblichen ‚Entkopplung' der tatsächlichen Praxis von den formalen Zielen und Strukturen. – *Jakob Rösel und Pierre Gottschlich* legen in ihrem Beitrag den Schwerpunkt auf den ökonomischen Globalisierungsprozess in Indien. Dieser vollziehe sich im Spannungsfeld von fünf Rahmenbedingungen und Prozessen: Erstens, dem historischen Kontext einer staatsinterventionistischen Ökonomie; zweitens, den Globalisierungs- und Öffnungsmaßnahmen seit Anfang der 1990er Jahre und ihren Folgen; drittens, dem parallel ablaufenden Prozess der Binnenliberalisierung; viertens, dem Sonderfall einer prosperierenden IT-Branche; sowie fünftens, der gestiegenen Bedeutung der weltweiten indischen Diaspora. Hierbei offenbaren sich laut Rösel und Gottschlich gleichermaßen globalisierungseuphorische Elemente, vor allem im Bereich der Entrepreneurs innerhalb des IT-Sektors und der von der Globalisierung profitierenden Auslandsinder, wie auch globalisierungskritische Widerstände innerhalb Indiens, so zum Beispiel von den Beschäftigten des indischen Staatssektors. Durch die Beschreibung der oben genannten Rahmenbedingungen und Prozesse wird der Zugang zu der von einem Parteiendiskurs getragenen innerindischen

Debatte ermöglicht. – Die Frage, wie Sozialpolitik die Globalisierung unterläuft, steht im Mittelpunkt des Beitrags von *Michael Opielka*. Je nach politischer Position konzeptualisiere die Globalisierungskritik unterschiedliche Zusammenhänge zwischen Globalisierung und Wohlfahrtsstaat. In seinem Beitrag diskutiert Opielka vier unterschiedliche Deutungstypen: ‚Ökonomisten', ‚Etatisten', ‚Kommunitaristen' und ‚Garantisten'. Nur eine Kombination der Deutungstypen könne jedoch die empirischen Zusammenhänge abbilden. Im Weiteren werden von Opielka die Menschenrechte und die Armutsdiskussion als sozialpolitische Probleme hinsichtlich ihrer globalen Bedeutung untersucht. Dokumente und Handlungsmuster der Vereinten Nationen wie der EU seien bereits wohlfahrtsstaatlich geprägt, da sie verschiedene Gesellschaftssysteme, wohlfahrtsstaatliche Regimeformen und deren kulturelle Hintergründe ansprechen müssten. Sie konzentrierten sich zunehmend auf das Zentrum sozialer Grundrechte: die Garantie der Teilhabe. Wahrscheinlich erscheine daher die Entwicklung eines ‚kosmopolitischen' Mehrebenen-Ansatzes, der nationalstaatliche Regime um ein differenziertes Netz von Beteiligungsformen erweitert. Opielka zufolge wird dabei deutlich, dass Sozialpolitik – verstanden als politisch-rechtlich gestaltete Teilhabe aller Bürger an allen sozialen Sphären einer Gesellschaft mit dem Ziel soziale Sicherheit – die herkömmlichen Muster der Globalisierungskritik unterlaufen kann. – *Achim Brosziewski* analysiert in seinem Beitrag die kommunikativen Grundstrukturen eines global produzierten und Globalität produzierenden Textkorpus: des Bildungsmonitorings. Den Texten des Bildungsmonitorings, die in zahlreichen international, national und subnational institutionalisierten Reihen publiziert werden, liegen Brosziewski zufolge zwei basale Konzepte zugrunde: das Konzept des Indikators und das Konzept der Territorialität. Durch ihre Kombination, die weltweit vergleichbar mache, was sich in regionaler Differenz benennen und spezifizieren ließe, würde ein thematisch sehr komplexes Beobachtungsraster für Fragen der Bildung und der Ausbildung erzeugt. Im Anschluss an die Analyse der Grundstrukturen des Bildungsmonitorings wird die These erläutert, dass es sich beim Bildungsmonitoring primär um eine Fremdbeobachtung des Bildungssystems durch das politische System handle und wir es daher nicht mit einer Globalisierung der Bildung, sondern der Bildungs*politik* zu tun haben. Andere Systeme, wie beispielsweise die Wissenschaft oder auch die Bildung selbst, seien am Bildungsmonitoring nur sekundär, nur über den Umweg der Einstellung auf Veränderungen der Bildungspolitik beteiligt und betroffen.

III. Attac, Weltsozialforum und Amerikanisierungskritik

Die im dritten thematischen Block zusammengefassten Beiträge beschäftigen sich mit der Frage, welche kollektiven Akteure und welche strukturellen Rahmenbedingungen innerhalb der Globalisierungsdebatte erkennbar sind. *René John und Holger Knothe* beschäftigen sich in ihrem Beitrag mit der Problemkonstruktion der neuesten sozialen Bewegung. Mit der Emergenz von Akteuren der globalisierungskritischen Bewegung zu Beginn des 21. Jahrhunderts würden von sozialwissenschaftlichen Beobachtern verstärkt Fragen nach der Neuartigkeit und den Unterscheidungsmerkmalen derselben zu bereits bekannten und bestehenden Neuen Sozialen Bewegungen aufgeworfen. Zur Beantwortung dieser Fragen haben John und Knothe im Rahmen eigener empirischer Untersuchungen u.a. programmatische Schriften von Attac (als prominentestem Vertreter der Globalisierungskritik in Deutschland) einer Dokumentenanalyse unterzogen. Die Ergebnisse hinsichtlich der Innovationsanmutung von Attac seien dabei ausgesprochen ernüchternd: Obzwar die multiple Themenausflaggung eine vielfältige (und auch unbeherrschbare) Netzwerkstruktur suggeriere, sei die Identitätspolitik auf den ökonomistischen Globalisierungsdiskurs mit der Gegenfigur des Neoliberalen fixiert. Damit würden die alten und problematischen Funktionen sozialer Bewegungen in neue Formen gegossen, analytisches Reflexionspotential würde dabei jedoch kaum gewonnen. – *Ulrich Brand und Miriam Heigl* skizzieren in ihrem Beitrag zunächst verschiedene Funktionen des Weltsozialforums für die sozialen Bewegungen für eine andere Globalisierung. Im Anschluss daran verbinden sie Diskussionen beim Weltsozialforum mit den staatstheoretischen Überlegungen von Nicos Poulantzas. Den Staat als soziales Verhältnis zu begreifen, so ihre These, öffne für die Einschätzung und die politischen Anliegen aktueller sozialer Bewegungen interessante analytische und politische Räume. Beispielsweise könne die Ambivalenz des Staates in die politischen Strategiebildungen der Bewegungen eingehen und dergestalt dem ‚Sog des Etatismus' entgangen werden. Allerdings müsse die Theorie Poulantzas aktualisiert und teilweise modifiziert werden. Dies verbinden Brand und Heigl mit Überlegungen zur Rolle von Parteien und schlagen den Begriff der ‚strategischen Intervention' vor, welcher sich auf einen reflektierten Umgang emanzipatorischer Bewegungen mit dem strategischen Terrain Staat beziehe. – Die in den vergangenen 15 Jahren in Südkorea immer wieder zu verzeichnenden Proteste mit teilweise scharfer Kritik an den USA unterzieht *Thomas Kern* einer Analyse in Bezug auf die strukturellen Rahmenbedingungen dieser Proteste. Seine Argumentation gliedert sich in drei Schritte: Im ersten Schritt wird gezeigt, dass erst durch die Globalisierung institutionelle Bedingungen für eine schärfere Wahrnehmung von kulturellen Differenzen geschaffen wurden. Im zweiten Schritt wird die Ausbreitung amerikanisierungskritischer Proteste in Südkorea in den 1980er Jahren untersucht. In dieser Phase spielte die Kritik an den USA laut Kern nur eine vergleichsweise geringe Rolle. Im dritten Schritt wird schließlich herausgearbeitet, dass im Zuge des jüngsten Globalisierungsschubs in den 1990er Jahren neue Konfliktlinien in den Teilsystemen Bildung, Politik und Wirtschaft entstanden seien, die den Ausgangspunkt für das massive Wachstum amerikanisierungskritischer Proteste bilden würden.

IV. Wirtschaftseliten, extreme Rechte und Globalisierungskritiker

In den Beiträgen des abschließenden, vierten thematischen Blocks geht es um Aspekte und Variationen der Perspektiven und Orientierungen von Globalisierungsbefürwortern und Globalisierungskritikern. *Peter Imbusch* fokussiert in seinem Beitrag die Perspektiven der Wirtschaftseliten auf Globalisierung. Wirtschaftseliten würden in der Öffentlichkeit zunehmend negativ bewertet. Das habe nicht zuletzt etwas mit ihrer vermeintlichen Rolle im Prozess der Globalisierung zu tun, stehen doch zentrale Vorwürfe gegen sie fast immer mit Aspekten der Globalisierung in Zusammenhang. Dadurch habe sich das Bild verfestigt, dass Wirtschaftseliten ihrer gesellschaftlichen Verantwortung heute nicht mehr nachkommen bzw. ihr nicht mehr gerecht würden. Auf der Basis eigener empirischer Untersuchungen wird von Imbusch zunächst das Verhältnis der Wirtschaftseliten zur Globalisierung differenziert dargestellt. Anschließend wird danach gefragt, ob und wie sich ihre soziale Verantwortung im Prozess der Globalisierung verändert hat. – *Fabian Virchow* fokussiert in seinem Beitrag auf die extreme Rechte (NPD und neonazistische Netzwerke), welche auf die fortdauernde Massenarbeitslosigkeit und den mit ökonomischen und kulturellen Globalisierungsprozessen verbundenen Befürchtungen und Ängsten erheblicher Teile der Bevölkerung mit verstärkten programmatischen und praktischen Aktivitäten zur ,sozialen Frage' reagiert habe. In der Geste radikaler Kritik und Opposition vorgetragen und mit dem Anspruch verbunden, als einzige politische Strömung ein echtes Gegenmodell zu (den Folgen) der Globalisierung anbieten zu können, würden auf der Folie antisemitischer Verschwörungsthesen nationalistische Autarkiemodelle und ständestaatliche Volksgemeinschaftsideale propagiert, zu deren tragenden Achsen der Ausschluss der migrantischen Bevölkerung vom Arbeitsmarkt und aus den sozialen Sicherungssystemen sowie eine Idealisierung von Arbeit als Dienst an Volk und Nation gehörten. – *Ivonne Bemerburg und Arne Niederbacher* gehen in ihrem Beitrag auf die Perspektiven der Globalisierungskritiker ein. Globalisierungskritiker würden sich nicht – wie vielfach von den Medien kolportiert – gegen Globalisierungsprozesse schlechthin wenden. Vielmehr richte sich ihre Kritik im Kern gegen inter- bzw. transnational wirksame ökonomische Dimensionen derzeitiger Globalisierungsprozesse. Darüber hinaus existiere weder eine einheitliche Ideologie noch eine Vorgabe von inhaltlichen Schwerpunkten und Zielvorstellungen, so dass sich die Globalisierungskritikerschaft in Deutschland als komplexes Geflecht von heterogenen kollektiven Akteuren und Akteursgruppen konstituiere. Auf der Basis eigener empirischer Untersuchungen arbeiten Bemerburg und Niederbacher zunächst typische Deutungs- und Handlungsmuster von Globalisierungskritikern heraus, um im Anschluss daran der Frage nachzugehen, ob und auf welche Art und Weise es der Globalisierungskritikerschaft gelingt, sich als handlungs- und durchsetzungsfähiger politischer Kollektiv-Akteur zu erweisen.

Literatur

Elias, Norbert, 1994 (1987): Wandlungen der Wir-Ich-Balance. S. 207-315 in: Ders., Die Gesellschaft der Individuen, 2. Auflage, Frankfurt/M.: Suhrkamp

Elias, Norbert, 1997 (1939): Über den Prozeß der Zivilisation. Soziogenetische und psychogenetische Untersuchungen. Zweiter Band: Wandlungen der Gesellschaft; Entwurf zu einer Theorie der Zivilisation (Gesammelte Schriften Band 3.2). Frankfurt/M.: Suhrkamp

Evers, Hans Dieter, 2000: Die Globalisierung der epistemischen Kultur: Entwicklungstheorie und Wissensgesellschaft. S. 396-417 in: Ulrich Menzel (Hg.), Vom ewigen Frieden und vom Wohlstand der Nationen. Frankfurt/M.: Suhrkamp

Mättig, Lutz, 1998: Globalisierung aus Sicht der soziologischen Prozeßtheorie Norbert Elias'. Widerspruch 32: 35-51

Menzel, Ulrich, 1998: Globalisierung versus Fragmentierung. Frankfurt/M.: Suhrkamp

Menzel, Ulrich, o.J.: Was ist Globalisierung oder – die Globalisierung von der Globalisierung. Braunschweig: Manuskript

Osterhammel, Jürgen und Petersson, Niels P., 2003: Geschichte der Globalisierung. Dimensionen, Prozesse, Epochen. München: C.H. Beck

I. Weltgesellschaft, Nationalstaat und Herrschaft

Globalismus und Weltgesellschaft

Manfred Prisching

Globalisierung ist – wie Sozialwissenschaftler[1] vermerken – eine Idee, deren Zeit gekommen ist; das Klischee unserer Zeit. Globalisierung bedeutet die Kompression von Zeit und Raum; die Steigerung des Bewusstseins von der Einheit der Welt; die steigende Verwobenheit nationaler Ökonomien; die globale Diffusion von Praktiken, Technologien und Werten. Globalisierung bedeutet, „dass von nun an nichts, was sich auf unserem Planeten abspielt, nur ein örtlich begrenzter Vorgang ist, sondern dass alle Erfindungen, Siege und Katastrophen die ganze Welt betreffen und wir unser Leben und Handeln, unsere Organisationen und Institutionen entlang der Achse ‚lokal-global' reorientieren und reorganisieren müssen" (Beck 1997: 30). Sie kann „definiert werden als die Verschiebung der Grenzen von verdichteten sozialen Handlungszusammenhängen – als derjenigen Orte, an deren Grenzen eine signifikante Reduktion in der Häufigkeit und Intensität einer gegebenen Interaktion auftritt – jenseits der Grenzen von nationalen Gesellschaften, ohne gleich global sein zu müssen" (Zürn 1997: 342). Zugleich wird Globalisierung allerdings auch zu einem Schlagwort, mit dem viele dürftig verstandene oder schlecht verstehbare Entwicklungen des wirtschaftlichen, politischen und kulturellen Bereichs beschrieben – oder mit Vorurteilen befrachtet – werden.[2]

---

[1] Nicht aus Nachlässigkeit, sondern aus Gründen der Sprachästhetik halte ich mich in den meisten Fällen an jene Konventionen, die dem männlichen Geschlecht in solchen Formulierungen einen gewissen Vorrang einräumen; hier ist natürlich von ‚Sozialwissenschaftlerinnen und Sozialwissenschaftlern' die Rede, und Entsprechendes gilt an anderen Stellen.

[2] *Globalisierung* bedeutet nicht unbedingt eine rasche Entgrenzung von Raum und Zeit, durchgängige Entterritorialisierung, das Heraufdämmern einer Weltregierung. Aber manches spricht dafür, dass es sich um den Aufstieg einer neuen Phase der Zivilisation handelt. Das *wirtschaftliche* Geschehen wird mit Recht als eine der wichtigsten Kräfte in diesem Prozess angesehen; wirtschaftliche Globalisierung besagt, dass sich bei offenen Grenzen und besseren Verkehrs- und Kommunikationswegen die Konkurrenz um Standorte und Produktionen territorial immer weiter ausdehnt, letztlich bis über die ganze Welt (Fröbel et al. 1977). Die in die weltwirtschaftliche Arbeitsteilung einbezogenen Territorien erweitern sich, ein Weltmarkt entsteht; die Beziehungen zwischen den Ländern vertiefen und intensivieren sich, neue Wertschöpfungsketten und Unternehmensformen entstehen; alle Entwicklungen – Produktion, Finanzierung, Distribution – beschleunigen sich. Es gibt auch eine *politi-*

Der Begriff der *Weltgesellschaft* setzt sich bei Sozialwissenschaftlern durch, die darauf verweisen, dass es nun nicht mehr nationalstaatliche ‚Gesellschaften' zu analysieren gelte, sondern ein gesellschaftliches System, dessen Bestandteile bestenfalls als innere Differenzierung einer ‚verwobenen Gesamtgesellschaft' begriffen werden können. Der Begriff der ‚Weltgesellschaft' meint nicht Addition, Ansammlung von sozialen Einheiten, auch nicht nur die gestiegene Interaktivität der Staaten und Völker; sondern er soll ein *Weltsystem*, ein emergentes Phänomen, bezeichnen, im Sinne eines qualitativen Bruchs mit der vorherigen Epoche. Es geht nicht nur um den intensiveren Kontakt sozialer Einheiten, sondern um ein als Einheit gedachtes weltweites soziales System: eine zusammenhängende Figuration; einen neuen Prozess der Erzeugung, Erweiterung und Verfestigung eines global-holistischen Gebildes; eine Intensivierung der sozialen Kontakte zwischen Menschen, Gruppen und Völkern, die sich dem nähert, was man bislang als Spezifikum einer ‚Gesellschaft' aufgefasst hat. Es gilt Abschied zu nehmen von den Denkkategorien der ‚Volkswirtschaft', des ‚Nationalstaates' oder der ‚Volkskultur', sie verschmelzen zu einem aus Kommunikationen bestehenden ‚Weltsystem'. Grenzen werden zu Atavismen.

Globalismus schließlich ist die Ideologie der Globalisierung: jenes Ideenbündel, das die Globalisierung begrüßt, bestärkt, vorantreibt, legitimiert und feiert; jene Welle der ‚shrinking world'-Visionen, welche die reichen Länder durchdringt und in die ärmeren hinüberschwappt; jene Zukunftsvorstellung, der die Prozesse in Richtung des ‚one village' gar nicht schnell genug gehen können, weil man sich von ihnen alles Gute erwartet, die Flucht aus der Armut ebenso wie den Ausgang aus der Unmündigkeit. Jede starke Ideologie ruft eine Gegenideologie hervor, und somit weist auch die Globalisierungskritik, der *Antiglobalismus*, alle Kennzeichen einer Ideologie auf, indem er etwa für alle Übel dieser Welt den Globalisierungsprozess als Ursache sieht. Natürlich ist auch der Antiglobalismus eine globale Bewegung. Beide, der Globalismus und der Antiglobalismus, entstehen, weil das, was geschieht, einer Deutung bedarf. Man muss in keine konstruktivistischen Übertreibungen verfallen, um festzustellen, dass sich soziale Prozesse, gar so tiefgreifende, nicht von selbst verstehen.

Erstens drängt sich Interpretationsbedürftigkeit auf, weil die globalisierte Welt die Menschen mit ungewohnten Erfahrungen konfrontiert. Globalisierung

---

sche Globalisierung: jene „Prozesse, in deren Folge die Nationalstaaten und ihre Souveränität durch transnationale Akteure, ihre Machtchancen, Orientierungen, Identitäten und Netzwerke unterlaufen und querverbunden werden" (Beck 1997: 28f.). Man kann das Augenmerk auch auf die *kulturelle* Globalisierung legen: auf die Überlagerung oder die Vermischung von kulturellen Elementen aus allen Teilen dieser Welt. Und wer würde schließlich leugnen, dass die *ökologischen* Probleme der Menschheit globaler Natur sind? Wer würde in Frage stellen, dass *terroristische* Bewegungen alle Grenzen überschreiten?

zeigt sich jenseits aller ‚harten' Indikatoren darin, dass selbst das Lokale – selbst die feindselige Reaktion auf Globalisierung – nur noch unter Bezugnahme auf das Globale verständlich wird. Globalisierung bedeutet nicht, dass die Welt in der großen Einheitlichkeit endet. Gerade dann, wenn die Welt einheitlich wäre, müssten die sozialen Einheiten einander nicht ‚beobachten'; aber die unterschiedlichen Sichtweisen und Handlungsmöglichkeiten bedeuten, dass die einzelnen Teile der Welt einander als Ergänzung, als unterschiedliche Teile eines Ganzen, wahrnehmen können. Sie müssen deshalb aufeinander achten, in Angst oder Freude, in Akzeptanz oder Verwunderung (Nassehi 1998: 156). Man hat bei allen Handlungen oder Wahrnehmungen den ‚großen Horizont' im Bewusstsein. Dass ich arm bin, wird erst bewusst und skandalös, weil mir die Medien den globalen Reichtum vor Augen führen und sich meine Vergleichsmöglichkeiten nicht mehr nur auf die Nachbarn beziehen. Im Lokalen ist das Globale jederzeit gegenwärtig, nicht spektakulär, sondern ganz alltäglich. Man trinkt kalifornischen Shiraz und streut ein wenig ägyptischen Schwarzkümmel auf das Brot, ohne sich deswegen besonderer Weltläufigkeit zu rühmen. Studierende mit Auslandsaufenthalten, Dissertationen auf Englisch. Dass der Zugriff auf den eigenen elektronischen Postkasten von jedem Internet-Cafe aus, ob in Hamburg, Oklahoma oder Kairo, möglich sein muss, wird zur Selbstverständlichkeit.

Zweitens kann man, auch wenn man die Sache für übertrieben hält, der weltanschaulichen Deutung des Geschehens deswegen nicht entgehen, weil bestimmte Phänomene nun einmal unter diesem Begriff zusammengefasst werden. Auch eine ‚konstruierte' Globalisierung ist wirksam. „Ähnlich wie das Phänomen der Individualisierung nicht dadurch widerlegt werden kann, daß Individualisierung auch schon vor zweihundert Jahren beobachtet worden ist, es noch immer Ehen auch in intellektuellen Kreisen geben soll und bestimmte Entscheidungen noch immer etwas mit der Verfügung über ökonomisches Kapital zu tun haben, so kann auch Globalisierung nicht damit widerlegt werden, daß auch Adam Smith schon eine zunehmende wirtschaftliche Verflechtung beobachtet hat, es noch immer Staaten gibt und sich noch immer allein auf ein enges Territorium bezogene, nur lokal gepflegte Traditionen, Gewohnheiten und Lebensstile auffinden lassen, die sich bisher nur sehr bedingt als grenzüberschreitend hervorgetan haben: etwa das Verzehren von Weißwürsten schon am Vormittag!" (Schroer 2000: 243).

Drittens verbergen viele Beschreibungen des Globalisierungsprozesses ihre weltanschaulichen Gehalte. Die Weltgesellschaft gibt sich gerne modern, rational, effizient, liberal und technokratisch, postideologisch. Tatsächlich ist ihre Beschreibung jedoch überladen mit normativen Ambivalenzen: Reden wir von der ‚Überwindung' oder vom ‚Verlust' von Kleinräumigkeit? (Sind heimische Sitten ‚kleinbürgerlich' und ‚provinziell' oder handelt es sich um unverzichtbare

‚roots'?) Geht es um das Niederreißen von ‚hemmenden Barrieren' oder ‚schützenden Dämmen'? (Ist eine staatliche Krankenversicherung im neoliberalen Zeitalter ‚Hemmnis' oder ‚Schutz', ‚Freiheitsberaubung' oder ‚Freiheitssicherung'?) Sind authentische Traditionen Unterdrückungspotentiale? Inwieweit ist die Aneignung des Fremden mit dem Verlust des Eigenen verknüpft? (Wie halten wir es mit der eigenen ‚Volkskultur'?) Es tobt ein weltanschaulicher Kampf um die Interpretationen der Weltgesellschaft, denn es geht dabei um Macht, um Interessen, um Geld – und nicht zuletzt um das ‚gute Leben'.

1 Euphoriker, Apokalyptiker und Reformisten

Der Prozess der Globalisierung ist umstritten. Aus der Sicht von Mainstream-Ökonomen handelt es sich um die Realisierung von unbehinderten Märkten; aus der Sicht kritischer Bewegungen wird der Begriff zum Fokus, in dem sich alle Probleme der Welt bündeln lassen. Wir werden drei Gruppen ins Auge fassen, als extreme Gruppen die Euphoriker und die Apokalyptiker, als vermittelnde Gruppe die Reformisten.

Zunächst zu den *Euphorikern*. Im affirmativen Modell wird die Globalisierung als positive Kraft gesehen: Die Logik des Kapitalismus werde zur prägenden Kraft für die Weltzivilisation, und das sei auch eine wunderbare Chance für unterentwickelte Länder. Wir freuen uns auf die Globalisierung. Die Politik muss sogar *Impulse für eine noch raschere Globalisierung* setzen, denn letztlich werden alle von einem dynamischen Weltmarkt profitieren (Brock 1997). Oder die Politik muss sich aus dem Prozess des Zusammenwachsens der Welt bloß heraushalten, ihre Eingriffe sind ohnehin nur *schädlich*; ihre Aufgabe ist es, allenfalls Barrieren wegzuräumen, sonst aber den Prozess in seiner eigenen Logik sich entfalten zu lassen.

Globalistische Euphoriker sehen in der *Logik einer Marktgesellschaft* die stärkste Kraft für den *Fortschritt der Weltzivilisation*. Jede Art von Abschottung, jeder Versuch, ‚geschützte Bereiche' aufrechtzuerhalten, jede versteckte Strategie der Segmentierung bedeute Wohlstandsverluste. Der Markt als einzig zuverlässiger, wohlstandsfördernder Mechanismus werde seine förderliche Kraft weltweit entfalten. Transnationale Konzerne würden, zum Wohle aller, wesentliche Träger des Wirtschaftsprozesses. Die herkömmlichen Nationalstaaten seien unnatürliche Gebilde geworden, sie könnten keine Probleme mehr lösen, ein Prozess der *Denationalisierung* finde statt. Unbeweglichkeiten würden in einer rundum flexiblen Wirtschaft überwunden, nicht zuletzt auf den Arbeitsmärkten. Sichere Jobs werde es allerdings nicht mehr geben. Arbeitskräfte mit hohem Einkommen bräuchten hohe Qualifikationen und lebenslange Fortbildung. Eine grenzenlose Informationsgesellschaft lasse den Bildungsstand der Bevölkerung ansteigen. Biotechnologie und Medizintechnik würden neue Durchbrüche erleben, die Energieknappheit werde überwunden, automatische Verkehrssysteme würden Mobilitätsprobleme beseitigen, Gewaltausübung schwinde dahin. Eine großartige Vision zeichnet sich ab, mit dem Markt als Hebel zur Förderung der Weltrationalität. Mit der wirtschaftlichen Liberalität verbänden sich Aufstiegsprozesse für demokratische Systeme und Aussichten auf einen globalen Frieden. Märkte förderten nicht nur Wohlstand, sondern auch Freiheit: Freiheiten des Kaufens, aber auch Freiheiten des Lernens und Studierens, der Individualisierung und Identitätsbildung: selbst entscheiden, selbst seine Chancen nutzen, sein Leben gestalten.

Zweitens die *Apokalyptiker*. Sie sagen, das Euphorie-Modell sei illusorisch. Sie kritisieren eine ungezügelte Herrschaft der Märkte, die zur gesellschaftlichen Desintegration beitragen: Märkte müssten in eine Gesellschaft *eingebettet* und entsprechenden Beschränkungen unterworfen sein. Sie stellten nicht die höchste Entwicklung einer universellen Zivilisation dar, die alle Völker auf den Stand der westlichen Entwicklung bringen würde. Das seien ‚aufgeklärte Utopien', in denen sich die alten Planungstheoretiker und die neuen Marktfetischisten fänden (Gray 1999: 1ff.). Große Teile der Dritten Welt hätten keinen Anteil an der Entwicklung; sie würden aus dem weltweiten Industrialisierungsprozess ‚ausgegrenzt' oder ‚abgekoppelt'. Es komme zur *Verarmung ganzer Weltteile,* denn Globalisierung nutze den Starken und benachteilige die Schwachen. Die Chaos-Macht zusammenbrechender Staaten könne fatale spill-over-Wirkungen zeitigen. Und die Frage, ob die globale Ungleichheit marginal kleiner oder größer wird, sei angesichts weltweiten Elends gar nicht adäquat (Sen 2002). Auch wenn sich Dritte-Welt-Länder ohne Teilnahme an der Globalisierung noch schlechter stehen würden, sei unbestritten, dass die Luxusgesellschaften die großen Gewinner dieses Prozesses seien. Dazu komme die *Verschärfung ökologischer Probleme.* Die Umwelt werde vernichtet, sauberes Wasser werde weltweit knapp, der Klimawandel sei bereits im Gange (Weizsäcker et al. 1995). Auch in den reichen Ländern gibt es Ängste, in Bezug auf: eine *verstärkte wirtschaftliche Konkurrenz* zwischen den Staaten, was zu einem brutaleren Arbeitsmarkt, einem Machtgewinn der Arbeitgeberseite und verschiedentlich auch zum Verlust vorteilhafter Einkommenspositionen führen kann; einen Bedeutungsverlust der *Gewerkschaften* und eine Verschlechterung der Stellung der Arbeitnehmer überhaupt; die *Abwanderung der Jobs* der entwickelten Länder in Billiglohnländer und – als Folge – ein Druck auf die Löhne und die Arbeitsbedingungen in den Industrieländern; *die Polarisierung der Einkommen und Vermögen* auf nationaler und internationaler Ebene, das heißt die Verarmung von Bevölkerungsgruppen (innerhalb von Ländern) oder die Verarmung von ganzen Ländern (insbesondere in der Dritten Welt); den *Abbau des Wohlfahrtsstaates* unter internationalem Wettbewerb (*social dumping*), damit auch steigende Unsicherheit und eine Demontage erreichter sozialstaatlicher Standards; die *demographische Mobilität*, das heißt die Zunahme von Flüchtlingen und Immigranten in den europäischen Ländern; die zunehmende Konflikthaftigkeit angesichts der *Integrationsprobleme* der Immigranten, manchmal verschärft durch Kriminalitäts- und Drogenprobleme; die *globalen Finanzmärkte*, die ein Element der Instabilität für die Weltwirtschaft darstellen, mit der steigenden Bedeutung von Spekulationen, der Herrschaft der Börsen, der steigenden Häufigkeit von Börsenzusammenbrüchen (mit unsicheren Konsequenzen für die Weltwirtschaft); einen *Machtgewinn des Kapitals* sowie eine sich verschärfende Machtlosigkeit der Politik und der Nationalstaaten gegenüber den weltweit operierenden Konzernen; in der Folge dieser Entwicklungen auch, etwa durch politischen Fatalismus, eine Gefährdung der Demokratie. Es sei eine ‚Globalisierung ohne menschliches Gesicht'.

Die beiden geschilderten Positionen – der ‚Euphoriker' und der ‚Apokalyptiker' – stellen polare Bewertungen dar: Die meisten Zeitbeobachter würden ihre Bewertung des Globalisierungsprozesses irgendwo im Mittelfeld ansiedeln, und die Wirklichkeit der Globalisierung ist wohl auch eher dort zu finden. *Reformisten* sagen: Globalisierung ist im Kommen, und es handelt sich dabei um eine ambivalente, riskante Entwicklung. Wenn man weitsichtig politisch handle, seien *Risiken begrenzbar* und *Vorteile umsetzbar*. Aber man müsse die (begrenzten) politischen Handlungsspielräume nutzen, um Schlimmes zu verhüten (Hirst und Thompson 1996, Altvater und Mahnkopf 1996): Entwicklung bewusst gestalten, auch im Sinne eines gebremsten, domestizierten kapitalistischen Systems. Kann man das auf Dauer?

2 Die kosmopolitische Klasse und ihre Feinde

Weltanschauungen müssen bei bestimmten sozialen Trägergruppen, bei ihren Propagandisten und ihren Feinden, verortet werden. Eine der Ausdrucksformen der Globalisierung ist die Herausbildung einer *transnationalen Klasse von Machthabern*: Im Wirtschaftsleben besitzen und kontrollieren sie die transnationalen Konzerne; im politischen Bereich schaffen sie die angemessenen administrativen und gesetzlichen Rahmenbedingungen für die Produktion; als Experten sind sie in verschiedenen Ländern tätig; und im Kulturbereich verwalten sie die großen Apparate der internationalen Medienwelt (die globalen Medien werden von fünf Akteuren beherrscht) und sorgen für eine entsprechende ideologische Formung der Menschen. Die Mitglieder dieser kosmopolitischen Klasse sehen die Dinge ähnlich, sie betrachten sich als Weltbürger, sie entwickeln ähnliche

Lebensziele und Konsummuster in Bezug auf weltweite Luxusgüter und Dienstleistungen. Sie sind in der Lage, ihre eigenen Interessen zielführend durchzusetzen. Es ist nicht verwunderlich, dass sie fast zur Gänze in das Lager der Globalisierungseuphoriker gehören. Die positive Globalisierungsideologie scheint der ‚kosmopolitischen Klasse' recht plausibel: Kulturintendanten, akademischer Jet Set, Show-Stars, Konzernmanager, hochqualifizierte Techniker. Sie werden verbunden durch gemeinsame (wenn auch immer noch intern differenzierte) kulturell-ästhetische Welten, durch Gemeinsamkeiten des Lebensstils, durch ihre Medienpräsenz. In ihrem Zusammenwirken bilden sich *transnationale Praktiken* heraus (Sklair 2001), also Vorstellungen darüber, wie man etwas tut, was ‚modern' ist, was angemessen ist. Diese Vorstellungen sind nicht mehr national gebunden, sie überschreiten alle Grenzen.[3]

Die *antiglobalistische* Bewegung hat sich mittlerweile natürlich auch globalisiert. Sie organisiert sich über das Netz, sie begleitet die globalen Gipfeltreffen in Seattle, Washington, Davos und an anderen Orten. Es ist eine heterogene Koalition von Gruppierungen mit sehr unterschiedlichen Anliegen, Christen und Humanisten, Umwelt- und Menschenrechtsschützer, Libertäre und Antikapitalisten; in all ihrer Widersprüchlichkeit: Umweltschützer wenden sich gegen die ökologischen Zerstörungen, Dritte-Welt-Vertreter kritisieren die Umweltauflagen der entwickelten Länder als Öko-Imperialismus; Protektionisten wollen die Grenzen schließen, weil sie Ausbeutung vermuten, während andere um die freie Zugänglichkeit zu den Märkten des Nordens, insbesondere den landwirtschaftlichen, kämpfen; für die Linken ist die Frage von Armut und Ungleichheit zentral, Gläubige verachten den Materialismus wohlhabender Gesellschaften. Ökologen wollen den Ölverbrauch bremsen, Entwicklungspolitiker für das eigene Öl mehr Geld kassieren. Der Antiglobalismus bündelt alle Beschwerden, die vormals auch in anderen ideologischen Kontexten geäußert worden sind, von Befreiungsbewegungen und Befreiungstheologien, von Marxisten und Christen, von Imperialismus- und von Dissoziationstheoretikern.

Auf unterer Ebene haben aber auch Massen von *Globalisierungs-Mitläufern* Anteil an der Öffnung. Da gibt es die Touristen mit ihren all inclusive-Angeboten und Pensionäre mit ihren südlichen Überwinterungsstätten, und sie geben sich wechselseitig Tipps: Die Resorts an der Südküste der Türkei haben bessere Buffets als die ägyptischen Tourismus-Oasen am Roten Meer; und dann erst die

---

[3] Intellektuelle verstehen sich allerdings im Westen eher als Kosmopoliten, in östlichen und südlichen Ländern oft als Verfechter und Vertreter nationalistischer Standpunkte und kultureller Besonderheiten (Sterbling 2004: 126). Amerikanische Intellektuelle teilen oft mit der Mehrzahl amerikanischer Bürger das Gefühl, zu einer missionarischen Haltung verpflichtet zu sein, also anderen Ländern Freiheit und Demokratie bringen zu sollen, während europäische Intellektuelle in dieser Hinsicht zurückhaltender sind.

Karibik ... Transnationale Sucher nach Esoterik, Exotik und Erotik sind schon seit vielen Jahren in die ostasiatischen Länder gepilgert. Hilfskräfte vollziehen ihre zeitweiligen oder dauernden Wanderungsprozesse in reiche Regionen, wo sie die dort unbeliebten Hilfsdienste zu verrichten haben. Flüchtlinge, ‚kosmopolitisches Strandgut', drängeln sich an den europäischen Grenzen und suchen nach Möglichkeiten, die Barrieren zu überwinden, mit Lebensgefahr. Sie alle tragen zum globalen Wissen über Lebensbedingungen und Lebensstile anderer Menschen und Völker bei: ein Wissen, das nicht nur zum besseren Verständnis zwischen den Kulturkreisen beiträgt, sondern genauso oft zur Feindseligkeit und zum Hass führt.

Längst gehört zum Globalisierungsprozess auch eine neue *Völkerwanderung*: Jene Wanderungsströme, welche die Europäer nach Amerika, in die Kolonien und in andere Teile der Welt geführt haben, haben sich umgedreht; der wirtschaftliche Erfolg Europas (und seiner transatlantischen Ableger) macht die Luxus-Inseln zu begehrten Zielen von Migrationsprozessen, die aus allen elenden Teilen der Welt in die Zentren der Macht und des Reichtums führen. Auch für diese Menschen ist die Globalisierung handfeste Realität; und sie sind insofern Globalisten, als sie nach der weltweiten Freizügigkeit streben, auch wenn sie Werte und Lebensstile ihrer Zielländer verachten. Wenn sie ihr Ziel erreichen, so treffen sie freilich auf jene Antiglobalisten, die ihnen in der sozialen Rangordnung so fern nicht stehen: auf mittelständische Gewerbetreibende und schlecht qualifizierte Arbeitnehmer, die von der neuen Konkurrenz unmittelbar betroffen sind. Die Globalismus-Antiglobalismus-Konflikte gehen quer durch traditionelle soziale Zuordnungen: Vertreter der Industrie begrüßen den Globalisierungsprozess und wollen die Grenzen öffnen, weil ihnen die ‚Reservearmee' günstiger Arbeitskräfte allemal gelegen kommt, während Inhaber kleinerer Betriebe um jene Absicherungen bangen, die ihnen hinter protektionistischen Barrieren zuteil geworden sind. Ältere Menschen, die sich einer sozialdemokratischen und gewerkschaftlichen Orientierung zurechnen, verlangen den Schutz der einheimischen Arbeitnehmer, ebenso, wie sich dies rechtspopulistische Strömungen auf ihre Fahnen schreiben, während Jüngere, die sich ebenfalls als Linke fühlen, in multikulturalistischem Geiste die fremden Mitmenschen umarmen wollen.

3   Globalistischer Naturalismus

Globalisten und Antiglobalisten können sich des Eindrucks nicht erwehren, dass der Globalisierungsprozess voranschreitet, wie immer man ihn auch einschätzt. Auf eine eigenartige Weise hat eine quasi-marxistische Gesellschaftsinterpretation die Oberhand gewonnen, selbst bei den neoliberalsten Vertretern der globalen Marktwirtschaft: So wie es die Dampfmaschine war, die seinerzeit eine neue gesamtgesellschaftliche Konfiguration geschaffen hat, so scheinen es die Bedingungen spätkapitalistischer Transport- und Kommunikationsverhältnisse zu sein, die eine neue ‚Weltgesellschaft' ins Leben rufen. Es scheint sich um einen Prozess zu handeln, der nicht zu steuern ist; gegen den selbst die mächtigsten Gruppen und die einflussreichsten Länder nichts unternehmen können; der sich in seiner eigenen Logik alternativenlos durchsetzt.[4] Nikolaus Piper (1996: 17) behauptet: „Gegen die Globalisierung zu sein ist so sinnvoll, wie sich über das schlechte Wetter zu beschweren." Es gibt ‚neue Realitäten', wie immer deren Genese auch sein mag; die Welt hat sich geändert; ‚Zukunftsfähigkeit' heißt Wettbewerbsfähigkeit, und nichts anderes.

Gemäß dieser naturalistischen Vision des Prozesses entfaltet sich so etwas wie ein Natur- oder Geschichtsgesetz. Wenn über Besonderheiten dieses Geschehens diskutiert wird, so eignet sich der Verweis auf die Sachzwänge des marktwirtschaftlichen Wettbewerbs als argumentationsbeendendes Statement. *Politiker und Manager rühmen sich ihrer Machtlosigkeit.* Es ist die Marktlogik, es ist die internationale Konkurrenz, es ist der Standortwettbewerb – dies sind die ‚Götter', denen zu gehorchen geboten scheint, da es doch keinerlei Variationsspielräume gibt. Angela Merkel formuliert eine Politik im Modus des ‚Muss' (Thielemann 2005) ganz deutlich: „Die großen Trends der Veränderungen erfassen die ganze Welt. In ihnen *muss* sich unser Land bewähren. Globalisierung heißt Vergleichbarkeit und Wettbewerb nicht nur für Waren und Dienstleistungen. Sondern auch für Länder und Regionen. Darauf *muss* die deutsche Politik sich einstellen. Das heißt, der Staat *muss* flexibler und unbürokratischer werden" (Merkel 2001). Die Politik ist auf eine Anpassungsapparatur reduziert, wenn es –

---

[4] Manche halten die Globalisierung für einen *Mythos*, angesichts des Umstandes, dass auch schon vor dem Ersten Weltkrieg ein hohes Niveau internationaler Wirtschaftsverflechtungen erreicht war. Die Bilder der netzwerkartig verflochtenen Welt seien übertrieben; die Nationalstaaten ließen sich ihre Kompetenzen – bis hin zur Kriegsführung – nicht so leicht entreißen (Hirst und Thompson 1996). Andere warnen vor der plötzlichen *Unterschätzung der Politik*. Globalisierung sei nicht ein ‚naturwüchsiger' Prozess, sondern beruhe auf politischer Absicht. Regierungen seien nicht die passiven Mitspieler im Globalisierungsprozess, sondern die bewussten Architekten der neuen Weltordnung; insbesondere seien die meisten Internationalisierungsprozesse Begleiterscheinungen einer von den Vereinigten Staaten durchgesetzten neuen Weltordnung (Gilpin 2000). Manche Theoretiker, die auf die fortbestehende Bedeutung politischen Handelns aufmerksam machen, halten die Globalisierung nicht für einen nicht-naturwüchsigen, kontingenten, politisch unsteuerbaren Prozess (Mann 1997); vielmehr würden *neue internationale Hierarchien* geschmiedet: eine Hierarchie der Länder nach ihrem Entwicklungsstand oder nach ihrer Standortattraktivität; eine neue kosmopolitische Elite; eine neue transnationale Klasse von Kapitalgebern; neue Klüfte zwischen urbanen Metropolen und dörflichen Regionen. Es handle sich also um ein globales Rearrangement der Machtzentren und der Machtgruppen.

wie es in der berühmten Formulierung Friedrich von Hayeks (1969) heißt – nur noch Ergebnisse menschlichen Handelns gibt, die nicht Ergebnisse eines menschlichen Entwurfs sind.

Die ‚naturalistische These' verstärkt natürlich die bestehenden Spielregeln. Man projiziert das, was man möchte, hinaus in die Natur, in den Kosmos, in die Gesellschaft; und man findet es als normativen Standard dort vor, um sich daran zu halten. Die Ideologie – wie andere auch – vertraut auf die Überzeugungskraft der ‚Natürlichkeit' erwünschter Phänomene, auf das Wesen der Dinge oder auf die Natur des Menschen. Der ökonomistische Globalismus sieht diese Natürlichkeit im Marktdenken: Wer anderes denkt, ist gestrig, sklerotisch, unzeitgemäß und dumm.

Früher glaubte man, dass die Politik dadurch gefährdet sei, dass eine *technokratische* Planung überhand nehmen werde: Die Politik werde überflüssig, wenn die optimalen Wege von den Experten in Computersimulationen ‚ausgerechnet' werden könnten. Mittlerweile hat sich das Gegenteil ergeben: Die Politik ist dadurch gefährdet, dass jede Art von Planung obsolet geworden ist. Die Politik ist überflüssig, wenn sie nichts zu gestalten hat, weil allenthalben eine Art von *marktgenerierter Naturgesetzlichkeit* obwaltet. Es sind bloß Hemmnisse zu beseitigen. Denn die unterstellten ‚Gesetzmäßigkeiten' werden nicht nur als Faktizitäten hingenommen, ihre ‚reine' Verwirklichung gilt auch als normative Botschaft: Der Globalismus hält das Ergebnis dieser Prozesse für das beste erreichbare Resultat, und es wäre sowohl sinnlos als auch falsch, sich gegen diese Gesetzlichkeiten zu wehren.

Antiglobalisten halten die Naturalisierung dieser Entwicklungen für eine *ideologische Verzerrung*. Sie verweisen auf zahlreiche politische Entscheidungen, die der Errichtung eines Weltmarktes vorgearbeitet haben. Eine Vielzahl von internationalen und supranationalen Organisationen hat die Spielregeln auf der globalen Szene so gesetzt, dass die wirtschaftlichen Prozesse in diese Richtung verlaufen mussten; diese Organisationen haben auch internationale Kreditvergaben und Entwicklungshilfegelder daran geknüpft, dass alle Hemmnisse für den Freihandel beseitigt wurden, dass den Großunternehmen ein globaler Marktbereich zur Verfügung stand, dass dem Finanzkapital keinerlei Beschränkungen auferlegt wurden. Dennoch haben auch die Antiglobalisten kein Rezept für eine alternative Vision. Denn eine neuerliche Fragmentierung der internationalen Szene im Sinne alter Nationalstaatlichkeit, mit voneinander durch Zollschranken und Einfuhrkontrollen abgeschotteten Containern, sehen sie auch nicht als adäquate Lösung. So bleiben nur die Forderungen nach einer gerechteren Behandlung der Dritten Welt, nach der Aufrechterhaltung der Sozialstaatlichkeit in der Ersten Welt und nach einer Einbremsung der internationalen Finanzströme durch eine Tobin-Steuer.

Die *Alternativlosigkeit* spielt den Globalisten in die Hände, die sich als nüchterne Realisten präsentieren können: Die Welt ist nun einmal so, wie sie ist; man kann sich eine bessere Welt wünschen, und wir tun das wohl alle, aber solange es sie nicht gibt, muss man mit den bestehenden Verhältnissen zurecht kommen und das Beste daraus machen. Der Markt kennt keinen direkten Zwang kraft persönlicher Autorität (Weber 1972: 440), sondern gebiert bloß Zwangslagen.

4 Globalistischer Ökonomismus

Wenn das Sein das Bewusstsein bestimmt und die Wirtschaft alle übrigen Bereiche des gesellschaftlichen Lebens determiniert, dann haben wir den Prozess der Globalisierung zunächst als wirtschaftlich-technischen Prozess zu sehen, und zugleich dürfen wir erwarten, dass dieser Prozess zur prägenden Kraft der weltzivilisatorischen Entwicklung wird. Der Globalismus ist – in den meisten seiner Ausprägungen – zugleich ein *Ökonomismus*: die Auffassung, dass die ökonomische Rationalität – mit Effizienz und Wachstum – den wichtigsten Bezugspunkt der Deutung und Bewertung von Entwicklungen darstellt. Alles ist gut, wenn es dem Wachstum dient; wenn es mehr Verfügungsmöglichkeit über marktförmig gehandelte Güter und Dienstleistungen bietet; wenn es in den Formen von Angebot und Nachfrage abläuft. Der Ökonomismus denkt in den Kategorien des Marktes, und er hält es prinzipiell für günstig, Interaktionen und Institutionen in diese Kategorien zu bannen oder marktförmige Verhältnisse wenigstens zu simulieren. Wer nicht ‚ökonomistisch' denkt, ist ein Narr. Der Ökonomismus ist eine der wirksamsten Ideologien der Gegenwart (Ulrich 2002: 36).

Die kritischen Vorbehalte gegen eine ökonomistische Weltauffassung sind geschwunden. Alle Gegenmodelle haben ihre Plausibilität eingebüßt. Die globalisierte Welt kann nur eine vermarktlichte Welt sein. Die Weltgesellschaft ist Marktgesellschaft. Aber diese Universalisierung der Marktlogik trifft auf Widerstände; die unterschiedlichen kulturellen Räume weisen eine sonderbare Widerständigkeit gegenüber der marktförmigen Homogenisierung auf. Denn die Universalisierung der Marktlogik bedeutet noch lange keine Universalisierung des typischen westlich-kapitalistischen Modells. Vielmehr entwickeln sich an den Rändern, in manchen Nischen der Weltgeschichte, nepotistische, tribalistische, mafiöse und autoritäre Formen des Kapitalismus. Die Befürchtung der Antiglobalisten geht angesichts dieser Erscheinungsformen dahin, dass die schlechten Formen des Kapitalismus die guten verdrängen (Gray 1999: 111) – eine Art Greshamsches Gesetz (wie bei der Verschlechterung der Metallsubstanz alter konkurrierender Währungen), angewendet auf wirtschaftliche Ordnungsmodelle.[5]

Wenn man dem Umstand Rechnung trägt, dass wirtschaftliche Strukturen immer auch ihre politisch-kulturelle Einbettung (Polanyi 1944) aufweisen, dann ist jedenfalls die Erwartung, dass sich ein einheitlicher Weltmarkt durchsetzt, voreilig. Jenseits der simplen Alternative von Planwirtschaft versus Marktwirtschaft liegt offensichtlich ein weites Repertoire von Wirtschaftsmodellen, die zwar mit Marktmechanismen arbeiten, aber diese ganz unterschiedlich interpretieren. In den europäischen Ländern handelt es sich um das klassische Modell der ‚sozialen Marktwirtschaft', um einen ‚eingebetteten' oder ‚koordinierten' Kapitalismus, um das ‚europäische Sozialmodell'. Auf der einen Seite hat gerade die europäische Einigung dazu beigetragen, die Länder auf einen wirtschaftsliberalen Kurs (samt Privatisierung, Deregulierung und Verschuldungsabbau) zu drängen, andererseits hat sie die Option eröffnet, in einem (auch im Weltmaßstab großen) Wirtschaftsgebiet einen ‚gezähmten Kapitalismus' zu verwirklichen.

Unterschiedliche Interpretationen dieser Art soll man nicht unterschätzen, aber auch nicht überbewerten; Interpretationen kollidieren, gerade im Wirtschaftsleben, mit einer ‚harten' Wirklichkeit, mit Strukturen, die außerordentlich durchsetzungsfähig sind. Wollte man den Druck des Weltmarktes und die Machtstrukturen in der Weltgesellschaft ignorieren, dann würde man übersehen, dass sich Länder der Verbindung von Globalismus und Ökonomismus nur schwer entziehen können. Es gibt keine anderen Kategorien mehr, in denen ‚modern' und ‚professionell' gedacht werden kann. Der globalistisch-ökonomistische Konsens geht von der Prämisse aus, dass Dysfunktionen, Fehler und Defizite darauf zurückzuführen sind, dass Marktmechanismen unvollkommen realisiert und Managementmethoden inkompetent eingesetzt worden sind; oder, noch schlimmer, sie sind darauf zurückzuführen, dass das Wirken der Märkte durch politische Interventionen gehemmt und auf der Grundlage von naiven (das heißt: wirtschaftsfremden) Ideologien verzerrt worden ist. Die Berufung auf Märkte gilt nämlich vor allem für die Kapitalseite: Hohe Löhne und gewerkschaftliche Forderungen sind Verschlechterungen der kompetitiven Marktsituation. Entlassungen und Lohnsenkungen sind nichts anderes als Notwendigkeiten, die der Markt

---

[5] Aber die globale Homogenisierung bleibt auch in anderen Bereichen oft an der Oberfläche. Diesen Eindruck hat man beispielsweise bei der Akzeptanz des westlichen Demokratiemodells, wo sich auch in international vergleichenden Studien zeigt, dass die islamischen Länder eine gewisse Resistenz gegen westlich-demokratische Ordnungsmodelle aufweisen. Für eine europäische Perspektive, die doch von der Epoche der Aufklärung geprägt ist, ist auch die Wichtigkeit, die manche Kulturen den religiösen Vorstellungen beimessen, beinahe unverständlich; es gibt also da und dort durchaus symmetrische Verständnisschwierigkeiten: Manche traditionellen Gesellschaften verstehen die Bedeutung nicht, die das Abendland den Menschenrechten zumisst, und das Abendland versteht die Bedeutung nicht, die traditionelle Kulturen den religiösen Dimensionen zumessen.

auferlegt: schlichte Vollzugshandlungen. Daraus folgt: Ein gesamtwirtschaftlich verantwortungsloses Verhalten kann per definitionem nur auf der Arbeitnehmerseite auftreten. Dass Unternehmen ihre Bilanzen kurzfristig für die nächste Aktionärsversammlung zurechtbiegen, dass sie für das Unternehmensimage wichtige Entlassungsschübe gezielt terminisieren oder dass sie durch kluge organisatorische Konstruktionen keine Steuern mehr in jenem Lande zahlen, dessen öffentliche Leistungen sie gleichwohl in Anspruch nehmen, das ist kein ‚verantwortungsloses' Verhalten, sondern Ergebnis rationaler Kalkulation angesichts bestehender Sachgesetzlichkeiten, selbst in einer Phase, in der die Unternehmensgewinne einsame Rekordhöhen erreichen.

Denn trotz aller Turbulenzen in der Weltwirtschaft geht es den Unternehmen nicht schlecht, wenn man den Bilanzergebnissen glauben darf. „Der Wettkampf von Nationen um Weltmarktdominanz wird zunehmend zugunsten einer Weltökonomie abgelöst. [...] Sieger sind in erster Linie nicht Nationen, sondern Anleger, Unternehmer, Fachkräfte und Konsumenten. Verlierer sind Arbeitskräfte, die Schwierigkeiten haben, einen angemessen bezahlten Arbeitsplatz zu finden" (Oesterdiekhoff 2004: 80). Das wollen Globalisten nicht hören, wenn sie üblicherweise von win-win-Verhältnissen schwärmen. Wenn es Verlierer gibt, so sind sie insoweit selbst schuld, als sie nicht rechtzeitig an Qualifizierungsprozessen teilgenommen haben, die sie befähigen, an weltmarktfähigen Produktionen zu arbeiten. Offensichtlich ist das ricardianische Modell von Arbeitsteilung und Freihandel, das durch den ganzen Industrialisierungsprozess hindurch den Kanon der Ökonomen dargestellt hat, nicht für alle sozialen Gruppen vorteilhaft, selbst wenn es insgesamt das Sozialprodukt aller beteiligten Länder heben mag. Aber auch Letzteres ist nicht mehr sicher: Es sind Konstellationen möglich, in denen sich diese Entwicklung für die reichen Länder grundsätzlich als Nachteil erweist (Samuelson 2004). In geoökonomischer und geopolitischer Sicht rechnen Beobachter zunehmend damit, dass der Aufstieg Asiens das Ende von zwei Jahrhunderten der globalen Vorherrschaft Europas und seinem riesigen nordamerikanischen Ableger bedeuten kann (Wolf 2003).

5 Globalistischer Postnationalismus

Die meisten Globalisierungsbeobachter sind sich darin einig, dass sich das westfälische Modell, das Modell der nationalstaatlichen Container, in Auflösung befindet. Die Politik kann keine Lösungen durch nationalstaatliche Gesetzgebung anbieten, wenn alle Probleme die Grenzen überschreiten. Die Staaten sind ohnehin keine Staaten mehr, wenn man den politiktheoretischen Definitionen – zu den wesentlichen Kennzeichen des Staates gehören Souveränität, weitgehende

Autonomie und Gewaltmonopol – folgt. Es ist nicht nur die Lebenswelt, die der ökonomistischen Logik unterworfen wird, es ist auch die Politik, die sich den Gesetzlichkeiten von Globalisierung und Ökonomisierung beugt. Es gibt zwar keine notwendige Beziehung, aber zumindest eine Art Wahlverwandtschaft zwischen Globalisierung und Neoliberalisierung, und das bedeutet, dass sich die Politik im freiwilligen Rückzug übt: in Akten umfassender Privatisierung, im Abbau der öffentlichen Güter, im Rückbau des Sozialstaates, in der Erosion der Hoheitlichkeit. Dort, wo der Staat nicht durch private Anbieter ersetzt wird, simuliert er wenigstens privatwirtschaftliche Angebots- und Managementmethoden. Der Globalismus hat keine Probleme dabei, sich den Staat als einen großen Konzern vorzustellen. Er tut, als gebe es keine Besonderheiten des öffentlichen Bereichs.

Dabei entsteht eine gewisse Sympathie für die ‚Partner', Konzerne, deren Methoden man für den Staatsapparat adaptiert und imitiert. Die postmodernen, postnationalen Staaten verstehen sich als Arrangeure wirtschaftlich günstiger Standorte, und tatsächlich sind ihnen kaum andere Möglichkeiten wirtschaftspolitischer Gestaltung geblieben. *Die klassische Wirtschaftspolitik ist tot.* Die Staaten befinden sich im Wettbewerb um Ansiedlungen, und sie sind mit Großunternehmen konfrontiert, die sich keineswegs mehr als ‚nationale Unternehmen' sehen. *Großunternehmen haben ihre nationalstaatlichen Bindungen abgebaut.* Sie würden derlei Bindungen als sinnfremd und sachfremd ansehen, denn sie gehorchen den globalen Opportunitäten (Wiesenthal 1999: 509). „Vor zehn Jahren hätte es noch Sinn gemacht, von Siemens als einem deutschen Unternehmen zu sprechen, das stark im Ausland investiert und aktiv ist. Heute ist Siemens im Grunde kein nationales Unternehmen mehr, sondern ein global player, für den der chinesische Markt wichtiger ist als der deutsche. Heute produziert Siemens in China und exportiert die dort gefertigten Produkte nach Deutschland. Man kann nun vollends davon ausgehen, dass Siemens seinen Schwerpunkt überwiegend nach Asien und USA verlagert hat und von dort aus mit einem Lächeln nach München und Deutschland schaut, als einem Nebenschauplatz, den man auch noch versorgt" (Oesterdiekhoff 2004: 75).

Die globalistische Vision hat keine Sorge, dass die Staatlichkeit ein zu geringes Niveau erreichen könnte; sie zeichnet sich eher durch eine Stimmungslage aus, derzufolge es gar nicht zu wenig Staat geben kann. Deswegen herrscht auch eine eigenartige Vernachlässigung der Probleme vor, wie sich in einem globalisierten System herkömmliche oder neue Formen von Demokratie realisieren lassen. Problem 1: *Zuordenbarkeit.* Die klassische Demokratie, die möglicherweise nicht zufällig zur gleichen Zeit mit dem Nationalstaat entstanden ist, hat ein Volk und ein Territorium vorausgesetzt, auf dem die Selbstgestaltung des gesellschaftlichen Lebens stattfinden konnte; wie dies in politischen Mehrebenensystemen, mit unterschiedlichen Reichweiten von Kompetenzbereichen, diversen Trägern und Plattformen, geschehen kann, steht bislang dahin. Wie sieht – nach der direkten Polis-Demokratie bei den Griechen und nach der repräsentativen Demokratie ab dem Ende des 18. Jahrhunderts – das dritte Demokratiemodell, eine ‚postparlamentarische Demokratie', aus? Die Legitimation europäischer Politik durch die Rückkoppelung der Regierungen an nationale Parlamente ist, genau genommen, eine Scheinlegitimation (Benz 2001). Aber auch die neueren Formulierungen potentieller Zukunftskonstellationen kommen über schöne Worte kaum hinaus: ‚organic governance' (Andersen und Burns 1992); ‚associative democracy' (Cohen und Rogers 1994); ‚diskursive Demokratie' (Dryzek 1990); ‚deliberative Demokratie' (Elster 1998). Michael Zürn (2001: 437) sagt es deutlicher: „Der Nationalstaat bzw. Territorialstaat ist notwendig, um die Politiken umzusetzen, die jenseits des Nationalstaates formuliert worden sind." Es bleibt nur eine ‚ausfransende', ‚zerfasernde' Staatlichkeit. Problem 2: *Demokratische Kultur*. Aktive, selbstsichere und verantwortungsbewusste Bürger werden für eine demokratische Ordnung vorausgesetzt, aber solche Bürger entstehen nur in „partikularen lebensgeschichtlichen Kontexten" und bedürfen eines „soliden Traditionssockels" (Kersting 2002: 21); Demokratie ist mehr als nur eine Abstimmungsmaschinerie, sie ist mit global-flexiblen Monaden nicht zu betreiben. Und in vielen Ländern ist sie, trotz der Begeisterung über die Umsetzung der ‚dritten Welle' der Demokratisierung, noch ein schwächliches System, eine ‚Halbdemokratie' oder eine ‚defekte Demokratie' (Merkel 1999), entwicklungs- und entfaltungsbedürftig. Problem 3: *Solidarität*. Die Welt ist ein zu großer Raum, um mit allen Menschen – außer auf recht unverbindliche Weise – solidarisch sein zu können. Eine soziale Demokratie hat sich immer mit Solidaritätspflichten verbunden; man wusste, mit wem man teilen sollte oder für welche Gruppe man Opfer zu bringen hatte. Die Perspektive der Weltgesellschaft eröffnet aufklärerisch-menschenfreundliche Visionen von der Gleichheit aller Bürger dieser Erde, eine multikulturalistische Party-Stimmung; aber eine konkrete, spürbare Solidarität, hinsichtlich derer man *Verpflichtungsgefühle* wachrufen kann, hat üblicherweise den Bezug zu einer abgrenzbaren sozialen Gruppierung gebraucht. Auch diese gibt es in nationsübersteigenden Netzwerken nicht mehr.[6]

---

[6] Der Prozess der *Europäisierung* – als Teil des weltweiten Denationalisierungsprozesses – ist, trotz aller Kritik, besser definiert als der Prozess der Globalisierung. In der Globalisierung gibt es emergente Machtverhältnisse, die durch Deskriptionen und Konstruktionen von Governance-Modellen nicht in den Griff zu bekommen sind. Das Vereinte Europa ist hingegen eine politische Konstruktion, und es bemüht sich, seine Verhältnisse rechtlich, sogar verfassungsrechtlich, zu definieren. Es verschiebt globale Prozesse, in dem es innere Grenzen nicht nur unwichtiger macht, sondern gänzlich auflöst, dafür aber die Außengrenzen der EU stärker zieht, sogar so stark, dass sich die Flüchtlingsströme an den europäischen Rändern stauen und manche von der ‚Festung Europa' sprechen. Die Globalisierung schwächt die Handlungsmöglichkeiten von Regierungen, die Europäisierung beseitigt

6 Globalistischer Multikulturalismus

Globalisten und Antiglobalisten ringen auch auf kulturellem Gebiet miteinander. Globalisten verkünden mit dem Selbstbewusstsein des Erfolgreichen, dass es offensichtlich die Attraktivität der westlichen Kultur und ihrer Produkte ist, die zu deren Verbreitung in allen Teilen der Welt führt. Antiglobalisten greifen auf Konzepte des westlichen ‚Kulturimperialismus' zurück, sie sehen in der Verbreitung westlicher Symbole, Werte und Güter eine Überwältigung anderer Kulturen, die in der Folge gar noch zur Schaffung oder Ausbeutung von Abhängigkeiten dienen kann. Alte Empfindlichkeiten spielen dabei eine Rolle: die Erinnerung an kolonialistische Zeiten, Sklaverei und Ausbeutung. Mehrere Prozesse spielen sich parallel ab.

Verwestlichung: Zu den offensichtlichen Symbolen einer Verwestlichung der Welt gehören die kulturellen Produkte, welche alle Länder der Welt überschwemmen, von der Kleidung bis zu den technischen Geräten, von den Kino- und Fernsehprogrammen bis zum Tourismus.

Amerikanisierung: Es ist nicht nur der politisch-militärischen Macht der Vereinigten Staaten geschuldet, dass Elemente des amerikanischen Lebensstils eine besonders starke Verbreitung finden; Kulturanalytiker vermuten, dass gerade amerikanische Kulturelemente, die sich in einer multikulturellen Einwanderungssituation entwickelt und europäische Erbschaften modifiziert haben, besonders gut eignen, in andere Kulturen vorzudringen. Manche Wertwandelforscher vermuten, dass Kulturen viel weniger unterschiedlich sind, als manche vermuten, und dass die globale Angleichung nicht so sehr die Folge von Verwestlichung und Werttransfer darstellt, sondern einfach durch den erzielten Wohlstand bedingt ist: Postmodernisierung sei ein Prozess, den alle Länder durchlaufen (Hillmann 2004: 155).

Hybridisierung: Es sind wiederum die raschen Blicke, die zu einer Überschätzung der Diffusionen und Vermischungen führen; denn lokale Kulturen weisen in Wahrheit eine spezifische Selektivität bei der Übernahme fremder Elemente auf, sie wehren manche Elemente ab, sie verarbeiten sie auf unterschiedliche Weise, sie bringen sie in ihre autochthone Welt ein, ja gerade in der Konfrontation können heimische Restbestände eine neuerliche Aufwertung erfahren (Sterbling 2004: 113).

---

die individualstaatliche Zugriffsfähigkeit in vielen Bereichen zur Gänze. Der Europäismus scheint jedenfalls ein *aktiveres* Projekt im Auge zu haben, während der Globalismus, zum Besseren oder zum Schlechteren, *erlitten* wird. Dennoch kann man fragen, ob die aktuelle Handlungskapazität der Europäischen Union im selben Maße gestiegen ist, wie die Handlungskapazität der Mitgliedsstaaten abgenommen hat.

Interdependenz: Die Verwestlichung der Welt ist keine Einbahnstraße; angesichts der demographischen Verschiebungen wandern kulturelle Elemente aus weniger entwickelten Teilen der Welt – ganz altmodisch auf zwei Beinen – in die reichen Länder. Paradoxerweise sind sich Globalisten und Antiglobalisten darin einig, dass multikulturelle Milieus eine Bereicherung der europäischen Kultur sein können. Tatsächlich kann man in den Zentren größerer Städte quer durch Europa auf die unterschiedlichste Weise essen gehen, chinesisch und koreanisch, italienisch und französisch, indisch und afrikanisch, deutsch und mexikanisch; und die Spezialitäten fächern sich weiter aus, zum Vietnamesischen und Brasilianischen.

Insularisierung: Zugleich entwickeln sich, jenseits bestimmter quantitativer Schwellenwerte, in den reichen Ländern subkulturelle Milieus, die dadurch problematisch werden, dass sie nicht nur ein vertrautes Heimat-Ambiente für Immigranten bieten, sondern dass sich, zumindest bei bestimmten Gruppen, kulturelle Dynamiken entwickeln, deren Werthaltungen sich von grundlegenden Überzeugungen der aufnehmenden Kulturkreise abkoppeln: das Problem feindseliger und gewaltsamer Muslim-Gruppen in den Vorstädten von Paris und London.

Globalismus, Naturalismus, Ökonomismus und Postnationalismus als zwischen Globalisten und Antiglobalisten umstrittene Ideologien sind durch zwei weitere Elemente zu ergänzen, durch den Flexibilismus und den Konsumismus. Es mag sonderbar anmuten, als eine der wesentlichen ideologischen Botschaften der Gegenwartsgesellschaft den *Flexibilismus* zu nennen, und doch begegnet einem die Lobpreisung von Mobilität, Offenheit, Flexibilität, Wandlungs- und Veränderungsbereitschaft überall. Wer mitmachen will, der möge jederzeit bereit sein, seinen Wohnort zu wechseln, einen neuen Job anzufangen, zu einem neuen Unternehmen zu gehen, neue Methoden zu lernen, vielleicht auch seinen Partner zu wechseln. Unbegrenzte Flexibilität gilt als Grundtugend der neuen Wirtschaftswelt, ohne die man in der Globalisierung nicht bestehen kann. Kontinuität und Verlässlichkeit gelten nicht mehr als wünschbare Verhältnisse. Freilich lässt sich gegen den globalistischen Flexibilitätsjubel nicht nur der Unwillen von Menschen stellen, die keinen nachvollziehbaren Lebenslauf mehr gestalten können, sondern auch das Argument steigender Transaktionskosten: Sozialkapital geht verloren, wenn die Flexibilität Grenzwerte übersteigt – durch den Verlust sozialer Netzwerke ebenso wie durch die Kosten des Neuaufbaus von Sozialkapital (Putnam 1995, Geyer und Straubhaar 2005).

Die zweite ideologische Globalbotschaft ist der *Konsumismus*. Letzten Endes wollen die Einwohner der meisten Länder dieser Welt deshalb an der kapitalistischen Weltwirtschaft Anteil haben, weil sie – nicht zu Unrecht – vermuten, dass diese Teilhabe reich macht. Der Luxus der westlichen Länder ist sichtbar, und alle wollen so reich werden wie der Westen. Sie wollen auch an den Attributen dieses Reichtums teilhaben: Alle wollen Cellphones. Alle wollen Autos. Alle wollen Klimaanlagen. Alle wollen um die Welt fliegen. Eine Welt, die sich aus den dörflichen und ländlichen Beengtheiten hinaus begibt; eine Welt, die Elend und Unsicherheit weitgehend beseitigt; eine Welt, die Wahlfreiheiten schafft und Erlebnisse vermittelt. Die glitzernde Welt des Westens leuchtet und blinkt, sie jubelt und tost; sie hat ihre Sinnhaftigkeit längst auf Erlebnisse und Events beschränkt (Schulze 1992, Gross 1994, Gebhardt et al. 2000). Es ist eine ‚zweidimensionale Gesellschaft', in der Spaß und Geld zählen (Prisching 2006). Der Globalismus hebt diese fundamentale Ideologie reicher Konsumenten auf eine neue Ebene: Die kosmopolitische Klasse verspricht allen, dass sie so leben können wie die Reichen, im Wissen darum, dass dieses Versprechen in Wahrheit nicht eingehalten werden kann. Wenn Milliarden von Ressourcenverbrauchern und Emittenten, von Autofahrern und Müllproduzenten nach dem europäisch-angelsächsischen Modell dazukommen, dann geht es mit der Erdkugel aus ökologischen Gründen schneller abwärts, als man sich das heute vorstellen kann. Deshalb ist die konsumistische Ideologie bedrohlicher als die Totalitarismen der Geschichte, die doch räumlich beschränkt geblieben sind; denn sie betoniert den Status-quo ein: Jeder würde möglicherweise für sein eigenes Umfeld Opfer bringen, nicht aber für entfernte Menschen irgendwo auf der anderen Seite der Erdkugel; und bei den Menschen in der Dritten Welt herrscht die Überzeugung, dass ihnen niemand eine Enthaltsamkeit predigen sollte, der diese nicht selbst praktiziert. Nullwachstumspolitik dürfte keine Chance haben, wenn sie langfristig mit dem Verzicht auf Einkommenserhöhungen und der Inkaufnahme von sozialstaatlichen Verschlechterungen verbunden ist. Deshalb sind die Industrieländer zu einem Wachstumskurs verdammt, und die weniger entwickelten Länder erst recht. Dass die Entwicklung auf diese Weise mit Volldampf gegen die Wand fährt, wird von den Vertretern des Globalismus hinweggewischt: Sie vertrauen auf jene rechtzeitig einsetzende Erfindungskraft des Menschen, die allerdings schon in den letzten dreißig Jahren in ökologischen Belangen wenig Vertrauenserweckendes geleistet hat.

7 Schlussbemerkungen

Globalisierung ist ein mächtiger Prozess, und so ist nicht verwunderlich, dass er Lob und Kritik erfährt, dass die Sachdiskussionen wogen, Ideologien aufeinander prallen, Instrumentalisierungen versucht werden. In diesem Prozess finden auch alle anderen modernen Auffassungen und Deutungen der Welt Eingang, unterschiedliche ordnungspolitische Modelle der Ökonomen, widersprüchliche Zukunftsmodelle der Politikwissenschaftler, Erwartungshaltungen von Entwicklungstheoretikern und Ökologen, Szenarien von Kulturwissenschaftlern, Hoffnungen von Fortschrittsgläubigen und Verweigerungshaltungen von Konsumkritikern. Der ungeheuerliche dynamische Prozess, der von Europa seinen Ausgang genommen hat, ergreift die Welt; und es ist alles andere als klar, ob in diesem „Prozess der schöpferischen Zerstörung" (Schumpeter 1993) letzten Endes das Schöpferische oder das Zerstörerische überwiegt.

Literatur

Altvater, Elmar und Mahnkopf, Birgit, 1996: Grenzen der Globalisierung. Münster: Westfälisches Dampfboot
Andersen, Svein S. und Burns, Tom R., 1992: Societal Decision-Making. Aldershot-Brookfield: Dartmouth
Bach, Maurizio, 1999: Die Bürokratisierung Europas. Frankfurt /M.: Campus
Beck, Ulrich, 1997: Was ist Globalisierung? Frankfurt/M.: Suhrkamp
Benz, Arthur, 2001: Postparlamentarische Demokratie und kooperativer Staat. S. 263-280 in: Claus Leggewie und Richard Münch (Hg.), Politik im 21. Jahrhundert. Frankfurt/M.: Suhrkamp
Brock, Ditmar, 1997: Wirtschaft und Staat im Zeitalter der Globalisierung. Von nationalen Volkswirtschaften zur globalisierten Weltwirtschaft. Aus Politik und Zeitgeschichte B 33-34: 12-19
Cohen, Joshua und Rogers, Joel, 1995: Solidarity, Democracy, Association. S. 136-159 in: Wolfgang Streeck (Hg.),1994: Staat und Verbände. PVS-Sonderheft 25. Opladen: Westdeutscher Verlag
Dryzek, John, 1990: Discursive Democracy. Politics, Policy and Political Science, Cambridge: Cambridge University Press
Elster, Jon (Hg.), 1998: Deliberative Democracy. Cambridge: Cambridge University Press
Fröbel, Folker, Heinrichs, Jürgen und Kreye, Otto, 1977: Die neue internationale Arbeitsteilung. Strukturelle Arbeitslosigkeit in den Industrieländern und die Industrialisierung der Entwicklungsländer. Reinbek bei Hamburg: Rowohlt
Fürstenberg, Friedrich und Oesterdiekhoff, Georg W., 2004: Globalisierung ohne Grenzen? Soziologische Beiträge zum Entgrenzungsdiskurs. Hamburg: Kovac
Gebhardt, Winfried, Hitzler, Ronald und Pfadenhauer, Michaela (Hg.), 2000: Events. Soziologie des Außergewöhnlichen. Opladen: Leske + Budrich
Geyer, Gunnar und Straubhaar, Thomas, 2005: Globalisierung und Loyalität: Wer sind ‚Wir'? S. 323-355 in: Max Miller (Hg.), Welten des Kapitalismus. Institutionelle Alternativen in der globalisierten Ökonomie. Frankfurt/M./New York: Campus
Gilpin, Robert, 2000: The Challenge of Global Capitalism. The World Economy in the 21st Century. Princeton: Princeton University Press
Gray, John, 1999: Die falsche Verheißung. Der globale Kapitalismus und seine Folgen. Berlin: Fest
Gross, Peter, 1994: Die Multioptionsgesellschaft. Frankfurt/M.: Suhrkamp

Hayek, Friedrich von, 1969: Die Ergebnisse menschlichen Handelns, aber nicht menschlichen Entwurfs. S. 97-107 in: Ders., Freiburger Studien. Tübingen: Mohr

Hillmann, Karl-Heinz, 2004: Wertwandel Global. Kulturelle Identität und Differenz von Werten im Globalisierungsprozess. S. 135-158 in: Friedrich Fürstenberg und Georg W. Oesterdiekhoff (Hg.), Globalisierung ohne Grenzen? Soziologische Beiträge zum Entgrenzungsdiskurs. Hamburg: Kovac

Hirst, Paul und Thompson, Grahame, 1996: Globalization in Question. The International Economy and the Possibilities of Governance. Malden: Polity Press

Kersting, Wolfgang, 2002: Kritik der Gleichheit. Über die Grenzen der Gerechtigkeit und der Moral. Weilerswist: Velbrück

Leggewie, Claus und Münch, Richard (Hg.), 2001: Politik im 21. Jahrhundert. Frankfurt/M.: Suhrkamp

Mann, Michael, 1997: Has Globalization Ended the Rise and Rise of the Nation-state? Review of International Political Economy 4: 472-496

Merkel, Angela 2001: Für eine neue soziale Marktwirtschaft. Rede am 21.9.2001 in der Börse in Frankfurt am Main, www.cdu.de

Merkel, Wolfgang 1999: Systemtransformation. Eine Einführung in die Theorie und Empirie der Transformationsforschung. Opladen: Leske + Budrich

Miller, Max (Hg.), 2005: Welten des Kapitalismus. Institutionelle Alternativen in der globalisierten Ökonomie. Frankfurt/M./New York: Campus

Nassehi, Armin, 1998: Die ,Welt'-Fremdheit der Globalisierungsdebatte. Ein phänomenologischer Versuch. Soziale Welt 49: 151-166

Oesterdiekhoff, Georg W., 2004: Machtblöcke und Wirtschaftsregionen. Positionen und Entwicklungen im globalen Wettbewerb. S. 57-82 in: Friedrich Fürstenberg und Georg W. Oesterdiekhoff (Hg.), Globalisierung ohne Grenzen? Soziologische Beiträge zum Entgrenzungsdiskurs. Hamburg: Kovac

Piper, Nikolaus,1996: Angstfaktor Weltmarkt. Die Zeit, 5.4.1996: 17-18

Polanyi, Karl, 1944: The Great Transformation. The Political and Economic Origin of Our Time. New York: Rinehart & Co

Prisching, Manfred, 2004: Globalismus und Weltgesellschaft. S. 83-105 in: Friedrich Fürstenberg und Georg W. Oesterdiekhoff (Hg.), Globalisierung ohne Grenzen? Soziologische Beiträge zum Entgrenzungsdiskurs. Hamburg: Kovac

Prisching, Manfred, 2006: Die zweidimensionale Gesellschaft. Ein Essay zur neokonsumistischen Geisteshaltung. Wiesbaden: VS

Putnam, Robert D., 1995: Bowling Alone. America's Declining Social Capital. Journal of Democracy 6: 65-78

Samuelson, Paul A., 2004: Where Ricardo and Mill Rebut and Confirm Arguments of Mainstream Economists Supporting Globalization. Journal of Economic Perspectives 18: 135-146

Schroer, Markus, 2000: Bereichsrezension Globalisierung. Soziologische Revue 23: 239-243

Schumpeter, Joseph A., 1993: Kapitalismus, Sozialismus und Demokratie, 7. Auflage. Tübingen: Mohr

Schulze, Gerhard, 1992: Die Erlebnisgesellschaft. Kultursoziologie der Gegenwart. Frankfurt/M./New York: Campus

Sen, Amartya, 2002: How to Judge Globalism. The American Prospect 13: 1-14
Sklair, Leslie, 2001: The Transnational Capitalist Class. Malden: Blackwell
Sterbling, Anton, 2004: Intellektuelle und ihre Standpunkte im Globalisierungsdiskurs. Soziologische Reflexionen zur Globalisierung. S. 107-134 in: Friedrich Fürstenberg und Georg W. Oesterdiekhoff (Hg.), Globalisierung ohne Grenzen? Soziologische Beiträge zum Entgrenzungsdiskurs. Hamburg: Kovac
Streeck, Wolfgang (Hg.), 1994: Staat und Verbände. PVS-Sonderheft 25. Opladen: Westdeutscher Verlag
Thielemann, Ulrich, 2005: Freiheit unter den Bedingungen des Marktes. S. 261-287 in: Heinrich Schmidinger und Clemens Sedmak (Hg.), Der Mensch – ein freies Wesen? Autonomie – Personalität – Verantwortung. Darmstadt: Wissenschaftliche Buchgesellschaft
Ulrich, Peter, 2002: Der entzauberte Markt. Eine wirtschaftsethische Orientierung. Freiburg/Basel/Wien: Herder
Weber, Max, 1972: Wirtschaft und Gesellschaft, 5. Auflage. Tübingen: Mohr
Weizsäcker, Ernst Ulrich von, Lovins, Amory B. und Lovins, Hunter L., 1995: Faktor vier. Doppelter Wohlstand – halbierter Naturverbrauch. München: Droemer Knaur
Wiesenthal, Helmut, 1999: Globalisierung als Epochenbruch – Maximaldimensionen eines Nichtnullsummenspiels. S. 503-533 in: Gert Schmidt und Rainer Trinczek (Hg.), Globalisierung. Ökonomische und soziale Herausforderungen am Ende des zwanzigsten Jahrhunderts, Soziale Welt. Sonderband 13. Baden-Baden: Nomos
Wolf, Martin, 2003: Asia Is Awakening. Financial Times, 22. September 2003
Zürn, Michael, 1997: Was ist Denationalisierung und wie viel gibt es davon? Soziale Welt 48: 337-360
Zürn, Michael, 2001: Regieren im Zeitalter der Denationalisierung. S. 423-442 in: Claus Leggewie und Richard Münch (Hg.), Politik im 21. Jahrhundert. Frankfurt/M.: Suhrkamp

Globaler Wandel: Nationalstaaten und nationale Gesellschaften unter Druck

Jens Luedtke

1 Zum Thema

‚Die Globalisierung und ihre Kritik(er)' lässt sich aus mehreren Blickwinkeln betrachten. Dieser Beitrag beschränkt sich auf die Kritik. Das kann bedeuten: Prinzipielle Kritik an der Globalisierung oder Kritik am Globalisierungsdiskurs, wie sie Gürses (2005: 87) mit Blick auf die Migration vornahm. Er vermisst verbindliche Definitionen, spezifische Merkmale und sichtbare Akteure. Die andere Interpretation ist: Kritik, die *durch* die Globalisierung als Prozess *am* Bestehenden erfolgt. Dieser Sichtweise folgt der Beitrag. Die Perspektive ist nicht neu: Schon früh wurde die Annahme vertreten, mit der Globalisierung würde der Nationalstaat sukzessive an Bedeutung verlieren und überwunden. Anders interpretiert: Globalisierung als Form der Modernisierung stellt die bis dato gedachte (post-)industriegesellschaftliche Modernität in Frage; sie wird in vielfältiger Weise zur Herausforderung für die okzidentale Lesart von Moderne. Nassehi (2002: 227f.) spricht vom „Zerbrechen des gewohnten nationalstaatlichen Inklusionsarrangements [...] des Nachkriegswestens".

Der Beitrag legt den Schwerpunkt der Analyse auf den Raum. Typisch für das Staatsverständnis der (post-)industriellen Moderne ist die Zentrierung auf den Nationalstaat als homogenen Flächenstaat mit dem Monopol auf legitime Gewaltanwendung. Im Gefolge der Globalisierung findet jedoch „der machtvolle Aufstieg des Lokalen" (von Trotha 2005: 32) statt. Anhand exemplarischer Themenbereiche, die mit der Globalisierung zusammenhängen (Migration, neuer Terrorismus, globale Kriminalität) zeigt der Beitrag auf, welche Auswirkungen dies auf den Raum hat (Entstehen, Gestaltung, Kontrollierbarkeit).

Das wirft weitere Fragen auf: Gerät die unterstellte territoriale Homogenität so unter Druck, dass der Nationalstaat nicht mehr in gewohnter Weise ‚Machtstaat' ist? Wird somit das okzidentale Modell der staatlichen Organisation einer Gesellschaft in Frage gestellt?

2 Die Herausforderung des Nationalstaats als Machtstaat

Aus ökonomischer Sicht meint Globalisierung die Intensivierung und Beschleunigung ökonomischer Vernetzungen zwischen Ländern der ersten und zweiten Welt sowie Schwellen- und Entwicklungsländern. Dadurch globalisiert sich der Wettbewerb um Arbeitsplätze auf Basis von ‚Standortbedingungen' (Hein 2005, Paqué 1995). Das führt zur Ökonomisierung von Funktionsbereichen: Bildungssystem, System sozialer Sicherung, Arbeitsmarktsystem. Entscheidend ist, dass Globalisierung auf Basis moderner Kommunikations- und Informationstechnologien die bestehenden Räume und Vorstellungen von Räumen verändert. Nach Castells (1994) entsteht ein „Raum der Ströme"; global-lokale Vernetzungen über Menschen-, Technologie-, Finanz-, Medien-, Ideen- bzw. Ideologieströme führen zur Ent-Territorialisierung.

Das fordert den Nationalstaat als Machtstaat heraus. Moderne Gesellschaften werden politisch als Machtstaaten gedacht, die über die Verstetigung formalbürokratischer Herrschaft eine Ordnung relativ dauerhaft durchsetzen können: durch die Kontrolle von Verhalten und Einstellungen, die Disziplinierung von Körpern in der Sozialisation, durch gesellschaftliche Sanktionspraktiken (Foucault 1979), in jüngerer Zeit durch technische, bauliche und soziale Kontrolle von Räumen (Legnaro 1997, Krasmann 1997). Die Gültigkeit einer sozialen Ordnung wird auf einen politisch definierten Container-Raum, ein Territorium, ausgedehnt und beschränkt. „Dabei bildet der Staat mit der Monopolisierung der Gewalt […] einen Körper, den er zu schützen verspricht" (Krasmann 2004: 118). Er garantiert Frieden im Inneren durch die Zivilisierung physischer Gewalt (Elias 1991).

Im Innenraum der Gesellschaft wird Homogenität unterstellt, die „wesentlich eine Kreation staatlicher Kontrolle" ist (Beck 1997: 50). Daher wird auch der politisch inszenierte Diskurs über die innere Sicherheit mit Schärfe geführt, denn mit dem sichtbaren Herstellen und Bewahren der inneren Sicherheit ist ein zentraler Aspekt für die Legitimität des modernen Staates als Staat angesprochen. Andererseits werden eine Reihe von Rechtsgütern durch Faktoren bedrängt, die jenseits der Nationalstaatsgrenzen liegen (Hetzer 2003: 33); wie der neue Terrorismus zeigt, gehört die innere Sicherheit dazu.

Die nationalstaatlichen Möglichkeiten, Homogenität zu erzeugen, sind unter Druck geraten; Sozialisationsverläufe, Erwerbs- und Privatbiographien haben sich ideologischen ‚Normallösungen' (Mückenberger 1986, Bonß 1999) aufgrund nationalstaatlicher Bildungs-, Sozial- und Wirtschaftspolitik sowie durch globale wirtschaftliche Veränderungen entzogen. Die ökonomische Homogenität wird durch den weltweiten Kampf um Arbeitsplätze berührt: Über die Nationalstaaten hinweg entsteht ein „patchwork aus ‚High-Tech'-Regionen, ‚Low Wage'-Gebieten oder ‚free-enterprise-zones'" (Noller et al. 1994: 18). Das kann nationalstaatlich verankerte Demokratien schwächen (Hippler 2005).

Milieus und Lebensstile formen sich weniger national, sondern im Spannungsfeld von lokaler Kultur und globaler Kommunikation; Städte und Regionen sind die neuen Orte dieser Formierung (Noller et al. 1994: 16, Noller 1999: 30ff.); allerdings scheint, wie Nassehi (2002) festhält, die Fähigkeit der Stadt als „Multiinklusionsmaschine" an ihre Grenzen gelangt zu sein. Entscheidend ist, dass die territoriale Homogenität in Frage gestellt wird: Globale ökonomische Vernetzungen und die globale Migration lassen überregionale, die Grenzen der Nationalstaaten übergreifende Räume entstehen (Pries 1997).

3 (Globale) Migration: Herausforderung der Territorialität

Globale Migration erfolgt gegenwärtig von Regionen mit hohem zu Regionen mit niedrigem Bevölkerungswachstum, von ressourcenarmen zu ressourcenreichen Regionen, von Regionen mit einem niedrigen zu Regionen mit einem hohen Menschenrechtsstandard (Galtung 2000: 11ff.). Es wandern eher geringer Qualifizierte, die in den Aufnahmegesellschaften am unteren Ende der Beschäftigungshierarchie eingegliedert werden; noch darunter liegen irreguläre Arbeitsmigranten, Flüchtlinge und Opfer des Menschenhandels (Nuscheler 2000: 23). Andere Migrationsströme entsprechen eher westlichen Vorstellungen von einer globalisierten Ökonomie: Hoch qualifizierte Arbeitskräfte, die für global agierende Arbeitgeber unterwegs sind. Gürses (2005: 101) spricht von der Aporie der „begrenzenden Entgrenzung": Propagierte Transkulturalität und grenzenlose Kommunikation einerseits, das Schließen nationalstaatlicher Grenzen für bestimmte Personen und Gruppen andererseits; grenzenlose Mobilität wird exklusiv.

Migration bedeutet, einen Raum zu verlassen, um in einen neuen, materiell, politisch-rechtlich und sozial bereits vorhandenen Raum einzutreten. Der Migrant stellt die Verbindung zwischen diesen Räumen her bzw. trägt zur Bildung neuer Räume bei. Betrachten wir den Raum nach der Konzeption von Löw (2001) als eine Vernetzung von Orten im Alltagsvollzug, weiten sich sowohl Herkunfts- als auch Migrationsraum; ‚Räume' können durch Migration ins Globale gestreckt werden, Wohnquartiere in französischen oder deutschen Städten sich vernetzen mit Regionen in Nord- oder Zentralafrika oder der Türkei, sowohl materiell (Personenströme) als auch virtuell (neue Kommunikationsmedien).

Migranten leben gerade im großstädtischen Raum überproportional in sozial und räumlich segregierten Quartieren bzw. städtischen Teilräumen (Häußermann und Siebel 2002). Minoritäten suchen in der Aufnahmegesellschaft die Gemeinschaft kulturell Vertrauter. Das ist funktional, kann aber zur ethnischen und lokalen Schließung der Netzwerke führen; benachteiligende Lebensverhältnisse und misslingende Integrationsprozesse können sich räumlich sammeln. Die Konzentration wird wertend codiert: Berlin-Kreuzberg oder Köln-Kalk stehen für ‚Little Istanbul'. Für Beobachter und Bewohner können negative Identitätsanker entstehen. Versuche, die Begrenzung zu überwinden, bestehen auf mehreren Ebenen: lokal durch die bedingt wirksame Integration in quartiersgebundene Parallelökonomien (Heitmeyer 1998, Engbersen 2005: 113ff.), translokal durch Arbeit und Freizeit sowie Vernetzungen mit anderen Migrantenquartieren, transnational durch Vernetzung zur Herkunftsregion der Familie oder mit Orten in ‚islamischen Kernländern'.

Räume und Einflüsse durch Migration bzw. Migranten können den nationalstaatlichen Rahmen deutlich überschreiten. Entscheidend für die ideale territoriale Homogenität des Nationalstaats ist die Frage, ob sich Orte in seinem Territorium seiner Kontrolle entziehen. Haben es westliche Nationalgesellschaften mit neuen Herausforderungen durch räumlich, sozial und kulturell abgeschottete, staatlich nicht mehr kontrollierbare Parallelgesellschaften zu tun? Wurden Ethnie und Religion zu Identitätsankern mit Selbstausgrenzungscharakter? Die Ergebnisse dazu sind nicht eindeutig.

Heitmeyer et al. (1997) sehen den ‚ethic revival' als Antwort der dritten Generation auf das Erleben von Ausgrenzung: Sie wendet das ausgrenzende Merkmal positiv zur Basis für ihre Identität. In ähnlicher Weise gilt auch Religion als identitätsstiftend, wobei sich jedoch „für die große Mehrheit […] die Frage [stellt; J.L.], wie es möglich ist, als europäische Muslime zu leben" (Brunner 2005: 8). Wichtig ist daher der Einfluss radikaler Vereinigungen. Dantschke (2004: 107) spricht von einer „kleinen, aber lautstarken Machtelite" wie z.B. der islamischen Gemeinschaft ‚Milli Görüs', die für Parallelgesellschaften eintritt; islamische Vereinigungen haben gerichtlich einen curricular und von der Wahl der Lehrkräfte her selbst organisierten Islamunterricht durchgesetzt (Brettfeld und Wetzels 2004: 227). Damit entstehen autonom kontrollierte Räume.

Dagegen halten Janssen und Polat (2006: 16) für türkische Migranten der zweiten Generation fest, dass sie ethnisch homogene Netzwerke haben, aber türkische und deutsche Lebenswelten nicht vollständig getrennt sind. Nach Halm und Sauer (2006: 23) lässt sich gut ein Fünftel der erwachsenen türkischen Migranten in NRW als „tendenziell segregiert" einstufen und bildet „vermehrt parallelgesellschaftliche Strukturen" aus. Relevante Segregationsmerkmale sind eine starke Religiosität und schlechte Sprachkompetenz; sie senken das Interesse am Kontakt in die Mehrheitsgesellschaft (Leibold et al. 2006: 9). Um von einer Herausforderung der Territorialität durch Parallelgesellschaften zu sprechen, reichen die Befunde noch nicht aus; Tendenzen zur (Selbst-)Isolierung bestehen durchaus.

4 Terrorismus und globale Kriminalität: Herausforderung der Territorialität

Nach dem 11. September 2001 schien im Bereich der inneren Sicherheit eine neue Zeitrechnung angebrochen zu sein, die bisherige Sicherheitspolitiken obsolet erscheinen ließ: Ein globalisierter, mit religiösen Versatzstücken motivierter Terrorismus (Dombrowsky 2005) schien die urbanen Infrastruktur- und Kommunikationseinrichtungen westlicher Gesellschaften überall erfolgreich bedrohen zu können; es schien, als könne der Nationalstaat die Aufgabe, für die Sicherheit seiner Bürger im nationalen Territorium zu sorgen, nicht mehr erfüllen, vor allem im urbanen Raum. Diese Herausforderung nationaler Souveränitäten führte zur Ausrufung eines weltweiten ‚Krieges gegen den Terrorismus' – Prävention wurde zum Kriegsgrund (Strasser und van den Brink 2005: 6). Allerdings war die Antwort vom gewohnten großen Krieg geprägt; die neue Herausforderung kommt dagegen in Gestalt des kleinen Krieges, der „Metro-Politik heimischen Terrors [...], in der die Unterscheidung zwischen militärisch und zivil zu schwinden beginnt" (Virilio 2004: 3).

4.1 Der neue Terrorismus

‚Terrorist' ist ein standortabhängiger Begriff; je nach Position des Betrachters gilt der Akteur als Freiheitskämpfer oder Feind der Menschheit (Hess 2002: 84).[1] Das macht eine Definition notwendig. Waldmann (2003: 88) definiert Terrorismus als „planmäßig vorbereitete, schockierende Gewaltschläge gegen eine politische Ordnung aus dem Untergrund", scheinbar spontan, unvorhersehbar, privat organisiert, aber mit politischer Zielsetzung.[2] Erzeugt werden sollen Panik, Verwirrung, Hilflosigkeit bei einem eigentlich übermächtigen Gegner. Angst und Verunsicherung in der Bevölkerung sind entscheidend, weil Terroristen damit indirekt Einfluss auf das politische Verhalten eines Staates nehmen können: Er soll zu (unkontrollierten) Gegenreaktionen verleitet werden, mit denen er sein ‚wahres' Gesicht zeigt (siehe auch Hess 2002, Karstedt 2002, Funke 2001). Da-

---

[1] Um Legitimierung und eigene Aufwertung geht es auch, wenn Terrororganisationen für ihre Mitglieder den Kombattantenstatus beanspruchen. Dadurch würden sie und ihre Aktivitäten zum ‚normalen' Bestandteil ‚ordentlicher' Gewaltprozesse. Die Verpflichtung der USA zur (teilweisen) Anwendung der Genfer Konvention im Lager von Guantanamo bekräftigt diesen Anspruch (Funk 2002: 138).

[2] Für Al-Quaida liegt das Fernziel in der Errichtung eines „gegenüber der kapitalistischen Weltwirtschaft aparten sozio-politischen Blocks" von Marokko bis zu den Philippinen (Münkler 2004: 38). Angesichts der nötigen organisatorischen Kompetenzen wird dies eher Utopie sein; der Weg, der private kleine Krieg, dürfte das Ziel bleiben.

mit üben Terroristen Macht aus, ohne das Territorium physisch in Besitz nehmen zu müssen, zu wollen oder gar zu können. Ihr Erfolg ist nicht zuletzt symbolisch. Bei Al-Quaida besteht er neben der unmittelbaren Schädigung westlicher Symbole und der Tötung einer Vielzahl unbeteiligter Personen darin, dass die Effekte und Reaktionen über die Massenmedien weltweit sichtbar werden.

Das qualitativ Neue am 11. September war, dass es sich „um den ersten Fall [...] vollendeten ‚globalen' Terrorismus" (Waldmann 2003: 93) handelte. Das ist räumlich, motivational und zielbezogen zu verstehen: Terrorgruppen wie die RAF waren trotz ihrer Kontakte zu Terrorgruppen in anderen Ländern vom Aktionskreis regional auf Deutschland und auf symbolische Personen, die Repräsentanten der Macht, beschränkt. Der neue Terrorismus hat dagegen vage Angriffsziele (Infrastruktur, ‚Ungläubige'), sein Kampf ist von der Motivation her ‚heiliger Krieg' und damit kein Mittel für eine politische ‚Ideenpolitik', sondern Mittel einer kulturellen und religiösen ‚Identitätspolitik', bei der ein privatisierter kleiner Krieg zur Lebensform wird (Karstedt 2002: 127ff.).

Der künftige Terrorismus wird wohl von kleinen Gruppen mit vormodernen (ethnischen, religiösen) Sozialbindungen und einer Organisation mit flachen Hierarchien bestimmt, deren Basis oder Ausgangsgebiet möglicherweise in „failed states" (Hippler 2005) liegt, Gebieten mit fehlender oder stark reduzierter Staatsmacht. Autonom und verdeckt agierende Gruppen, die über moderne Kommunikation mit einer Kommandoebene vernetzt sind, ermöglichen ein schwer erfassbares „swarming" (Hess 2002: 146, Schneckerer 2006: 106). Die Unsichtbarkeit als Terrorgruppe wird durch ihre Abschottung auf „Kommunikationsinseln" (Elwert 2003: 118) erreicht. Disziplin, rationale Planung und planmäßiges Gewalthandeln der Täter bei gleichzeitigem Gefühl moralischer Überlegenheit bestimmen Terrororganisationen wie Al-Quaida. Emotionen wie der Hass auf ‚Ungläubige', auf den Westen sind auch Inszenierungen für das angestrebte Publikum. Diese Kombination bildet ein erhebliches Problem für die „Verteidigung der Demokratien" (ebd. 2003: 124f.).

4.2 Terrorismus und Raumkontrolle

Der globale Terrorismus lässt die unabdingbare Schwäche des modernen Staates bei der Kontrolle ‚seines' Raumes in einer modernen Gesellschaft sichtbar werden. Es ist prinzipiell eine in mehrfacher Hinsicht offene Gesellschaft, offen auch, was die Vernetzungen, d.h. die Infrastruktureinrichtungen angeht. Genau an der zivilen Infrastruktur mit Verkehrswegen, Wohnungen, Geschäften, Postverbindungen usw. setzt der neue Terrorismus an, mit dem Ziel, dort hohe Opferzahlen zu erreichen. Die neue Wahllosigkeit der Opfersuche liegt darin, dass der Adressatenkreis der Gewalt diffuser ist als bei weltlich motivierten Terrorgruppen (Schneckerer 2006: 102f.). Die Infrastruktureinrichtungen sind aber nicht wirksam zu schützen – oder wenn, dann um den Preis eines massiven Rückbaus der freiheitlichen Ordnung.

Die Konfrontation erfolgt mit einem nichtstaatlichen Gegner, der die kodierten internationalen Regeln für eine Konfliktaustragung durch organisierte private Gewalt bzw. einen privatisierten Krieg unterläuft. Er greift nicht das Territorium sichtbar von außen, sondern verdeckt von innen heraus an. Die (Nationalstaats-)Grenze, durch die symbolisch der Raum gekennzeichnet und objektiviert wird, hat durch das Handeln der Terroristen an Bedeutung und Wirksamkeit verloren. Das geschieht zunächst nicht sichtbar, weil die Mitglieder von Terrorzellen scheinbar unter Anerkennung der Regeln legal die Grenze übertreten und sich an ausgewählten Orten niederlassen. Orte im Nationalstaatsraum überschneiden sich damit zunächst mit Orten im Raum einer Terrororganisation. Dieser Raum ist variabel, nicht symbolisch durch eindeutige Grenzen gekennzeichnet und hat keine feste Territorialität. Die für die Anschläge ausgewählten Orte (U-Bahnstationen, Bahnhöfe) werden temporär umfunktioniert bzw. verlieren ihre Funktion im Nationalstaatsraum durch Zerstörung.

Räumlich gesehen entgrenzt der neue Terrorismus sich selber und die attackierten Nationalstaaten. Er weitet seine vage definierten Gegner und Ziele in den internationalen Bereich aus und baut, gestützt auf moderne Kommunikationstechnologie und Infrastruktur, ein Netzwerk auf, einen sozial konstruierten Raum, der (über eingewanderte Terrorgruppen) Orte in mehreren Ländern verbindet. Der bestehenden Entgrenzung von Nationalstaaten durch ‚supranationale' Akteure (Leggewie 2003, 2001) wird eine weitere Dimension hinzugefügt: Die kalkulierte „Entgrenzung des Risikos" durch die Attentäter des 11. September (Krasmann 2004: 123), welche die Integrität von Grenzen scheinbar jederzeit und überall in Frage stellt und die Verletzlichkeit des Staatskörpers hervorhebt.

Es geht den ‚neuen' Terroristen nicht um die Kontrolle des Territoriums. Sie stören durch ihre Selbsttötungsanschläge die Prozesse sozialer, selbst organisierter Raumbildung, die über diese Infrastruktur erfolgen, über Freiheits- und Freizügigkeitsrechte abgesichert und typische Kennzeichen moderner, demokratischer Gesellschaften sind. Wird die staatliche Kontrolle des Territoriums in Frage gestellt oder der Glaube daran wirksam erschüttert, findet soziale Raumbildung unter der Bedingung von Unsicherheit statt. Das betrifft Vernetzungen von Orten auf der lebensweltlichen Ebene ebenso wie Vernetzungen auf der Wirtschaftsebene, auch im Außenhandel (Brück und Schumacher 2004: 45f.). Genau darin besteht die destabilisierende Wirkung der Anschläge.

4.3 Die Bedeutung der ‚failed states'

Über die ‚failed states' besteht eine weitere Verbindung zur Globalisierung. Sozioökonomischer Druck durch die Globalisierung kann Staaten und Gesellschaften, die im Inneren bereits instabil waren, kollabieren lassen und (Teil-) Zusammenbrüche von Nationalstaaten bewirken (Hippler 2005: 5); Gewaltmonopol, Rechtssystem, Machtkontrolle, staatliche Dienstleistungen und die soziale Grundversorgung sind stark defizitär oder nicht mehr existent (Debiel 2005: 12). Prekäre, am Rande des Zerfalls stehende Staaten können auch aus der militärischen Zerschlagung bestehender totalitärer Zentralgewalten entstehen, wie Irak und Afghanistan zeigen. Das Aufbrechen bestehender Spannungen und Planungsdefizite der militärischen Sieger behindern die Neueinsetzung einer Zentralgewalt ebenso wie das Erstarken terroristischer Aktivitäten. Nicht zuletzt zielt eine Strategie von Al-Quaida darauf, durch Attentate Staaten mit einer prekären Wirtschaft zu ‚failed states' zu machen. Beispiele sind die Anschläge auf Tourismuszentren in Ländern mit islamischer Bevölkerung (Djerba, Bali, Mombasa), mit denen „die ohnehin labile Ökonomie dieser Länder weiter geschwächt werden" (Münkler 2004: 37) sollte.

Waldmann (2003: 103) schätzt, dass in Lateinamerika, Asien, Afrika und dem Nahen Osten nicht einmal die Hälfte der Staaten über das Gewaltmonopol in ihrem Gebiet verfügen. Diese Länder erfahren die Dominanz westlicher ökonomischer und kultureller Vorstellungen in vollem Ausmaß. Das förderte neue, oft anti-westliche Solidaritäten auf ethnischer oder religiöser Basis, mit der Folge, dass Regionen der rudimentären staatlichen Kontrolle ganz entzogen werden; so können Parasouveränitäten entstehen, d.h. relativ autonome lokale Machtzentren (von Trotha 2005). Unterstützen diese Regionen antiwestliche terroristische Aktivitäten, werden sie für westliche Gesellschaften zum Sicherheitsrisiko. Gerade fragile Staaten mit noch funktionierender technischer Infrastruktur, aber unzureichender staatlicher Kontrollmacht sind für internationale Terrornetzwerke als Rückzugs-, Ruhe-, und Trainingsräume attraktiv und bieten Möglichkeiten zur relativ ungehinderten Verbreitung von Propaganda (Schneckerer 2005: 29).

Andererseits ist es fraglich, ob der Globalisierungsprozess stets verantwortlich ist für den Zerfall von Solidarität und Staatlichkeit. Von Trotha (2005: 33) verdeutlicht, dass die meisten Fälle von Staatsverfall durch lokale Konflikte und damit klassisch staatssoziologisch zu erklären seien. Die neue Dimension entsteht vielmehr als Folge davon: Regionen in zerfallenen Staaten werden für unterschiedliche Interessen instrumentalisierbar und über die neuen technischen Möglichkeiten kommunikativ und informationell mit anderen Regionen (weltweit) vernetzt.

Entscheidend dafür, ob der neue Terrorismus die territoriale Homogenität und damit den Macht- bzw. Nationalstaat effektiv bedrohen kann, ist, inwieweit er Unterstützungsnetzwerke in westlichen modernen Gesellschaften aufbauen kann, denn „Zivilisationen [beginnen; J.L.] von innen zu bluten, wenn der Terrorismus heimisch wird und Unterstützung findet" (Dombrowsky 2005: 38); d.h. ob es religiös-fundamentalistisch basierte Parallelgesellschaften gibt, aus denen heraus die neuen gewaltbereiten Gruppen Akzeptanz und strukturierte Hilfe erhalten. Mit Blick auf Studien über Migrantennetzwerke scheint dies bislang eher weniger gegeben. Zu fragen bleibt, ob die Ergebnisse verallgemeinerbar sind und der Trend zu Selbstabkoppelung, ethnischer und religiöser Segregation steigt.

4.4 Globale Kriminalität

Die transnational vernetzte Kriminalität wie Menschen-, Drogen-, Waffenhandel und Wirtschaftskriminalität wird ebenfalls gefördert durch die Erosion nationalstaatlicher Solidaritäten als mögliche Folge der Globalisierung. Der – vorübergehende? – Wegfall der weltpolitischen Blockstruktur mit den 1990er Jahren trug durch gelockerte Grenzkontrollen ebenfalls zur Ausbreitung von Kriminalität bei (Hetzer 2003). Nach anderer Lesart ist organisierte Kriminalität gar nur die konsequente „Strategie einer Erhöhung von Gewinnmargen jenseits aller moralischen und rechtlichen Grenzen" und damit der Globalisierung „systeminhärent" (ebd.: 32f.).

Karstedt (1999) geht davon aus, dass sich die transnationale Kriminalität deswegen so gut entfalten konnte, weil sie strukturell den erfolgreichen Handlungsstrategien der legalen Ökonomie ähnelt, nämlich den ethnisch, religiös, familial oder auf ‚Clans' aufgebauten ökonomischen Netzwerken. Sie verfügen über spezifische Solidaritätsvorstellungen, die sich gerade im teilweise rechtsunsicheren Raum der globalen Ökonomie den vertraglichen Bindungen als überlegen erweisen. Ehre und Ansehen der Einzelnen beruhen hier auf der strikten, zum Teil auch mit Gewalt eingeforderten Loyalität zur Bezugsgruppe bzw. zu dem Netzwerk, in das diese Gruppe eingebunden ist; dies schließt die Bereitschaft ein, für die Gruppe bzw. auch zum Schutz der Gruppe Opfer und Belastungen (Verhöre, Haftstrafen) auf sich zu nehmen. Die gestiegene Bedeutung der ethnischen und religiösen Zugehörigkeit für die Identitätsbildung kann durch die Möglichkeiten und die gezielte Nutzung moderner Kommunikationstechnologien noch weiter verstärkt werden (Karstedt 1999: 263) – sowohl beim neuen Terrorismus als auch bei der transnationalen Kriminalität. Damit werden soziale Grenzen gegenüber der Außenwelt konstruiert, wodurch ein privater sozialer Raum mit eigenen Norm- und Wertvorstellungen entsteht.

5. Globaler Wandel – Überwindung von Nationalstaat und Nationalgesellschaft?

5.1 Der Trend zur ‚Sicherheitsgesellschaft'

Die Dominanz des Machtstaats beruhte darauf, Herr eines Territoriums zu sein; der Staat bzw. seine Exekutivorgane kontrollieren wirksam den Raum, der als öffentlicher Raum verstanden wird. Wir sind aber in der Phase des Rückgangs öffentlicher Räume; zunehmend mehr Bereiche werden privatisiert oder in die Mischform privat-öffentlicher Räume überführt – sichtbar bei Einkaufszentren, Bahnhöfen, Infrastruktureinrichtungen. Damit wird auch die technische und bauliche Kontrolle über den Raum zunehmend privatisiert, was für einen Kontrollverlust des Machtstaates spricht. Auf der anderen Seite weitet der Machtstaat seinen Einfluss aus, weil er die Ressourcen privater Kontrolleure nutzt.

Die neue „Sicherheitsgesellschaft" (Legnaro 1997) betrachtet Sicherheit als Gut, dass in gemeinschaftlicher Anstrengung produziert werden müsse und könne. Dazu werden primär Räume und nicht mehr Personen kontrolliert. Wer aufgrund seines Verhaltens als nicht zum Raum gehörig definiert wird, wird vom Zugang ausgeschlossen oder aus dem Raum entfernt. Die Verhaltenskontrolle ist eher sozial-moralisch als delinquenzbezogen – bekämpft wird ‚social disorder'. Diese Entwicklung wird gerade in Städten deutlich (Wehrheim 2004: 22ff.): Städtische Gefahrenabwehrverordnungen umfassen Verbote gegen Lagern, Urinieren oder öffentlichen Alkoholkonsum. Sicherheit und Prävention werden ubiquitär, der Weg zur „Präventionsgesellschaft" (Strasser und van den Brink 2005: 7) deutet sich an.

Die Entwicklung hin zur „Urbanisierung unter Sicherheitsaspekten" (Legnaro 1997: 278) steht zwar nicht primär unter dem Einfluss des neuen Terrorismus. Er bietet aber zusätzliche Legitimationen, den Kontrollansatz auszuweiten, gerade weil die neue Bedrohung ubiquitär und unsichtbar scheint. Städtische Sicherheit wird nicht mehr informell, sondern markt- und staatsförmig organisiert unter Einsatz moderner Kommunikations- und Informationstechnologien. Städte werden zu einem Bentham'schen Panoptikum, wobei die Wirksamkeit technischer Kontrollen überschätzt wird. Wie die Anschläge in London und die Versuche in Köln und Koblenz zeigen, konnten Videokameras zwar das spätere Auffinden der Täter erleichtern, nicht aber die Tatvorbereitungen unterbinden.

5.2 Die Verabschiedung des Nationalstaats?

Nationalstaat bzw. Nationalgesellschaft als Bezugsgröße für die Herstellung und Gestaltung einer Ordnung zu nehmen, entspricht westlichem Denken, greift aber unter den Bedingungen der Globalisierung zu kurz. Das wird deutlich, wenn wir den Raum einbeziehen: Gerade das „Lokale [ist; J.L.] das Medium, in dem sich Globalisierung vollzieht und durchsetzt" (von Trotha 2005: 32f.). Müssen wir den Nationalstaat wegen unzureichender Steuerungs- und Kontrollmöglichkeiten verabschieden?

Schulze und Ursprung (1999: 84) sehen bei der Fiskalpolitik unverändert nationalstaatliche Regelungskompetenzen. In der Sozialpolitik entstehen internationale Regime nur durch „freiwillige Selbstkoordination der Nationalstaaten" (Senti 1999: 315). Auf politischer Ebene bestehen regional begrenzte Ansätze, den Nationalstaat zurückzufahren; der Versuch der langsamen Schaffung eines Supra-Nationalstaats wie der EU spricht dafür. Dem stehen, wie die Verfassungsreferenden gezeigt haben, Bedenken in den Nationalgesellschaften gegenüber. Nationalstaaten als lebensweltliche Bezugsgrößen für das Herstellen einer Ordnung können nur dann zurücktreten, wenn es einen anerkannten Ersatz gibt. Möglicherweise hat der „normale europäische Nationalstaat" als „Zentrum der Macht- und Identitätsbildung" (Schwengel 1994: 82) ausgedient, aber eine angemessene Neuordnung fand bislang nicht statt. Schwengel (1994: 81) spricht von der „europaweiten radikalisierten Entzauberung des Staates", der noch keine neue räumliche Gewaltenteilung folgte, sondern eine „bloße wirtschaftskulturelle Inszenierung des Regionalismus". Andererseits können diese Supra-Nationalstaaten notwendig sein, wenn die moderne Staatlichkeit mit ihren Grundprinzipien – und damit letztlich die Vorstellung einer bestimmten Kultur – erhalten bleiben soll. Sie können auch ein Gegengewicht zum wachsenden Einfluss transnationaler, nicht demokratisch legitimierter Gremien (wie Weltbank oder WTO) bilden (Leggewie 2003).

Wie sieht es mit der Migration aus? Für die ‚Menschenströme' erweist sich der Nationalstaat als zu enger, aber auch als zu weiter Rahmen für die Problembearbeitung. Bei der Integration ist der Rahmen zu groß: Über sie entscheiden ganz wesentlich die Prozesse auf lokaler bzw. urbaner Ebene; hier gilt es, Integrationshemmnisse abzubauen. Insoweit haben wir Internationalität auf regionaler oder lokaler Ebene. Andererseits ist der Nationalstaat ein zu enger Rahmen, denn die Zuwanderung erfolgt in Regionen wie z. B. Mittel- oder Westeuropa. Zur Kontrolle bedarf es einer transnationalen Harmonisierung der Migrationspolitiken.

Auch bei der Bekämpfung globaler Kriminalität ist der nationale Rahmen zu eng und zu weit. Karstedt (1999: 270) führt an, dass das patrimonial-feudale Strukturmuster in der globalen Ökonomie, sowohl im legalen als auch im illegalen Bereich, gerade durch Kontrollen auf der lokalen Ebene zu regulieren sei. Notwendig wäre ein Überschreiten des nationalen Rahmens auf der Ebene lokaler Vernetzungen.

Bei der Kriminalität könnte die Verabschiedung der Nationalstaaten bedenkliche Folgen haben: „EUROPOL zeigt, dass die vermeintlichen Gegenmittel einer ‚transnationalen Polizei' möglicherweise gefährlicher sind als das, was sie bekämpfen sollen" (Karstedt 1999: 259). Nach dem okzidentalen Verständnis vom Machtstaat sind die Strafverfolgungsorgane als Bestandteil der Exekutive eingebunden in die Gewaltenteilung und damit auch die gegenseitige Kontrolle der Gewalten. Da auf transnationaler (hier: europäischer) Ebene eine dem angemessene und wirksame Form von Gewaltenteilung bislang fehlt (Schwengel 1994), führt das zu einer transnationalen Strafverfolgung ohne eine dem entsprechende transnationale Kontrolle.

Solange die Frage nach der Gewaltenteilung nicht nationalstaatsübergreifend geklärt ist (für unseren Bereich auf europäischer Ebene, d.h. auf Grundlage regionaler Nähe), scheint es mit Blick auf Menschen- und Grundrechte gefährlich, transnationale Strafverfolgungseinrichtungen zu etablieren; als bürokratisch organisierte Gebilde neigen sie vor allem bei einem Mangel an externer Kontrolle zu einer später nur noch schwer zu kontrollierenden Eigendynamik. Es besteht das Risiko, dass professionelle Solidaritäten in Form einer transnationalen „cop culture" (Behr 2000) die Solidaritäten auf Grundlage von Menschenrechtsvorstellungen dominieren. Dies würde den Nationalstaat auf einer weiteren Ebene durch supranationale Akteure entgrenzen, ohne Mitsprache- und Einflussmöglichkeiten der Bürger.

Ambivalent ist es beim neuen Terrorismus. Dessen Strategie, religiöse Wahrheit und die über sie legitimierten politischen Ziele vorrangig vor dem staatlichen Frieden zu sehen, ist ein bewusster Angriff auf die moderne Staatlichkeit (Grzeszick 2004: 68). Hier fühlt sich der Staat verstärkt aufgerufen, für Frieden und Sicherheit seiner Bürger zu sorgen, also mehr Nationalstaat anzubieten. Dieses Interesse besteht, wie die Debatte um die Innere Sicherheit zeigt. Zudem kann die Nachfrage nach ‚Staat' durch Verunsicherung und Ängste der Bürger steigen.

Aus dieser Sicht stirbt der Nationalstaat nicht ab (Vorländer 2001: 4). Vielmehr ergeben sich durch den Terrorismus Möglichkeiten, Existenz und Ausbau des Nationalstaats als Macht- und Kontrollstaat zu legitimieren. Faktisch jedoch können Staat und Politik einer vermehrten Nachfrage nach dem Staat als Machtstaat nur begrenzt gerecht werden. Zwar lassen sich technische Kontrollmaßnahmen in Zahl und Intensität steigern. Das ist jedoch nicht unbedingt gleichbedeutend mit einer realen Reduzierung der Gefährdung, dürfte aber positiv auf die subjektive Terrorfurcht wirken – bis zu einem wirklich erfolgten Anschlag.

Wirksames Vorgehen wird eher im transnationalen Rahmen möglich sein, denn die nationale Souveränität ist von ihren Macht- und Kontrollmöglichkeiten her zu eng. Im Rahmen der UNO werden bereits seit längerem terroristische Handlungen nichtstaatlicher Akteure (Schiffs-, Flugzeugentführungen, Bombenanschläge mit internationalem Bezug) als konkrete Straftatbestände festgelegt, die strafrechtlich geahndet werden können – am wirksamsten vor dem Internationalen Gerichtshof (Walter und Neubacher 2002: 104ff.).

5.3 Sicherheit im ‚Nationalstaatsraum': eine Utopie?

Der Nationalstaat kann seine Ansprüche auf Homogenität heute weniger denn je durchsetzen, aber mangels eines funktionsfähigen Ersatzes kann auf ihn nicht verzichtet werden. Weder supranationale Akteure noch ein möglicher „Weltstaat" (Hess 2002) werden und können eine Identitätsbildung unterstützen, bei der sich die Akteure einem größeren Ganzen zugehörig fühlen. Andererseits wären Nationalstaaten dabei eher ausführende Einheiten mit begrenztem Einfluss auf die Entscheidungsprozesse. Als Teil eines Weltstaats müssten sie sich dessen Regeln unterwerfen und ihre Kontroll- und Machtbefugnisse mit transnationalen Institutionen teilen.

Darüber hinaus ist nach den bisherigen Darstellungen prinzipiell zu fragen, inwieweit der Nationalstaat Herr im ‚eigenen' Raum ist. Transnational operierende Terrorgruppen machen greifbar, dass der nationalstaatliche Raum von transnationalen, sozial konstruierten Privaträumen überlagert wird. Sie wirken in territoriale Prozesse hinein, ohne dass wirksame Gegenmaßnahmen möglich scheinen – zumindest nicht, ohne die Grundlagen einer demokratischen Gesellschaft massiv zu verändern. Grzeszick (2004) sieht zwar den Staatsnotstand als Instrument, mit dem der Staat auf die Bedrohung der Freiheit durch mangelnde Sicherheit reagieren kann und verweist auf die erfolgreiche Umsetzung beim RAF-Terrorismus. Die Frage ist, ob er sich angesichts der veränderten Strategien des neuen Terrorismus als erfolgreich erweisen kann. Gerade das Desinteresse am ‚uninteressierten Dritten', der heroische Habitus der Terroristen und ihr Handeln ohne Einbezug der realen Kräfteverhältnisse, lässt dies fraglich erscheinen – der Staatsnotstand könnte zum Regelfall werden.

Da Nationalstaaten keine überdachbaren, abschließbaren Containerräume sind, wird ein umfassender Anspruch auf Sicherheit schwer bis gar nicht einlösbar sein. Sicherheit des öffentlichen Raumes bleibt eher ein Ideal oder gar eine Utopie. Wegen der ökonomischen, politischen und über die Migration sozialen Vernetzungen ist der nationalstaatliche Raum einer modernen Gesellschaft vielfachen Überlagerungen durch transnationale, auch private Räume ausgesetzt und damit prinzipiell verletzlich.

Ein Generalverdacht gegen islamische Migranten wäre als Lösung ebenso wenig produktiv wie eine Fortsetzung der vorhandenen Einschränkung von Freiheitsrechten und die Erweiterung von Kontrollrechten des Staates bzw. der ihn unterstützenden Exekutivorgane, (Bundes-)Polizei, MAD, BND (Artikel-10-Gesetz, Terrorismusabwehrgesetz). Eher besteht das Risiko, dass solche Einschränkungen fixiert und dauerhaft werden.

Trotz der Bereitschaft zur politischen Integration findet europaweit bei der inneren Sicherheit meist nur eine moderate Europäisierung statt – wobei Deutschland zu den ‚stark europäisierten' Ländern zählt (Baukloh et al. 2005); die meisten Staaten wollen in ihrem „Kernbereich staatlicher Souveränität eigene Entscheidungen treffen" (ebd.: 257). Jedoch werden einzelne Nationalstaaten mit hoher Wahrscheinlichkeit immer weniger fähig sein, den propagierten Tausch ‚Freiheit gegen Sicherheit' umsetzen zu können. Mit Blick auf die innere Sicherheit besteht das Risiko darin, dass durch Veränderung, Vorverlagerung, technische Ausweitung und rechtliche Erweiterung der Kontrollen in immer intensiverem Maße versucht wird, die anscheinend gefährdete territoriale Homogenität aufrechtzuerhalten, d.h. eine nicht erreichbare Sicherheit für den Staat um den Preis individueller Freiheit. Damit entfernen sich National*staaten* jedoch von dem, was National*gesellschaften* ‚modern' macht.

Literatur

Baukloh, Anja, Glaeßner, Gert-Joachim und Lorenz, Astrid, 2005: Vergleichende Beobachtungen zur Europäisierung der inneren Sicherheit. S. 245-272 in: Gert-Joachim Glaeßner und Astrid Lorenz (Hg.), Europäisierung der inneren Sicherheit. Wiesbaden: VS

Beck, Ulrich, 1997: Was ist Globalisierung? Irrtümer des Globalismus, Antworten auf Globalisierung, 3. Auflage. Frankfurt/M.: Suhrkamp

Behr, Rafael, 2000: Cop culture – der Alltag des Gewaltmonopols. Männlichkeit, Handlungsmuster und Kultur in der Polizei. Opladen: Leske + Budrich

Brettfeld, Katrin und Wetzels, Peter, 2004: Junge Muslime in Deutschland: Eine kriminologische Analyse zur Alltagsrelevanz von Religion und Zusammenhängen von individueller Religiosität mit Gewalterfahrungen, -einstellungen und -handel. S. 221-316 in: Bundesministerium des Innern (Hg.), Islamismus. Reihe: Texte zur Inneren Sicherheit, 3. Auflage. Berlin

Brück, Tilmann und Schumacher, Dieter, 2004: Die wirtschaftlichen Folgen des internationalen Terrorismus. Aus Politik und Zeitgeschichte B3-4: 41-46

Bonß, Wolfgang, 1999: Wie normal sind Erwerbsverläufe? S. 213-230 in: Siegfried Lamnek und Jens Luedtke (Hg), Der Sozialstaat zwischen ‚Markt' und ‚Hedonismus'? Opladen: Leske + Budrich

Castells, Manuel, 1994: Technopoles of the world. London: Routledge

Dantschke, Claudia, 2004: Freiheit geistig-politischer Auseinandersetzung – islamistischer Druck auf zivilgesellschaftliche Akteure. S. 103-132 in: Bundesministerium des Innern (Hg.), Islamismus. Reihe: Texte zur Inneren Sicherheit, 3. Auflage. Berlin

Debiel, Tobias, 2005: Fragile Staaten als Problem der Entwicklungspolitik. Aus Politik und Zeitgeschichte B28-29: 12-18

Dombrowsky, Wolf, 2005: Terrorismus und die Verteidigung des Zivilen. Aus Politik und Zeitgeschichte B44: 33-38

Elwert, Georg, 2003: Charismatische Mobilisierung und Gewaltmärkte. Die Basis der Attentäter des 11. September. S. 111-134 in: Wolfgang Schluchter (Hg.), Fundamentalismus-Terrorismus-Krieg. Weilerswist: Velbrück

Engbersen, Godfried, 2005: Zwei Formen der sozialen Ausgrenzung: Langfristige Arbeitslosigkeit und illegale Immigration in den Niederlanden. S. 99-121 in: Hartmut Häußermann, Martin Kronauer und Walter Siebel (Hg.), An den Rändern der Städte. Frankfurt/M.: Suhrkamp

Elias, Norbert, 1991: Über den Prozess der Zivilisation, Bd. 2, 16. Auflage. Frankfurt/M: Suhrkamp

Foucault, Michel, 1979: Überwachen und Strafen, 4. Auflage. Frankfurt/M: Suhrkamp

Funk, Albrecht, 2002: Krieg als Terrorismusbekämpfung. Kriminologisches Journal 34: 132-142

Funke, Martin, 2001: Zwischen Staatsvernunft und Gefühlskultur: Aspekte innerer und äußerer Sicherheit. Aus Politik und Zeitgeschichte B5: 3-6

Galtung, Johan, 2000: Globale Migration. S. 9-19 in: Christoph Butterwegge und Gudrun Hentges (Hg.), Zuwanderung im Zeichen der Globalisierung. Opladen: Leske + Budrich

Grzeszick, Bernd, 2004: Staat und Terrorismus. S. 55-81 in: Eckart Klein, Christian Hacke und Ders. (Hg.), Der Terror, der Staat und das Recht. Berlin: Duncker und Humblot

Gürses, Hakan, 2005: Ein Globus von Nationalstaaten. Aporien des Globalisierungsdiskurses angesichts der Migration. S. 85-104 in: Hermann-Josef Scheidgen, Norbert Hintersteiner und Yoshiro Nakamura (Hg.), Philosophie, Gesellschaft und Bildung in Zeiten der Globalisierung. Amsterdam/New York: Rodopi

Halm, Dirk und Sauer, Martina, 2006: Parallelgesellschaft und ethnische Schichtung. Aus Politik und Zeitgeschichte B1-2: 18-24

Häußermann, Hartmut und Siebel, Walter, 2002: Die Mühen der Differenzierung. S. 29-67 in: Martina Löw (Hg.), Differenzierungen des Städtischen. Opladen: Leske + Budrich

Hein, Wolfgang, 2005: Vom Entwicklungsstaat zum Staatsverfall. Aus Politik und Zeitgeschichte B28-29: 6-11

Heitmeyer, Wilhelm, 1998: Versagt die ‚Integrationsmaschine' Stadt? Zum Problem der ethnisch-kulturellen Segregation und ihrer Konfliktfolgen. S. 443-467 in: Wilhelm

Heitmeyer, Rainer Dollase und Otto Backes (Hg.), Die Krise der Städte. Frankfurt/M.: Suhrkamp

Heitmeyer, Wilhelm, Schröder, Helmut und Müller, Joachim, 1997: Desintegration und islamischer Fundamentalismus. Über Lebenssituation, Alltagserfahrungen und ihre Verarbeitungsformen bei türkischen Jugendlichen in Deutschland. Aus Politik und Zeitgeschichte B7-8: 17-31

Hess, Henner, 2002: Terrorismus und Weltstaat. Kriminologisches Journal 34: 143-149

Hess, Henner, 2002a: Spielarten des Terrorismus. Kriminologisches Journal 34: 84-88

Hetzer, Wolfgang, 2003: Globalisierung und Innere Sicherheit. Aus Politik und Zeitgeschichte B5: 27-34

Hippler, Jochen, 2005: Failed States und Globalisierung. Aus Politik und Zeitgeschichte B28-29: 3-5

Janßen, Andrea und Polat, Ayça, 2006: Soziale Netzwerke türkischer Migrantinnen und Migranten. Aus Politik und Zeitgeschichte B1-2: 11-17

Karstedt, Susanne, 2002: Terrorismus und ‚Neue Kriege'. Kriminologisches Journal 34: 124-131

Karstedt, Susanne, 1999: Globalisierung und transnationale Kriminalität zum Erfolg ‚archaischer' Strukturen in der illegalen globalen Ökonomie. S. 259-272 in: Gert Schmidt und Rainer Trinczek (Hg.), Globalisierung: ökonomische und soziale Herausforderungen am Ende des zwanzigsten Jahrhunderts. Baden-Baden: Nomos

Krasmann, Susanne, 2004: Die Materialität der Gewalt. Kriminologisches Journal 36: 109-126

Krasmann, Susanne, 1997: Andere Orte der Gewalt. S. 85-102 in: Dies. und Sebastian Scheerer (Hg.), Die Gewalt in der Kriminologie. Kriminologisches Journal, 6. Beiheft. Weinheim: Juventa

Leggewie, Claus, 2003: Die Globalisierung und ihre Gegner. München: Beck

Leggewie, Claus, 2001: Nach dem Fall: Die Globalisierung und ihre Kritik. Aus Politik und Zeitgeschichte B52-53: 18-22

Legnaro, Aldo, 1997: Konturen der Sicherheitsgesellschaft: Eine polemisch-futurologische Skizze. Leviathan 25: 271-284

Leibold, Jürgen, Kühnel, Steffen und Heitmeyer, Wilhelm, 2006: Abschottung von Muslimen durch generalisierte Islamkritik? Aus Politik und Zeitgeschichte B1-2: 3-10

Löw, Martina, 2001: Raumsoziologie. Frankfurt/M.: Suhrkamp

Mückenberger, Ulrich, 1986: Zur Krise des Normalarbeitsverhältnisses – Thesen. S. 115-118 in: Jürgen Friedrichs (Hg.), Technik und sozialer Wandel. 23. deutscher Soziologentag. Opladen: Leske + Budrich

Münkler, Herfried, 2004: Ältere und jüngere Formen des Terrorismus. S. 29-43 in: Werner Weidenfelde (Hg.), Herausforderung Terrorismus. Wiesbaden: VS

Nassehi, Armin, 2002: Dichte Räume. Städte als Synchronisations- und Inklusionsmaschinen. S. 211-232 in: Martina Löw (Hg.), Differenzierungen des Städtischen. Opladen: Leske + Budrich

Noller, Peter, Prigge, Walter und Ronneberger, Klaus, 1994: Zur Theorie der Globalisierung. S. 13-21 in: Dies. (Hg.), Stadt-Welt. Über die Globalisierung städtischer Milieus. Frankfurt/M.: Campus

Noller, Peter, 1999: Globalisierung, Stadträume und Lebensstile. Kulturelle und lokale Repräsentationen des globalen Raums. Opladen: Leske + Budrich
Nuscheler, Franz, 2000: Globalisierung und ihre Folgen: Gerät die Welt in Bewegung? S. 20-31 in: Christoph Butterwegge und Gudrun Hentges (Hg.), Zuwanderung im Zeichen der Globalisierung. Opladen: Leske + Budrich
Paqué, Karl-Heinz, 1995: Weltwirtschaftlicher Strukturwandel und die Folgen. Aus Politik und Zeitgeschichte B49: 3-9
Pries, Ludger, 1997: Neue Migration im transnationalen Raum. S. 15-46 in: Ders. (Hg.), Transnationale Migration. Soziale Welt, Sonderband 12. Baden-Baden: Nomos
Schneckerer, Ulrich, 2006: Transnationaler Terrorismus. Frankfurt/M.: Suhrkamp
Schneckerer, Ulrich, 2005: Fragile Staatlichkeit als globales Sicherheitsrisiko. Aus Politik und Zeitgeschichte B28-29: 26-31
Schulze, Günter und Ursprung, Heinrich W., 1999: Globalisierung contra Nationalstaat? S. 41-89 in: Andreas Busch und Thomas Plümer (Hg.), Nationaler Staat und internationale Wirtschaft. Baden-Baden: Nomos
Senti, Martin, 1999: Globalisierung der Sozialpolitik. S. 307-337 in: Andreas Busch und Thomas Plümer (Hg.): Nationaler Staat und internationale Wirtschaft. Baden-Baden: Nomos
Strasser, Hermann und van den Brink, Henning, 2005: Auf dem Weg in die Präventionsgesellschaft? Aus Politik und Zeitgeschichte B46: 3-7
Virilio, Paul, 2004: Die überbelichtete Stadt. Aus Politik und Zeitgeschichte B44: 3-4
Vorländer, Hans, 2001: Die Wiederkehr der Politik und der Kampf der Kulturen. Aus Politik und Zeitgeschichte B52-53: 3-6
von Trotha, Trutz, 2005: Der Aufstieg des Lokalen. Aus Politik und Zeitgeschichte B28-29: 32-38
Waldmann, Peter, 2003: Das terroristische Kalkül und seine Erfolgsaussichten. S. 87-110 in: Wolfgang Schluchter (Hg.), Fundamentalismus-Terrorismus-Krieg. Weilerswist: Velbrück
Walter, Michael und Neubacher, Frank, 2002: Die Suche nach strafrechtlichen Antworten auf den internationalen Terrorismus. Kriminologisches Journal 34: 98-108
Wehrheim, Jan, 2004: Städte im Blickpunkt innerer Sicherheit. Aus Politik und Zeitgeschichte B44: 21-27

Der Nationalstaat und das internationale Flüchtlingsregime: Perspektiven der Herrschaft im Flüchtlingslager
Der Nationalstaat und das internationale Flüchtlingsregime
Katharina Inhetveen

1 Flüchtlinge, Nationalstaat und internationales Flüchtlingsregime

In der sozialwissenschaftlichen Diskussion – auch und gerade der zur Globalisierung – ist es eine der zentralen Fragen, wie sich die Stellung des territorialen Nationalstaates im Zuge der Entwicklung weltweiter Zusammenhänge verändert.[1] In dieser Debatte werden unter anderem Flüchtlinge als paradigmatische Figuren der transnationalen öffentlichen Sphäre angeführt (Fortier 1999: 41). Ihr Verhältnis zum Konzept des territorialen Nationalstaates angesichts von Globalisierungsprozessen bleibt jedoch ambivalent. Einerseits werden sie als Gefahr für das Konzept des territorialen Nationalstaates gesehen (Malkki 1990: 33, 1995: 9), als transmigratorischer Beitrag zu seinem Untergang (siehe bereits Arendt 1962: 402ff.). Dagegengehalten wird andererseits, sie unterstützten, als das notwendige Andere, den Fortbestand der Trinität von Bürger, Nation und Territorialstaat (Soguk 1999: 18). Flüchtlingsphänomene scheinen den modernen Nationalstaat als Konzept gleichzeitig zu unterstützen wie zu unterminieren, was von verschiedenen Autoren je unterschiedlich betont wird (Warner 2000).

Flüchtlingslager sind Einrichtungen, in denen nationale, transnationale und internationale Akteure aufeinander treffen. In den als vorläufig geplanten, tatsächlich aber oft über Jahrzehnte hinweg bestehenden Lagern (Crisp 2005) entwickelt sich eine spezifische institutionelle Ordnung. An ihr lässt sich untersuchen, wie sich Prozesse, die unter ‚Globalisierung' oder ‚Weltkultur' gehandelt werden, vor Ort gestalten, und zwar in einer Arena, in der Nationalstaaten ebenso wie weltweit operierende Regimes präsent sind und über ihre Vertreter direkt miteinander interagieren. Zur typischen Akteurskonstellation von Flüchtlingsla-

---

[1] Vergleiche zur Diskussion der Stellung des Nationalstaates in der Globalisierungsdebatte zusammenfassend Teusch 2003: 70ff. und Tyrell 2005: 29ff.; zum Verhältnis der ‚Weltgesellschaft' zu dem von dieser konstruierten Akteur Nationalstaat vergleiche die Beiträge in Meyer 2005.

gern gehören Regierungsrepräsentanten des Aufnahmelandes, das Flüchtlingshochkommissariat der Vereinten Nationen (UNHCR), oft weitere UN-Organisationen, Nichtregierungsorganisationen (NGOs) sowie die Flüchtlinge, unter ihnen häufig Gruppierungen mit unterschiedlicher Herkunft (siehe auch Voutira und Harrell-Bond 1995: 210f.). Der Vertreter der Gastregierung ist ein dezidiert nationalstaatlicher Akteur. Hinter UNHCR stehen zwar Nationalstaaten (Goodwin-Gill 1998), als Organisation der Vereinten Nationen ist er jedoch auch ein wesentlicher Akteur von Prozessen, die als Globalisierung betrachtet werden (Albrow 1996: 174f.). Die in den Lagern tätigen NGOs – in ihrer Selbstdefinition Teil der Zivilgesellschaft – sind nichtstaatliche und meist international tätige Akteure.

Das Flüchtlingslager bietet mit dieser Konstellation die Möglichkeit, der Stellung des Nationalstaates dort nachzugehen, wo er auf über- und nichtstaatliche Akteure trifft. Dazu wird im Folgenden die Frage verfolgt, wie die unterschiedlichen Beteiligten vor Ort die Hierarchie im Flüchtlingslager sehen, welche Deutungen der Machtstruktur also auf der Handlungsebene einer transnationalisierten Ordnung wirksam sind. Es wird so herausgearbeitet, welche Position der Nationalstaat auf der Mikroebene des internationalen Flüchtlingsregimes einnimmt und welche Implikationen dieses weltweit institutionalisierte Regime damit für das Konzept des territorialen Nationalstaates hat.

Die Ausführungen entstammen dem DFG-Projekt ‚Die politische Ordnung des Flüchtlingslagers'.[2] Der Großteil des empirischen Materials wurde auf einer Feldforschung in zwei Flüchtlingslagern in Sambia zwischen Mai und November 2003 erhoben. Es umfasst Beobachtungen, qualitative Interviews mit Flüchtlingen und Personal der im Lager tätigen Organisationen, informelle Gespräche und eine Reihe von Dokumenten. Weitere Interviews mit Mitarbeitern von humanitären Organisationen und den Botschaften wichtiger Geberländer fanden in der sambischen Hauptstadt Lusaka und in Genf statt. Alle Zitate wurden anonymisiert, mehrere wurden von lokalen Forschungsassistenten aus dem Luvale, Umbundu, Chokwe und Lunda übersetzt. Die zwei in der Forschung untersuchten Flüchtlingslager sind zunächst knapp vorzustellen:

Das *Meheba Refugee Settlement* ist etwa 70 km von Solwezi entfernt gelegen, der Hauptstadt von Sambias North Western Province. Es wurde 1971 für Flüchtlinge gegründet, die vor dem Krieg in Angola gegen die portugiesischen Kolonialherren geflohen waren. Zur Zeit der Feldforschung umfasst das Lager über 800 Quadratkilometer, entsprechend groß sind die Distanzen innerhalb Mehebas. Die Flüchtlinge bekommen bei ihrer Ankunft Ackerland zugewiesen

---

[2] Das Projekt wurde von 2003 bis 2006 unter der Leitung von Prof. Dr. Trutz von Trotha an der Universität Siegen durchgeführt.

und sollen sich nach zwei Jahren selbst versorgen können, vorher erhalten sie Nahrungsrationen (Agier 2003; Barrett 1998). Während der Feldforschung leben über 41.000 Flüchtlinge in Meheba, die meisten aus Angola (LWF 2003). In Verwaltung und Hilfsprojekten arbeiteten die sambische Regierung (vertreten durch den *Refugee Officer*), UNHCR, das Welternährungsprogramm und sechs NGOs permanent in dem Lager.

Das *Nangweshi Refugee Camp* befindet sich in der *Western Province* Sambias im *Shangombo District* am Westufer des Sambesi. Dieses Lager wurde Anfang 2000 für eine große Gruppe angolanischer Flüchtlinge gegründet, die aus Jamba, dem ehemaligen Hauptquartier der UNITA, vor einer Regierungsoffensive nach Sambia flohen (Bakewell 2002). Während der Feldforschung leben 17.225 Flüchtlinge im Hauptlager und 9.757 in einem neuen Erweiterungslager, das etwa 7 km vom Hauptlager entfernt liegt.[3] Der Boden ist in der Gegend knapp und nicht sehr fruchtbar, und Nangweshi ist im Gegensatz zum *settlement* Meheba als klassisches *camp* organisiert: Die Familien bekommen Grundstücke von 10 mal 20 Metern, alle erhalten Nahrungsrationen vom Welternährungsprogramm. Verglichen mit Meheba sind die Abstände klein, was die Verwaltung leichter erreichbar und eine Privatsphäre in der Nachbarschaft schwerer aufrechtzuerhalten macht. Zusätzlich zur Gastregierung und dem UNHCR arbeiten zur Zeit der Feldforschung fünf NGOs permanent in Nangweshi.

2   Wer regiert im Flüchtlingslager?

Mit seinen staatlichen, transnationalen und internationalen Akteuren und seiner institutionellen Einbindung in das internationale Flüchtlingsregime stellt sich das Flüchtlingslager als eine Situation der Globalisierung *in situ* dar.[4] Die Frage, wer in dieser anscheinend transnationalisierten Ordnung die höchste Machtposition innehat, lässt sich auf den ersten Blick leicht beantworten. Auf den zweiten Blick scheint das Gegenteil der Fall zu sein, und bei weiterer Betrachtung ergibt sich ein immer komplexeres Bild der Herrschaftsstrukturen im Flüchtlingslager.

Formal hat die Gastregierung die höchste Position im Flüchtlingslager inne, in der Regel repräsentiert durch einen Regierungsmitarbeiter vor Ort. UNHCR

---

[3] Zahlen: CARE-Büro Nangweshi für den 31.7.2003.
[4] Der Begriff ‚internationales Flüchtlingsregime' bezeichnet hier ein institutionalisiertes System bestehend aus (1) Regeln und Normen, die flüchtlingsbezogenes Handeln von organisationalen, individuellen und staatlichen Akteuren zum Gegenstand haben, (2) Organisationen, die sich spezifisch mit diesen flüchtlingsbezogenen Handlungen befassen und (3) operationalen Praktiken, die sich mit Flüchtlingen befassen. Diese Definition des vielfach – und häufig vage – benutzten Begriffs ‚internationales Flüchtlingsregime' ist eine geänderte Fassung derjenigen von Laura Barnett (2002: 1).

vertritt in seinen generellen Richtlinien einen ähnlichen Standpunkt, etwa im *Handbook for Emergencies*, das die primäre Zuständigkeit für Flüchtlinge der Gastregierung zuschreibt und UNHCR selbst in einer Kontrollfunktion sieht (UNHCR 2000: 4). Abweichend von der formalen Vormachtstellung der Gastregierung im Flüchtlingslager stellt Ralph Wilde (1998) fest, dass mittelfristig bestehende Lager in Ländern des Südens unter der De-facto-Kontrolle des UNHCR stünden, da den Gaststaaten die Ressourcen fehlten, ihrer Verantwortung gemäß dem internationalen Recht nachzukommen. Faktisch übe daher UNHCR die souveräne Herrschaft über die Flüchtlinge aus. Während diese Zuschreibung von formeller Herrschaft und informellem Einfluss noch durchaus eindeutig klingt, konstatiert Barbara Harrell-Bond (1986: 416) weniger klare Verhältnisse: „The most serious problem here is that of leadership. No one is seen to have the final authority in the settlement and this is, to a great extent, caused by the agency competition which the settlers have been quick to adopt". Die Akteure stehen zueinander jedoch nicht nur in Konkurrenz[5]; vielmehr sind ihre Beziehungen auch durch finanzielle Abhängigkeiten und nicht zuletzt durch das nationale und internationale Recht geprägt.[6] Von UNHCR fließt Geld an die Regierung des Gastlandes und an einige NGOs, die so genannten *Implementing Partners*, die für UNHCR Hilfsprojekte in den Lagern durchführen.

Vor dem Hintergrund der rechtlichen und finanziellen Zusammenhänge im Flüchtlingslager lässt sich bereits vermuten, was die Äußerungen der beteiligten Akteure bestätigen: Anwärter auf die höchste Machtposition im Flüchtlingslager sind einerseits die Gastregierung, andererseits UNHCR. Damit steht ein nationalstaatlicher Akteur einer Instanz der Vereinten Nationen gegenüber, die als maßgeblicher Träger einer ‚Weltkultur' (Meyer 2005) oder im „management of globality" (Albrow 1996: 174) erscheinen.

3   Selbstrepräsentationen der sambischen Regierung

Aus den Äußerungen der *Refugee Officers* und anderer Regierungsmitarbeiter auf Lagerebene ergibt sich ein deutliches Bild dessen, wie sie ihre Stellung im Flüchtlingslager interpretieren: Als Regierungsvertreter beanspruchen sie eine Herrschaftsposition. So lehnt ein Regierungsrepräsentant auf einer Versammlung mit unzufriedenen Flüchtlingen deren Forderungen mit den Worten ab: „The government is the government, you cannot argue with them". In ähnlicher Weise argu-

---

[5] Zur Konkurrenz- und Partnerschaftsbeziehung zwischen den Organisationen eines Flüchtlingslagers vergleiche Inhetveen 2006a.
[6] Zum internationalen Flüchtlingsrecht vergleiche das Standardwerk von Goodwin-Gill 1998. Zum Flüchtlingsrecht in Sambia vergleiche Gallagher 2003.

mentiert ein anderer *Refugee Officer* im Interview: „The government is the government. They may be poor, but they are the government". Diese Sichtweise wird von den Regierungsvertretern in den Lagern weitgehend konsistent vertreten. Wird dieser Anspruch auf Vorherrschaft eingeschränkt, dann vor allem in Äußerungen der Regierungsmitarbeiter über ihre Beziehung zu UNHCR. Ein *Refugee Officer* erklärt, „no one is above the other", UNHCR und Regierung seien „co-partners". Auf Seiten des UNHCR stellt er einen gewissen Machtanspruch fest, den er auch darauf zurückführt, dass UNHCR zu den Geldgebern für die Flüchtlingslager gehört: „Because they are funders, they also believe they are in charge". Indem der *Refugee Officer* formuliert, UNHCR *glaube*, „in charge" zu sein, kennzeichnet er diese Vormachtstellung des UNHCR deutlich als dessen Wahrnehmung, nicht als Tatsache. Auch der Regierungsrepräsentant des anderen Flüchtlingslagers betont die Zusammenarbeit der Regierung mit UNHCR, hebt aber noch stärker dessen Rolle als unterstützende Instanz hervor, als „assisting" und „facilitating". Mit Blick auf politische Entscheidungen sieht er die sambische Regierung als zuständig: „UNHCR has an international mandate to monitor the protection [...] but the Government makes the decisions".

4   Die Lagerherrschaft im Blick der humanitären Organisationen

Auch in der Perspektive der Mitarbeiter von Hilfsorganisationen sind UNHCR und die Gastregierung als Anwärter auf die höchste Stellung im Lager auszumachen. Das Personal im Lager sieht diese beiden Instanzen als formale oder tatsächliche ‚Bosse'. Dabei sind es häufig NGO-Mitarbeiter, die ausdrücklich über die Diskrepanzen zwischen formaler und tatsächlicher Machtstellung sprechen. Das UNHCR-Personal dagegen ist, insbesondere auf Lagerebene, extrem vorsichtig in seinen Formulierungen und meidet es offensichtlich, die Regierung als abhängig, weniger einflussreich oder gar machtlos zu schildern.

4.1   Präsentationen der Machtkonstellation durch UNHCR-Personal

In Organigrammen, die UNHCR-Mitarbeiter in Interviews skizzierten, erscheinen Gastregierung und UNHCR auf gleicher Ebene – der höchsten Ebene im Lager. Diese graphische Darstellung wird häufig damit modifiziert, dass verbal auf den Primat des Gaststaates hingewiesen wird: „I see no superiority. Of course the government is in principle (in charge), since we are in Zambia and they are the government, they monitor" (UNHCR-Mitarbeiter, sambisches

Flüchtlingslager). Eben dieses *monitoring* jedoch wird auch UNHCR als Aufgabe zugeschrieben, von eigenen Mitarbeitern wie von Personal der Regierung. Weitere Hinweise, die die postulierte Gleichstellung von UNHCR und Regierung im Lager in Frage stellen, ergeben sich aus Geschichten, die UNHCR-Mitarbeiter erzählen, auch gegenüber der Forscherin. Sie behandeln den Einfluss des UNHCR nicht nur in kleinen Entscheidungen des Lageralltags, sondern bis hin zu Interventionen in hochgradig interne Domänen der Regierung wie deren Personalentscheidungen. Eines mehrerer Beispiele ist hier die Erzählung, wie die Position des *Refugee Officers* in einem Flüchtlingslager nach Berichten sexueller Ausbeutung neu besetzt wurde. Nach der Darstellung mir gegenüber wurde dieser personelle Wechsel durch das lokale UNHCR-Büro initiiert, das einen entsprechenden Bericht von im Lager tätigen Nonnen bekommen hatte. Von der Feldebene aus wurde die Information an das UNHCR-Büro in Lusaka weitergegeben, das sich dort mit der entsprechenden Regierungsstelle in Verbindung setzte. Nachdem die Berichte – wiederum durch UNHCR-Mitarbeiter aus Lusaka – überprüft und als zutreffend beurteilt waren, wurde der *Refugee Officer* ersetzt.

Auch wenn es unterschiedliche Versionen der betreffenden Geschehnisse geben mag, ist bereits der Umstand aufschlussreich, dass UNHCR-Mitarbeiter eine solche Geschichte erzählen. Er zeigt, dass die Mitarbeiter in bestimmten Bereichen eine übergeordnete Position für UNHCR beanspruchen. Dass dieser die Entfernung eines Regierungsmitarbeiters aus einem Flüchtlingslager betreibt, wird als notwendig und legitim angesehen. Umgekehrt jedoch wird eine Beteiligung von Regierungsstellen an Personalentscheidungen des UNHCR als unmöglich dargestellt. In einem Fall, in dem ein UNHCR-Mitarbeiter in dem anderen Flüchtlingslager schließlich wegen Fehlverhaltens entlassen wurde, betont ein hoher UNHCR-Vertreter nachdrücklich, dass die Entscheidung, einen Mitarbeiter zu entlassen, allein der Organisation selbst zusteht.

Auch die formalen Abhängigkeiten im Rahmen des internationalen Rechts werden teils in ambivalenter Lesart wiedergegeben. So beschreibt ein UNHCR-Mitarbeiter, nachdem er seine Organisation und die Regierung in einem Organigramm der Lagerordnung gleichauf gezeichnet hat, deren Beziehung zueinander:

„UNHCR helps the government. The refugees are the government's concern. UNHCR came in to do the funding. If UNHCR is not there, the government has to do it. Because of UNHCR and NGOs, they [the government; K.I.] can sit down and do their work. If they are not co-operative, we can go at any time, we can walk out. […] The country has to call upon UNHCR, we cannot go in if they do not ask us" (UNHCR-Mitarbeiter, sambisches Flüchtlingslager).

Während der Mitarbeiter die formale Verantwortung der Regierung betont, sieht er UNHCR in einer unterstützenden Funktion. In dieser Sichtweise ist die Regierung von UNHCR abhängig. Nur „because of UNHCR and NGOs" kann die Regierung ihre Pflichten gegenüber den Flüchtlingen erfüllen. Der Mitarbeiter spricht klar den daraus resultierenden Druck auf die Regierung an, mit UNHCR zusammenzuarbeiten – wenn sie es nicht tut, könnte UNHCR das Land verlassen. Jedoch wird auch die Abhängigkeit des UNHCR von der Regierung benannt, ohne deren Bitte, in das Land zu kommen, die UN-Organisation das Staatsterritorium nicht betreten kann.

Insgesamt sind deutliche Ambivalenzen in offiziellen und inoffiziellen Äußerungen von UNHCR-Mitarbeitern sowie zahlreiche Fälle, in denen UNHCR auf Lagerebene interveniert, zu konstatieren. Beides lässt es plausibel erscheinen, die häufig explizite Anerkennung einer Vormachtposition der Regierung in der Lagerordnung durch UNHCR als Teil der ‚diplomatischen' Interaktion zwischen beiden Instanzen zu interpretieren. Innerhalb der komplexen Strukturen der Lagerverwaltung gibt es gegenseitige Abhängigkeiten zwischen Regierung und UNHCR. Zusätzlich interagieren beide Parts auch auf höheren Organisationsebenen, sei es in Lusaka oder Genf, und befassen sich mit Themen und Entscheidungen, die weit über das einzelne Flüchtlingslager hinausgehen. Dadurch werden die Beziehungen zwischen UNHCR und der Regierung noch komplexer und dynamischer.

4.2 Repräsentationen der Machtkonstellation durch NGO-Mitarbeiter

Viele Mitarbeiter von NGOs unterscheiden explizit zwischen einem formalen Primat der Regierung und einer De-facto-Überlegenheit des UNHCR im Flüchtlingslager. Anders als UNHCR-Mitarbeiter und Regierungsmitarbeiter, die sich zumindest im Verlauf der Feldforschung nur sehr ernsthaft über die Beziehung der beiden Instanzen zueinander äußerten, tun NGO-Mitarbeiter dies häufig mit einem Augenzwinkern. So erklärt ein sambischer NGO-Angestellter lachend: „The government is number one. Though here it appears it is UNHCR".

Andere NGO-Mitarbeiter sprechen den Unterschied zwischen der formalen Vormachtstellung der Regierung und dem tatsächlichen Einfluss des UNHCR eher indirekt an, beispielsweise eine Angestellte, die der Autorin bei ihrer Ankunft den Aufbau des Lagers erklärt. Die Regierung, so sagt sie, ist im Lager präsent „to have a feel that the government is in charge". Ein weiterer Grund für die Anwesenheit der Regierungsvertreter sei ihre Zuständigkeit für Fragen physischen Schutzes. Ihrer Aussage nach ist das „being in charge" der Regierung zunächst nur ein Gefühl; über die tatsächlichen Verhältnisse ist damit noch nichts gesagt. Wie in dem obigen Zitat eines *Refugee Officers* wird hier von Wahrnehmungen und Deutungen der Machtverhältnisse gesprochen – UNHCR-

Personal *glaube*, es sei „in charge", die Regierung brauche das *Gefühl*, die Macht zu haben. Auch in der Sicht beteiligter Beobachter, wie es NGO-Personal in diesem Fall ist, hat damit die Interpretation der Machtbeziehungen durch die Akteure einen eigenen Stellenwert. Schon eine bestimmte Wahrnehmung – wenn sich etwa die Regierung in oberster Position fühlt – kann Herrschaftsansprüche befriedigen, ohne dass sie notwendig zutreffend sein muss.

Insgesamt vermitteln die NGO-Mitarbeiter ein ambivalentes Bild der Herrschaftspositionen von Regierung und UNHCR auf Lagerebene. Ihre Formulierungen sind dabei zwar weniger ‚diplomatisch' als die der meisten UNHCR-Mitarbeiter, jedoch nicht ohne Respekt für die Regierung wie auch für UNHCR. Dabei tritt die Anerkennung einer besonderen Autorität der Gastregierung bei sambischen Mitarbeitern deutlicher hervor als bei den *expatriates* unter dem NGO-Personal.

5 „Those who are keeping us": Die Lagerherrschaft im Blick der Flüchtlinge

Aus den Gesprächen mit Flüchtlingen über Herrschaft und Macht im Lager ergibt sich ein differenziertes Bild. Ihre Aussagen zu den Fragen, wer die oberste Instanz im Lager und was die Rolle der sambischen Regierung ist, verweisen auf mehrere Aspekte von Herrschaft und von staatlicher Souveränität im Flüchtlingslager. Die Flüchtlinge verorten Herrschaft divergent bei der Gastregierung oder bei UNHCR, nicht jedoch bei nichtstaatlichen Akteuren wie NGOs oder neotraditionellen *Chiefs*. Zudem bestehen in der Frage, welcher Instanz die Flüchtlinge die größere Macht im Lager zuschreiben, Unterschiede zwischen den beiden Flüchtlingslagern. Dies gilt auch für den Anteil derjenigen, die nicht wissen, wer im Lager die höchste Position hat. Insgesamt schließlich ist dieser Anteil augenfällig hoch.

5.1 „RO" oder „United": Divergente Verortungen der Macht

Auch in der Perspektive der Flüchtlinge gibt es zwei hauptsächliche Anwärter auf die Position als oberste Instanz, als „most superior body" oder „o máximo" im Flüchtlingslager: den *Refugee Officer* als Repräsentanten der nationalen Regierung sowie UNHCR.[7] Ein großer Teil der Interviewpartner nennt einen dieser

---

[7] Bezeichnet wird der *Refugee Officer* unter den Flüchtlingen meist als „RO". UNHCR wird von vielen Flüchtlingen als „United" oder „United Nations" bezeichnet beziehungsweise, im portugiesischen Kontext, als „HCR" oder „Nações Unidas".

beiden Akteure als oberste Instanz im jeweiligen Lager, wie die folgenden Beispiele – die aus einer größeren Anzahl sehr ähnlicher Aussagen ausgewählt wurden – zeigen:

> „The government concerned about us refugees is the RO" (Gilberto Ikoña, Flüchtling ohne Position, Meheba, übersetzt aus dem Lunda).
> „O HCR é o chefe de todos" (Nelito Songwi, Flüchtlingsrepräsentant, Nangweshi).[8]

Der Umstand, dass die Aussage, die den Refugee Officer als „government" des Lagers sieht, aus Meheba stammt und diejenige, die UNHCR als höchste Instanz nennt, aus Nangweshi, ist keineswegs Zufall. Hier besteht ein deutlicher Unterschied zwischen den beiden untersuchten Lagern. In Meheba nennen die meisten Flüchtlinge den _Refugee Officer_ als oberste Macht im Lager, nur ein einziger der Interviewten spricht sich uneingeschränkt für die ‚Vereinten Nationen' aus. In Nangweshi dagegen nennt eine sehr klare Mehrheit UNHCR als höchste Instanz. Uneingeschränkte Aussagen zugunsten des RO sind hier äußerst selten. Diese Differenz mahnt zunächst generell zur Vorsicht bei Generalisierungen. Offensichtlich sind allgemeingültige Aussagen darüber, wer in Flüchtlingslagern als höchste Instanz gilt, kaum möglich. Selbst zwischen Lagern, die sich im selben Land befinden, mit dem gleichen rechtlichen Rahmen, sehr ähnlichen formalen Strukturen und einer Flüchtlingsbevölkerung gleicher nationaler Herkunft, zeigen sich eklatante Differenzen in dieser Frage. Der hier festgestellte Unterschied zwischen den zwei sambischen Lagern weist weiter darauf hin, dass die Position des souveränen Nationalstaates als Konzept und als Akteur in Flüchtlingssituationen nicht allein auf einer Makroebene erklärt werden kann. Vielmehr erfordert diese Frage eine Analyse auch auf Mikroebene sowie ein vergleichendes Vorgehen.

Im vorliegenden Fall können insbesondere zwei Umstände dazu beitragen, die so deutlich auseinanderklaffenden Perspektiven der Flüchtlinge in den beiden Lagern zu erklären. Erstens zeigen Regierung und UNHCR sehr unterschiedliche physische und soziale Präsenz in den zwei untersuchten Lagern. In Meheba lebt und arbeitet der _Refugee Officer_ innerhalb des Lagers. UNHCR ist deutlich weniger präsent, im Lager gibt es praktisch keine zuverlässigen Bürozeiten (siehe auch Inhetveen 2006b). In Nangweshi zeigt UNHCR wesentlich größere Präsenz als in Meheba, der _Refugee Officer_ dagegen ist für seine häufige Abwesenheit bekannt. Diese Differenzen in der sozialen Distanz und in der Zugänglichkeit für die Flüchtlinge können zu den Unterschieden darin beitragen, wer als Machtzentrum des Lagers gesehen wird. Zweitens werden die _Refugee Officers_ in den zwei Lagern zur Zeit der Feldforschung von der Bevölkerung unterschiedlich

---

[8] „Der UNHCR ist der Chef von allen".

hoch geschätzt. Während die Haltung der Flüchtlinge in Meheba zum *Refugee Officer* meist neutral und manchmal freundlich ist, herrscht in Nangweshi eine deutliche Abneigung gegen seinen dortigen Kollegen. Diese Antipathie kann dazu beitragen, dass ihn die Bewohner von Nangweshi nicht als die höchste Instanz im Lager sehen, insbesondere im Vergleich mit UNHCR, dessen Personal die Flüchtlinge deutlich mehr schätzen.

In den Formulierungen, in denen Flüchtlinge die Hierarchien und die Inhaber von hohen Positionen beschreiben, beziehen sie sich oft auch auf andere Autoritäten als den Staat. Auf Luvale beispielsweise benutzen sie die Wörter für *chief* (*mwangana*) oder *elders* (*vakulwane*), wenn sie von den höchsten Machthabern im Lager sprechen. So erklärt der angolanische Chief Toh Muzala Likonge, ein Flüchtling ohne Position: „Here in Meheba, RO is the elder who guards us. He is the one we stay with here" (übersetzt aus dem Luvale).

Eine häufige Bezeichnung für die obersten Machthaber im Flüchtlingslager ist „those who are keeping us" (Luvale: *vakiku vatulama*, Umbundu: *vakwakututata*). In diesem „keeping" ist ein Moment der Fürsorge enthalten. Entsprechend begründen mehrere Flüchtlinge die Zuordnung eines bestimmten Akteurs zu einer Machtposition auch damit, dass dieser für sie sorgt:

> „Our very leader is the RO, because even if one dies [...] we have to take the report to the RO and then the RO asks for a coffin, so that they can put his body there and take it for burial, if he has no blanket the RO asks for blankets they'll put in the coffin, otherwise we don't have any other leader, if we had one it wouldn't be like this" (Ivodia Nyakutemba, Flüchtling ohne Position, Meheba, übersetzt aus dem Luvale).

> „The Superior is the United Nations. The United Nations is the one which has made this place, which has constructed this place. That's where the food we eat comes from" (Kukeña Kasoloki, früherer Flüchtlingsrepräsentant, Meheba, übersetzt aus dem Luvale).

Vor allem gewählte Flüchtlingsvertreter, die in der Regel einen viel engeren Kontakt zur Verwaltung haben als Flüchtlinge ohne formale Position, erklären die höhere Position eines Akteurs immer wieder mit formalen Gründen. So sieht ein Flüchtlingsvertreter den *Refugee Officer* als dem UNHCR übergeordnet, weil letzterer nur mit der Erlaubnis der Regierung ins Land kommen darf, die der RO im Lager repräsentiert. Im Gegensatz dazu sieht der zweite zitierte Flüchtlingsrepräsentant den UNHCR in der höheren Position, da alle anderen Organisationen unter seinem Patronat stehen.

5.2 Hochnebelfelder: Bezüge von Herrschaft und Wissen im Flüchtlingslager

Während Flüchtlinge unterschiedliche Meinungen darüber haben, wer die höchste Position im Flüchtlingslager innehat, ist es gleichzeitig bemerkenswert, wie viele der Gesprächspartner sagen, sie wüssten nicht, wer diese oberste Instanz sein könnte. Selbst diejenigen, die eine Organisation oder Person nennen, betonen häufig, sie seien nicht sicher. Manche der Interviewten nennen mehrere Organisationen, darunter meist sowohl UNHCR wie auch den RO, und äußern, die Machtstrukturen innerhalb dieser Akteursgruppierung könnten sie nicht durchschauen.

Der Anteil der Flüchtlinge, die direkt sagen, sie wüssten nicht, wer ‚der Boss' im Lager ist, ist in Meheba größer als in Nangweshi. Dies kann zum Teil mit ihrem biographischen Hintergrund zusammenhängen. Viele der Flüchtlinge in Meheba stammen vom Land, haben keine Schulbildung und hatten wenig Kontakt zu Bürokratien. Die Flüchtlinge in Nangweshi dagegen kamen als Gruppe aus dem früheren UNITA-Hauptquartier in Angola, wo sie unter einer strengen Militärverwaltung gelebt und zum großen Teil auch eine Schule besucht hatten. Auf dieser Grundlage ist zu vermuten, dass für die Bewohner Nangweshis bürokratische Strukturen nicht nur leichter durchschaubar sind, sondern dass es für sie auch näher liegt, sie überhaupt zu verstehen zu versuchen, sich über sie zu informieren und Wissen über die Verwaltungsherrschaft als für sich relevant anzusehen.

Ein weiterer Grund für die lagerspezifisch unterschiedlichen Wissensbestände über die Herrschaftsstrukturen kann in der verschiedenen baulichen Anlage der Lager liegen. In Nangweshi fördert der dichte Lagergrundriss nicht nur die Kommunikation zwischen den Flüchtlingen, sondern auch die Möglichkeiten, Verwaltungspersonal kennen zu lernen. In Mehebas weit verstreuten Wohngebieten dagegen können Menschen eine lange Zeit leben, ohne überhaupt Verwaltungsmitarbeiter zu sehen. Dieses Sehen wäre ein erster Schritt dahin, sie zu identifizieren und einzuordnen, etwa indem andere gefragt werden, wer die betreffende Person ist. Ähnlich ist die Situation in dem neuen Erweiterungslager in Nangweshi, in dem Menschen aus ländlichen Gegenden außerhalb Jambas leben. Im folgenden Zitat beschreibt Carlos Alvaro, ein junger Flüchtling im *Nangweshi Extension Camp*, die Unterschiede zwischen dem Leben in Angola und dem Leben im Lager (übersetzt aus dem Umbundu):

> C.A.: „It's really different because here we are being kept, like we are being kept by some people. So everyone has to follow what those people are telling us."
> K.I.: „And who is it? Who keeps you?"
> C.A.: „There are leaders who are controlling, top leaders who are controlling this camp of refugee."

K.I.: „Are they ever seen her in the roads?"
C.A.: „I've never seen them, I don't know them, they've never passed here so I can't know them."

Im letzten Satz verbindet Carlos Alvaro den Umstand, dass er die „top leaders", die das Lager ‚kontrollieren', nicht kennt, damit, dass er sie nie gesehen hat. Wie in den ersten Zeilen deutlich wird, hat der junge Mann – trotz des physischen und sozialen Abstandes und der vagen Information zur Verwaltung – die Wahrnehmung eines „being kept", eines Lebens unter einer Herrschaftsinstanz, deren Wort er Folge zu leisten hat. Er sagt, sie ‚kontrollieren' das Lager – wobei er innerhalb der Aussage in Umbundu das portugiesische Wort ‚controlar' benutzt; dieses Wort bezeichnet nicht nur das Wortfeld von ‚überprüfen', sondern kann auch ‚beherrschen' bedeuten.

6 Globalisierung vor Ort – Herrschaft im Nebel

Fügt man schließlich die Wahrnehmungen zusammen, die die verschiedenen Akteure von der Herrschaft in Flüchtlingslagern haben, bleibt das Bild neblig. Während zumindest einige der Beteiligten – vor allem das Personal von Regierung und Hilfsorganisationen – eine sehr bestimmte Sicht der Hierarchien und Zuständigkeiten in den Lagern äußern, trüben drei durchgängige Phänomene diese Klarheit. Erstens unterscheiden sich die mit großer Sicherheit vorgetragenen Schilderungen der verschiedenen Akteure erheblich voneinander. Einzelne mögen sich sicher sein, wer der formale und tatsächliche Souverän im Lager ist, aber andere haben die gegenteilige Auffassung. Zweitens gibt es viele Beteiligte, vor allem unter den Flüchtlingen, die äußern, sie wüssten nicht, wer die höchste Instanz im Flüchtlingslager ist. Drittens schließlich können sich die Sichtweisen zwischen konkreten Lagern unterscheiden, auch wenn deren formale Strukturen und Rahmenbedingungen sehr ähnlich sind.

Mit Blick auf die Stellung der Gastregierung in Flüchtlingslagern ergibt sich ein mehrdeutiges Bild. Wie die Analyse von Gesprächs- und Beobachtungsmaterial zeigt, sind die Regierungsvertreter als Herrschaftsinstanz bei den Akteuren des Flüchtlingslagers grundsätzlich anerkannt. Die primäre Zuständigkeit des Gaststaates für die Flüchtlinge wird immer wieder explizit betont. Gleichzeitig kann sich die Regierung vor allem im Vergleich mit der Machtposition des UNHCR in den Flüchtlingslagern nicht durchgängig als überlegen behaupten, und vielfach wird UNHCR hier ausdrücklich als oberste Instanz gesehen. Die Aussage vieler Flüchtlinge, sie wüssten nicht, wer im Lager die Macht innehat, lässt die Position der Regierung zusätzlich als ungefestigt erscheinen.

Untersucht man das Flüchtlingslager auf die Bedeutung des Nationalstaates hin, dann sind gegenläufige Tendenzen zu konstatieren. Einerseits ist das Lager eine Arena, in der Vertreter der Gastregierung mit einem klaren Souveränitätsanspruch auftreten, mit dem zumindest in der (Lager-)Öffentlichkeit kein anderer Akteur explizit in Konkurrenz tritt. Auch andere Faktoren, wie die an Nationalität orientierte Kategorisierung der Lagerbewohner durch die Verwaltung und die Flüchtlinge selbst, verweisen auf eine starke Stellung des Konzeptes Nationalstaat. Andererseits gibt es mit UNHCR eine weitere, übernationale Instanz, der von vielen Lagerflüchtlingen die formale und von wesentlichen Teilen des Organisationspersonals zumindest die faktische Herrschaft zugeschrieben wird. Damit sind Flüchtlingslager Orte, die zum Territorium eines Staates gehören, an denen aber seiner Regierung – trotz des eigenen Anspruchs – Souveränität nur eingeschränkt zugesprochen wird. Die uneindeutigen und vielfach ganz fehlenden Zuschreibungen der Macht zu bestimmten Akteuren leisten einer komplexen, wechselhaften und nebulösen Struktur von „layered sovereignty" (Turner 2005: 330) Vorschub, in der der Nationalstaat einer von mehreren Aspiranten auf die Herrschaft ist. Er verbleibt letztlich in einer gegenseitigen, rechtlich und finanziell begründeten Abhängigkeit mit UNHCR, dem anderen Anwärter auf die Vorherrschaft in der Lagerordnung. Auch in der Perspektive der Flüchtlinge insgesamt tritt keiner der beiden Akteure als klar definierter Souverän auf. So baut das internationale Flüchtlingsregime auch auf Mikroebene einerseits auf dem Konzept der Nationalstaatlichkeit auf, beschneidet aber andererseits dessen Wirkmächtigkeit in der institutionalisierten Ordnung des Flüchtlingslagers mit ihren ambivalenten oder ignoranten Wahrnehmungen der Lagerherrschaft.

Literatur

Agier, Michel, 2003: Identifications dans l'exil: les réfugiés du camp de Maheba (Zambie). S. 73-89 in: Yves Goudineau (Hg.), Sociétés dans la guerre. Autrepart 26. Paris: Institut de recherche pour le développement
Albrow, Martin, 1996: The Global Age. State and Society Beyond Modernity. Cambridge: Polity Press
Arendt, Hannah, 1962: Elemente und Ursprünge totaler Herrschaft. V. d. Verfasserin übertrag. u. neubearb. Ausg., Frankfurt/M.: Europäische Verlagsanstalt
Bakewell, Oliver, 2002: Review of CORD community services for Angolan refugees in Western Province, Zambia. Genf: UNHCR/EPAU
Barnett, Laura, 2002: Global governance and the evolution of the international refugee regime. New Issues in Refugee Research, Working Paper No. 54. Genf: UNHCR
Barrett, Michael, 1998: Tuvosena: ‚Let's Go Everybody'. Identity and Ambition among Angolan Refugees in Zambia. Working Papers in Cultural Anthropology No. 8. Uppsala: Department of Cultural Anthropology, Uppsala University

Crisp, Jeff, 2005: No Solutions in Sight: The Problem of Protracted Refugee Situations in Africa. S. 17-52 in: Itaru Ohta und Yntiso D. Gebre (Hg.), Displacement Risks in Africa. Kyoto/Melbourne: Kyoto University Press/Trans Pacific Press

Fortier, Anne-Marie, 1999: Re-Membering Places and the Performance of Belonging(s). Theory, Culture & Society 16: 41-64

Gallagher, Michael S., 2003: Promises to Keep: Individual Rights of Refugees and Others under International Human Rights Conventions and the Zambian Constitution. South African Journal on Human Rights 19: 85-97

Goodwin-Gill, Guy S., 1998: The refugee in international law, second Edition. Oxford/New York: Oxford University Press

Harrell-Bond, Barbara E., 1986: Imposing Aid – Emergency Assistance to Refugees. Oxford/New York/Nairobi: Oxford University Press

Inhetveen, Katharina, 2006a: Ungleiche Partnerschaften. Gleichheitsansprüche und Ungleichheitspolitik zwischen humanitären Organisationen. In: Karl-Siegbert Rehberg (Hg.), Soziale Ungleichheit, Kulturelle Unterschiede. Verhandlungen des 32. Kongresses der Deutschen Gesellschaft für Soziologie in München 2004, CD-Rom, Frankfurt/M./New York: Campus

Inhetveen, Katharina, 2006b: Situative Fluchten. Mobilität und Macht in einem sambischen Flüchtlingslager. S. 81-102 in: Dies. (Hg.), Flucht als Politik. Berichte von fünf Kontinenten. Köln: Köppe

LWF, 2003: Narrative Report for the month of April 2003. Lusaka: LWF/ZCRS, unveröffentlicht

Malkki, Liisa, 1990: Context and Consciousness: Local Conditions for the Production of Historical and National Thought among Hutu Refugees in Tanzania. S. 32-62 in: Richard G. Fox (Hg.), Nationalist Ideologies and the Production of National Cultures. Washington: American Anthropological Association

Malkki, Liisa, 1995: Purity and Exile. Violence, Memory, and National Cosmology among Hutu Refugees in Tanzania. Chicago/London: University of Chicago Press

Meyer, John W., 2005: Weltkultur. Wie die westlichen Prinzipien die Welt durchdringen. Frankfurt/M.: Suhrkamp

Soguk, Nevzat, 1999: States and Strangers. Refugees and Displacements of Statecraft. Minneapolis/London: University of Minnesota Press

Teusch, Ulrich, 2003: Die Staatengesellschaft im Globalisierungsprozess. Wege zu einer antizipatorischen Politik. Wiesbaden: Westdeutscher Verlag

Turner, Simon, 2005: Suspended Spaces – Contesting Sovereignties in a Refugee Camp. S. 312-332 in: Thomas Blom Hansen und Finn Stepputat (Hg.), Sovereign Bodies. Citizens, Migrants, and States in the Postcolonial World. Princeton/Oxford: Princeton University Press

Tyrell, Hartmann, 2005: Singular oder Plural – Einleitende Bemerkungen zu *Globalisierung* und *Weltgesellschaft*. S. 1-50 in: Bettina Heintz, Richard Münch und ders. (Hg.): Weltgesellschaft. Theoretische Zugänge und empirische Problemlagen. Sonderheft der Zeitschrift für Soziologie. Stuttgart: Lucius & Lucius

UNHCR, 2000: Handbook for Emergencies, second Edition. Genf: UNHCR

Voutira, Eftihia und Harrell-Bond, Barbara, 1995: In search of the locus of trust: the social world of the refugee camp. S. 207-224 in: E. Valentine Daniel und John Chr. Knudsen (Hg.), Mistrusting Refugees. Berkeley/Los Angeles/London: University of California Press

Warner, Daniel, 2000: The refugee state and state protection. S. 253-268 in: Frances Nicholson und Patrick Twomey (Hg.), Refugee Rights and Realities. Evolving International Concepts and Regimes. Cambridge/New York/Oakleigh: Cambridge University Press

Wilde, Ralph, 1998: Quis Custodiet Ipsos Custodes? Why and How UNHCR Governance of ‚Development' Refugee Camps Should be Subject to International Human Rights Law. 1 Yale Hum. Rts. Dev. L.J. 5 (1998), http://diana.law.yale.edu/yhrdlj/vol 01iss 01/wilde_ralph_note.htm (Download: 02.08.2001)

II. Weltkultur, Ökonomie, Sozial- und Bildungspolitik

Globalisierungskritik und Weltkultur

Boris Holzer und Barbara Kuchler

Dass Teilnehmer am sozialen Leben sich über sich selbst täuschen können, ist eine geläufige Erkenntnis der Sozialwissenschaften. Ein Spezialfall hiervon liegt dann vor, wenn ein Akteur sich täuscht über das Ausmaß, in dem er selbst von dominanten sozialen Strukturen abweicht. Typischerweise *überschätzen* Akteure dabei das Ausmaß ihrer Devianz vom gesellschaftlichen Mainstream und *unterschätzen* das Ausmaß ihrer Konformität. So hat sich etwa herausgestellt, dass eine große Zahl von Amerikanern, die ihre eigenen Sexualpraktiken für deviant und pervers hielten, in Wirklichkeit Vertreter des gesellschaftlichen Durchschnitts, also ganz normal waren (Kinsey 1948, 1953). Ebenso wurde gezeigt, dass Kriminelle, die – sich selbst oder anderen – auf den ersten Blick als deutlich abweichend erscheinen, unter Umständen denselben Werten anhängen wie der Rest der Gesellschaft und nur andere, unkonventionelle Mittel zu ihrer Erreichung einsetzen (Merton 1949).

In den beiden genannten Fällen handelt es sich um eher unbeabsichtigte, ‚zufällig' anfallende Devianz (bzw. vermeintliche Devianz). Dasselbe gilt jedoch auch für stärker beabsichtigte und identitätsrelevante Fälle von (vermeintlicher) Devianz. So ist etwa der Kommunismus bzw. real existierende Sozialismus, der sich selbst als Gegenentwurf zum Kapitalismus und zur bürgerlichen Gesellschaft als solcher verstand, soziologisch gesehen nur eine Variante derselben modernen Gesellschaft mit denselben grundlegenden Zielen wie Industrialisierung, Produktionssteigerung, Steigerung des Lebensstandards, Technologieentwicklung, Säkularisierung, aktive Gestaltung der Zukunft u.ä., die nur leicht abgewandelte institutionelle Strukturen zur Erreichung dieser Ziele vorsieht (Staatseigentum statt Privateigentum, Einparteiensystem statt Mehrparteiensystem) (Aron 1958: 36, 46, Parsons 1962, 1964). Ebenso übernehmen auch islamische Fundamentalisten und andere neuere Vertreter der „Gegen-Moderne" (Beck 1993: 99ff.) in weiten Teilen die Zielvorstellungen der modernen Gesellschaft, etwa in Bezug auf Bildung und Ausbau des Staates, Verwaltungskapazität, *nation-building*, zivile und militärische Technologie, Bildungs- und Gesundheitssystem usw. und setzen sich nur in bestimmten, ausgewählten Punkten davon ab (etwa Stellung der Religion, Stellung der Frau) (Meyer 2005: 110f.).

Aus all dem kann man lernen, dass Abweichung und Dagegensein immer nur stark selektiv und auf Grundlage einer weitgehenden Überstimmung mit dem gesellschaftlichen Mainstream möglich ist.[1] Dies gilt auch dann, wenn in der Selbst- und Fremdwahrnehmung der relevanten Akteure das Element der Abweichung heraussticht und das Element der Überstimmung demgegenüber stark in den Hintergrund tritt.[2] Diese allgemeine Wahrheit gilt auch für die seit einiger Zeit mit abweichenden Meinungen und Aktionen Aufmerksamkeit erregende Bewegung der Globalisierungskritik. Die Globalisierungskritiker gehen davon aus, dass sie das ganz Andere wollen: eine ‚andere Welt', die Umstürzung der herrschenden Weltordnung usw. – die Berufung auf solche Totalismen der Andersartigkeit ist das täglich Brot der Globalisierungskritik. Bei etwas näherer Betrachtung zeigt sich jedoch, dass die Globalisierungskritiker in weiten Teilen die Zielvorstellungen und Realitätsdefinitionen der modernen Welt teilen und davon nur in bestimmten, ausgewählten Punkten abweichen. Die Totalablehnung der Welt, wie sie ist, könnte gar nicht verständlich kommuniziert (und vermutlich nicht einmal gedacht) werden, geschweige denn eine nennenswerte Menge von Anhängern und Aufmerksamkeit rund um den Globus mobilisieren. Die Betonung der abweichenden Elemente ist eine nützliche und vermutlich alternativlose Strategie zur Positionierung im politischen Diskurs und in der massenmedialen Berichterstattung; sie sollte jedoch nicht den Blick des soziologischen Beobachters trüben und ihn an der Erkenntnis der mindestens ebenso substantiellen übereinstimmenden Elemente hindern.

1 Theoretische Grundlagen

Um die bisher skizzierte soziologische Grundeinsicht näher auszubuchstabieren und konkrete Belege dafür zu finden, wird in diesem Text der Theorieansatz des Neoinstitutionalismus gewählt (siehe z.B. Thomas et al. 1987, Meyer 2005). Die Grundthese des Neoinstitutionalismus lautet, dass Staaten und auch andere Akteure rund um den Globus einander zunehmend ähnlich bzw. ‚isomorph' werden, da sie sich zunehmend an einem global institutionalisierten *set* von Regeln und kulturellen Vorschriften orientieren. Dieser *set* von Regeln wird im Neoinstitutionalismus Weltkultur oder *‚world polity'* genannt; der Begriff konkretisiert das,

---

[1] Die Einsicht, dass Negation nicht als Totalnegation und nicht ohne eine gemeinsame Grundlage mit dem Negierten möglich ist, ist in grundsätzlicherer Form natürlich schon viel länger, mindestens seit Hegel verfügbar (siehe etwa Hegel 1807).

[2] Mit Begriffen aus der Gestaltpsychologie kann man sagen, dass bei der Wahrnehmung der entsprechenden Akteure die Abweichung die Aufmerksamkeit heischende ‚Figur' ausmacht, während die Übereinstimmung nur den unbemerkt bleibenden ‚Grund' abgibt.

was bisher etwas salopp als ‚gesellschaftlicher Mainstream' bezeichnet wurde. Die Weltkultur legt in nicht unbedingt normativ zwingender, aber als Realitätsdefinition wirksamer und deshalb schwer zu negierender Weise fest, welche Akteure es gibt (insbesondere Individuen, Organisationen, Staaten), nach welchen Prinzipien sie handeln (insbesondere nach dem Prinzip der ‚Rationalität'), welche Ziele sie anstreben und welche Mittel dafür zur Verfügung stehen. Die für Staaten – als den hauptsächlichen Forschungsobjekten des Neoinstitutionalismus – vorgesehenen Ziele sind insbesondere ‚Fortschritt' und ‚Gerechtigkeit', während weltkulturell empfohlene Mittel zu ihrer Erreichung etwa Wirtschaftswachstum, Demokratisierung, Ausweitung der Bildung, Wissenschaftsförderung, Umweltschutz u.ä. umfassen. Für andere Typen von Akteuren sind andere, in der prinzipiellen Stoßrichtung vergleichbare Ziele und Mittel vorgesehen.

Der Neoinstitutionalismus weist in einer Fülle von empirischen Untersuchungen nach, in welch erstaunlichem Ausmaß die Staaten dieser Erde, insbesondere seit dem Zweiten Weltkrieg, diesem weltkulturell vorgesehenen Modell entsprechen. Die mit der Erfüllung der weltkulturellen Vorschriften assoziierte Reihe von Strukturen – Parlament, Verfassung, Wahlen, Regierung mit bestimmten Ministerien, Schulen, Universitäten, Gesundheitssystem, statistische Datensammlungen usw. – ist in weitgehend standardisierter Form in nahezu jedem Staat der Erde zu finden, auch in Dritte-Welt-Staaten mit starken Überresten traditionaler Strukturen. Bei einem starken Auseinanderklaffen zwischen weltkulturell vorgeschriebenen Strukturen einerseits und lokalen Möglichkeiten andererseits, kann es allerdings zu entsprechend starken Entkopplungserscheinungen kommen: Formalstruktur und lokale Praktiken treten zunehmend auseinander, die Erfüllung der weltkulturellen Forderungen beschränkt sich weitgehend auf das Aufrechterhalten einer entsprechenden äußeren Fassade (Meyer et al. 1997a: 154f.; Holzer 2006).

Diese Fassade wird allerdings von den entsprechenden Akteuren nicht in rein strategischer, Täuschung bezweckender Absicht aufgebaut und aufrechterhalten, sondern mindestens teilweise in authentischem Glauben an die Prinzipien der Weltkultur (die die Nachfolge der alten Religion antritt). Die überwältigende globale Konformität mit den Prinzipien der Weltkultur kann für den Neoinstitutionalismus *weder* aus der Funktionalität der weltkulturell geforderten Strukturen erklärt werden (denn funktional sind sie in den lokalen Zusammenhängen allzu oft nicht) *noch* aus der zielverfolgenden Rationalität der Akteure (denn diese stellen allzu oft gar keine Kalkulationen und Alternativenabwägungen an). Funktionalität ist kein Merkmal moderner Strukturen, sondern ein Mythos der modernen Weltkultur; ebenso ist der rationale Akteur kein ursprünglich in der Realität zu findender Sachverhalt, sondern ein weltkulturell gefordertes ‚Skript', dem real existierende soziale Entitäten zu entsprechen versuchen (Meyer und Jepperson

2000). Teilnehmer an der sozialen Realität sind für den Neoinstitutionalismus Schauspieler oder – goffmanesk – Darsteller, die das Drehbuch der modernen Weltkultur, so gut ihre lokalen Ressourcen es erlauben, aufführen.

Das wichtigste Anwendungsfeld des neoinstitutionalistischen Ansatzes sind – wie gesagt – Staaten. Jedoch können auch andere soziale Entitäten mit neoinstitutionalistischen Mitteln analysiert werden, etwa Organisationen, deren Handeln ebenfalls als Orientierung an externen kulturellen Standards und Imitation erfolgreicher Modelle – statt als rationale Zielverfolgung und Nutzenmaximierung – verstanden werden kann (Meyer und Rowan 1977, DiMaggio und Powell 1983). Ebenso werden seit einiger Zeit soziale Bewegungen und NGOs durch Neoinstitutionalisten untersucht, und auch an diesen können typische Muster der Übereinstimmung mit der breiteren Weltkultur und der Übernahme weltkultureller Funktionen des *agenda-setting* festgestellt werden (Boli und Thomas 1997, 1999, siehe auch Giugni 2002). Es liegt daher nahe, den neoinstitutionalistischen Theorieansatz auch auf die soziale Bewegung der Globalisierungskritiker anzuwenden. Das soll im Folgenden versucht werden (siehe auch Boli et al. 2004). Im Prinzip können auch die Globalisierungskritiker als unter der Ägide der Weltkultur konstituierte ‚Akteure' begriffen werden.[3] Der einzige relevante Unterschied zu anderen ‚Akteuren' liegt darin, dass die Globalisierungskritiker, anders als die meisten Staaten und Organisationen und stärker als die meisten anderen sozialen Bewegungen, der Ansicht sind und von sich verkünden, dass sie *gegen* den üblichen Lauf der Welt sind und die weltweit dominierenden Trends und Strukturen *ablehnen*. Dieses Problem ist jedoch mit dem eingangs genannten Argument, dass Akteure über das Ausmaß ihrer eigenen Devianz im Irrtum begriffen sein können, schon aus dem Weg geräumt worden.

In den folgenden Abschnitten soll deshalb die Übereinstimmung der globalisierungskritischen Bewegung mit den Standardmerkmalen weltkulturell konstituierter ‚Akteure' in verschiedenen, im Neoinstitutionalismus gut etablierten Hinsichten aufgezeigt werden: weltweite Diffusion, Ontologie, Interesselosigkeit, Entkopplung.

2 Diffusion und Isomorphie

Eine Konsequenz der Orientierung von sozialen Entitäten an der Weltkultur ist, dass weltkulturell etablierte Modelle sich schnell und erstaunlich flächendeckend

---

[3] Boli et al. verfolgen ebenso das Projekt der Anwendung des Neoinstitutionalismus auf die Globalisierungskritiker, präsentieren jedoch unseres Erachtens eine etwas zu stark ironisierende und dafür zu wenig informative, das Analysepotential des Neoinstitutionalismus nicht ausschöpfende Beschreibung.

rund um den Globus verbreiten. Die meisten weltkulturellen Modelle stammen ursprünglich aus Europa oder Nordamerika, jedoch gibt es gelegentlich auch weltkulturell erfolgreiche Modelle aus anderen Regionen der Welt (etwa Management- und Organisationsmodelle aus Japan). Unabhängig davon, wo ein bestimmtes Element historisch entstanden ist, gilt: Sobald es als weltkulturell empfehlenswertes Modell entdeckt und zertifiziert ist, setzen Prozesse der Diffusion ein, die es in nahezu alle Staaten der Erde tragen und diese zunehmend isomorph machen. Dies gilt für die grundlegenden Elemente der Weltkultur (etwa die Staatsform als solche) ebenso wie für speziellere und oberflächlichere Elemente. Mechanismen der Diffusion sind dabei sowohl die Imitation von offensichtlich erfolgreichen Modellen durch diejenigen, die diese Modelle noch nicht praktizieren, als auch die ‚Hilfe' und ‚Unterstützung' durch weltkulturelle Organisationen wie die UNO und ihre Unter-Organisationen, die den ‚unterentwickelten' Regionen Know-how und Finanzierungshilfen zur Verfügung stellen (Meyer et al. 1997a: 157ff.).

Solche Diffusionsprozesse zeichnen sich oft durch ihre hohe Geschwindigkeit aus: Es ist nicht ungewöhnlich, dass innerhalb weniger Jahrzehnte praktisch alle Staaten der Erde erreicht sind. So hatten z.B., nachdem Umweltschutz und die Einrichtung von Umweltministerien als weltkulturelle Modelle entdeckt worden waren, nach kurzer Zeit zahlreiche Staaten der Welt ein Umweltministerium (Meyer et al. 1997b). Ebenso hatten, als die Einrichtung von Wissenschaftsministerien weltkulturell propagiert wurde, nach kurzer Zeit zahlreiche Staaten ein Wissenschaftsministerium (und zwar auch solche, in denen es nicht mehr als eine Handvoll Wissenschaftler gibt) (Drori 1997: 5ff.). Ein weiteres Beispiel für schnelle Diffusion ist die Gliederung des Schulsystems nach dem amerikanischen Schema 6 Jahre *Elementary School*, 3 Jahre *Middle School*, 3 Jahre *High School*: Nachdem die UNESCO – in rein deskriptiver Absicht – dieses Gliederungsschema zur Darstellung von international vergleichenden Bildungsdaten verwendet hatte, strukturierten innerhalb weniger Jahrzehnte viele Länder ihr Schulsystem nach diesem Schema um (Meyer et al. 1997a: 158f.). Ein aktuelles Beispiel ist die durch die PISA-Studien ausgelöste Reformwelle, in deren Zuge zahlreiche Länder ein einheitliches System der Messung und Steigerung von Bildungserfolgen einführen (siehe den Beitrag von Brosziewski in diesem Band). Es gibt also immer wieder neue ‚Wellen' weltkulturell zertifizierter Strukturen, die, wenn sie einmal entdeckt und als Element der Weltkultur etabliert sind, schnell in viele Staaten der Welt diffundieren.

Derselbe Trend einer schnellen globalen Diffusion lässt sich auch für die Bewegung der Globalisierungskritiker feststellen. Diese Bewegung ist relativ jung (es gibt sie erst seit den 1990er Jahren), aber sie hat sich in der kurzen Zeit, die seither vergangen ist, praktisch über die ganze Welt verbreitet. Genauso wie jedes Land sein Parlament, sein Umweltministerium, sein Wissenschaftsministerium, sein Bildungssystem usw. hat, wird demnächst jedes Land seine nationale *attac*-Sektion haben. Dies ist natürlich nicht allzu wörtlich zu verstehen, es können statt *attac* auch andere globalisierungskritische Organisationen sein. Aber irgendwelche Organisationen, die sich erkennbar dem globalisierungskritischen Sektor zuordnen, gibt es in auffallend vielen Ländern der Erde. Dabei zeigt die globalisierungskritische Bewegung – nicht anders als andere Elemente der Weltkultur – eine gewisse Konzentration im Westen bzw. Norden der Welt; die Peripherie hinkt noch hinterher, beginnt aber aufzuholen (Smith 2002). Die Diffusion in immer mehr Länder geschieht hier (wie auch sonst) einerseits durch ‚spontane' Imitation der Erfolgsmodelle in der Peripherie und andererseits durch die ‚Hilfe' und ‚Unterstützung' des Zentrums für weniger entwickelte Regionen. Bereits bestehende Organisationen im Zentrum ermutigen die Gründung neuer Organisationen, stellen Aktionsmodelle und Materialien zur Verfügung, geben Finanzierungshilfen, unterhalten Kommunikationsplattformen und Foren usw., damit auch die Peripherie der Welt entsprechende globalisierungskritische Organisationen aufbauen kann. All dies geschieht – wie üblich bei der Diffusion weltkultureller Modelle – nicht im Rahmen einer straffen, zentral geführten Organisation, sondern hauptsächlich im Rahmen von mehr oder weniger offenen, unverbindlichen Beratungs- und Unterstützungsangeboten, die im Fall der globalisierungskritischen Bewegung ‚Netzwerke' genannt werden.

Dass die Globalisierungskritik ihrerseits eine globale Bewegung ist, ist den Globalisierungskritikern selbst natürlich nicht verborgen geblieben. Sie wissen und bejahen dies, wie sie ja auch insgesamt betonen, dass sie nicht schlechterdings *gegen* Globalisierung sind, sondern nur für eine *andere* Globalisierung; und natürlich sind sie nicht gegen ihre *eigene* Globalisierung. Die Globalisierungskritiker betrachten ihre globale Diffusion mithin als Erfolg *für sich*, und dieser Erfolg soll hier auch in keiner Weise bestritten oder bezweifelt werden. Es soll nur die Beobachtung hinzugefügt werden, dass man ihre schnelle Diffusion ebenso gut auch als Erfolg *der Weltkultur* betrachten kann, d.h. – überspitzt gesagt – als Erfolg der Globalisierung und nicht der Anti-Globalisierung. In jedem Fall fällt auf, dass die Diffusion und Proliferation globalisierungskritischer Organisationen genau dem Muster entspricht, das man von der Theorie der Weltkultur aus erwarten müsste und das an vielen anderen Elementen der Weltkultur belegt ist. Insofern kann man die globale Verbreitung der Globalisierungskritik als ersten Indikator für die Zugehörigkeit der globalisierungskritischen Bewegung zur Weltkultur betrachten.

3 Ontologie und Ziele

Ein zweiter Indikator lässt sich gewinnen, wenn man die Inhalte der Weltkultur näher betrachtet. Die Weltkultur liefert zunächst eine Ontologie, d.h. eine Festlegung dessen, was es gibt und was es nicht gibt – mit William I. Thomas gesprochen: eine ‚Definition der Realität'. Definitionsbedürftig ist in der sozialen Realität insbesondere die Frage, welche Akteure es ‚gibt' und welche es ‚nicht gibt'. In der modernen Weltkultur ‚gibt' es nur drei Typen von Akteuren: Individuen, Organisationen und Staaten (Meyer et al. 1987). Nur diese drei Typen von sozialer Entität sind in ihrer Existenz sozial bestätigt und legitimiert, während andere Entitäten wie Familien, Clans, Götter, Geister, Ahnen usw. aus dem Bereich legitimer Akteure ausgeschlossen sind. Verglichen mit der ‚Realität' in anderen, historisch früheren Gesellschaften handelt es sich somit um eine recht scharfe Einschränkung des Spektrums möglicher Akteure.

Im Rahmen dieser modernen Ontologie bewegen sich auch die Globalisierungskritiker. Ihr besonderes Augenmerk gilt zunächst dem Individuum: Sie sehen, dass die Rechte und Lebenschancen von Individuen überall in der Welt durch die Globalisierung und ihre Protagonisten – insbesondere transnationale Konzerne und neoliberal agierende Staaten – bedroht sind, und sie nehmen den Kampf gegen die Letzteren zugunsten der Ersteren auf (Boli et al. 2004). Damit akzeptieren sie aber auch den zweiten und dritten Eintrag in der Liste der real existierenden Akteure: Organisationen und Staaten. Diese sind die Hauptadressaten der Proteste der Globalisierungskritiker und werden eben damit in ihrer Existenz und Prominenz ernst genommen und bestätigt. Sie werden zwar natürlich nicht evaluativ akzeptiert, bzw. sie werden nicht mit dem Inhalt ihres Handelns akzeptiert, denn dieses wird ja gerade bekämpft. Die *ontologische* Anerkennung einer Entität (d.h. ihre Anerkennung als real) ist jedoch nicht abhängig von ihrer *moralischen* Anerkennung (d.h. ihrer Anerkennung als gut oder unterstützungswürdig). „Cultural principles and models are shared primarily at the ontological or cognitive level. Moral evaluations typically are conflictual; ontological definitions of the nature of things normally are taken for granted. Regardless of one's attitude toward the large corporation, for example, one has difficulty denying the social reality of Mitsubishi. [...] Thus, even though many of the world-cultural principles we discuss are contested and generate considerable conflict, their reification is enhanced by this very contestation" (Boli und Thomas 1997: 173).

Während Individuen, Organisationen und Staaten somit die prominentesten Einträge im Akteursensemble der Globalisierungskritiker – wie auch der Weltkultur insgesamt – sind, kommen andere Akteure wie Götter, Clans, Volksstämme usw. in ihren Aktionen nicht oder nur an sehr untergeordneter Stelle vor.[4] In Bezug auf die Ontologie weichen die Globalisierungskritiker mithin nicht vom modernen, weltkulturellen Mainstream ab. Ähnliches gilt jedoch auch für die Ziele der modernen Weltkultur. Ontologie und Ziele in ihrer kulturellen Definition gehören zusammen, insofern erstere festlegt, was *ist*, während letztere festlegen, was *sein soll*. Die Weltkultur bestimmt als wichtigste Ziele für moderne Staaten insbesondere ‚Fortschritt' und ‚Gerechtigkeit', wobei ‚Fortschritt' sich als Steigerung der technologischen Entwicklung, der Produktion und des Bruttosozialprodukts ausbuchstabieren lässt, während ‚Gerechtigkeit' die annähernd gleiche, jedenfalls nicht zu ‚krass' ungleiche (nach einigermaßen unklaren Maßstäben gemessene) Verteilung des so erzielten Wohlstands über die Bevölkerung meint (siehe etwa Meyer et al. 1997a).

Auch in Bezug auf diese Ziele haben die Globalisierungskritiker keinen grundsätzlichen Dissens mit dem Rest der Gesellschaft. Sie unterscheiden sich von anderen Akteuren der modernen Gesellschaft hauptsächlich dadurch, dass sie dem Ziel ‚Gerechtigkeit' höhere Priorität einräumen und dafür Einbußen in Bezug auf das Ziel ‚Fortschritt' in Kauf zu nehmen bereit sind. So bekämpfen bzw. kritisieren sie ‚die Globalisierung' deshalb, weil diese ungerecht ist, d.h. weil Vor- und Nachteile von Globalisierungsprozessen ungleich verteilt sind und eine Spaltung in Globalisierungsgewinner und Globalisierungsverlierer zu beobachten ist. Um dieser Spaltung abzuhelfen oder sie abzumildern, fordern sie Einschränkungen in Bezug auf Fortschrittsaspekte der Globalisierung – etwa Effektivitätssteigerung bzw. ‚Rationalisierung' der Produktion, Ausnutzung komparativer Kostenvorteile, High-Tech-Produktion mit Hilfe von Gentechnologie usw. –, ohne diese als solche abzulehnen. Jedenfalls werden Fortschritte dieser Art nicht zwingend und nicht von allen Fraktionen des globalisierungskritischen Lagers abgelehnt; sie gelten jedoch nur dann als akzeptabel, wenn sie keine allzu großen Einschränkungen in puncto ‚Gerechtigkeit' bedeuten.

Diese Darstellung ist natürlich stark verkürzend und vereinfachend, da die globalisierungskritische Bewegung groß und differenziert ist und in keiner Weise einheitliche und in der ganzen Bewegung konsentierte Ziele vertritt. Das eben Gesagte kann deshalb nur eine extrem stark geraffte Beschreibung dessen sein, was als der ‚Kern' globalisierungskritischer Aussagen und Einstellungen betrachtet werden kann, ohne den eine kommunikative Äußerung nicht mehr als ‚globalisierungskritisch' zu erkennen ist. Dass es darüber hinaus eine große Vielfalt der vertretenen Ziele, gewählten Aktionsformen und bevorzugten Adressaten

---

[4] Anders urteilen Boli et al. 2004, die die Verteidigung anderer ‚Kulturen' als ein Element globalisierungskritischer Aktionen identifizieren. Wir tendieren demgegenüber dazu, diesen Aspekt nicht als Recht von *Kulturen* – als Entitäten eigener Art – auf Weiterexistenz, sondern als Recht von *Individuen* auf kulturelle Selbstbestimmung zu betrachten.

gibt, ist selbstverständlich. Soviel sich in dieser unvermeidlichen Allgemeinheit sagen lässt, liegen jedoch Realitätsvorstellung und Ziele der Globalisierungskritiker weitgehend – mit begrenzter, genau angebbarer Abweichung – auf der Linie dessen, was auch der Mainstream der modernen Gesellschaft vertritt, wobei sich die Abweichung im Wesentlichen als andere Akzentsetzung bei der Gewichtung der zwei Hauptziele moderner Staaten entschlüsseln lässt.

4 Interesselosigkeit

Es gibt noch eine dritte Hinsicht, in der die Globalisierungskritiker sich an ein weltkulturell etabliertes Schema anlehnen, auch wenn es sich dabei nicht um ein allgemeines, sondern um ein spezifisches, nur für bestimmte Teilnehmer der Weltgesellschaft geltendes Schema handelt. In der durch die moderne Weltkultur geprägten Gesellschaft bewegen sich laut Neoinstitutionalismus nicht nur ‚Akteure' (im oben erläuterten, eingeschränkten Sinn), sondern auch so genannte ‚Andere' bzw. *„rationalized others"* (Meyer et al. 1997a: 165f., Meyer und Jepperson 2000: 108). Die ‚rationalisierten Anderen' – die in Analogie zu Meads ‚generalisiertem Anderen' benannt sind – stellen gewissermaßen das ‚Man' der Weltgesellschaft dar: Sie sind diejenige Instanz, die die weltkulturellen Werte artikuliert und propagiert, die gültigen Ziele, Probleme und Lösungswege definiert, dabei jedoch selbst nicht greifbar wird und nicht als Akteur in Erscheinung tritt. Die wichtigsten ‚Anderen' der modernen Weltgesellschaft sind die Wissenschaften und die Professionen.

‚Andere' unterscheiden sich von Akteuren in zwei wichtigen Merkmalen. Während Akteure eigene Interessen haben und diese (mehr oder weniger erfolgreich) durchzusetzen versuchen, sind ‚Andere' interesselos; sie handeln nicht für sich selbst, sondern für Dritte. Dabei vertreten sie entweder bestimmte Akteure oder Typen von Akteuren und fungieren als deren ‚Berater', oder sie vertreten die Weltkultur selbst und agieren als reine ‚Priester' weltkultureller Prinzipien (dies gilt etwa für universitäre Vertreter der Wirtschaftstheorie). Als direkte oder indirekte Priester der Weltkultur genießen ‚Andere' ein höheres kulturelles Ansehen als Akteure, die nur ihre schnöden Eigeninteressen vertreten. Dies führt zum zweiten wichtigen Unterschied zwischen beiden Gruppen von Entitäten: Während Akteure (mehr oder weniger) Macht haben und darin das Medium ihrer Wirksamkeit finden, haben ‚Andere' keine Macht, sondern ‚nur' überlegenes Wissen und überlegene Definitionsmacht. Sie wirken auf dem Weg ihrer kognitiven und moralischen Autorität; über Macht im Sinne überlegener oder konkurrenzfähiger Durchsetzungsfähigkeit verfügen sie nicht oder kaum (man denke etwa an *amnesty international*, das als Machtfaktor vernachlässigbar ist, nicht aber als moralische Autorität).

Wenn man mit dieser Unterscheidung beobachtet, stellen die Globalisierungskritiker gewissermaßen einen neuen Typ von weltkulturellem ‚Anderen' dar. Sie vertreten mit nicht unbeträchtlicher moralischer Autorität bestimmte weltkulturelle Prinzipien, und zwar nicht im Interesse ihrer selbst, sondern im Interesse anderer. Denn die meisten Aktivisten der globalisierungskritischen Bewegung sind ja selbst keine Globalisierungsopfer, sondern Mittelschichtangehörige aus dem Westen bzw. Norden der Welt, die im Interesse anderer agieren. Insofern ist die globalisierungskritische Bewegung eine ‚altruistische' Bewegung[5] (Eterovic und Smith 2001, Boli et al. 2004) bzw. ein im Stil der Interesselosigkeit auftretender ‚Anderer'.

Typisch ist dabei eine gewisse Durchmischung mit ‚egoistischen', eigeninteressierten Elementen, insofern auf Veranstaltungen und in Schriften der Globalisierungskritiker immer auch ‚echte' Globalisierungsopfer zu Wort kommen (brasilianische Landlose, koreanische Bauern usw.). Durch den wohldosierten Einbau eigeninteressierter Elemente in einen prinzipiell interesselosen *frame* wird das kulturelle Ansehen der globalisierungskritischen Bewegung maximiert: Würden die echten Betroffenen völlig fehlen, dann würde der Vertretungsanspruch als substanzlos erscheinen, und der Verdacht würde zu nahe liegen, dass es – gerade angesichts des blanken, differenzlosen Altruismus – letztlich doch um das Eigeninteresse der Bewegungsteilnehmer geht, um die perverse Gratifikation an altruistischem Handeln oder um die dabei entstehende Sozialintegration und Identitätsstiftung (Hellmann 1996). Würde dagegen die Komponente der Verfolgung von Eigeninteressen zu stark gesteigert, dann würde die globalisierungskritische Bewegung schnell in unkoordinierte und teils gegnerische Einzelfraktionen zerfallen, da von den jeweiligen Eigeninteressen her die unter dem Dach der Globalisierungskritik versammelten Gruppen viel zu heterogen sind, um als *eine* Bewegung auftreten oder sich selbst verstehen zu können. Nur die Orientierung an einem übergeordneten *frame* der Interesselosigkeit ermöglicht die Konstitution *einer* – wie immer intern bunten und vielfältigen – Bewegung.[6]

Darüber hinaus verdankt die globalisierungskritische Bewegung ihre Wirksamkeit über weite Strecken nicht ihrer Macht, sondern ihrer moralischen Auto-

---

[5] Zur Klarstellung: Dies ist keine Aussage über psychische Motivstrukturen, sondern über den Stil des sozialen Auftretens.

[6] Man könnte argumentieren, dass auch die Orientierung an einem gemeinsamen Gegner zur Integration der verschiedenen Gruppen beiträgt. Allerdings sind die Gegner der Globalisierungskritiker beinahe so heterogen wie ihre Interessen: von Unternehmen über Staaten und internationalen Organisationen bis zu Technologien und Rechtsregeln (z.B. patentrechtlichen Bestimmungen). Um all dies als letztlich *einen* Gegner – mit Namen wie ‚die Globalisierung', ‚die herrschende Weltordnung' usw. – wahrnehmen zu können, muss man den integrierenden Rahmen *schon haben*.

rität als Sprecherin der ‚Mühevollen und Beladenen' dieser Erde. Unter Machtaspekten ist sie ihren Gegnern in der Regel hoffnungslos unterlegen und verfügt nur über schlechterdings inadäquate Mittel zu ihrer Bekämpfung bzw. Beeinflussung – Demonstrationen gegen G8-Gipfel, Steine und Transparente gegen WTO-Beschlüsse, verbrannte Gummipuppen gegen eine Weltmacht.[7] Als Akteur ist die globalisierungskritische Bewegung nicht durchsetzungsfähig, und sie verfügt denn auch über keines der Merkmale, die man von einem mächtigen Akteur erwarten würde: keine straffe Organisation und kein zentrales Beschlussfassungsorgan, keine gesicherte Position in internationalen Gremien, keine Waffen, keine nennenswerte Anzahl von Wählerstimmen. Soweit die globalisierungskritische Bewegung Einfluss hat, hat sie ihn nicht als Akteur, sondern als ‚Anderer', als moralische Autorität, die mit Unterstützung und in Vertretung hoher und hoch angesehener weltkultureller Prinzipien spricht (Lebensrechte und Entfaltungsmöglichkeit des Individuums, Gerechtigkeit in der Verteilung derselben).

Weil dies so ist, wird den Zielvorstellungen der Globalisierungskritiker (Abmilderung der globalen Ungerechtigkeit, Abschaffung von Armut, Ende von Raubbau usw.) auch kaum direkt widersprochen. Andere weltgesellschaftliche Akteure mit anderen Zielen und Interessen lehnen solche Ziele in der Regel nicht frontal ab, stimmen ihnen vielmehr zu und behaupten nur, dass man diese Ziele mit anderen, altbewährten oder neu erfundenen Mitteln (Freihandel, Gentechnologie usw.) besser erreichen könne als mit den von den Globalisierungskritikern vorgeschlagenen Mitteln. Dass die Zustimmung zu solchen Zielen in den meisten Fällen ein bloßes Lippenbekenntnis ohne weitere, handlungsleitende Konsequenzen ist, versteht sich von selbst; dies ist jedoch eine normale und verbreitete Art des Umgangs von Akteuren mit weltkulturellen Anforderungen, und ähnliche Entkopplungserscheinungen treten auch mit Bezug auf andere weltkulturelle Ideale auf. Die Globalisierungskritiker erweitern somit die ‚Priesterschaft' der Weltkultur – neben Wissenschaften und Professionen – um einen weiteren Typ: Sie sind, wenn man einen Werbeslogan des bekannten Globalisierungsprotagonisten *McDonald's* zitieren darf, ein ‚etwas anderer' Anderer.

5 Entkopplung

Eine wichtige Einsicht des neoinstitutionalistischen Forschungsprogramms lautet, dass die Diffusion allgemein anerkannter Werte und erstrebenswerter Ziele nicht etwa zu einer durchgehenden Homogenisierung der Weltgesellschaft führt.

---

[7] Eine Ausnahme sind hier vielleicht groß angelegte und weiträumig koordinierte Boykotts bestimmter Unternehmen, die ein effektives Druck- und Drohmittel (aber auch entsprechend selten) sind (Holzer 2001).

Dies ist schon deshalb wenig wahrscheinlich, weil die Werte der Weltkultur kein konsistentes Ganzes ergeben: Wer die Freiheit des Individuums in den Vordergrund stellt, mag von anderen für die Vernachlässigung der Gleichheit kritisiert werden (Boli et al. 2004: 395). Darüber hinaus muss man davon ausgehen, dass die Orientierung an den entsprechend hoch geschätzten Werten mit einiger Regelmäßigkeit vor allem die *Außendarstellung* von Staaten, Organisationen und Individuen prägt. Betrachtet man lediglich die entsprechende weltgesellschaftliche Schaufensterdekoration, drängt sich in der Tat der Eindruck einer erstaunlichen Homogenität auf. Die Welt ist voll von Regierungsapparaten mit einem sehr erwartbaren *set* von Ministerien, gewinnorientierten Unternehmen und nach ausgeklügelten Lehrplänen funktionierenden Schulen. Doch bei genauerem Hinsehen zeigt sich, dass das tatsächliche Leistungsniveau oft von den Ansprüchen und Erwartungen abweicht: Regierungen können ihr Gewaltmonopol nicht durchsetzen, Unternehmen stellen unbrauchbare Produkte her, Schulen haben keine Bücher. In peripheren Regionen sind die auf der Weltbühne und gegenüber der eigenen Bevölkerung annoncierten Produkte – z.B. Schutz der Bürgerrechte oder angemessene Schulerziehung – oft nicht erhältlich. Der Neoinstitutionalismus bezeichnet dieses Auseinanderfallen von Darstellung und Performanz als ‚Entkopplung' der Außendarstellung, die gängige ‚Mythen' zeremoniell bedient, von einer Organisationspraxis, die mit diesen allenfalls lose gekoppelt ist (Meyer et al. 1997a: 154f., Meyer 2000: 243f., siehe auch Meyer und Rowan 1977).

Die Weltgesellschaft zerfällt demnach gewissermaßen in eine Vorderbühne, auf der das Schauspiel weltkultureller Isomorphie aufgeführt wird, und eine bzw. viele Hinterbühne(n), auf denen lokale und regionale Abweichungen von globalen Formalstrukturen den Alltag bestimmen (Holzer 2006). Hinter dieser Diagnose steckt ein letztlich organisationssoziologisches Argument, das nicht nur im Bereich internationaler Entwicklung von Bedeutung ist. Angesichts der widersprüchlichen Erwartungen verschiedener Anspruchsgruppen in ihrer Umwelt ist es für Organisationen oft unvermeidbar, zwischen den Ebenen von *talk* und *action* zu unterscheiden und entsprechende ‚Heuchelei' an den Tag zu legen (Brunsson 1989). Effektive Zweckverfolgung ist aus dieser Sicht nur möglich, wenn sie von der Zumutung einer allseits gefälligen Darstellung abgekoppelt wird. Für Staaten gilt insofern Ähnliches, als sie im internationalen System qua ihrer Rolle mit Erwartungen und Zuschreibungen konfrontiert werden, die sie nicht immer erfüllen können (Krasner 1999). Trotzdem bleiben die Beachtung ‚globaler Standards' und die Darstellung entsprechender Anpassungsleistungen nach außen in vielen Sachbereichen unverzichtbar, wenn man an den jeweiligen globalen Kommunikationskreisen teilnehmen möchte.

Dieses Argument lässt sich auf die globalisierungskritische Bewegung übertragen. Zu zeigen wäre dann, dass zwar die Selbstbeschreibung der Bewegung –

also der *talk* auf Podien und in Dokumenten – die Werte der Weltkultur bedient, die tatsächlichen Aktivitäten – gewissermaßen die *action* in Form gezielter Projekte und Aktionen – aber davon abweichen. Es handelte sich damit um eine Variante des eingangs erwähnten Missverhältnisses zwischen Selbst- und Fremdeinschätzung der Konformität des eigenen Handelns: Während die Akteure die Einheit von Handlungsziel und -durchführung voraussetzen, weiß der Beobachter, dass konsensfähige Ziele auch dazu dienen können, eine von ihnen relativ unabhängige Handlungspraxis vor kritischen Nachfragen zu schützen. Wir suchen im Folgenden also nach Elementen der Selbstbeschreibung, die mit Prinzipien der Weltkultur übereinstimmen, aber nicht oder nur schwach mit entsprechenden Handlungen korrelieren.

5.1 Die Globalität der Globalisierungskritik

Die globalisierungskritische Bewegung beansprucht im Gegensatz zu anderen sozialen Bewegungen, sich nicht auf die Interessen und Themen der industrialisierten Länder zu beschränken. Es sollen vielmehr vor allem die Ansprüche der Globalisierungsverlierer im Süden Beachtung finden. Man versucht daher sowohl thematisch, die Probleme des ‚globalen Südens' zu artikulieren, als auch organisatorisch, Repräsentanten entsprechender NGOs in die Aktivitäten einzubeziehen. Diese Zielformulierung begründet zum Beispiel, dass wichtige Veranstaltungen und Treffen oft auf der Südhalbkugel abgehalten werden, um den ansonsten enorm hohen Reiseaufwand für die Teilnehmerinnen und Teilnehmer aus südlichen Regionen gering zu halten.

Dennoch zeigt sich, dass die Praxis dem Anspruch globaler Inklusivität nur bedingt gerecht werden kann: Faktisch sind die Bewegungsorganisationen und die wichtigsten Zusammenkünfte, wie z.B. das *World Social Forum*, nach wie vor von Vertretern des Nordens dominiert, die über die finanziellen Ressourcen – und vor allem: die Zeit – verfügen, um dort die Interessen *Anderer* zu vertreten. Dies kann sogar dazu führen, dass NGOs im Süden nur wenig über die ‚für sie' betriebenen Aktionen wissen. Zum Beispiel gab es eine längere und auch erfolgreiche Kampagne der Umweltschutz-NGO *Rainforest Action Network* (RAN) gegen den Mitsubishi-Konzern, die sich vor allem gegen dessen Beteiligung an der Regenwaldabholzung richtete (Rainforest Action Network 1998). Die NGO hatte eine Boykott-Kampagne in den USA inszeniert, die Mitsubishi dazu bewegen sollte, sich aus entsprechenden Projekten zurückzuziehen. Das hätte auch Rodungen in Malaysia betroffen. Doch Nachforschungen bei einer von RAN als Kontakt in Malaysia benannten Umweltschutzorganisation – einer Regionalgruppe der internationalen Umweltschutzorganisation *Friends of the*

Earth – ergaben, dass diese gar nichts von ihrem Glück wusste: Es sei zwar einmal ein Fax in dieser Sache gekommen, doch die Regenwaldabholzung sei für die lokalen Aktivisten weniger dringlich als andere Probleme, da der Regenwald ohnehin bereits zum großen Teil gerodet worden sei (Holzer 2001).

Dies mag ein extremes Beispiel dafür sein, wie zwar die vermuteten Interessen der unterschiedlichsten Betroffenengruppen und Regionen nachhaltig vertreten werden, diese selbst aber keine Gelegenheit haben, dazu etwas beizutragen. Schon allein die – trotz Fax und Internet – oft nur eingeschränkten Kommunikationsmöglichkeiten mit dem ‚globalen Süden' bedingen, dass Ziele und Aktivitäten der globalisierungskritischen Bewegung oft nur schwach mit dem gekoppelt sind, was lokale Gruppen als dringlich erachten. Gerade in diesem Punkt muss allerdings festgehalten werden, dass die Entkopplung zwischen Anspruch und Wirklichkeit innerhalb der globalisierungskritischen Bewegung keineswegs übersehen wird. Da es sich oft um Diskrepanzen handelt, die sich zum Beispiel aus dem Mangel an Ressourcen oder fehlenden Kommunikationsmöglichkeiten ergeben, ist es durchaus denkbar, dass sie durch entsprechende organisatorische Bemühungen minimiert werden können. Empirische Untersuchungen zeigen jedenfalls, dass die Probleme transnationaler Zusammenarbeit und Inklusion nicht ignoriert werden (Smith 2002).

5.2 ‚Global denken, lokal handeln'

Die Bedeutung der für die globalisierungskritische Bewegung wichtigen Maxime ‚global denken, lokal handeln' kann so dechiffriert werden, dass Handlungen nicht im Hinblick auf unmittelbare, lokale Effekte, sondern im Hinblick auf globale Konsequenzen gewählt werden sollen. Das heißt, dass man sich an globalen Relevanzen und den möglichen Fernfolgen des Handelns orientiert – insbesondere natürlich: für Andere. Schon der universalistische Hintergrund der Idee lässt vermuten, dass sie zwar in den Wertehorizont der modernen Weltkultur passt, aber sich nicht unbedingt dazu eignet, bruchlos in soziales Handeln umgesetzt zu werden.

In der Protestpraxis finden sich dementsprechend durchaus Beispiele dafür, dass diese Formulierung auf den Kopf gestellt wird: Um lokal etwas durchzusetzen, bemüht man globale Werte und Institutionen. Man denkt also in gewisser Weise an die lokale Situation (und lokale Handlungserfolge), handelt aber mit Bezug auf globale Werte und Institutionen. So schildert zum Beispiel Shalini Randeria die Aktionen indischer und transnationaler NGOs gegen ein großes Staudammprojekt in Indien (Randeria 2003). Der zunächst lokal begrenzte und motivierte Widerstand gegen das Projekt richtete sich vor allem gegen die nach

Meinung der Betroffenen unzureichenden Umsiedlungsprogramme und Entschädigungen der indischen Regierung. Die Beteiligung transnationaler NGOs führte aber schnell dazu, dass sowohl die *Adresse* als auch die *Ziele* des Protests umgeleitet wurden: Statt Druck auf die indische Regierung auszuüben, wurden die Protestaktionen nunmehr auf die an dem Projekt beteiligte Weltbank konzentriert – mit dem Ziel, den Narmada-Staudamm gänzlich zu verhindern. Dies war insofern erfolgreich, als sich die Weltbank schließlich – nachdem auch der US-Kongress eingeschaltet worden war – aus dem Projekt zurückzog. Was ursprünglich – und in den Augen der unmittelbar Betroffenen wohl bis zuletzt – ein lokaler Interessenkonflikt war, wurde so über den Umweg globaler Institutionen und Prinzipien generalisiert und letztlich auch entschieden.

Internationale Organisationen oder andere Staaten zu nutzen, um lokal etwas zu erreichen, ist eine keineswegs untypische Strategie im Feld transnationaler sozialer Bewegungen. Keck und Sikkink (1998) sprechen in diesem Zusammenhang vom ‚Bumerang-Effekt': Statt Ansprüche und Kampagnen direkt an lokale oder nationale Machthaber zu adressieren, wählt man den Umweg über das internationale Parkett, um Unterstützung für das eigene Anliegen zu mobilisieren. Die globale Kooperation und Vernetzung ergibt sich in diesem Fall eher nebenbei, denn es ist eben nicht das ‚globale' Denken, sondern das ‚lokale' Interesse, das im Vordergrund steht.

5.3 Bewegung statt Organisation

Wie viele andere soziale Bewegungen ist die globalisierungskritische Bewegung darauf bedacht, ihre eigene Organisierung oder gar die Herausbildung einer Protest-Oligarchie zu verhindern. Man lehnt es daher zum Teil wortreich ab, sich die Form einer klassischen Organisation zu geben. Dies gilt sowohl für *attac*-Aktivisten, die gerne mit dem Begriff des ‚Netzwerks' operieren, als auch für das inzwischen regelmäßig stattfindende *World Social Forum*. Für dieses heißt es zum Beispiel: „The World Social Forum is not a group nor an organization. [...] The World Social Forum is a world process."[8]

Doch auch in diesem Punkt beobachten wir eine davon entkoppelte Praxis: Events wie das *World Social Forum* und Organisationen wie *attac* werden ihren Opponenten nämlich schnell ähnlich. Sie geben sich mehr oder weniger hierarchische Strukturen, um Entscheidungen zu treffen, Programme, um als Einheit erkennbar zu sein, und richten Grenzrollen ein, um ansprechbar zu bleiben.[9]

---

[8] Siehe http://www.forumsocialmundial.org.br
[9] Hierin liegen Ähnlichkeiten zu früheren Versuchen – sich in sozialen Bewegungen von der Organisationsform politischer Parteien abzusetzen – und deren Scheitern (Freeman 1972, 1973).

Daher werden sie auch von anderen als Repräsentanten bestimmter Gruppen wahrgenommen – ob sie wollen oder nicht. Man müsste den Organisationsbegriff schon auf eine strikt hierarchische Bürokratie verengen, um diese Phänomene *nicht* als Organisierung zu begreifen. Doch eine Gleichsetzung von Organisation mit Bürokratie wird mittlerweile selbst in Unternehmen und Beratungskreisen abgelehnt. Stellt man stattdessen auf das Kriterium formaler Rollenpflichten und Entscheidungskompetenzen um, sind gravierende Abweichungen vom soziologischen Organisationsmodell (Luhmann 1964) schwer erkennbar. Organisationen wie *attac* zeigen dann sogar auffallende Ähnlichkeiten mit ‚innovativen' Unternehmensmodellen wie z.B. dem Franchising-System: Das Logo und bestimmte Produktionsbausteine werden lokalen Interessenten weltweit zum Erwerb (bzw. neutraler: zur Aneignung) angeboten – in dieser Hinsicht unterscheiden sich *McDonald's* und *attac* weniger, als es zunächst scheinen mag.

Interessant am letzten Punkt ist, dass es sich hierbei um eine Form der Entkopplung handelt, bei der gerade die *Ablehnung* zentraler Parameter der modernen Kultur mitgeteilt, aber dann *in Übereinstimmung mit diesen* gehandelt wird. Die globalisierungskritische Bewegung operiert also mit (oder: leidet an) *zwei Formen der Entkopplung:* Einmal handelt es sich um den aus der ‚*world polity*'-Forschung bekannten Fall, dass anspruchsvolle Prinzipien sich nicht immer umsetzen lassen (insbesondere nicht in strukturschwachen Regionen); zum anderen ist es aber auch eine Quelle der Entkopplung, dass die globalisierungskritische Bewegung sich teilweise explizit *in Distanz zu Prinzipien der Weltkultur* setzt, dann aber in institutionellen Feldern operieren muss, die eine solche Distanz praktisch undurchführbar werden lassen. Das Prinzip, die Brücke zu schlagen zwischen Nord und Süd, führt deshalb dazu, dass die spezifischen Umweltbedingungen des Südens einerseits und des Nordens andererseits *je eigene Formen der Entkopplung* erzwingen. Die Rahmenbedingungen in ressourcenschwachen Regionen erzeugen das bekannte Problem, dass anspruchsvolle Programmatiken an nicht vorhandener oder schwach ausgebauter Infrastruktur scheitern können. Umgekehrt kann das institutionell stark vorstrukturierte Umfeld in entwickelten Teilen der Welt dazu führen, dass der Anspruch auf Opposition und Anderssein zwar formuliert wird, aber praktisch nicht durchgehalten werden kann: Insofern die Bewegung tatsächlich etwas bewegen will und sich somit auf Zweck-Mittel-Abwägungen einlassen muss, gerät sie dann in das Fahrwasser klassischer Wertmuster und Organisationsprinzipien.

6 Schluss

Wir haben zu zeigen versucht, dass die globalisierungskritische Bewegung das Ausmaß ihrer Opposition gegen dominante Werte und Strukturen oft überschätzt. Aus der Perspektive der neoinstitutionalistischen Weltkulturtheorie sind ihre Ziele und Forderungen gar nicht so ungewöhnlich. Vielmehr können die Globalisierungskritiker in ihrer hingebungsvollen Vertretung des Ziels der größeren globalen Gerechtigkeit und der Rechte von Individuen überall auf der Welt als ‚Priester' der modernen Weltkultur betrachtet werden und ähneln darin anderen Angehörigen des globalen Priesterstandes, etwa den Wissenschaften und Professionen. Allerdings sind die Globalisierungskritiker nicht nur ‚Andere', sondern auch ‚Akteure'. Als solche stellen sie an sich hohe Erwartungen in Bezug auf globale Kooperation und Inklusivität sowie in Bezug auf die Organisationslosigkeit und den Bewegungscharakter ihres Auftretens. Diese anspruchsvollen Vorstellungen können in einer Welt mit oft mangelhafter Ressourcenausstattung und bereits verfestigten Organisationsstrukturen aber nicht immer umgesetzt werden, so dass Selbstdarstellung und tatsächliche Praxis der Globalisierungskritiker manchmal eher lose miteinander gekoppelt sind. Darin ähneln sie anderen wichtigen Akteuren der Weltgesellschaft, insbesondere Staaten und formalen Organisationen. Von den herkömmlichen Akteuren ebenso wie Priestern der Weltkultur unterscheiden sie sich jedoch dadurch, dass sie die Spielräume und Widersprüche der Weltkultur – etwa das Auseinanderklaffen zwischen Zentrum und Peripherie, zwischen globalem Anspruch und lokalen Möglichkeiten – nicht nur nutzen und praktizieren, sondern auch reflektieren und artikulieren. Sollten sie in der Be- und Verarbeitung solcher Entkopplungsprobleme mittelfristig erfolgreich sein, könnten sie sich darin sogar als Pioniere in einer von Entkopplung geprägten Weltgesellschaft erweisen.

Literatur

Aron, Raymond, 1958: War and Industrial Society. London: Oxford University Press
Beck, Ulrich, 1993: Die Erfindung des Politischen. Zu einer Theorie reflexiver Modernisierung. Frankfurt/M.: Suhrkamp
Boli, John, Elliott, Michael A. und Bieri, Franziska, 2004: Globalization. S. 389-415 in: George Ritzer (Hg.), Handbook of Social Problems: A Comparative International Perspective. London: Sage
Boli, John und Thomas, George M., 1997: World Culture in the World Polity: A Century of International Non-Governmental Organization. American Sociological Review 62: 171-190

Boli, John und Thomas, George M. (Hg.), 1999: International Nongovernmental Organizations since 1875. Stanford: Stanford University Press

Brunsson, Nils, 1989: The Organization of Hypocrisy. Talk, Decisions and Actions in Organizations. Chichester: John Wiley & Sons

DiMaggio, Paul und Powell, Walter, 1983: The Iron Cage Revisited: Institutional Isomorphism and Collective Rationality in Organizational Fields. American Sociological Review 48: 147-160

Drori, Gili S., 1997: The National Science Agenda as a Ritual of Modern Nation-Statehood: The Consequences of National ‚Science for National Development' Projects. Dissertation, Stanford University

Eterovic, Ivana und Smith, Jackie, 2001: From Altruism to a New Transnationalism? A Look at Transnational Social Movements. S. 197-218 in: Marco Giugni und Florence Passy (Hg.), Political Altruism? Solidarity Movements in International Perspective. Lanham: Rowman & Littlefield

Freeman, Jo, 1972/ 1973: The tyranny of structurelessness. Berkeley Journal of Sociology 17: 151-165

Giugni, Marco G., 2002: Explaining Cross-National Similarities among Social Movements. S. 13-30 in: Jackie Smith und Hank Johnston (Hg.), Globalization and Resistance. Transnational Dimensions of Social Movements. Lanham: Rowman & Littlefield

Hegel, Georg Wilhelm Friedrich, 1970 (1807): Phänomenologie des Geistes. Frankfurt/M.: Suhrkamp

Hellmann, Kai-Uwe, 1996: Systemtheorie und neue soziale Bewegungen. Opladen: Westdeutscher Verlag

Holzer, Boris, 2001: Transnational protest and the corporate planet - the case of Mitsubishi Corporation vs. the Rainforest Action Network. Asian Journal of Social Science 29: 73-86

Holzer, Boris, 2006: Spielräume der Weltgesellschaft: Formale Strukturen und Zonen der Informalität. In: Thomas Schwinn (Hg.), Die Vielfalt und Einheit der Moderne. Kultur- und strukturvergleichende Analyse. Wiesbaden: VS

Keck, Margaret E. und Sikkink, Kathryn, 1998: Transnational Advocacy Networks in International Politics: Introduction. S. 1-36 in: Dies. (Hg.), Activists Beyond Borders: Advocacy Networks in International Politics. Ithaca: Cornell University Press

Kinsey, Alfred, 1948: Sexual Behavior in the Human Male. Philadelphia: Saunders

Kinsey, Alfred, 1953: Sexual Behavior in the Human Female. Philadelphia: Saunders

Krasner, Stephen D., 1999: Sovereignty: Organized Hypocrisy. Princeton: Princeton University Press

Luhmann, Niklas, 1964: Funktionen und Folgen formaler Organisation. Berlin: Duncker & Humblot

Merton, Robert K., 1949: Social Structure and Anomie. S. 125-150 in: Ders., Social Theory and Social Structure. Glencoe Ill.: Free Press

Meyer, John W., 2000: Globalization: sources and effects on national states and societies. International Sociology 15: 233-248

Meyer, John W., 2005: Weltkultur: Wie die westlichen Prinzipien die Welt durchdringen. Frankfurt/M.: Suhrkamp

Meyer, John W., Boli, John und Thomas, George M., 1987: Ontology und Rationalization in the Western Cultural Account. S. 12-37 in: George M. Thomas et al., Institutional Structure: Constituting State, Society, and the Individual. Newbury Park: Sage

Meyer, John W. und Jepperson, Ronald, 2000: The ‚Actors' of Modern Society: The Cultural Construction of Social Agency. Sociological Theory 18: 100-120

Meyer, John W. und Rowan, Brian, 1977: Institutionalized Organizations: Formal Structure as Myth and Ceremony. American Journal of Sociology 83: 340-363

Meyer, John W., Boli, John, Thomas, George M., Ramirez, Francisco O., 1997a: World Society and the Nation-State. American Journal of Sociology 103: 144-181

Meyer, John W., Frank, David John, Hironaka, Ann, Schofer, Evan und Tuma, Nancy Brandon, 1997b: The Structuring of a World Environmental Regime, 1870-1990. International Organization 51: 623-651

Parsons, Talcott, 1962: Polarization of the World and International Order. S. 310-331 in: Quincy Wright, William M. Evan und Morton Deutsch (Hg.), Preventing World War III: Some Proposals. New York: Simon & Schuster

Parsons, Talcott, 1964: Communism and the West: The Sociology of Conflict. S. 390-399 in: Amitai Etzioni und Eva Etzioni (Hg.), Social Change. Sources, Patterns, and Consequences. New York: Kegan Paul

Rainforest Action Network, 1998: Boycott Mitsubishi: Questions and Answers. http://www.ran.org/ran_campaigns/mitsubishi/questions.html

Randeria, Shalini, 2003: Wem gehört die Natur? Weltbank, Nichtregierungsorganisationen und Staat in Indien. S. 39-59 in: Margret Krannich (Hg.), Gesellschaftliche Perspektiven: Globalisierung, Sozialstaat im Wandel, Bilder und Politik. Essen: Klartext Verlag

Smith, Jackie, 2002: Bridging Global Divides? Strategic Framing and Solidarity in Transational Social Movement Organizations. International Sociology 17: 505-528

Thomas, George M., Meyer, John W., Ramirez, Francisco O. und Boli, John, 1987: Institutional Structure: Constituting State, Society, and the Individual. Newbury Park: Sage

Kritiker, Gegner, Nutznießer:
Die Rahmenbedingungen des ökonomischen Globalisierungsprozesses in Indien

Kritiker, Gegner, Nutznießer

Jakob Rösel und Pierre Gottschlich

1 Einleitung

Das Verhältnis Indiens und insbesondere der indischen Regierungen zum ökonomischen Globalisierungsprozess ist seit jeher ambivalent. Die innerindische Debatte reagiert auf und reflektiert zugleich fünf verschiedene Rahmenbedingungen und Prozesse:

1. Die entscheidende Grundlage für die Wirtschaftsentwicklung Indiens bildet die Strategie des ‚Mittleren Wegs', in welcher eine Tradition des Staatsinterventionismus seit 1947 strukturell angelegt ist.
2. Seit 1991 wird allerdings mit diesem fast planwirtschaftlichen System teilweise gebrochen, es kommt zu Öffnungs- und Globalisierungsmaßnahmen.
3. Parallel vollziehen sich zugleich Prozesse einer irreversiblen Binnenliberalisierung. Beide Entwicklungen werden seitdem von den verschiedenen politischen Lagern begrüßt oder bekämpft.
4. Einen Sonderfall stellt im Rahmen dieser äußeren und inneren ökonomischen Öffnung die IT-Branche dar. Dieser Sektor ist außerhalb der politischen Aufmerksamkeit und Planung entstanden. Er wird von allen ideologischen Lagern gefördert und vermittelt den indischen Eliten die Illusion, es gäbe einen einfachen Weg in die (Post-)Moderne.
5. Ein bislang beinahe vollständig übersehener Bereich des indischen Globalisierungsprozesses ist die weltweite indische Diaspora, deren Geldüberweisungen, politisches Engagement und ökonomische Kompetenz die Liberalisierungsanstrengungen Indiens entscheidend fördern.

Diese fünf Rahmenbedingungen und Prozesse determinieren bis heute den Parteiendiskurs zur Globalisierung in Indien. Sie werden im weiteren Verlauf näher beschrieben. Zuvor aber soll die gegenwärtige Debatte kurz umrissen werden.

Der innerindische Diskurs ist durch drei unterschiedliche Standpunkte geprägt. Diese decken sich weitgehend mit den Positionen der wichtigsten politischen Parteien. Damit ist eine höchst kontroverse Dreiecksdebatte entstanden:

1. Erster wesentlicher Vertreter ist hierbei ein erstaunlich gut erhaltener kommunistisch-sozialdemokratischer Parteienblock, welcher unter Führung der Communist Party India-Marxist (CPI-M) gegenwärtig etwa ein Fünftel der Sitze in der Lok Sabha kontrolliert und vor allem gesellschaftspolitisch als Vetospieler gelten muss. Allerdings betreibt diese Gruppe keine Fundamentalopposition. Der Globalisierungsprozess wird entsprechend auch nicht ideologisch negativ interpretiert. Vielmehr gilt, dass die (ökonomische) Globalisierung als regelungsbedürftiger Prozess verstanden wird. Deshalb ist eine Unterstützung für liberalisierende und öffnende Maßnahmen durch den kommunistisch-sozialdemokratischen Block immer mit drei Bedingungen verknüpft: Es muss, erstens, eine Garantie des Fortbestands des Staatssektors gegeben sein und es darf, zweitens, der Freiraum der Gewerkschaften nicht angetastet werden. Darüber hinaus muss selbstverständlich, drittens, Indien als post- und antikoloniale Nation stets seine volle Souveränität gegenüber den Bretton Woods-Organisationen (Weltbank und Internationaler Währungsfonds) behalten.
2. Der zweite wichtige Flügel der Debatte bildet sich um das hindunationalistische Lager, in dessen Zentrum die Bharatiya Janata Party (BJP) steht. Dieser Zusammenschluss vereinigt derzeit 30-35% der Sitze im Parlament auf sich und kann auf die Unterstützung breiter Teile der (hinduistischen) Bevölkerung zählen. Die Hindunationalen verfolgen generell eine Politik der Binnenliberalisierung. Allerdings sind sie nicht bereit, indische Privatunternehmer dem uneingeschränkten globalisierten Wettbewerbsdruck auszusetzen. Zudem werden keine radikalen Maßnahmen im Bereich des Staatssektors angestrebt. Beide Positionen lassen sich, zumindest teilweise, aus der Zusammensetzung des Wählerpotentials und -milieus des hindunationalistischen Lagers erklären.
3. Die dritte Seite des Diskussionsdreiecks formiert sich um die Congress-Partei und ihre Verbündeten, die seit den Wahlen von 2004 unter Premierminister Manmohan Singh wieder die Regierung stellen. Als Begründer des indischen Herrschafts- und Wirtschaftssystems gilt der Congress zu Recht als die entscheidende Kraft eines ideologischen und vor allem wirtschaftspolitischen Zentrismus in Indien. Jedoch ist man durchaus willens und bereit, Öffnungsmaßnahmen durchzuführen – allerdings immer unter der Vorgabe, dass diese Globalisierungsschritte zum einen die indischen Großmachtambitionen fördern und zum anderen die demokratische Stabilität des

Landes nicht gefährden. Liberalisierungsinitiativen stoßen zudem dort auf eine Grenze, wo sie die Macht des Congress als säkulare und nunmehr größte sozialdemokratische Partei der Erde gefährden.

2 Die indischen Rahmenbedingungen

2.1 Der historische Kontext

Indien, das um den Preis eines Pakistans – also der Abspaltung des Industals, des Westpunjabs und Ostbengalens – 1947 die Unabhängigkeit erlangt, ist seinem Selbstverständnis nach nicht nur in der Außenpolitik, sondern auch in seiner Wirtschaftsplanung eine bislang durch Großbritannien verhinderte Großmacht. Nach Auffassung Nehrus und der Congress-Elite ist Indien ein historischer, ein demographischer und moralisch-zivilisatorischer Riese. Bislang fehlt ihm nur die Macht. Entsprechend groß sind die ökonomischen Ambitionen und strategischen Visionen. Für den Pandit, den indischen Nationalisten, Oxfordsozialisten und liberalen Kapitalismuskritiker Jawaharlal Nehru steht fest, dass Indiens nachholende und beschleunigte Industrialisierung nur unter massiver staatlicher Unterstützung und Kontrolle durchgeführt werden kann. Ebenso wie Indien außenpolitisch einen dritten Weg zwischen den ideologischen Blöcken beansprucht, so muss ein Entwicklungsweg zwischen einer rein marktwirtschaftlichen und rein planwirtschaftlichen Strategie gefunden werden. Dieser dritte Weg entspricht überdies der zentristischen Politik des Congress, also seiner ideologischen und parteipolitischen Mittelpunktstellung, und den Imperativen des von ihm geschaffenen und genutzten „Dominant One Party System" (Rösel 1998). Ebenso wie in der Blockfreienbewegung und in der Innenpolitik, so soll die Congress-Regierung auch hier, in der Entwicklungsplanung, eine Mittelpunkt-, Autoritäts- und Schiedsrichterstellung erhalten. Der Staat, also der Congress, nicht die blinden Markt- und Konkurrenzkämpfe, soll die ‚Commanding Heights of the Economy' besetzen.

Ein ‚Mittlerer Weg', also ein Entwicklungs- und Industrialisierungsprogramm, bei dem die Grund- und Schlüsselindustrien dem Staat vorbehalten werden und bei dem der Staat auch die private Wirtschaft, also die Arbeits-, Güter-, Dienstleistungs- und Kapitalmärkte, den Binnen- und vor allem den Außenhandel in weitem Umfange reguliert und ‚lizenziert', verfügt zudem über einen unübersehbaren Vorteil. Diese Strategie trifft (zunächst) auf keinen nennenswerten politischen oder wirtschaftlichen Widerstand. Während des Freiheitskampfes waren die wenigen und von der kolonialen Politik der ‚Imperial Preference' immer benachteiligten indischen Unternehmer frühzeitig zu den natürlichen

Verbündeten des Congress geworden. Vor allem sie hatten die großen Kampagnen und Massenmobilisierungen finanziert. Diese mit der Congress-Führung kooperierende Unternehmerschicht fürchtet nicht, sie erwartet den Staatsinterventionismus. Erst der vom Staat betriebene Aufbau der Grund- und Schlüsselindustrien und der Ausbau einer industriellen Infrastruktur lässt jene Industriezweige entstehen, in die sie künftig investieren, in denen sie prosperieren will.

Das Projekt der nachholenden, staatlichen Industrialisierung impliziert von Anfang an die strukturelle Marginalisierung und finanzielle Belastung des Agrarsektors – zum Vorteil der Industrie, der Arbeiter, der Städter und der Konsumenten. Das Räderwerk der Fünfjahrespläne kommt seit 1952 mit dieser Konsequenz in Gang. Der Landwirtschaftssektor steht eindeutig im Schatten des Ausbaus der Grundindustrien, der Energieversorgung und eines ständig wachsenden militärisch-strategischen Komplexes. Die staatlichen Aufkaufpreise bleiben niedrig; eine Kleinkreditversorgung der Bauern(-kasten) wird nicht durchgesetzt; der Ausbau der Bewässerungsinfrastruktur, der Düngemittelindustrie und der Versorgung von Herbiziden und Insektiziden stagniert. Die dem Agrarsektor gewährte Entwicklungshilfe soll nichts oder wenig kosten.

Die Vernachlässigung und Stagnation der Landwirtschaft führt, auch aufgrund eines ungebremsten Bevölkerungswachstums, Indien seit Beginn der 1960er Jahre in eine Versorgungskrise. Damit wird zum ersten Mal auch die Vorrangstellung der Industrie im Rahmen der Fünfjahrespläne hinterfragt. Nach dem zweiten indo-pakistanischen Krieg 1965 lässt sich eine grundlegende Auseinandersetzung über Indiens entwicklungspolitische Prioritäten nicht mehr vermeiden. Indien ist nicht mehr in der Lage, seine knappen Devisen für eine gesteigerte Hochrüstung *und* für eine nachholende Industrialisierung einzusetzen. Auch der Agrarsektor gerät nun unübersehbar in eine Krise. In dieser Zeit der Unsicherheit verwandeln sich eine zunehmende Nahrungsmittelknappheit und eine drohende Inflation rasch in ein innenpolitisches Problem. In einer ohnehin angespannten Situation erleidet Indien zwei aufeinander folgende Dürrejahre: 1965 und 1966 geht die Produktion an Grundnahrungsmitteln von rund 82 Millionen Tonnen auf 72 und dann 74 Millionen Tonnen zurück (Varshney 1998: 69).

Aufgrund dieser Schocks und Krisen kommt es seit Mitte der 1960er Jahre zu einer im Kern bis heute nachwirkenden Wende in der Agrarpolitik, der ‚Grünen Revolution'. Hatten der Congress und die Architekten der ersten beiden Fünfjahrespläne sich noch geweigert, den indischen Bauern als ‚homo oeconomicus' überhaupt anzuerkennen – um ihre Politik des Ressourcenentzugs und der niedrigen staatlichen Aufkaufpreise zu rechtfertigen – so sprechen sie den Bauern jetzt plötzlich wirtschaftliche Langsicht, Geschäftsfähigkeit, Spar- und Investitionsinteressen zu. Nach dem neuen, allerdings erst aufgrund von Sachzwängen, innenpolitischen Interessen und unter außenpolitischem Druck erzwungenen, Paradigmenwechsel dominiert von nun an also ein sehr viel realistischeres Bild des indischen Bauern als eines ökonomisch rationalen Akteurs. Der bereits seit Ende 1964 einsetzende und sich über die nächsten Jahre verstärkende Richtungswechsel zeitigt sofort eindrucksvolle Erfolge. Von 74 Millionen Tonnen ‚Food Grains' im zweiten Dürrejahr 1966/67 steigt die Nahrungsproduktion jetzt 1967/68 auf 95 Millionen Tonnen, 1971 werden bereits 108 Millionen Tonnen erreicht – davon sind 8 Millionen Tonnen Vorräte. In den folgenden Jahren wächst die Produktion kontinuierlich weiter. 1986/87 verfügt Indien beispielsweise über rund 30 Millionen Tonnen Reis- und Weizenvorräte (Varshney 1998: 113ff.). Das Dürrejahr 1987/88, eines der schlimmsten im 20. Jahrhundert, bedroht Indien deshalb nicht mit Hunger und Inflation. Im Gegenteil, die ‚Grüne Revolution' ermöglicht seit 1965 Produktionssteigerungen, die weit über der Bevölkerungszunahme liegen. Sie verwandelt Indien in einen potentiellen Agrarexporteur.

Wie aber sieht der neue Industriesektor, wie sehen diese neuen ‚Tempel' aus, die im Rahmen der ersten vier Fünfjahrespläne, von 1951-1974, entstanden sind? Trotz mindestens drei schweren Dürrejahren, trotz Rezessionen und trotz drei Kriegen (1962, 1965, 1971) entsteht schließlich ein Industriesektor, der im Kern bis heute die Grundlage dafür bildet, dass Indien den Anspruch einer regionalen, politischen, militärischen und ökonomischen Großmacht erheben kann. Über 23 Jahre gelingt es – allerdings nur dank der ‚Grünen Revolution' – die Nahrungsproduktion zu verdoppeln und die Industrieproduktion zu verdreifachen. Indien kann über die Planungsperiode, also fast ein Vierteljahrhundert, seine Kohleproduktion verdoppeln, seine Stahlproduktion versechsfachen und seine Stromgewinnung verzehnfachen. Seine Konsumgüterproduktion nimmt allerdings nur bescheiden zu. Das Wachstum der Industrie liegt bei 6%, dasjenige der Landwirtschaft bei 3%. Insgesamt ergibt dies die bis Ende der 1980er Jahre sprichwörtlich gewordene ‚Hindu Rate of Growth' von 3,5%. Ein stetiges, mäßiges Fortschreiten, weit entfernt von den Planungshoffnungen, aber beeindruckend gegenüber jenem 1% Wachstum, d.h. jener kolonialen Wachstumsrate, die von 1900 bis zur Unabhängigkeit vorgeherrscht hatte (Bronger und Wamser 2003: 307, Kruse 2001: 264). Der bis Mitte der 1970er Jahre entstandene Staatssektor erdrückt zudem die Privatwirtschaft nicht. Die vom Staat hervorgebrachte Industrie und Infrastruktur bietet stattdessen den indischen Unternehmer- und Händlergruppen die Chance, rasch in neue Wirtschaftszweige zu expandieren.

Im Gegensatz zu China setzt die Marktliberalisierung in Indien nicht mit einer eindeutigen Zäsur, unübersehbaren Radikalität und einem landesweiten Programm ein. Sie wird demokratisch ausgehandelt, ausdifferenziert und ausgehöhlt. Bereits seit Mitte der 1980er Jahre, seit dem Machtantritt Rajiv Gandhis, werden die ‚Licence Raj', der Staatssektor und die ‚Mixed Economy' immer stärker in Frage gestellt. Einen nachhaltigen Schock erfährt aber Indiens politische Elite während der Janata Dal-Regierung von 1989 bis 1991. Indiens Außenhandelsbilanz hat sich nunmehr so weit verschlechtert, dass die nach ihrem Selbstverständnis potentielle Großmacht nunmehr gezwungen ist, in einen mit dem Internationalen Währungsfonds (IWF) ausgehandelten Strukturanpassungsplan einzuwilligen. Dieses Programm war mit für Indien demütigenden Kontrollen seitens in New Delhi residierender IWF-Vertreter verbunden. Indiens Finanzhoheit ist über Monate hinweg nicht mehr gegeben. Die neue, von Premierminister Narasimha Rao gestellte Congress-Regierung steht mithin 1991 vor dem Problem, sowohl eine außen- wie binnenwirtschaftliche Öffnung, eine Globalisierung und Liberalisierung einzuleiten. Über die nächsten 15 Jahre halten die unterschiedlichsten indischen Regierungen, also eine Koalition von Regionalparteien und Kommunisten (1996-1998), dann die Hindunationalisten (1998-2004) und seit 2004 eine von kommunistischen Parteien geduldete vielfältige Congress-Koalition an diesem Programm der vorsichtigen Liberalisierung und kontrollierten Globalisierung fest – allerdings mit unterschiedlichen Akzenten. Wirtschaftsliberalisierung entspricht damit inzwischen einem innenpolitischen Konsens. Dieser wird von einer informellen Allianz der höheren und der dominanten Kasten getragen. Es sind diese horizontal und vertikal mobilen Gruppen, die sich zugleich mit der Vision einer ‚Wissensgesellschaft', mit der Abstraktion der ‚Middle Classes', aber auch den indischen Großmachtsambitionen identifizieren.

2.2 Globalisierungsmaßnahmen

Das ursprünglich rigide Abschottungsregime wird seit 1991 abgebaut. Weniger als ein Drittel der Waren muss gegenwärtig noch über Importlizenzen eingeführt werden. Der maximale Basiszoll ist unter 40% gesunken. Für rund 70% der Waren, vor allem Agrar- und Industriegüter, sind bindende Zollhöchstsätze festgelegt worden (Bierbrauer 2002: 258, Kruse 2001: 266). Die indische Regierung beginnt zugleich, die Exporte durch Subventionen und durch Erleichterungen für die zur Exportproduktion notwendigen Importe zu fördern. Sie richtet nach dem Beispiel Chinas und der asiatischen ‚Tigerstaaten' Sonderproduktionszonen und Technologieparks ein und setzt zunehmend Steuerbefreiungen für private Investoren durch. Diese Marktöffnung und Exportförderung geht einher mit einem neuen Interesse an der Steigerung der ausländischen Direktinvestitionen (FDI). Die Genehmigungsverfahren werden vereinfacht, ein ‚Foreign Investment Board' wird gegründet. Im entwicklungspolitisch so entscheidenden, weltweiten Wettlauf um knappe FDI kommt Indien aber um mindestens ein Jahrzehnt zu spät. Indien akquiriert bis heute nur einen Bruchteil der Investitionssummen, die

China und die ‚Newly Industrialized Countries' (NIC) Asiens auf sich vereinen. Die Nukleartests, mit denen die Bharatiya Janata Party (BJP) ihren Wahlsieg 1998 unterstreicht, führen neben anderen negativen Konsequenzen zunächst auch zu einem fast vollständigen Zusammenbruch der nach Indien fließenden FDI.

Insgesamt zeigt sich ein für Indien beeindruckendes, im Vergleich mit China allerdings beinahe ernüchterndes Bild der indischen Globalisierungsanstrengungen. Indien, das als Teil des Empire noch 1948 2,3% bzw. 3,1% der Weltexporte bzw. -importe repräsentierte – China 0,9/1,1% – war 1973 auf 1,0/0,5% zurückgefallen. Aufgrund seiner neuerlichen Liberalisierungsanstrengungen kann es seinen Weltanteil nunmehr von 1990 0,5/0,7% bis 2000 auf 0,7/0,8% steigern. Während des gleichen Zeitraumes aber steigert China seinen Welthandelsanteil von 1,8/1,5% auf 4,0/3,5%. Im gleichen Jahrzehnt konnte China seinen Pro-Kopf-Export fast vervierfachen, Indien den seinen knapp verdoppeln (Bronger und Wamser 2003: 308). Vor allem aber gilt: 2001 verfügt China über rund 47 Milliarden US$ Auslandsinvestitionen – 1990 waren es erst 3,5 Milliarden. Im gleichen Zeitraum erhöhte sich derjenige Indiens von 0,2 Milliarden Dollar auf 3,4 Milliarden – weit weniger als ein Zehntel des chinesischen Betrages. Vergleichbare Zahlen, also Entwicklungs- und Machtverhältnisse, zeigen sich beim Gesamtanteil an allen ausländischen Direktinvestitionen. Im Jahr 2001 verfügt China über 6,4%, Indien aber lediglich über 0,5% der weltweiten FDI (Bronger und Wamser 2003: 308). Im Jahr 2006 steht Indien auf Platz 9 der von der britischen Zeitschrift ‚The Economist' veröffentlichten Liste der erfolgreichsten FDI-Einwerber mit immerhin knapp 10 Milliarden US$ für dieses Jahr. An der Spitze steht erwartungsgemäß China mit 86,5 Milliarden US$ – vor Hongkong, das weitere 38 Milliarden US$ zur Gesamtsumme ausländischer Direktinvestitionen in China beiträgt.

Indiens Marktöffnung erreicht nicht das Tempo und die Reichweite der chinesischen Globalisierungsanstrengungen, weil Indien ein demokratischer Staat ist. Diese demokratische Herrschaft setzt einer ungebremsten Marktliberalisierung auf vielfache Weise Grenzen: Die indischen Unternehmergruppen können und wollen ihre Produktion keiner inzwischen schrankenlosen Preis- oder Qualitätskonkurrenz aussetzen; Gewerkschaften und Arbeiter in den zahlreichen Staatsunternehmen fürchten um den Bestand dieser Industrien und Arbeitsplätze; eine in unterschiedlichen Mischungsverhältnissen demokratisch und national orientierte politische Elite, aber auch Wählerschaft, will sichergestellt wissen, dass die Kontrolle über die Wirtschaft (vor allem die Steuer-, Finanz- und Planungshoheit) in Indien verbleibt. Einer Abneigung auf indischer Seite scheint aber auch oft genug ein Desinteresse auf der ausländischen Investorenseite zu entsprechen. Obwohl ausländische Kapitalbeteiligungen bis zu 51 Prozent genehmigungsfrei sind, 100-prozentige Beteiligungen möglich, wenn auch nach wie vor genehmigungspflichtig bleiben, scheinen viele Investoren die eventuellen administrativen Risiken, politischen Konflikte und juristischen Auseinandersetzungen zu scheuen. 30 Prozent der Projekte und Kooperationen kommen deshalb über das Planungsstadium nicht hinaus (Kruse 2001: 270).

Die ausländischen Investoren scheinen dem totalitären Kapitalismus Chinas, dem autoritären Thailands und dem korrupten Indonesiens unter Suharto den Vorzug zu geben – vor dem demokratischen und deshalb mühseligen Staatskapitalismus in Indien. Im Gegensatz zu der im Westen bevorzugten Kombination von ökonomischem Liberalismus bei politischem Autoritarismus müssen sich die Investoren in Indien nach wie vor auf das genaue Gegenteil einlassen. Die Verbindung von Rechtsstaatlichkeit und Parteienmacht mit Planwirtschaft und Staatsinterventionismus zeigt sich einerseits in Rechtshändeln und Parteikonflikten – bei der Übernahme indischer, vor allem staatlicher Firmen – sie zeigt sich andererseits in den der ‚Licence Raj' spezifischen langwierigen Genehmigungsroutinen und Auflagen. Diese Konflikte entstehen auch bei der internen Liberalisierung, insbesondere der Versuch, den Staatssektor einzugrenzen, ist auf nachhaltigen Widerstand gestoßen.

2.3 Binnenliberalisierung

Der von Jawaharlal Nehru begründete Staatssektor hatte sich auch in den Jahrzehnten nach dem Tode Nehrus immer weiter ausgedehnt. Neben den Schlüsselindustrien umfasste er auch Hotels, Brotbäckereien, Zuckerraffinerien, Düngemittelfabriken, Luftlinien und Zementwerke. Politisch motivierte Verstaatlichungsprogramme unter Indira Gandhi haben den Sektor um den Banken- und Versicherungsbereich erweitert. In großem Umfange war der Staat von Anfang an bereit gewesen, marode Fabriken zu übernehmen, um Arbeitsplätze zu erhalten. Vor allem dank dieser kostspieligen Rettungsaktionen ist auch eine ‚National Textile Cooperation' entstanden. Zu Beginn der 1990er Jahre, also zum Zeitpunkt einer die Funktionsfähigkeit Indiens bedrohenden Verschuldungs- und Wirtschaftskrise, umfasst der Staatssektor rund 240 Unternehmen. Sie banden und binden immer noch ein Kapital von rund 100 Milliarden US$: „Drei Viertel von ihnen machen Jahr für Jahr Verluste. Der jährliche Gesamtertrag aller Staatsunternehmen des Bundes lag nie über fünf Prozent und oftmals darunter, und wenn man die Energie- und Erdölunternehmen, die in Indien als Monopole die Preise diktieren können, herausrechnet, lag er sogar fast ständig im Minus. In jedem Fall liegen die Renditen der Staatsunternehmen ständig fünf bis sieben Prozent unter den Zinssätzen für langfristige Staatsanleihen. Mit anderen Worten: Der Staat borgt sich das Geld für 12 Prozent und finanziert damit Unternehmungen, die im besten Fall sechs Prozent im Jahr abwerfen" (Rieger 2001: 321).

Seit 1991 steht aber nunmehr jede Regierung unter dem Druck, diesen Sektor einzugrenzen und zumindest teilweise zu privatisieren und zu deregulieren. IWF und Weltbank, aber auch indische Unternehmen erwarten solche Initiativen. Auch die Finanzminister und das Finanzestablishment fordern ein ‚Disinvestment' des Staates, um das Budget von den enormen Subventionskosten zu entlasten. Im Gegenzug fordern bestimmte Parteien, Gewerkschaften und die mehr als zwei Millionen Menschen, die hier beschäftigt sind, den Erhalt dieses Sektors. Die Politik des ‚Disinvestments' entfaltet sich deshalb seit 1991 eher geruhsam, hochbürokratisch und im Rahmen einer Vielzahl von Parteikompromissen. Die Congress-Regierung beginnt zunächst unter dem Reformer Manmohan Singh, die für den Staat nach der ‚Industrial Policy Resolution' von 1956 reservierten Industriezweige von 17 auf sechs zusammenzustreichen. Zugleich wird versucht, einige Staatsbetriebe auf der Grundlage von Aktienpaketen zu veräußern und damit zu privatisieren. Da der indische Staat aber zögerte, seine Mehrheitsbeteiligung an den betreffenden Unternehmen aufzugeben, kam diese erste Privatisierungsinitiative kaum voran. Immerhin machte eine erste Umstrukturierungskommission Vorschläge darüber, wie künftig die Mehrheitsbeteiligung des Staates in vielen Unternehmungen auf 51% oder sogar auf 26% zurückgenommen werden könne. Nachdem der Congress 1996 die Wahlen spektakulär verliert, setzt die neue von regionalen und kommunistischen Parteien getragene United Front-Regierung eine ‚Disinvestment Commission' ein. Ihre Aufgabe ist delikat: Die United Front plant die Privatisierung von 64 der 240 Staatsunternehmen des Bundes. Die Kommission arbeitet unerwartet rasch und legt der Regierung zwölf Berichte mit 960 Seiten Umfang zur Entscheidung vor. Dieses Tempo ist den Verantwortlichen allerdings bei weitem zu schnell. Anfang 1998 modifiziert die Regierung die ‚Terms of Reference' und erinnert die Kommission daran, dass sie vorrangig beratenden Charakter habe: „Mit dem Ablauf der dreijährigen Amtszeit der Kommissionsmitglieder Ende November 1999 starb die Disinvestment Commission, die bis dahin für eine ernsthafte Privatisierungspolitik hervorragende Vorarbeiten geleistet hatte, einen traurigen Tod. Die Rücktrittsgesuche ihrer Mitglieder zum Ende der Amtszeit wurden von der kurz zuvor gewählten BJP-Regierung noch nicht einmal beantwortet" (Rieger 2001: 324).

Unter der Bharatiya Janata-Regierung wird jetzt ein neuer Anfang gemacht. Viele Beobachter erwarten, dass diese den Händler- und Unternehmerkreisen nahe stehende Partei das Privatisierungsprogramm energisch vorantreibt. Das ist aber nicht der Fall. Die BJP weicht jedoch nicht vor den im Staatssektor organisierten Arbeitern und Gewerkschaften zurück, sie fürchtet vor allem den Widerstand der Ministerien und der Elitebeamten, ebenso wie den Protest der Oppositionspolitiker, aber auch Kritik aus den eigenen Reihen. Die einzelnen Ministerien wollen die Kontrolle über ‚ihre' Industrien nicht aufgeben. Das Verteidigungsministerium kontrolliert einen inzwischen gewaltigen ‚militärisch-industriellen Komplex'; das Tourismusministerium lukrative Hotelketten; das Landwirtschaftsministerium Düngemittelfabriken und ganze Ketten von Zuckerraffinerien. Das Energieministerium steuert und beherrscht ein gewaltiges, indienweites Netzwerk von Kraftwerken, Staudämmen und Überlandleitungen sowie ein auch für die indische Atomrüstung arbeitendes Konglomerat von 20 Nuklearkraftwerken. Alle diese Industrien erscheinen den jeweiligen Ministerien und Ministerialen als unverzichtbare Patronageressourcen. Auf den nach Zehntausenden zählenden Posten dieser Industrien können Beamte und Gefolgsmänner ‚geparkt' werden, mit diesen Positionen können Freunde belohnt und Gegner bestraft werden. Jenseits der Vorstellungen der Ministerialen besteht aber das Interesse von BJP- oder Oppositionspolitikern, die Staatsindustrien in ihren Wahlkreisen und Gliedstaaten zu erhalten und zu fördern – aus Verteilungsmotiven ebenso wie aus Prestigeüberlegungen. Schließlich droht der organisierte Widerstand der Gewerkschaften und Staatsangestellten, die Regierung in Misskredit zu bringen.

Es ist daher nicht verwunderlich, dass die Privatisierung auch unter der BJP stagniert. Bereits die Congress-Regierung hatte, um ihren Privatisierungseifer formal zu unterstreichen, damit begonnen, jährliche Privatisierungsziele (in Milliarden Rupien) zu formulieren und anschließend zu überprüfen. Die Nachfolgeregierungen setzen diese Praxis fort. Aber die von 1996 bis 1998 auf 50 Milliarden Rupien, von 2000 bis 2001 auf 100 Milliarden festgelegten Einnahmeziele werden immer nur zu 5 bis 25% erreicht – bis auf das Jahr 1998, hier werden sie sogar noch um 15% übertroffen: Die BJP-Regierung hatte drei staatliche Ölgesellschaften gezwungen, sich unter hohen Verlusten wechselseitig Aktienpakete zu verkaufen. Dieses Geschäft generiert auf dem Papier Einnahmen in Höhe von 57,7 Milliarden Rupien (Rieger 2001: 325). Das ist aber kein ‚Disinvestment'. Unter diesen Bedingungen erstaunt es nicht, dass die BJP auch mit der Teilprivatisierung der Fluggesellschaft Air India nicht vorankommt. 750 Bedienstete, nicht wie international üblich 250, kommen auf ein Air India-Flugzeug. Nach Massenprotesten der Gewerkschaften und der mehr als 12.000 Angestellten weicht die Regierung zurück. Bis 2004 zeigen sich keine größeren Privatisierungsfortschritte, seit Mai 2004 herrscht eine auch auf die Duldung durch kommunistische Parteien angewiesene Congress-Koalition, die kaum bereit sein wird, Privatisierungen zu forcieren, die sie die Stimmen von Stammwählern kosten könnte.

Diese fortdauernde Schwierigkeit, den Staatssektor einzudämmen, begrenzt aber in starkem Umfange den wirtschafts- und entwicklungspolitischen Gestaltungsraum jeder indischen Regierung. 2003/04 lag das Steueraufkommen (plus sonstige Einnahmen) der indischen (Zentral-)Regierung bei insgesamt 2.630 Milliarden Rupien; die Gesamtausgaben lagen allerdings bei 4.742 Milliarden. Davon sind 3.527 Milliarden laufende Regierungsausgaben plus Kapitalausgaben und 1.215 Planausgaben. Das Steueraufkommen deckt also nicht einmal die laufenden Ausgaben. Die Hälfte der Ausgaben – 2.112 Milliarden von 4.742 Milliarden Rupien – muss durch, überwiegend ausländische, Kreditaufnahmen gesichert werden. Damit ist Indien in eine äußerst schwierige Schulden-, (Staatssektor-)Subventions- und Immobilitätsfalle geraten: 2003/04 wird fast die Hälfte der laufenden Ausgaben für Zinsen ausgegeben (1.204 Milliarden); der Schuldendienst liegt damit weit höher als die Verteidigungsausgaben – 434 Milliarden, mit Kapitalausgaben 603 Milliarden. Von enormer Größe sind die Subventionen: 447 Milliarden Rupien. 721 Milliarden Rupien umfassen – im Wesentlichen – die Zahlungen an die Staatsbediensteten (Lamprecht 2004: 464, Rieger 2001: 325).

Für die klassischen Regierungsfunktionen, vor allem Polizisten und Lehrer, innere Sicherheit und Erziehung, kann nur ein Bruchteil der laufenden Ausgaben verwendet werden. Dem indischen Staat bleibt damit ein zu geringer Spielraum für Zukunftsinvestitionen und Entwicklungspolitik. Entscheidend aber ist: Das Defizit des Bundeshaushalts, verbunden mit den Defiziten der Bundesländer, bewegt sich um die 10% des indischen Bruttosozialproduktes. Das Steueraufkommen der Zentralregierung reicht gegenwärtig gerade dazu aus, den Schuldendienst, die Verteidigung, die Subventionen für den ineffizienten Staatssektor und rund die Hälfte der Löhne und Gehälter der Staatsbediensteten zu finanzieren. Jedwede Entwicklungsmaßnahme, vor allem der Ausbau der Erziehung, des Gesundheitssystems und der maroden Infrastruktur stützt sich auf Pump: „Selbst wenn der Staat alle anderen Funktionen einstellen und nichts mehr tun würde, gäbe es jedes Jahr ein Defizit und damit eine wachsende Staatsschuld" (Rieger 2001: 325).

Eine Politik der ‚Staatsindustrialisierung', die Indien von ausländischer Abhängigkeit freimachen sollte, hat 50 Jahre später dazu geführt, dass fast die Hälfte der Staatseinnahmen für den Schuldendienst aufgebracht werden muss und dass die Subventionen vor allem der Staatsindustrien ein Viertel der laufenden Einnahmen verschlingt. Indien ist damit nicht nur als militärische Großmacht, sondern auch als ökonomische ‚verhindert': Durch eine Verschuldung und Industrialisierungshypothek, die den entwicklungspolitischen Initiativen jeder indischen Regierung enge Grenzen setzt. Es nimmt angesichts dieser historischen und innenpolitischen Gegengewichte und Widerstände gegen eine Globalisierung und Liberalisierung nicht Wunder, dass beide Entwicklungen vorrangig in einem Bereich auftreten, der sich einer Staatskontrolle von Anfang an entziehen konnte – dem IT-Sektor.

2.4 Sonderfall IT-Sektor

Auf eine arabische Verballhornung der Bezeichnung ‚Sinhadvipa' (‚Löweninsel', Ceylon) – zu ‚Serendip' geht der anglo-indische Begriff der ‚Serendipity' zurück. Er meint eine durch Zufallsumstände ausgelöste glückliche Eingebung – wie sie sich in Entspannung und Ziellosigkeit auf dieser Tropeninsel vorgeblich so oft bei den Kolonialherren einstellte. Die Entwicklung der indischen IT-Branche ist ein überzeugendes Beispiel solcher ‚Serendipity': Die IT-Branche entwickelt sich aus dem unvorhergesehenen Ineinandergreifen von Kastengeist und Brahmanengelehrsamkeit, kontraproduktiver Planwirtschaft und akademischer Überschussproduktion. Indiens nachholende Industrialisierung schließt, vor allem nach der Niederlage im Grenzkrieg gegen China 1962, die Entwicklung eines militärisch-industriellen Komplexes mit ein. Diese Militärrüstung und die Entwicklung eines indischen Nuklearprogramms erzwingen auch, spätestens seit dem Ende der 1960er Jahre, die Entwicklung einer eigenen Computer- und Hardwareindustrie. Dabei zeigt sich von Anfang an, dass Indiens Wissenschaftler auf sich allein gestellt nicht in der Lage sind, den technologischen Vorsprung des Westens einzuholen. Dem indischen Staat gelingt es auch nicht, amerikanische Hardware zu importieren: Seit dem indo-pakistanischen Krieg 1965 ist Indien von amerikanischer Entwicklungshilfe und von Technologietransfers abgeschnitten. Nachdem es, um seine Versorgung mit Industrie- und Militärgütern sicherzustellen, 1971 einen Freundschafts- und Handelsvertrag mit der Sowjetunion abschließt, wird Indien endgültig auf die so genannte Cocomliste der NATO gesetzt. Das für diese Liste zuständige ‚Coordinating Committee for East-West Trade Policy' (Cocom) bestimmt von 1950 bis 1994 die Embargoliste von Gütern und Technologie, die aufgrund ihrer militärischen, strategischen und technologischen Bedeutung nicht an Ostblockstaaten und mit ihnen verbündete weitere Staaten exportiert werden durften. Unter diese Liste „fielen bereits einfache Tischcomputer" (Zingel 2000: 347).

Der indische Staat bleibt nicht nur bis Ende der 1970er Jahre vollständig von westlicher Computertechnologie abgeschnitten, außerhalb der Rüstungsindustrie und des nuklearen Establishments verhindert ein jahrhundertealter Traditionalismus der Schreiberkasten und der Bürodiener die Einführung selbst einfacher Rechenmaschinen: Staatliche Banken, ebenso wie die Geldverleiherkasten, registrieren die Konto- und Geldbewegungen in großformatigen, vielspaltigen Registern, so genannten ‚Ledgers'. Der Wertpapierhandel an der Bombaybörse wird von Hand abgewickelt – um interne Absprachen, einen hohen Grad der Korruption und die Abwesenheit jeder Form staatlicher Kontrolle zu sichern. Erst Ende der 1990er Jahre werden die Börsengeschäfte automatisiert. Auch in der staatlichen Verwaltung, insbesondere innerhalb des riesigen Eisenbahnsystems, wurde die Einführung elektronischer Datenverarbeitung oder Rechenoperationen verhindert – von traditionsverhafteten Bürodienern, vor allem aber von Gewerkschaften, die einen Abbau von Arbeitsplätzen befürchteten. Die Entstehung einer Softwareindustrie resultierte vielmehr aus einer unvorhergesehenen Konsequenz des indischen Planungssystems.

Für den Sozialisten, ‚Fabianer' und Elitebrahmanen Nehru war selbstverständlich, dass für die Entwicklung und Leitung der neuen Industrien, der neuen ‚Tempel', auch entsprechend geschulte Techniker, Manager und Akademiker ausgebildet werden müssen. In den großen Zentren Indiens werden deshalb sieben ‚Indian Institutes of Technology' (IIT) gegründet. Hier werden die neuen Mandarine, besser die neuen Brahmane, ausgebildet, die die ‚Commanding Heights of the Economy' besetzen sollen. Es ist selbstverständlich, dass nur wenige Kandidaten aus einer gewaltigen Zahl von Bewerbungen ausgewählt werden. Es ist für Nehru auch nicht erstaunlich, dass die neuen Brahmanen die alten sind: Brahmanen, ca. 3% der indischen Bevölkerung, hatten und haben von allen Bildungs- und Aufstiegschancen während und nach der Kolonialzeit den besten Gebrauch gemacht. Die neuen ‚Indian Institutes' sind nur zugänglich ‚for the best and brightest'.

Außerhalb der IIT existieren nur relativ wenige hervorragende Universitäten. Wie bereits während der Kolonialzeit lässt deshalb die Brahmanenelite ihre Kinder im Ausland studieren, seit den 1960er Jahren nicht nur in Großbritannien, sondern in zunehmendem Maße auch in den USA. Da die Kosten dieser Auslandsstudien die Familien schwer belasten, wird erwartet, dass die Söhne ihr Studium auf Berufe ausrichten, die ihnen und ihrer Familie entsprechende Gewinne sichern. Während der Kolonialzeit waren dies die ‚Liberal Professions', vor allem das Rechtsstudium. Jetzt, seit der Unabhängigkeit, studieren diese Auslandsinder in immer stärkerem Umfange naturwissenschaftliche und technische Fächer. Diese Studiengänge ermöglichen in Indien den Aufstieg in dem neuen, expandierenden staatlichen und privaten Verwaltungs-, Versorgungs- oder Industriesektor. Vor allem aber können die Absolventen auch in ihren Gastländern als Teil der indischen Diaspora diesen Berufen und Aufstiegschancen nachgehen.

Ein kulturelles Merkmal, Bestandteil eines indischen oder brahmanischen Habitus, gilt es noch nachzutragen: Eine großartige Fähigkeit des subtilen Denkens, des Ordnens und Klassifizierens, des Rechnens und des Definierens. Diese Fähigkeit wird den Indern und vor allem den Brahmanen seit alters her nachgesagt. Die Inder haben frühzeitig eine auf der Kunst der Klassifikation und Definition aufbauende Wissenschaftsliteratur, die Shastras, entwickelt. In Indien wurden eine erste Grammatik und ein Lehrbuch der Staatskunst vor mehr als 2.000 Jahre entwickelt. Hier wurden die Null und das (Dezimal-)Stellensystem festgelegt. Eine vor allem in der brahmanischen Denk- und Bildungstradition kultivierte mathematische Begabung war auch den Briten frühzeitig aufgefallen. Die Kunst des Rechnens, des Reduzierens und Abstrahierens erscheint einer Lebensauffassung kongenial, die den Kontakt und die Vermischung mit dem Anderen – als Mensch, Speise, Ortswechsel – immer fürchtet, aber im Gegenzug der vollständigen Isolation, der Askese und der reflexiven Auseinandersetzung mit dem Nichts – also der Leere und der Reinheit – den Vorzug gibt. Nicht umsonst ist Gott in dieser indischen Auffassung unbegrenzt, ungeboren, ungeformt. Nur hier kann die Tradition dem Nichts, der Null, einen solchen Wert beimessen. Neben diese traditionelle Befähigung zu mathematischen Operationen tritt aber noch eine in Indien über alle Regionen und Kasten hinweg weit verbreitete Sprachfähigkeit: Vor allem die Händler- und Schreiberkasten sind traditionell gezwungen, mehrere Regionalsprachen gleichzeitig zu beherrschen.

Eine indo-amerikanische Softwareindustrie entwickelt sich in diesen Diaspora-, Bildungs- und Karrieremilieus wie von selbst. Die Entstehung der IT-Branche ist das Resultat wahrer ‚Serendipity'. Seitdem in den USA eine Computerindustrie entsteht, beteiligen sich Inder zunächst dort, später dann in Indien an diesem neuen Abenteuer und Markt: Der ‚ethnische Brückenkopf' „erleichterte es weiteren jungen Indern, in den USA Fuß zu fassen; es lag für sie nahe, einfache Arbeiten in Indien ausführen zu lassen, um die beträchtlichen Kostenunterschiede auszunutzen. Dabei halfen die bestehenden persönlichen Kontakte. Derart einfache Arbeiten waren etwa das Eingeben von Daten, wie es in der Belegbuchhaltung anfällt. Fluggesellschaften zählten zu den ersten Auftraggebern: Sie konnten ihren eigenen Frachtraum nutzen. Als die Telefonverbindungen besser wurden, brauchten die Daten auch nicht mehr auf Datenträgern (Disketten, Bänder) transportiert zu werden, sondern konnten direkt überspielt werden. Nach Indien wurden auch einfache, leicht zu definierende und zu überwachende Programmieraufgaben ausgelagert, im Bedarfsfalle wurden Inder für kurze Einsätze in die USA geflogen, ein Brauch, der abschätzig als ‚body shopping' abqualifiziert wird" (Zingel 2000: 349).

Die Existenz einer hoch qualifizierten, einflussreichen, ehrgeizigen ‚Indo-American Community', ebenso wie die mathematische und sprachliche Begabung der Inder und Brahmanen haben damit zur spektakulären Entwicklung einer Technologie beigetragen, die über alle Merkmale der Zukunftsoffenheit zu verfügen scheint. Sie erscheint modern und postmodern, politisch und kulturell akzeptiert, rational, unverzichtbar und ‚à la mode'. Es ist vermutlich dieses Prestigemoment, dieser postmoderne Chic, der viele Betrachter und vor allem die Inder daran hindert, diese so überraschende Wendung im Kontext der gesamten indischen Entwicklung realistisch einzuschätzen: Zwei Städte, Bangalore und Hyderabad, sind zu Zentren der indischen IT-Branche avanciert. Auf Bombay, Neu Delhi und diese beiden Städte konzentrieren sich die bislang immer noch bescheidenen ausländischen Direktinvestitionen. Im Jahre 2000 sollen 280.000 Beschäftigte in dieser Branche beschäftigt gewesen sein. Das ist äußerst geringfügig, wenn man bedenkt, dass mehr als zwei Millionen Arbeiter allein in den indischen Staatsindustrien arbeiten und dass die ebenfalls exportorientierten Bereiche der Textil- und Lederindustrien ein Vielfaches dieser Spezialisten beschäftigen. Ein nicht exakt bestimmbarer Teil dieser bislang bescheidenen Gruppe der IT-Beschäftigten arbeitet zudem in Call Centern. Indische Call Center lohnen sich, weil Inder über exzellente Englischkenntnisse verfügen, weil ihnen nur 200 bis 250 Dollar Monatslohn bezahlt werden muss und weil es in Indien Tag ist, wenn in den USA Nacht ist – sie können also ohne Tarifzuschläge die Arbeit der amerikanischen Kollegen fortsetzen.

Die Softwareproduktion hingegen ist auf Exporte angewiesen: Die fünf Milliarden Dollar Umsatz dieser Industrie im Jahr 2000 werden zu 3,9 Milliarden Dollar im Export erwirtschaftet. Exportiert wird in die USA (60%), nach Europa (23%) und Japan (4%) (Zingel 2000: 353). Ein interner Markt, also die entscheidende Stütze für diese neue Entwicklungsstrategie existiert bislang nicht: Das Indien der IT-Exportenklaven ist immer noch das Land der Analphabeten und der von einer modernen Kommunikation Ausgeschlossenen. Der indische Bauer träumt vorerst noch von elektrischem Licht, einem Ventilator und einem Kühlschrank. Die IT-Branche wird damit selbst im Falle einer spektakulären Entwicklung – alle 18 Monate Umsatzverdoppelung (Zingel 2000) – nur über den Export zur indischen Wirtschaftsentwicklung beitragen können. Im Kontext des indischen Gesamtexports nimmt sich der IT-Beitrag bislang bescheiden aus. Die Tätigkeit indischer Call Center und Softwarefirmen wird als Dienstleistung, also im Rahmen der Dienstleistungsbilanz erfasst – und hier ist sie kaum exakt zu bestimmen. Da Indien traditionell mehr Waren importiert als exportiert, dient die dank der Dienstleistungsexporte der IT-Branche positive Dienstleistungsbilanz dazu, die defizitäre Außenhandelsbilanz zu entlasten: 2002/03 standen einer Güterausfuhr von 52 Milliarden US$ Einfuhren von 65 Milliarden US$ gegenüber. Einer negativen Außenhandelsbilanz (-13 Milliarden US$) stand eine positive Dienstleistungsbilanz von 17 Milliarden US$ gegenüber. Diese positive Dienstleistungsbilanz hat sich von 1998/99 (9 Milliarden US$) an deutlich verbessert – sie sichert Indien in manchen Jahren eine insgesamt positive Leistungsbilanz (Deo 2003: 469).

Der IT-Sektor könnte nichtsdestotrotz in naher Zukunft immer mehr zum Vehikel indischen Wirtschaftswachstums werden. Während der Umsatz der Branche für das Jahr 2006 auf etwa 20 Milliarden US$ geschätzt wird, wird für 2008 eine Summe von 35 Milliarden US$ prognostiziert (Das 2006: 9). Allein die indischen Firmen ‚Infosys' und ‚Tata Consultancy Services' steuerten im Geschäftsjahr 2004/05 laut ‚Financial Times' Umsätze in Höhe von zusammen 3,5 Milliarden US$ bei und befinden sich, zusammen mit einigen anderen Unternehmen, auf dem besten Weg, sich langfristig als ‚Global Player' zu etablieren. Trotz aller Schwierigkeiten besteht also hier durchaus Grund zu Optimismus – und zu einer weiteren Unterstützung öffnender und liberalisierender Maßnahmen.

2.5 Die indische Diaspora

Schon die Entwicklung des indischen IT-Sektors zeigt die bedeutsame Rolle, welche die weltweite indische Diaspora für die ökonomische Entwicklung Indiens spielt. Die 20 bis 25 Millionen Auslandsinder werden wirtschaftlich und politisch immer wichtiger für die Regierung in Neu-Delhi (Gottschlich 2005). Sie helfen als Teil einer exzellent ausgebildeten Elite nicht nur in Ländern wie den USA, Kanada oder Großbritannien, ausländische Direktinvestitionen zu akquirieren – sie nehmen über Rücküberweisungen auch direkten Einfluss auf das ökonomische Innenleben Indiens. Hierbei muss man selbst die Millionen indischen Wanderarbeiter in Südostasien oder in den Emiraten am Persischen Golf zu den Globalisierungsgewinnern zählen. Sie haben im Vergleich zu den oft ärmlichsten Verhältnissen ihrer indischen Heimat zumeist ein relativ sicheres Auskommen und verdienen stellenweise genug, um die zurückgebliebenen Verwandten in Indien mitzuversorgen.

Die erst durch eine weitgehende Liberalisierung des globalen Kapitalverkehrs besser nachvollziehbar gewordenen ‚Workers Remittances' haben sich zu einem bedeutenden Wirtschaftsfaktor in vielen ‚Sendeländern' entwickelt, und Indien steht hierbei an der Spitze. Nach einem Weltbank-Bericht flossen so 2003 etwa 17,4 Milliarden US$ nach Indien. Die Höhe dieser Geldtransfers übertrifft die Summe der Rücküberweisungen der mehr als doppelt so großen chinesischen Diaspora deutlich. Doch nicht nur der direkte ökonomische Einfluss durch Geldzahlungen macht die ‚Non-Resident Indians' (NRI) und ‚People of Indian Origin' (PIO) attraktiv. Sie fungieren vor allem über weit reichende Familiennetzwerke ebenso als Tür- und Marktöffner für indische Unternehmen und liefern darüber hinaus wertvolle Unterstützung für die Außenpolitik Indiens. So wäre der 2006 geschlossene Nuklearpakt zwischen Indien und den USA ohne den

Beitrag und das nachhaltige Engagement der indo-amerikanischen Gemeinschaft kaum vorstellbar gewesen. Der ‚globale Inder' wird immer mehr zur unersetzlichen wirtschaftlichen und politischen Stütze seiner alten Heimat – was das Verhältnis zwischen Indien und seiner Diaspora vor neue Herausforderungen stellt.

Während sich die indische Regierung mehr und mehr bewusst wird, dass die NRI und PIO für die reichhaltigen Dienste am Mutterland mit Recht Entgegenkommen in verschiedensten Politikbereichen erwarten, setzt zeitgleich ein Prozess des Umdenkens auch innerhalb der Diaspora ein, welche nunmehr zunehmend selbstbewusst entsprechende Forderungen artikuliert. Bereits die BJP-Regierung hatte versucht, dieser Entwicklung durch einen institutionalisierten Dialog – das jährlich stattfindende Forum ‚Pravasi Bharatiya Divas' (PBD) – und damit durch eine verstärkte Einbindung der Auslandsinder Rechnung zu tragen. Die Einrichtung eines eigenen Ministeriums (‚Ministry of Overseas Indian Affairs') unterstreicht nochmals dieses Umdenken und zeigt eindrucksvoll den nun auch nach außen sichtbaren Bedeutungsgewinn der Diaspora für Indien.

Die Ansprüche der Auslandsbevölkerung an die indische Regierung sind äußerst vielfältig. Im Kern zielen sie jedoch meist auf weitere Liberalisierungen und Entlastungen auf ökonomischer, sozialer und politischer Ebene. Natürlich steht die Frage nach einem weitgehend unbeschränkten Personen-, Waren- und vor allem Kapitaltransfer ganz oben auf der Agenda der Diaspora. Eine Erleichterung von Reiseverkehr und Rücküberweisungen konnte schon erreicht werden. Seit 2003 ist es ausgewählten Diasporagruppen sogar möglich, durch ein Modell der doppelten Staatsbürgerschaft ihre politischen Rechte entscheidend zu erweitern (Gupta 2004: 1). Dies wäre noch vor wenigen Jahren undenkbar gewesen. Der Bedeutungszuwachs der indischen Diaspora und die Zugeständnisse der Regierung in Neu-Delhi an die Auslandsinder sind natürlich ohne eine Berücksichtigung der gerade durch diasporische Gemeinschaften immer wieder intensivierten Dynamik der globalisierten Weltökonomie nicht zu erklären. Insofern sind die gegenwärtigen Bestrebungen zur verstärkten Einbindung der Diaspora durchaus als wichtiger Teil der allgemeinen Reform- und Öffnungsmaßnahmen zu verstehen.

3 Zusammenfassung

Der ‚Mittlere Weg' der nachholenden Industrialisierung Indiens stellte schon früh den Staat und damit für lange Zeit die Congress-Partei unangefochten in den Mittelpunkt aller ökonomischen Entscheidungen. Die de facto Verstaatlichung der Schwer-, Grund- und Militärindustrie schuf eine der größten Planwirtschaften der Erde. Die durch die ‚Licence Raj' – die ‚Lizenzherrschaft' – manifestierte Regulierungskraft des indischen Staates sicherte zwar den schwerfälligen Aufstieg Indiens zu einer Industriemacht, jedoch um den Preis einer äußerst langsamen Industrialisierungs- und Urbanisierungsrate, welche zudem weitgehend von der Masse der indischen Bauern zu finanzieren war. Das Modell führte beinahe zwangsweise zu einer Isolierung von der Weltwirtschaft und, in der weiteren Folge, zu einem Übersehen und Verschlafen der ersten Globalisierungsprozesse. Die nachholende Liberalisierung wider Willen setzt immer häufiger Fragen innenpolitischer Stabilität in Konflikt zur Beschleunigung des Wirtschaftswachstums durch weitere Globalisierungs- und Öffnungsmaßnahmen.

Die innerindische Debatte vollzieht sich im Spannungsfeld von fünf Rahmenbedingungen: Erstens, dem historischen Kontext einer staatsinterventionistischen Planwirtschaft; zweitens, den Globalisierungsmaßnahmen ab 1991 und ihren Folgen; drittens, dem parallel ablaufenden Prozess der Binnenliberalisierung; viertens, dem Sonderfall einer prosperierenden IT-Branche; sowie, fünftens, der gestiegenen Bedeutung der weltweiten indischen Diaspora. Hierbei offenbaren sich gleichermaßen globalisierungseuphorische Elemente, vor allem im Bereich der Entrepreneurs innerhalb des IT-Sektors und der von der Globalisierung profitierenden Auslandsinder, wie auch globalisierungskritische Widerstände innerhalb Indiens, so zum Beispiel von den Millionen Beschäftigten des indischen Staatssektors. Eine Versöhnung der verschiedenen Positionen zu einer stringenten, durchsetzbaren und vor allem die innere Stabilität nicht gefährdenden Politik wird für die absehbare Zukunft eine Hauptaufgabe jeder indischen Regierung sein.

Literatur

Bergé, Beate, 2004: Indien als Global Player. S. 395-410 in: Werner Draguhn (Hg.), Indien 2004: Politik, Wirtschaft, Gesellschaft. Hamburg: Institut für Asienkunde

Bierbrauer, Elfriede, 2002: Binnen- und außenwirtschaftliche Entwicklung Indiens. S. 247-264 in: Werner Draguhn (Hg.), Indien 2002: Politik, Wirtschaft, Gesellschaft. Hamburg: Institut für Asienkunde

Bronger, Dirk und Wamser, Johannes, 2004: Indien – China: Vergleich zweier Entwicklungswege Teil IV: Entwicklung von oben? Die mesoökonomische (regionale) Analyse. S. 339-394 in: Werner Draguhn (Hg.), Indien 2004: Politik, Wirtschaft, Gesellschaft. Hamburg: Institut für Asienkunde

Bronger, Dirk und Wamser, Johannes, 2003: Indien – China: Vergleich zweier Entwicklungswege Teil III: Wirtschaftswachstum: Die makroökonomische (nationale) Analyse. S. 305-352 in: Werner Draguhn (Hg.), Indien 2003: Politik, Wirtschaft, Gesellschaft. Hamburg: Institut für Asienkunde

Bronger, Dirk, 2002: Indien – China. Vergleich zweier Entwicklungswege. S. 313-346 in: Werner Draguhn (Hg.), Indien 2002: Politik, Wirtschaft, Gesellschaft. Hamburg: Institut für Asienkunde

Bronger, Dirk, 2001: Indien – China: Vergleich zweier Entwicklungswege. S. 279-318 in: Werner Draguhn (Hg.), Indien 2001: Politik, Wirtschaft, Gesellschaft. Hamburg: Institut für Asienkunde

Das, Gurcharan, 2006: The India Model. Foreign Affairs 85: 2-16

Deo, Suparna, 2003: Wirtschaftsstatistischer Anhang. S. 465-476 in: Werner Draguhn (Hg.), Indien 2003: Politik, Wirtschaft, Gesellschaft. Hamburg: Institut für Asienkunde

Gosalia, Sushila, 2003: Strukturwandel und binnenwirtschaftliche Dynamik in Indien. S. 287-304 in: Werner Draguhn (Hg.), Indien 2003: Politik, Wirtschaft, Gesellschaft. Hamburg: Institut für Asienkunde

Gottschlich, Pierre, 2005: Die indische Diaspora in den Vereinigten Staaten von Amerika. Internationales Asienforum 36: 159-180

Gupta, Amit, 2004: The Indian Diaspora's Political Efforts in the United States. New Delhi: Observer Research Foundation

Hauff, Michael von, 2002: Indien vor dem Take-off? S. 265-286 in: Werner Draguhn (Hg.), Indien 2002: Politik, Wirtschaft, Gesellschaft. Hamburg: Institut für Asienkunde

Kamp, Matthias, 2006: Das indische Wirtschaftswunder. Das Parlament 56: 7

Kruse, Beate, 2001: Zur Globalisierung in Indien. S. 263-278 in: Werner Draguhn (Hg.), Indien 2001: Politik, Wirtschaft, Gesellschaft. Hamburg: Institut für Asienkunde

Kruse, Beate, 1999: Indien und die VR China in der Weltwirtschaft – Ein Vergleich. S. 289-300 in: Werner Draguhn (Hg.), Indien 1999: Politik, Wirtschaft, Gesellschaft. Hamburg: Institut für Asienkunde

Lamprecht, Oliver, 2004: Wirtschaftsstatistischer Anhang. S. 461-472 in: Werner Draguhn (Hg.), Indien 2004: Politik, Wirtschaft, Gesellschaft. Hamburg: Institut für Asienkunde

Perry, Alex et al., 2006: India Awakens. TIME 168: 18-29

Rieger, Hans Christoph, 2001: Die Privatisierung der Staatsunternehmen: Das Disinvestment-Desaster. S. 319-332 in: Werner Draguhn (Hg.), Indien 2001: Politik, Wirtschaft, Gesellschaft. Hamburg: Institut für Asienkunde

Rösel, Jakob, 1998: Aufstieg und Niedergang der Congress-Herrschaft. Der Bürger im Staat 48: 37-45

Rothermund, Dietmar, 2004: Indiens verspätete industrielle Revolution. S. 311-318 in: Werner Draguhn (Hg.), Indien 2004: Politik, Wirtschaft, Gesellschaft. Hamburg: Institut für Asienkunde

Varshney, Ashutosh, 1998: Democracy, Development, and the Countryside: Urban-Rural Struggles in India. Cambridge: Cambridge University Press

Woodall, Pam, 2006: The New Titans: A Survey of the World Economy. The Economist 380/8495: 2-34

Zakaria, Fareed, 2005: Does the Future Belong to China? Newsweek 145: 16-27

Zingel, Wolfgang-Peter, 2004: Indien auf dem Weg zur postindustriellen Gesellschaft: Infrastruktur, Dienstleistungen und Deregulierung. S. 319-338 in: Werner Draguhn (Hg.), Indien 2004: Politik, Wirtschaft, Gesellschaft. Hamburg: Institut für Asienkunde

Zingel, Wolfgang-Peter, 2000: Indien: Erfolgreich als Dienstleistungsexporteur. S. 343-363 in: Werner Draguhn (Hg.), Indien 2000: Politik, Wirtschaft, Gesellschaft. Hamburg: Institut für Asienkunde

Wohlfahrtsglobalisierung: Wie Sozialpolitik die Globalisierungskritik unterläuft
Wohlfahrtsglobalisierung
Michael Opielka

Die Sozialpolitik erscheint vielfach noch als ein Hort nationaler Gestaltungshoheit. Zugleich wird die Globalisierung als umgehendes Gespenst beschworen, zur Rechtfertigung sozialpolitischen Ab- und Umbaus genutzt und zunehmend in globalisierungskritischen Bewegungen thematisiert. Die Forschungslage ist unübersichtlich. In diesem Beitrag wird die These vertreten, dass Sozialpolitik, verstanden als staatliche Regulierung der Wohlfahrtsproduktion mit dem kulturellen Ziel soziale Sicherheit, die herkömmlichen Muster der Globalisierungskritik unterläuft. Dies geschieht insbesondere, indem kulturelle Orientierungsmuster sozialer Garantien institutionell befestigt werden, wobei die „westlichen Prinzipien die Welt durchdringen" (Meyer 2005), die ursprünglich westliche, genauer westeuropäische Idee des Wohlfahrtsstaates unterdessen globalisiert wird. Ohne dass dieser Prozess immer als solcher gesehen oder verstanden wird, bezweifeln insbesondere die Kritiker der Globalisierung dessen Tatsache selbst. Entweder erscheint ihnen die Ausbreitung der Idee des Wohlfahrtsstaates unmöglich (zu utopisch, zu viele Veto-Player) oder nicht erwünscht (zu ineffizient, zu egalitär). Um unsere These zu begründen, müssen die Argumentationsfiguren der Globalisierungskritik re- und dekonstruiert werden.

Ein Verständnis der Entwicklung von Wohlfahrtsstaatlichkeit im globalen Vergleich wird nicht nur durch ideologische Prämissen behindert, sondern auch durch die Komplexität des Untersuchungsobjekts. Ein Beispiel dafür ist die verwirrende Diskussion um die Frage, welche Rolle die Größe von Gesellschaften spielt. Offensichtlich sind anspruchsvolle sozialpolitische Redistribution und Intervention in großen Gesellschaften problematisch. Dies zeigt der Vergleich der nationalen Sozialpolitik der USA und der EU-Sozialpolitik (Kaufmann 2003). Gründe dafür sind hohe steuerungstheoretische Ansprüche an institutionelle Designs, freilich auch Defizite an durch wirkungsvolle Akteure abgesicherten Solidaritätserfahrungen. Große Gesellschaften neigen deshalb zu sozialpolitischem Minimalismus. Eine mögliche Lösung offeriert eine de facto föderale Stufung der Sozialpolitik, wie der Vergleich USA-EU sichtbar macht. Während die EU-Ebene für allgemeine (Rechts-)Fragen der Harmonisierung ('offene Koordinierung') zuständig ist, scheint sich die nationale Ebene auf Geldleistungen und Sozialrechte zu konzentrieren. Die Folge wäre die Beschränkung der Sozialpolitik unterhalb der nationalen Ebene auf Dienstleistungen, deren redistributive Wirkung sich auf Risikolagen konzentriert und vertikale Umverteilung weitgehend auslässt.

Problematisch ist zudem die Entgrenzung von Politikfeldern, die in hoch differenzierten Gesellschaften um eine Entgrenzung des Politischen ergänzt wird (Zürn 2005), anders formuliert: die Interpenetration verschiedener Politikfelder und gesellschaftlicher Subsysteme. Dies zeigt das Verhältnis von Bildungs- und Sozialpolitik, auch hier ist der Vergleich USA – Europa erhellend (Opielka 2005). Während in den liberalen Wohlfahrtsregimen (USA, aber auch Großbritannien und Australien) Bildungs- und Sozialpolitik als verflochten gelten, leistungsorientierte Chancengleichheit als Grundlage einer Marktgesellschaft, wird dieser Zusammenhang im eher kultur-korporatistischen oder -etatistischen Europa (und v.a. in Deutschland) erst neuerdings unter der Signatur einer 'investiven' Sozialpolitik thematisiert. Entgrenzungen transportieren damit soziologische Annahmen ‚guter' und ‚gerechter' Wirkungszusammenhänge – die freilich höchst abhängig von wissenschaftlichen Deutungen und entsprechenden Hegemonien sind, was die klassische politische Mobilisierung entlang von Interessen und Ideologien erschwert. Eine ‚Wohlfahrtsglobalisierung' müsste sich folglich gegen eine vereinseitigende Markt- und Effizienzglobalisierung behaupten. Wie sie aussehen könnte und ob die Globalisierungskritik hier schon Hinweise gibt, soll in zwei Schritten erörtert werden.

In einem ersten Schritt werden vier Deutungsmuster des Zusammenhangs von Globalisierung und Sozialpolitik rekonstruiert: die ökonomistische Position der Globalisierungstheoretiker, die den Sozialstaat durch die Globalisierung bedroht sehen; die etatistische Position der Globalisierungsskeptiker, die sozialpolitische Probleme binnenwirtschaftlich verorten; die konservative bzw. kommunitaristische Position der Revisionisten, die den Sozialstaat in einer negativen Eigendynamik gefangen sehen; und die garantistische Position, die optimistisch für eine ethische Refokussierung der Sozialpolitik plädiert (Opielka 2004: 221ff.).

Im zweiten Schritt wird am Beispiel der globalen Anti-Armuts-Politik sowie der Rolle der Menschenrechte in der internationalen Sozialpolitik der Faden der garantistischen Option verfolgt und überprüft, der auch durch die Forschungen des „Neoinstitutionalismus" (Meyer 2005) Bestätigung findet. Die Frage nach globaler sozialpolitischer Regierung, nach „Good Governance" (EU 2004, Lorig 2004, Zürn 2005) bildet dabei den Lackmustest der Institutionalisierung.

Sozialpolitik und Demokratie scheinen dabei in einem Prozess der Selbstverstärkung zu stehen.

1 Wohlfahrtsglobalisierung?

Versteht man unter Sozialpolitik die *Begrenzung* sozialer Verwerfungen, die durch das Wirtschaftssystem erzeugt werden, und unter Globalisierung die *Entgrenzung* aller wirtschaftlichen Prozesse, dann wird der Zusammenhang von Sozialpolitik und Globalisierung problematisch. Sozialpolitik als kompensative Begrenzung von Kapital und Industrie scheint unter den Bedingungen einer entgrenzten Geld- und Arbeitskraftmobilität kaum mehr möglich. Gegen diese pessimistische Perspektive werden im Folgenden erweiterte Konzepte von Sozialpolitik und Globalisierung gestellt (Opielka 2004). Anstelle Sozialpolitik nur als Kompensation zu begreifen, wird ein bislang eher in der angloamerikanischen Tradition stehendes (wenngleich dort kaum realisiertes) Konzept von Wohlfahrtsstaatlichkeit vertreten, in dem Sozialpolitik mit einem positiven Auftrag versehen ist: als politisch-rechtlich gestaltete *Teilhabe aller an allen sozialen Sphären einer Gesellschaft.*

Unsere Analyse baut auf der Theorie der Wohlfahrtsregime auf (ausführlich Opielka 2004). In Erweiterung des Ansatzes von Gøsta Esping-Andersen (1990) wird eine systematische mit der steuerungstheoretischen Perspektive verknüpft, indem stets vier analytische Stufen (levels) unterschieden werden: das Subsystem Wirtschaft mit Markt, das Subsystem Politik mit Staat, das Subsystem Gemeinschaft mit Moral und das Legitimationssystem mit Ethik als Steuerungssysteme (Opielka 2006, 2006a). Markt, Staat, Moral und Ethik prägen wiederum jeweils die vier Wohlfahrtsregime: Das liberale Regime betont den Markt, das sozialistisch-sozialdemokratische den Staat, das konservative die (gemeinschaftliche) Moral und das garantistische die Ethik. Vereinseitigungen sind häufiger, als es gut tut. Der Verzicht auf eine oder mehrere bzw. die Verdrängung einer oder mehrerer der vier systematischen wie steuerungstheoretischen Dimensionen ist weder analytisch noch in der Praxis ratsam.

Bob Deacon (2003: 14) schätzt die folgenden Entwicklungen für die Sozialpolitik als besonders relevant ein:

1. Es entsteht sukzessive ein *globaler privater Markt* für sozialpolitische Leistungen, der vor allem von den USA und Europa beherrscht wird. Dazu gehören Versicherungen, Klinikbetreiber, Bildungsanbieter und zunehmend soziale Dienstleistungsfirmen.

2. Wohlfahrtsstaaten treten in einen *Wettbewerb* untereinander, derzeit vor allem mit der Gefahr, sich gegenseitig zu unterbieten.
3. Auf der sozialpolitischen Bildfläche treten neben den bisherigen, national begrenzten Akteuren – wie Gewerkschaften, Unternehmerverbänden und ihren gemeinschaftlichen Verhandlungsstrukturen – *neue Akteure* auf und mischen sich in den Wohlfahrtsstaat ein: Weltwährungsfonds (IWF), Weltbank, Welthandelsorganisation (WTO), UNO-Organisationen wie die ILO oder die WHO, aber auch NGOs wie attac und offene Netzwerke wie das Weltsozialforum in Porto Alegre.
4. Es entsteht ein *globaler Diskurs* über die beste Sozialpolitik, ein Beispiel dafür ist der Kampf um die Ausrichtung der Rentensysteme in den postkommunistischen Ländern. Dabei stehen grundsätzliche ethische Fragen auf der Tagesordnung wie diejenige, ob sich Sozialpolitik eher an sozialen Grundrechten oder an einer Individualisierung von Verantwortung orientieren soll.

In der politisch-ökonomischen Literatur vor allem seit den 1990er Jahren wird der Zusammenhang von Globalisierung und Wohlfahrtsstaat ganz unterschiedlich verarbeitet. Philipp Genschel (2003, 2004) diskutiert drei Deutungstypen: die ‚Globalisierungstheoretiker', die davon ausgehen, dass der Wohlfahrtsstaat unter der Globalisierung leidet; die ‚Globalisierungsskeptiker', die kaum einen Einfluss der Globalisierung sehen, und die ‚Revisionisten', für die der Wohlfahrtsstaat vor allem an immanenten Problemen krankt, was durch die Globalisierung allenfalls noch deutlicher wird.[1] Die einleuchtende Rekonstruktion der Debatte durch Genschel soll kurz nachgezeichnet und um eine vierte Deutung ergänzt werden, die man als eine der *‚Wohlfahrtsglobalisierer'* bezeichnen könnte: diese Position versucht eine Art Synthese der drei anderen und vertritt die Ansicht, dass eine internationale Sozialpolitik erkennbar und notwendig ist, die zwar nicht zu einem Welt-Sozialstaat, aber doch zu einer ‚Weltgesellschaft' als ‚Wohlfahrtsgesellschaft' führen kann (auch Opielka 2004: 226ff.).

Diese vier Positionen lassen sich zudem mit den vier Typen des Wohlfahrtsregimes in Beziehung setzen, was gleichfalls über den Vorschlag von Genschel hinaus führt: Die *‚Globalisierungstheoretiker'* folgen eher den Annahmen der Vertreter des liberalen Wohlfahrtsregimes, wonach der ‚Markt' nicht nur das normativ, sondern auch empirisch wirkungsvollste Steuerungssystem bildet. Man

---

[1] Genschel variiert (ohne näheren Hinweis) eine Dreiteilung, die von David Held und Anthony McGrew (dies. et al. 1999: 2ff.) vorgeschlagen wurde. Sie unterschieden „hyperglobalizers", „sceptics" und „transformationalists". Held und McGrew sind der Auffassung, dass diese drei ‚Denkschulen' der Globalisierung völlig quer liegen zu den klassischen politischen Ideologien. Dies wird in diesem Beitrag bezweifelt.

könnte sie deshalb vielleicht präziser als ‚Ökonomisten' bezeichnen. Die ‚*Globalisierungsskeptiker*' sind deshalb skeptisch, weil sie dem Markt misstrauen und dem Staat normativ wie empirisch vertrauen. Das entspricht dem sozialdemokratisch-sozialistischen Regimetyp. Man könnte sie auch ‚Etatisten' nennen. Die ‚Revisionisten' sind, wie die Analyse zeigen wird, im Grunde Vertreter eines konservativen Regimetyps, die vor allem auf gemeinschaftliche Regulierungsformen setzen und gegenüber Markt und Staat gleichermaßen skeptisch bleiben: gegenüber dem Markt, weil er die gemeinschaftliche Selbststeuerung der Gesellschaft beschädige, gegenüber dem Staat, weil dieser die gemeinschaftliche Moral instrumentalisiere, aushöhle und schließlich an einer Anspruchsspirale scheitern müsse. Man kann die Genschelschen ‚*Revisionisten*' deshalb auch als ‚*Kommunitaristen*' bezeichnen - auch wenn der Kommunitarismus als politische Philosophie weiter greift (Etzioni 1997, 2001). Es bleibt die vierte Position. Sie entspricht mit ihrem Blick auf Menschenrechte dem garantistischen Regimetyp. Der Einfachheit halber heißen sie hier ‚*Garantisten*' oder – in semantischer Nähe zu den genannten Kategorien – ‚Wohlfahrtsglobalisierer'.

Die Position der Globalisierungstheoretiker lässt sich folgendermaßen zusammenfassen: Zwar habe der Nationalstaat noch reale Macht, er sei aber durch das dichte Gewebe wirtschaftlicher Interdependenzen zunehmend ausgehöhlt (z.B. Held et al. 1999). Beleg dafür seien die hohen Zuwachsraten grenzüberschreitender Finanztransaktionen in den 1990er Jahren sowohl auf den Finanzmärkten als auch bei den ausländischen Direktinvestitionen (ADI). Zudem habe sich der Welthandel aufgrund einer Reihe neuer Freihandelszonen sowie des Bedeutungszuwachses multinationaler Unternehmen wesentlich ausgeweitet. Die Globalisierung mache eine effektive makroökonomische (keynesianische) Steuerungspolitik unmöglich. Weder können die Regierungen angesichts international integrierter Kapitalmärkte geldpolitisch das nationale Zinsniveau unter die international üblichen Renditen drücken noch eine expansive Finanzpolitik mit hohen Defiziten vertreten, da dies mit hohen Risikoaufschlägen auf Zinsen verbunden sei (Scharpf 1997). Der internationale Wettbewerb setze die Regierungen zudem unter Druck, Kapitaleinkommen und Unternehmensgewinne zu entlasten (‚run to the bottom'), was wiederum die Einnahmebasis des Wohlfahrtsstaats erodiert. Auch erhöhe sich das Risiko der Arbeitslosigkeit, da einerseits konjunkturelle Schwankungen unmittelbar auf die nationalen Arbeitsmärkte durchschlagen – was die konjunkturelle Arbeitslosigkeit stets ansteigen (oder sinken) lässt –, andererseits wegen der Niedriglohnkonkurrenz aus den Schwellenländern Osteuropas und der Dritten Welt, weswegen der Industriesektor zugunsten des vor dem internationalen Wettbewerb weitgehend geschützten Dienstleistungsbereichs abgebaut werden müsse, was wiederum zu struktureller Arbeitslosigkeit führt, wenn die Umschichtung nicht ausreichend gelingt (Scharpf 1997, Rieger und Leibfried 2001). Die Globalisierungstheoretiker sind ‚Ökonomisten', weil sie davon ausgehen, dass die wirtschaftliche Globalisierung die gesellschaftliche Entwicklung determiniert. Liberale Ökonomisten begrüßen das, da sie Globalisierung und Wohlfahrtsstaat für grundsätzlich unvereinbar halten. Hans-Werner Sinn sieht ihn – verstanden als egalitätsorientierten Regulierungsstaat – im ‚neuen Systemwettbewerb' kapitalistischer Volkswirtschaften fast melancholisch auf der Verliererseite: „Der moderne europäische Staat [...] muss [..] als Instrument zur Erfüllung kollektiver Aufgaben gesehen werden, die vom privaten Markt nicht erfüllt werden können. Er ist nicht das Ergebnis eines Irrtums der Geschichte, sondern ihre logische Konsequenz. Im Systemwettbewerb hat er allerdings keine allzu großen Chancen mehr" (Sinn 2002: 405, auch Sinn 2004). Eher linke Ökonomisten (Held et al. 1999, v.a. Hardt/Negri 2002) bedauern wiederum den Verlust wohlfahrtsstaatlicher Gestaltungsoptionen. Problematisch erscheint an der Position der Ökonomisten aus gesellschaftstheoretischer Sicht, dass sie die Interdependenz zwischen Wirtschaft und anderen gesellschaftlichen Subsystemen (wie Politik, Gemeinschafts- oder Legitimationssystem) nur aus der Perspektive der Wirtschaft betrachten, sozusagen ein lockeres Konzept von ‚embeddedness' verwenden und damit die ‚Interpenetration' der Wirtschaft mit den anderen Subsystemen der Gesellschaft unterschätzen (dazu Beckert 2006).

Demgegenüber stellen die Globalisierungsskeptiker die meisten Annahmen der Ökonomisten in Frage. Zwar seien die hohen Wachstumsraten von Welthandel und anderen globalen Transaktionsflüssen nicht zu bestreiten. Für den Nationalstaat habe sich aber nicht viel geändert. Rund 80 Prozent aller Güter und Dienstleistungen würden nach wie vor im Inland produziert, 90 Prozent aller Produktionsstätten seien (im Schnitt) noch in nationalem Besitz, zudem war die Weltwirtschaft in früheren Zeiten (zu Beginn des 20. Jahrhunderts und nach dem Zweiten Weltkrieg) vermutlich noch stärker integriert (Garrett 1998, Rodrik 2000). Das „eigentlich Neue" (Genschel 2003: 436) sei jedoch der Wohlfahrtsstaat. Die Kernthese der Skeptiker lautet, dass die Globalisierung den Wohlfahrtsstaat gleichsam zur Voraussetzung habe (Rodrik 2000, Rieger und Leibfried 2001). Er verteilt heute nicht selten 40 oder gar 50 Prozent des Bruttoinlandsprodukts um. Die finanz- und geldpolitischen Spielräume nationaler Regierungen haben sogar zugenommen. Anders als die Globalisierungstheoretiker meinen, mache die Globalisierung eine Defizitfinanzierung sogar billiger, weil das Kreditreservoir ansteigt und die Konkurrenz die Kreditkosten drückt (Garrett 1998). Zwar würden einige Regierungen sich wie einst Odysseus an den Mast binden, um ihre „Willensschwäche in der Geld- und Finanzpolitik zu bekämpfen" (Genschel 2003: 441). Dies habe aber weniger ökonomische als (innen-)politische Gründe. Zudem hätten Länder wie Deutschland oder die USA keine Probleme gehabt, zugleich Defizite zu produzieren und die Inflationsdynamik im

Griff zu behalten. Auch den Einwand eines Steuerwettbewerbs nach unten lassen die Globalisierungsskeptiker nicht gelten. Vielmehr haben sich die Wohlfahrtsstaaten stets überwiegend über den Faktor Arbeit finanziert, ob nun durch Sozialversicherungsbeiträge oder durch Einkommenssteuern. Zwischen außenwirtschaftlicher Öffnung und Kapitalbesteuerung besteht sogar ein positiver Zusammenhang (Garrett 1998), ebenso zwischen Exportorientierung und Sozialausgaben (Rodrik 2000, Rieger und Leibfried 2001: 127f.). Schließlich habe auch die Arbeitslosigkeit wenig mit Globalisierung zu tun. So erschließt die Globalisierung neue Märkte und vermindert dadurch das Risiko kurzfristiger Nachfrageschwankungen. Der Strukturwandel zur Dienstleistungswirtschaft sei vor allem durch binnenwirtschaftliche Faktoren bedingt. Die Märkte für Industrieprodukte seien allmählich gesättigt, die für den Industriesektor typischen Produktivitätssprünge führten zu Beschäftigungsverlusten. Das Hauptproblem für die Beschäftigung seien die sinkenden Wachstumsraten (Blanchard und Illing 2003: 385ff.). Ansonsten gelte hinsichtlich des Wohlfahrtsstaats nach wie vor ein Primat der Politik. Für die Globalisierungsskeptiker ist der Auftrag eines viel zitierten modernen Klassikers der Politikwissenschaften – „Bringing the state back in" (Evans et al. 1982) – erfüllt. Der Staat bleibt Motor der Sozialpolitik (Fligstein 2000). Während die Vielfalt kapitalistischer Entwicklungspfade im Ökonomisten-Ansatz nur als „Systemwettbewerb" (Sinn 2002) gedacht werden kann, wird sie von Globalisierungsskeptikern eher als „varieties of capitalism" gedacht, die einer politischen Regulierung auch empirisch zugänglich erscheint. Bernhard Ebbinghaus und Philip Manow geben zwar vor, mit diesem Ansatz vor allem ökonomische Prozesse zu reflektieren, zum einen das systemische Funktionieren von institutionellen Komponenten des Wirtschaftssystems, zweitens nationale Modelle der Produktion und ihrer jeweiligen Vorteile, und schließlich eine Mikro-Fundierung des Einflusses jener Institutionen auf das Akteursverhalten und die Verstetigung der institutionellen Infrastruktur zu liefern (Ebbinghaus/Manow 2001: 3). Indem sie sich aber auf zwei Grundtypen der „varieties of capitalism" beschränken – „uncoordinated market economy" (Beispiel USA, UK) und „coordinated market economy" (Beispiel Deutschland, Japan) (ebd.: 6) –, wird der regulative, korporatistische Aspekt staatlichen Handelns zum entscheidenden Faktor der Globalisierungsdeutung. Peter Bofinger brachte diese politisch-ökonomische Interpretation auf den selbstbewussten Punkt: „Wir sind besser, als wir glauben" (Bofinger 2005).

Die dritte Deutung des Prozesses liefern, so Genschel, die Revisionisten. Der Wohlfahrtsstaat sei nicht das Opfer des wirtschaftlichen Strukturwandels, sondern er habe die Probleme erst verursacht, weil er dem Markt über hohe Steuern und Abgaben Mittel entziehe, die dieser für den Strukturwandel benötige. Zudem reduziere er durch Lohnersatzleistungen den Anreiz zur Arbeitsaufnahme und schaffe durch ‚Versorgungsklassen' neue Lebenslagen, die ihn teuer zu stehen kommen. Während neoliberale Globalisierungstheoretiker und Wohlfahrtsstaatskritiker dies natürlich auch so sehen, machen die eher konservativen Revisionisten in der Globalisierung einen Helfer aus, den Wohlfahrtsstaat umzubauen. Zu diesem Lager müsse man zumindest teilweise die ‚neue' Sozialdemokratie der 1990er Jahre rechnen, um – nicht selten im Verbund mit konservativen Parteien, korporatische, verbandlich-gemeinschaftliche Strategien einzusetzen (‚soziale Pakte') – eine Politik der ‚Aktivierung' durchzusetzen und so den Wohlfahrtsstaat wieder stärker an den (Arbeits-)Markt zu binden. Konservativ – oder gar kommunitaristisch – wird diese Position dann, wenn sie eine verbandliche, auf Gruppeninteressen aufbauende Steuerung der Sozialpolitik privilegiert und dies mit dem Verweis auf die Überlegenheit quasi-natürlicher, primärer Wohlfahrtsstrukturen (Familie, Nation) legitimiert. Weniger ideologisch als nüchtern argumentieren Revisionisten, dass auch multinationale Unternehmen durchaus nicht nur an Kostenminimierung interessiert seien, sondern an einer Optimierung des gesamten Produktionsumfeldes. Hier bieten entwickelte Wohlfahrtsstaaten besser ausgebildete Arbeitnehmer, höhere Qualitätsstandards und langfristige Planungssicherheit. Neu hinzu kommt dabei eine zusätzliche Konfliktlinie, nämlich die zwischen verschiedenen wirtschaftlichen Sektoren. Zürn (2003: 1069) sieht so eine „New Politics of Intervention" aufkommen, die über den hergebrachten dyadischen Gegensatz von Kapital und Arbeit hinaus durch eine „triadische Konfliktkonstellation" (ebd.: 1069) geprägt ist. Während einige Branchen an Subventionen und Marktabschottungen interessiert sind (wie Landwirtschaft oder Bergbau), verdanken andere der Globalisierung erhebliche Zuwachsraten. Volkswirtschaftlich entscheidend ist die Bilanz. Der Nationalstaat werde auch künftig eine zentrale Rolle spielen, doch müsse sie in der ‚postnationalen Konstellation' neu definiert werden: „Agendasetzung und Politikformulierung findet zunehmend außerhalb des Nationalstaates statt, während das nationale politische System einerseits als eine Form der territorial organisierten Interessenrepräsentation fungiert und zum anderen für die Umsetzung international formulierter Richtlinien verantwortlich zeichnet" (ebd.: 1070). Diese analytischen Befunde können dann zur Begründung konservativ-korporativer Politikformen dienen, wenn die territoral-national verfassten Interessen von im jeweiligen Land gut verankerten Gruppen zum Bezugspunkt der Wohlfahrtsstaatlichkeit stilisiert werden.

Genschel resümiert die drei politisch-ökonomischen Deutungsmuster der Globalisierung dahin, dass sich die Positionen in der kontroversen Debatte nicht angeglichen haben. Obwohl die vergleichende Politikforschung in den 1990er Jahren einen erheblichen methodischen Modernisierungsschub verzeichnete und eine Vielzahl empirischer Arbeiten entstanden, blieb mit empirischen Ergebnissen keine der Deutungen siegreich. Keine der drei Globalisierungsschulen ist ganz richtig und „keine ganz falsch" (Genschel 2003: 454). Jede macht auf bestimmte Aspekte der Wirklichkeit aufmerksam. Jetzt sei man in der „postheroischen Phase" der Globalisierungsdebatte angelangt, die Forschungsfragen werden „kleinteilig und speziell" (ebd.: 457). In Abbildung 1 werden die Deutungen knapp zusammengefasst. Die Einbeziehung der vierten Dimension könnte im Licht der Überlegungen von Genschel als Neigung erscheinen, noch immer ‚heroisch' wirken zu wollen. Da ein garantistisches Wohlfahrtsregime erst in Ansätzen zu beobachten ist, hat die Systematik durchaus einen spekulativen oder auch programmatischen Aspekt. Doch existieren durchaus Deutungen der Globalisierung, die sich diesem Ansatz zurechnen lassen.

Abbildung 1: Deutungsmuster des Zusammenhangs von Globalisierung und Wohlfahrtsstaat

Wohlfahrtsregime	*Deutungen der Globalisierung*	*Wechselwirkungen zwischen Globalisierung und makroökonomischer Steuerungspolitik*	*Wechselwirkungen zwischen Globalisierung und sozialpolitischer Umverteilung*
garantistisch	Wohlfahrtsglobalisierer *Garantisten*	• geringe Wachstumsgewinne aus Liberalisierung der Kapitalmärkte • unklare Wirkungen der Handelsliberalisierung	• Steigerung von Einkommensungleichheit • Anforderung an ethische Globalisierung wächst • Demokratie als Gleichheitsmotor
konservativ	Revisionisten *Kommunitaristen*	• freiwillige Selbstbindung der Regierungen • Globalisierung als makroökonomische Steuerung	• Wohlfahrtsstaat an Problemen selbst schuld (negative Eigendynamik) • Globalisierung erleichtert Reformen • Homogenisierung von Problem- und Interessenlagen

sozialdemokratisch	Globalisierungs-skeptiker *Etatisten*	• Geldpolitik bleibt konjunkturwirksam • expansive Finanzpolitik wird billiger	• keine Schwächung der Einnahmenbasis wegen Primat der Innenpolitik • Globalisierung senkt den Druck auf Wohlfahrtsstaat • Probleme sind binnenwirtschaftlich
liberal	Globalisierungs-theoretiker *Ökonomisten*	• Verlust der ‚Zinssouveränität', flexible Wechselkurse • Marktdisziplin	• Wohlfahrtsstaat auf Einnahmeseite untergraben (Effizienzthese) • Wohlfahrtstaat auf Ausgabenseite überfordert (Kompensationsthese)

Quelle: Opielka 2004: 231 unter Verwendung der Übersichten in Genschel 2003: 445 und 452 (überarbeitet)

Diese finden sich vor allem in den Diskursen im Kontext internationaler Organisationen. So argumentiert die zitierte „Weltkommission für die soziale Dimension der Globalisierung" (2004) unter Bezug auf Daten der ILO, dass die makroökonomischen Auswirkungen der Globalisierung auf Beschäftigung und Löhne selbst im Fertigungssektor völlig gegensätzlich seien, ein klares Muster nicht erkennbar wäre. Zudem wachse die Erkenntnis, dass die Liberalisierung der Kapitalmärkte auch künftig nur geringe Wachstumsgewinne erwarten lasse (ebd.: 42f.). Für den Zusammenhang von Wohlfahrtsstaatlichkeit und Globalisierung können die Arbeiten von Amartya Sen, 1998 Nobelpreisträger für Ökonomie, als Beispiel für eine garantistische Deutung interpretiert werden. Ihm wird als Anwalt einer „Ökonomie für den Menschen" (Sen 2000) die Wechselwirkung von Globalisierung und Umverteilung in dieser Perspektive zu einem Indikator von Demokratie und Menschenrechten. Sen gilt als bedeutendster Vertreter der ‚welfare economics', die theoretisch auf einem rationalistischen Verständnis von ‚social choice' basiert, dabei aber nicht nur enge ‚ökonomistische' Präferenzen einbeziehen, sondern auch die Präferenzskala der nicht nur wirtschaftlich interessierten Bürger. Deren gemeinschaftliche Bindungen gelten für Sen als ebenso berücksichtigenswert wie ihre Werte und Normen (Sen 2003). Sen betont die Notwendigkeit, Teilhabefähigkeiten (‚capabilities') durch Bildung und andere produktive Sozialinvestitionen zu steigern. Um den „Standard of Living" (Sen

1987) zu bestimmen, genügen Einkommensindikatoren nicht. Indem Sen – insoweit Anwalt eines garantistischen Teilhabe-Regimes – auf (sozialistische) Ergebnisgleichheit verzichtet, nähert er sich scheinbar der liberalen Position an. Man könnte gegen seine Zuordnung zu einer garantistischen Deutung der Globalisierung zudem einwenden, dass sich Sen selbst eher als sozialdemokratisch definiert. Die Regimetypologie wurde freilich als analytische Typologie konzipiert, bei Esping-Andersen genauso wie in der hier diskutierten Erweiterung um einen vierten, garantistischen Typus. In der Wirklichkeit existieren stets Mischformen und Undeutlichkeiten, eher Tendenzen als Gewissheiten. Claus Offe macht beispielsweise darauf aufmerksam, dass die EU-Erweiterung auf 25 Staaten die „triangle of reluctant social democrats, aggressive market liberals, and more-or-less militant rightist populists" (Offe 2006: 48) unübersichtlich mache, was angesichts der anstehenden sozialpolitischen Herausforderungen als problematisch gelten muss: „Europe is currently in need of, as well as in search of, policies and patterns of political decision-making that would denationalize the diverse welfare state arrangements that have evolved over many decades at the national levels and to transfer them, their regulation and mode of financing, to the European level" (ebd.: 49). Um freilich das Ziel einer ‚Denationalisierung sozialer Sicherheit' auf den Begriff zu bringen, erscheint es erforderlich, so lässt sich Offe interpretieren und weiterführen, mit dem Regimetyp ‚Garantismus' ein analytisches Instrument zu nutzen, das weniger die Klassenfragen – ob nun ökonomisch, politisch oder über Statusrollen – thematisiert, sondern die Interpretationsebene selbst, die ethische Ebene, also die Sinnebene globalisierter Wohlfahrtsstaatlichkeit auch als Mobilisierungsmotor von Sozialpolitik begreift. In gewisser Weise kann auf den Regimetyp ‚Garantismus' dann nicht verzichtet werden, wenn der Zusammenhang von Kultur und Wohlfahrtsstaat analysiert werden soll. Denn in diesem recht neuen Forschungsgebiet (ausführlicher Pfau-Effinger 2005) spielt die Ideenanalyse naturgemäß eine wesentliche Rolle und damit auch die Anerkennung der legitimativen Systemebene als einer nicht von Wirtschaft, Politik oder Gemeinschaft ableitbaren, vielmehr analytisch unreduzierbaren Ebene.

Die Vierertypologie der Deutung des Zusammenhangs von Globalisierung und Sozialpolitik ist insoweit vollständiger als die Dreiertypologie, die Genschel (2003, 2004) oder auch Held et al. (1999) vorschlugen. Wie auch die damit parallelisierte Typologie der Wohlfahrtsregime kann sie verdeutlichen, dass die Wahrheit nur in der Kombinatorik der Deutungen zu finden ist, und zwar aus sozialtheoretischen Gründen: Jede der Deutungen konzentriert sich auf eine Dimension der gesellschaftlichen Wirklichkeit, auf ein Subsystem der Gesellschaft (Wirtschaft, Politik, Gemeinschaft, Legitimation) und auf ein Steuerungssystem (Markt, Staat, Moral, Ethik) (Opielka 2006). In einer systemisch-ganzheitlichen, makrosoziologischen Perspektive müssen alle Gesichtspunkte ihren Platz einnehmen.

Aus Sicht der Sozialpolitikforschung frappieren nach wie vor die höchst unterschiedlichen Reaktionen der national verfassten Wohlfahrtsstaaten sowohl auf die globale als auch auf die jeweilige nationale Ökonomie. Sozialpolitik kann sich nicht von der Ökonomie entkoppeln. Sie bildet aber einen ausdifferenzierten gesellschaftlichen Zusammenhang mit eigener Logik. Die systemische Eigenlogik der Sozialpolitik wird durch jüngere Forschungsarbeiten bestätigt, die die Theorie des Wohlfahrtsregimes außerhalb des europäisch-nordamerikanischen Kontextes anwendeten. Die so genannten ‚konfuzianischen' Wohlfahrtsstaaten in Asien (Esping-Andersen 1996, Ka 1999) werden teilweise dem konservativen Regimemodell zugerechnet (Aspalter 2001). Andere Autoren bezweifeln zwar, ob man hier überhaupt von einem staatlichen Wohlfahrtsregime sprechen könne, da die gemeinschaftlichen Familiensysteme die Hauptverantwortung für den Sozialschutz tragen (so Gough und Wood 2004), wogegen man einwenden kann, dass genau dies das Kennzeichen des ‚konservativen' Regimes ist. Belege für den Satz ‚social policy matters' finden sich folglich überall.

Nachdem die Rekonstruktion der politisch-ökonomischen Wechselwirkungen zwischen Globalisierung und Wohlfahrtsstaat zu einem mehrstufigen Bild gelangt ist, dass bei allen an den Regimemodellen orientierten Deutungsmustern einen analytischen Ertrag erkennt, wird abschließend der Blick auf drei konkretere sozialpolitische Aspekte gerichtet: (1) das Problem der weltweiten Armut, (2) die Rolle der Menschenrechte in der internationalen Sozialpolitik und (3) die Frage nach globaler Regierung.

2 Praxis der Wohlfahrtsglobalisierung

(1) Das älteste Thema einer globalen Sozialpolitik ist *Armut*. Der Forschungsstand ist mittlerweile hoch elaboriert (Townsend und Gordon 2002), wenngleich die methodischen Probleme der Armutsdefinition und -messung im internationalen Kontext noch erheblich größer sind als beispielsweise im europäischen oder nordamerikanischen, wo das Problem der ‚absoluten', lebensbedrohenden Armut als gelöst gelten kann. Während bei einer Armutsgrenze von einem Dollar pro Tag (in Kaufkraftparitäten) im Jahr 2000 1,1 Mrd. Menschen weltweit als arm galten (Weltkommission 2004: 48), sind es bei einer Grenze von zwei Dollar bereits annähernd 3 Mrd. Menschen (Weltbank 2003: IX, zu den Messproblemen ebd.: 298ff.). Die sozialpolitische Bearbeitung des Armutsproblems wurde in den 1990er Jahren zu einem der Konfliktthemen des Globalisierungsdiskurses. Die Vertreter des so genannten ‚Washington Consensus', der in Washington ange-

siedelten internationalen Finanzagenturen, vor allem Internationaler Währungsfonds (IWF) und Weltbank, argumentierten für eine Begrenzung wohlfahrtsstaatlicher Ausgabenprogramme (Williamson 2000) und wurden nicht zuletzt dafür als ‚neoliberal' kritisiert (Held 2004); auch aus den eigenen Reihen, beispielsweise von Joseph Stiglitz (2002), Ökonomie-Nobelpreisträger von 2002 und früherer Chefvolkswirt der Weltbank. Allerdings hat sich die Politik der Weltbank gerade auch aufgrund dieser kritischen Interventionen geändert. Unterdessen werden explizit und auf recht hohem Niveau Gerechtigkeitsfragen thematisiert (Weltbank 2006: 87ff.) und insbesondere auch der Zusammenhang von Gerechtigkeit und Institutionen reflektiert (ebd.: 127ff.).

Eine „Globalisierung mit menschlichem Antlitz" (ebd.: 283) erfordert sozialpolitische Interventionen, deren konkrete Ausgestaltung von den jeweiligen nationalen, auch institutionellen Traditionen abhängt. Einige Armutsforscher fordern demgegenüber einen „internationalen Wohlfahrtsstaat" (Townsend und Gordon 2002). Peter Townsend formulierte ein Manifest für eine internationale Aktion zur Bekämpfung der Armut mit 18 Punkten, unter anderem die globale Verpflichtung einen angemessenen Lebensstandard zu gewährleisten, die Verpflichtung aller Industriestaaten, ein Prozent ihres Bruttoinlandsprodukts für entsprechende Programme in den armen Ländern zu reservieren, oder die Einführung neuer, international geltender Mitbestimmungsrechte. Solch weit reichende Forderungen machten transnationale Institutionen und Umverteilungssysteme in einem Umfang erforderlich, der alle bisherigen Fonds bei weitem übertrifft (Sigg und Behrendt 2003). Die oben diskutierte Position der Globalisierungsskeptiker (wie diejenige der ‚Revisionisten' bzw. ‚Kommunitaristen') bezweifelt überhaupt die Möglichkeit derartiger Institutionen, da der Wohlfahrtsstaat noch auf absehbare Zeit an nationale Grenzen gebunden sei (Rieger und Leibfried 2001). Globalisierungstheoretiker betrachten wohlfahrtsstaatliche Institutionen ohnehin gegenüber dem Markt als nachrangig.

(2) Eine garantistische Position knüpft zunächst an die Frage *sozialer Menschenrechte* an, ohne bereits ausgearbeitete Lösungen für ihre globale institutionelle Garantie vorzuhalten, außer in Form sozialer Mindeststandards. Die ‚Allgemeine Erklärung der Menschenrechte' von 1948 beinhaltet in den Artikeln 22 bis 29 umfassende soziale Rechte (unter anderem auf soziale Sicherheit, Arbeit, Bildung und kulturelle Teilhabe). Hinzu kommen weitere international ratifizierte Dokumente wie der ‚Internationale Pakt' über wirtschaftliche, soziale und kulturelle Rechte (Sozialpakt) von 1966, zur ‚Beseitigung jeder Form der Diskriminierung der Frau' von 1979, über die ‚Rechte des Kindes' von 1989, sowie – mit der Begrenzung auf Europa – beispielsweise die ‚Europäische Sozialcharta' von 1961 und die ‚Charta der Grundrechte der Europäischen Union' von Nizza 2000 (Fritzsche 2004). Die Funktion und politische Bedeutung der sozia-

len Grundrechte wird in der einschlägigen Diskussion zunächst in ihrer Bindungswirkung auf die nationalen Verfassungen und Politiken gesehen (Coicaud et al. 2003). Zugleich dienen sie internationalen Institutionen als Legaldefinition ihrer Handlungs- und auch Interventionsmöglichkeiten, global agierenden Organisationen wiederum als legitimativer Horizont für die Entwicklung einer internationalen sozialpolitischen Ordnung (Opielka 2006a). Man kann in Bezug auf die Urkunden, Verträge und Aktivitäten der Vereinten Nationen deshalb und durchaus von einer „wohlfahrtsstaatlichen Programmatik" (Kaufmann 2003: 40) sprechen. Eine garantistische Programmatik lässt sich darin unschwer über den globalen Kompromisscharakter identifizieren, der unterschiedliche gesellschaftliche Systeme, wohlfahrtsstaatliche Regimeformen und kulturelle Traditionen berücksichtigen muss – und sich in diesem, in den Texten der UN (und manchmal der EU) oft pathetisch anmutenden Duktus auf das Wesentliche sozialer Menschenrechte konzentriert: die Garantie der Teilhabe, des Zugangs zu allen relevanten Bereichen der modernen Gesellschaft, die Talcott Parsons (1975) und Niklas Luhmann (1981) mit dem Begriff der ‚Inklusion' aller in alle Funktionssysteme ausdifferenzierter Gesellschaften bezeichnet haben. Ähnlich den Verfassungsprinzipien von Nationalstaaten gilt auch für die ‚Weltverfassung' der Menschenrechtserklärung und ihrer Zusatzdokumente, dass sie erst durch institutionelle Ausgestaltung und politisch-soziale Bewegung mit Leben erfüllt werden.

(3) Es handelt sich dabei um das Problem einer ‚global social governance', einer regulativen globalen Sozialpolitik, dem in den letzten Jahren zunehmend Aufmerksamkeit entgegen gebracht wird. Bob Deacon (2003) hat den erheblichen Handlungsbedarf in zwei Übersichten zusammengefasst, die als Abbildung 2 und 3 wiedergegeben werden.

Abbildung 2 verdeutlicht, wie weit die globale Ebene von Regierungsfunktionen entfernt ist, die auf nationaler Ebene existieren und auf der Ebene der EU in Entstehung sind. In Abbildung 3 werden Reformen skizziert, die jenen Regierungsfunktionen entsprechen würden.

Abbildung 2: Sozialpolitische Regierungsfunktionen auf nationaler, EU- und globaler Ebene

Funktion/Politikfeld	Nationale Regierung	EU Regionale Regierung	Gegenwärtige globale Arrangements
ökonomische Stabilität	Zentralbanken	EU Zentralbank	Internationaler Währungsfonds (IWF), Weltbank
Mittelaufbringung	nationale Steuern	EU Zölle plus Beiträge der nationalen Regierungen (im Gespräch: Steuerharmonisierung und regionale Steuern)	keine Steuern, sondern nur Einlagen und UNO Beiträge, globale ad hoc Fonds, bi- und multilaterale Arrangements
Umverteilung	Steuern und Einkommenstransferpolitik plus regionale Fonds	Strukturfonds nach sozialen Kriterien	keine Umverteilung, nur humanitäre Hilfen, spezielle globale Fonds, Schuldenerlasse und differenzierte Preise (für Medikamente)
sozialpolitische Regulierung	staatliche Gesetze und Verordnungen	EU Gesetze und Verordnungen	weiche ILO, WHO u.a. Konventionen, UN Konventionen, freiwillige Vereinbarungen
soziale Rechte (citizenship empowerment)	Rechtswege, Konsumentenschutz, korporatistische (tripartite) Regulierung	Rechtsweg vor dem Europäischen Gerichtshof, korporatistische (tripartite) Regulierung	UN Kommission für Menschenrechte, aber kein Rechtsweg, Beobachtung durch die Zivilgesellschaft (NGOs)

Quelle: Opielka 2004: 239 nach Deacon 2003: 22

Abbildung 3: Gegenwärtige Institutionen sozialpolitischer Regierung auf nationaler und EU-Ebene und institutionelle Reformvorschläge auf globaler Ebene

Konstituierende Interessen	Nationale Institutionen	EU Regionale Institutionen	Optionen reformierter globaler Institutionen
Wahlvolk	Parlament	EU Parlament (mit geringerem Einfluss)	Weltversammlung?
Minister/Kabinett	Kabinett etc.	Ministerrat	reformiertes UN ECOSOC?
Beamtenschaft	Beamte	EU Kommission	Kombination und Vereinheitlichung bislang überlappender sektoraler Funktionen von UNDESA, UNDP, ILO, WHO, UNESCO, Weltbank, WTO, OECD und einer neuen Steuerbehörde
Rechtswesen	Gerichte	Europäischer Gerichtshof Luxemburg (sowie die Kammern C und E des Europäischen Menschenrechtsgerichtshofs EGMR)	neuer Internationaler Gerichtshof mit Mandat für Menschenrechte
Kapitalmarkt	Zentralbank	EU Zentralbank	Weltbank und IWF
Arbeitsmarkt, Zivilgesellschaft	Gewerkschaften und Anhörungsrechte, Tarifautonomie	Gewerkschaften im ökonomischen und sozialen Komitee, Anhörungsrechte	erweiterte Mechanismen zur Anhörung von Gewerkschaften und Nichtregierungsorganisationen (NGOs)

Quelle: Opielka 2004: 240 nach Deacon 2003: 23 (erweitert)

Deacon erkennt, dass derart weit reichenden Reformen zahlreiche Hindernisse entgegen stehen, angefangen bei dem Problem, dass zu vielen UN-Treffen nationale Vertreter entsandt werden, deren fachliche Kompetenz zu wünschen übrig lässt, dass die UN-interne Kooperation oft fehlt, vor allem aber, dass es bei sozialpolitischen Reforminitiativen nachhaltige Widerstände des ‚Südens' gegen den ‚Norden' gibt, die nicht nur auf die jeweiligen Regierungen beschränkt sind, sondern auch die NGOs umfassen. Der Widerstand beispielsweise gegen erweiterte Arbeitsschutzregeln und sozialpolitische Mindestsicherungen wird damit begründet, dass man sich deren Implementation ohne finanzielle Hilfen der reichen Industriestaaten nicht leisten könne. Dabei entstand in den 1990er Jahren eine „neoliberale Allianz" (Deacon 2003: 26) zwischen den ‚nördlichen' Vertretern eines freien Welthandels und dem ‚südlichen' Widerstand gegen die Einmischung der Industriestaaten, die sich gegen die Etablierung sozialpolitischer Verbesserungen und effektiver globaler Institutionen zu ihrer Sicherung richtet. Schließlich wirkt sich auch das Problem nationaler Souveränität, vor allem bei Staaten, die diese erst in den letzten Jahrzehnten erlangt haben, für globale Reformen hinderlich aus. Dieser Konservativismus wird noch durch die nationalstaatliche Verfassung der Demokratie genährt. Ulrich Beck (1998: 8) hat das Dilemma zwischen sozialpolitischem Ausgleich und der Dynamisierung durch Globalisierung summiert: „Wie *starke* demokratische Institutionen jenseits der nationalstaatlichen Demokratie möglich werden, bleibt eine offene Frage, die dringend einer öffentlichen Diskussion bedarf." Die von Deacon angedeuteten Reformen tendieren durchaus in Richtung einer Weltstaatlichkeit. Ob diese wünschenswert ist, erscheint den meisten Beobachtern fraglich. Ein ‚Weltsozialstaat' würde – sofern der dem Modell nationaler Wohlfahrtsstaaten folgt – vor allem auch über eigenständige Finanzressourcen verfügen müssen. Mit Ausnahme der Idee der ‚Tobin-Steuer' auf internationale Finanzmarkttransaktionen (Spahn 2002) sind einschlägige, ernsthafte Vorschläge kaum bekannt und auch Deacon umgeht dieses Thema. Pragmatischer und teils differenzierter sind die Überlegungen zu einer ‚New World Order', die in einem von David Held und Anthony McGrew (2002) herausgegebenen Band vorliegen. Hier wird ein ‚kosmopolitischer' Mehrebenen-Ansatz sichtbar, der quer zu den noch immer gültigen, nationalstaatlichen Strukturen ein differenziertes Netz von Beteiligungsformen spannt. In diese Richtung wird eine Wohlfahrtsglobalisierung wohl entwickelt werden, die diesen Begriff verdient.

Die politisch-soziologische Regulationsperspektive in Bezug auf die Wirksamkeit wohlfahrtsstaatlicher Intervention unter der Bedingung der Globalisierung wie in Bezug auf eine Optimierung von Entscheidungsprozessen mit dem Ziel der Demokratisierung wurde in diesem Beitrag differenziert nach insgesamt vier Deutungsmustern untersucht, die sich auch an der Wohlfahrtsregime-Typologie von Esping-Andersen orientieren. Eingangs wurde die These vertreten, dass der Beitrag damit die herkömmlichen Muster der Globalisierungskritik unterläuft. Dies kann nun präzisiert werden: Die Vereinseitigungen der vier Deutungsmuster mit ihrem Fokus auf Markt, Staat, Gemeinschaft oder Ethik legen multidimensionale Konzepte zur Analyse des Zusammenhangs von Globalisierung und Wohlfahrtsstaat zwingend nahe, wie sie hier skizziert wurden. Glücklicherweise ist die Wirklichkeit hilfreich. Denn in einem widersprüchlichen, keineswegs immer linearen, modernisierungstheoretischen Annahmen folgenden Prozess haben sich soziale Grundrechte auf die Agenda geschoben, immer auch bewusst intendiert durch soziale Akteure, nicht selten freilich als Nebenfolge rein funktional gedachter Entscheidungen. Es ist dieser komplexe Prozess, den ‚Neo-Institutionalisten' in der Soziologie und den Politikwissenschaften fokussieren und dabei erstaunt feststellen, wie eine „Weltkultur" (Meyer 2005) entstand, die den Kern des ‚Europäische Sozialmodells' kulturell einschließt – trotz scheinbarer Gegenbewegungen. Jener Kern ist die Gleichheit des Menschen, sind Freiheit und Solidarität, gleichsam die Werte der Französischen Revolution, von Christentum und Aufklärung, die sich in den Menschenrechten universalisierten und in anderen Kultur- und Religionskreisen auch deshalb auf Resonanz stoßen, weil sie die Wirklichkeit auf den Begriff bringen.

Literatur

Aspalter, Christian, 2001: Conservative Welfare State Systems in East Asia. Westport, Ct./London: Praeger
Atkinson, Anthony Barnes, 1999: The Economic Consequences of Rolling Back the Welfare States. Munic lectures in economics. Cambridge, Ms./London: MIT Press
Beck, Ulrich, 1998: Das Demokratie-Dilemma im Zeitalter der Globalisierung. Aus Politik und Zeitgeschichte 38: 3-11
Beckert, Jens, 2006: Interpenetration Versus Embeddedness. The Premature Dismissal of Talcott Parsons in New Economic Sociology. American Journal of Economics and Sociology 65: 161-188
Blanchard, Olivier und Illing, Gerhard, 2003: Makroökonomie, 3. Auflage. München: Pearson
Bofinger, Peter, 2005: Wir sind besser, als wir glauben. München u.a.: Pearson
Castles, Frances G., 2004: The Future of the Welfare State. Crisis Myths and Crisis Realities. Oxford et al.: Oxford University Press
Coicaud, Jean-Marc, Doyle, Michael W. und Gardner, Anne-Marie (Hg.), 2003: The globalization of human rights. Tokyo u.a.: United Nations University Press
Deacon, Bob, 2003: Global Social Governance Reform: From Institutions and Policies to Network. Projects and Partnerships. S. 11-35 in: Ders., Eeava Ollila, Meri Koivausalo und Paul Stubbs (Hg.), Global Social Governance. Themes and Prospects. Helsinki: Ministry of Foreign Affairs of Finland
Ebbinghaus, Bernhard and Manow, Philip, 2001: Introduction. Studying Varieties of Welfare Capitalism. S. 1-24 in: Dies. (eds.), Comparing Welfare Capitalism. Social Policy and Political Economy in Europe, Japan and the USA. London/New York: Routledge
Esping-Andersen, Gøsta, 1990: The Three Worlds of Welfare Capitalism. Princeton/New York: Princeton University Press

Esping-Andersen, Gøsta, 1996: Welfare States in Transition. National Adaptions in Global Economies. London u.a.: Sage
Etzioni, Amitai, 1997: Die Verantwortungsgesellschaft. Individualismus und Moral in der heutigen Demokratie. Frankfurt/M./New York: Campus
Etzioni, Amitai, 2001: The Monochrome Society. Princeton: Princeton University Press
EU, 2004: Report on European Governance (2003-2004). SEC (2004) 1153. Brussels: Commission of the European Communities
Evans, Peter B., Rueschemeyer, Dietrich und Skocpol, Theda (Hg.), 1982: Bringing the state back in. Cambridge: Cambridge University Press
Fligstein, Neil, 2000: Verursacht Globalisierung die Krise des Wohlfahrtsstaates? Berliner Journal für Soziologie 10: 349-378
Fritzsche, Karl Peter, 2004: Menschenrechte. Eine Einführung mit Dokumenten Paderborn u.a.: Schöningh
Garrett, Geoffrey, 1998: Partisan Politics in the Global Economy. Cambridge: Cambridge University Press
Genschel, Philipp, 2003: Globalisierung als Problem, als Lösung und als Staffage. S. 429-464 in: Gunther Hellmann, Klaus Dieter Wolf und Michael Zürn (Hg.), Die neuen Internationalen Beziehungen. Forschungsstand und Perspektiven in Deutschland. Baden-Baden: Nomos
Genschel, Philipp, 2004: Globalization and the welfare state: a retrospective. Journal of European Public Policy 11: 621-644
Gough, Ian und Wood, Geof (Hg.), 2004: Insecurity and Welfare Regimes in Asia, Africa and Latin America. Social Policy in Development Contexts. Cambridge: Cambridge University Press
Hardt, Michael und Negri, Antonio, 2002: Empire. Die neue Weltordnung. Frankfurt/M./New York: Campus
Held, David, McGrew, Anthony, Goldblatt, David und Perraton, Jonathan, 1999: Global Transformations. Politics, Economics and Culture. Cambridge: Polity
Held, David, McGrew, Anthony, Goldblatt, David und Perraton, Jonathan, 2002: Governing Globalization. Power, Authority and Global Governance. Cambridge: Polity
Held, David, 2004: Global Covenant. The Social Democratic Alternative to the Washington Consensus. Cambridge: Polity
Ka, Lin, 1999: Confucian Welfare Cluster. A Cultural Interpretation of Social Welfare. Acta Universitatis Tamperensis 645. Tampere: TAJU
Kaufmann, Franz-Xaver, 2003: Varianten des Wohlfahrtsstaats. Der deutsche Sozialstaat im internationalen Vergleich. Frankfurt/M.: Suhrkamp
Krugman, Paul, 1999: Der Mythos vom globalen Wirtschaftskrieg. Eine Abrechnung mit den Pop-Ökonomen. Frankfurt/M./New York: Campus
Lorig, Wolfgang H., 2004: ‚Good Governance' and ‚Public Service Ethics'. Amtsprinzip und Amtsverantwortung im elektronischen Zeitalter. Aus Politik und Zeitgeschichte 18: 24-30
Luhmann, Niklas, 1981: Politische Theorie im Wohlfahrtsstaat. München/Wien: Olzog
Meyer, John W., 2005: Weltkultur. Wie die westlichen Prinzipien die Welt durchdringen. Frankfurt/M.: Suhrkamp

Offe, Claus, 2006: Social Protection in a Supranational Context. European Integration and the Fates of the „European Social Model". S. 33-63 in: Pranab Bardhan, Samuel Bowles and Michael Wallerstein (eds.), Globalization and Egalitarian Redistribution. New York et al.: Russell Sage Foundation/Princeton University Press.

Opielka, Michael, 2004: Sozialpolitik. Grundlagen und vergleichende Perspektiven. Reinbek bei Hamburg: Rowohlt

Opielka, Michael (Hg.), 2005: Bildungsreform als Sozialreform. Zum Zusammenhang von Bildungs- und Sozialpolitik. Wiesbaden: VS

Opielka, Michael, 2006: Gemeinschaft in Gesellschaft. Soziologie nach Hegel und Parsons, 2. Auflage. Wiesbaden: VS

Opielka, Michael, 2006a: Europas soziale Werte. Der Wohlfahrtsstaat als Projekt europäischer Identität. Internationale Politik 61: 106-115

Parsons, Talcott, 1975: Gesellschaften. Evolutionäre und komparative Perspektiven. Frankfurt/M.: Suhrkamp

Pfau-Effinger, Birgit, 2005: Culture and Welfare State Policies: Reflections on a Complex Interrelation. Journal of Social Policy 34: 3-20

Pierson, Paul, 2004: Politics in Time. History, Institutions, and Social Analysis. Princeton/Oxford: Princeton University Press

Rieger, Elmar und Leibfried, Stephan, 2001: Grundlagen der Globalisierung. Perspektiven des Wohlfahrtsstaates. Frankfurt/M.: Suhrkamp

Rodrik, Dani, 2000: Grenzen der Globalisierung. Ökonomische Integration und soziale Desintegration. Frankfurt/M./New York: Campus

Scharpf, Fritz W., 1997: Employment and the Welfare State. A Continental Dilemma. S. 387-416 in: German American Academic Council Foundation-Bonn (Hg.), Labor Markets in the USA and Germany. Third Public GAAC Symposium Bonn. 10.-11. Juni, 1997. Baden-Baden: Nomos

Sen, Armartya, 1987: The Standard of Living. Cambridge u.a.: Cambridge University

Sen, Armartya, 2000: Ökonomie für den Menschen. Wege zu Gerechtigkeit und Solidarität in der Marktwirtschaft. München: Hanser

Sen, Armartya, 2003: The Possibility of Social Choice. Nobel Lecture. December 8, 1998. S. 178-215 in: Torsten Persson (Hg.), Nobel Lectures. Economics 1996-2000. Singapore: World Scientific Publishing

Sigg, Roland und Behrendt, Christina (Hg.), 2003: Soziale Sicherheit im globalen Dorf. Bern u.a.: Peter Lang

Sinn, Hans-Werner, 2002: Der neue Systemwettbewerb. Perspektiven der Wirtschaftspolitik 4: 391-407

Sinn, Hans-Werner, 2004: Ist Deutschland noch zu retten? München: Econ

Spahn, Paul B., 2002: Studie zur Durchführbarkeit einer Devisentransaktionssteuer. München u.a.: Weltforum-Verlag

Stiglitz, Joseph, 2002: Die Schatten der Globalisierung. Berlin: Siedler

Townsend, Peter und Gordon, Dave (Hg.), 2002: World poverty. New policies to defeat an old enemy. Bristol: Policy Press

Weltbank, 2003: Weltentwicklungsbericht 2003. Nachhaltige Entwicklung in einer dynamischen Welt. Bonn: UNO-Verlag

Weltbank, 2006: Weltentwicklungsbericht 2006. Chancengerechtigkeit und Entwicklung. Düsseldorf: Droste

Weltkommission für die soziale Dimension der Globalisierung, 2004: Eine faire Globalisierung. Chancen für alle schaffen. Genf: ILO

Williamson, John, 2000: What Should the World Bank Think about the Washington Consensus? The World Bank Research Observer 15: 251-264

Zürn, Michael, 2003: Wohlfahrtspolitik im Zeitalter der Globalisierung – The New Politics of Intervention. S. 1065-1072 in: Jutta Allmendinger (Hg.), Entstaatlichung und soziale Sicherheit. Verhandlungen des 31. Kongresses der deutschen Gesellschaft für Soziologie in Leipzig 2002. Opladen: Leske + Budrich

Zürn, Michael, 2005 (1998): Regieren jenseits des Nationalstaats. Globalisierung und Denationalisierung als Chance, 2. Auflage. Frankfurt/M.: Suhrkamp

Der Autor dankt für hilfreiche Kommentare insbesondere Thomas Sauer. Das Papier basiert in Teilen auf Kapitel 7 (‚Globalisierung und Sozialpolitik') meines Buches ‚Sozialpolitik. Grundlagen und vergleichende Perspektiven' (Reinbek bei Hamburg: Rowohlt 2004: 221-246) und entwickelt sie weiter.

Bildungsmonitoring in der Globalisierung der Bildungspolitik

Achim Brosziewski

Anders als bei Systemen wie der Wirtschaft oder der Politik erscheint die Globalisierung der Bildung, nimmt man die Resonanz in den Massenmedien oder in sozialen Bewegungen zum Maß, ziemlich unspektakulär. Versteht man unter Globalisierung in aller Vorläufigkeit eine spezifische Indifferenz gegen regional verankerte kulturelle und institutionelle Unterschiede, dann lassen sich gleichwohl einige Elemente ausmachen, die auch das Bildungssystem einer Globalisierung aussetzen. Da wären beispielsweise die Standardisierungen und Evaluationen von Ausbildungsgängen und Ausbildungszertifikaten zu nennen, die unter Titeln wie ‚Bologna-Prozess' laufen (Kellermann 2006). Oder man denke an die nationalen und internationalen ‚Ratings' und ‚Rankings' von Universitäten und anderen Institutionen der tertiären Bildung. Auch die berühmten weltweiten Leistungstests des ‚Programme for International Student Assessment' (PISA) gehören dazu. In all diesen Fällen geht es um Vergleiche, die zugunsten des Vergleichsinteresses von Regionalem, Lokalem, Besonderem und Individuellem absehen, und um die Etablierung jener Vergleichsraster, die solche Abstraktionen erlauben und sich selbst als ‚neutrale' Beobachtungsinstrumente empfehlen.

Im Folgenden wird ein empirischer Fall behandelt, in dem zahlreiche der vorgenannten Elemente zusammentreffen: das Bildungsmonitoring. Dieser Fall wird gebildet aus einem umfangreichen, global produzierten Textkorpus, der sich in Reihen wie ‚Education at a Glance' (OECD: Paris 1992ff.), ‚Education Policy Analysis' (ebenfalls OECD: Paris 1992ff.), anderen nationalen, supranationalen und subnationalen Bildungsberichten sowie diversen thematischen Einzelstudien periodisch wiederkehrend reproduziert.[1] Mein Beitrag wird in drei Schritten die

---

[1] Ein kleiner Ausschnitt aus diesem Textkorpus: EFA Global Monitoring Report (UNESCO: Paris 2001ff.), Schlüsselzahlen zum Bildungswesen in Europa (Europäische Kommission: Luxemburg 1995ff.), The Condition of Education (U.S. Department of Education: Washington DC: 1989ff.), Onderwijsverslag (Inspectie van het Onderwijs: Utrecht 1997ff.), Bildungsbericht für Deutschland (im Auftrag der Ständigen Konferenz der Kultusminister der Länder in der Bundesrepublik Deutschland: Opladen 2003), Bericht zur Entwicklung des Thurgauer Bildungswesens (Departement für

kommunikative Struktur des Textkorpus ‚Bildungsmonitoring' beschreiben. Erstens lässt sich eine Grenze nach aussen nachzeichnen. Sie wird durch das Konzept des Indikators gebildet. Zweitens wirkt eine Beschränkung nach innen. Sie wird durch die Einteilungsform der Territorialität gegeben. Die Indikatoren beziehen sich auf territoriale Einheiten wie Staaten, Länder oder auch Zusammenfassungen solcher Einheiten (EU, OECD-Länder, Deutschschweizer Kantone, etc.). Die Beschränkungen, die durch Indikatorenbildung und Territorialität eingesetzt werden, ermöglichen drittens auf der *thematischen* Ebene den Aufbau einer Komplexität, die kaum etwas ausschliesst, was mit den Themen Bildung und Erziehung zusammenhängt. Zum Abschluss meines Beitrags skizziere ich die möglichen Systemreferenzen des Bildungsmonitorings und stelle die These auf, dass es sich primär um eine Fremdbeobachtung der Bildung durch das politische System handelt und andere Systeme wie die Wissenschaft oder auch das Bildungssystem nur nachrangig in die Komplexe des Bildungsmonitorings involviert sind. Die wissenschaftliche Bildungsforschung wird daher durch das Bildungsmonitoring vor das Problem der Selbstplatzierung gestellt, obwohl und gerade weil sie quantitativ, was Finanz- und Stellenvolumen anbelangt, von der Verbreitung des Monitorings stark profitiert hat und in der näheren Zukunft sicherlich noch profitieren wird.

1 Die äussere Grenze des Bildungsmonitorings: das Konzept des Indikators

Wenn ich im Folgenden von einer ‚äusseren Grenze' spreche, so liegt dem ein kommunikationstheoretisches Grenzverständnis zugrunde. Die Basis bildet ein Kommunikationsbegriff, für den Verstehen nicht eine externe, sondern eine immanente Komponente von Kommunikation darstellt (Luhmann 1984: 191ff.). Jede Kommunikation kommt mit einem Verstehen zum Abschluss und kommt umgekehrt ohne solch ein Verstehen überhaupt nicht zustande. Bildungstheorie setzt beispielsweise zu ihrem Verstehen und damit zu ihrer Kommunikation einen Bildungsbegriff voraus. Sie produziert mithin eine Grenze, jenseits der alle Kommunikation liegt, die keinen Bildungsbegriff aktualisiert, also fast die gesamte soziale Welt. Für das Bildungsmonitoring wird solch eine Aussengrenze des Verstehens durch das Konzept des Indikators produziert und reproduziert.[2] Wer Monitoringtexte lesen oder schreiben will, muss ein Grundverständnis der Verfahren des Messens, der Skala und der Anzeige mitbringen. Damit wird das

---

Erziehung und Kultur Kanton Thurgau: Frauenfeld 2001ff.), Bildungsbericht des Landschulrates für Steiermark (Landschulrat für Steiermark: Graz 2002ff.).
[2] Siehe die treffende Bezeichnung der ‚Indikatorisierung' bei van Ackeren und Hovestadt (2003).

Verstehen in ein mittelbares, in ein indirektes Verhältnis zur Welt gesetzt. Es muss mitsehen und akzeptieren können, dass es *nicht* ‚mit den Sachen selbst' zu tun hat, also in unserem Fall nicht mit einer Substanz, die Bildung, Lernen oder Erziehung heissen könnte. So simpel die Aussengrenze des Indikatorenkonzepts wirkt, so ist ihr Ausschliessungseffekt doch enorm, quantitativ und qualitativ. Viele Politiker oder auch Kommentatoren der öffentlichen Meinung vermögen mit dieser Indirektheit wenig bis gar nichts anzufangen. Und auch Pädagogen und Lehrkräfte zeigen Schwierigkeiten mit der Idee, Bildung zu messen und anzuzeigen, statt sie direkt beobachten und durch gezielte Eingriffe bewirken zu können (Messner 2003). In diesem Sinne kritisieren sie zu Recht, dass die Messungen und ihre Ergebnisse wenig mit ihrer ‚Praxis' zu tun haben. Umgekehrt reicht das Verstehen dann aber auch weit über den Kreis der Bildungsexperten hinaus. Es erreicht potenziell alle, die mit dem Prinzip der Indikatorenbildung hinreichend vertraut sind, selbst wenn sie thematisch erst einmal nichts mit Bildung und Erziehung zu tun haben. Sie können aus dem Bereich der Technik kommen, aus der Volkswirtschaft, dem Gesundheitswesen, der Sozialberichterstattung oder wo immer sonst Verfahren des Messens, der Statistik und der an sie anknüpfenden Faktorenanalysen zu den Standards der Verständigung gehören. Von dieser Seite her lädt sich die Bildungskommunikation auch mit den Reputationswerten von ‚Wissenschaftlichkeit' auf, die mit einer elaborierten Messsemantik einhergehen.

Das Konzept von Messung und Indikation bildet aber nicht nur die Aussengrenze der Monitoringkommunikation. Es bildet zugleich eine Voraussetzung dafür, dass sich das Bildungsmonitoring in den Rahmen der allgemeinen, der gesellschaftlichen Globalisierungssemantik einreihen und aus diesem Rahmen Impulse für die eigene Durchsetzung gewinnen kann. In den theoretisch genaueren Bestimmungen des Begriffs wird immer wieder darauf hingewiesen, dass Globalisierung eine Form bildet, in der notwendigerweise zwei Seiten jeweils aufeinander verweisen, und zwar die Globalisierung auf der einen Seite und die Lokalisierung beziehungsweise die Regionalisierung auf der anderen Seite.[3] Oft wird, vor allem in kritischer Absicht, der Begriff der Globalisierung so eingesetzt, als ob er lokale Unterschiede und Ungleichheiten schlicht negiere und neutralisiere, so etwa, wenn globalen Finanzmärkten unterstellt wird, sie agierten ohne Rücksicht auf die Besonderheiten lokaler Produktions- und Konsumverhältnisse. Ich möchte jedoch genau umgekehrt optieren und vermuten, dass Globalisierung als Begriff und als Phänomen überhaupt nur funktionieren kann, wenn lokale, regionale oder institutionelle Spezifika registriert werden, um in

---

[3] Siehe für einen Überblick über Globalisierungskonzepte Bartelson (2000) und für den notwendigen wechselseitigen Verweis von Globalisierung und Lokalisierung Wilson und Dissanayake (1996), Baumann (1996), Berking (1998) und Münch (1998).

ihren Unterschiedlichkeiten etwas Vergleichbares, etwas Gemeinsames herauslesen zu können, oder umgekehrt, eine als gemeinsam unterstellte Einheit in die Unterschiedlichkeiten ‚hineinzulesen'. Um bei dem Beispiel der Finanzmärkte zu bleiben: Eine lokale Produktion kann für die Finanzmärkte doch nur dann interessant sein, wenn in ihr ein Bedarf an Kapital feststellbar ist, dessen Befriedigung potentiellen Kapitalgebern eventuell günstiger erscheint als ähnliche Bedarfe an anderen Stellen von lokaler Produktion.[4] Lokale, regionale und kulturelle Differenzen werden durch Globalisierung weder negiert noch neutralisiert, sondern registriert, um sie im Wege des Vergleichs für eine eventuelle Ausnutzung auf Distanz zu setzen. Und umgekehrt ist jede lokale Spezifität gerade darin Spezifität, dass sie im Bezug auf die Globalität des Vergleichs etwas Unvergleichbares aufweist, was ohne den Vergleich gar nicht auffallen und nicht Gegenstand besonderer Pflege und Anstrengung werden könnte. Globalisierung und Lokalisierung sind zwei Seiten einer Form, deren eine Seite nicht ohne die andere zu haben wäre.

Das Konzept des Indikators ist schon von seiner Konstruktion her auf Vergleichbarkeit einerseits sowie auf Spezifikation durch konkrete Messungen andererseits angelegt. Die Vergleichbarkeit eines Indikators wird durch seine jeweilige Skala gegeben, das Spezifische durch die möglichen Werte, die die Skala zu unterscheiden erlaubt. Die Skalen können, aber müssen nicht unbedingt auf Quantitäten eingestellt sein. Das Bildungsmonitoring kennt die ganze Palette von Skalenniveaus, die in der akademischen Methodenpropädeutik gelehrt werden, also neben der Ratioskala auch die einfache metrische Skala ohne absoluten Bezugspunkt, die Ordinalskala für Rangordnungen ohne definierte Abstandsmaße oder gar die Nominalskala, die mit Benennungen und im Extremfall mit zwei Werten wie ‚männlich' und ‚weiblich' auskommt. Für die Globalisierung ist nicht das Skalenniveau entscheidend, sondern die Interpretierbarkeit in der Anwendung einer Skala. Ein wichtiges Beispiel für eine Ordinalskala bietet die International Standard Classification of Education (ISCED), mit der die Verteilung von Bildungsabschlüssen auf einer sechsstufigen Skala von Level 0 (Vorschule) bis Level 6 (höhere Tertiärabschlüsse) mit einigen Unterstufen weltweit erhoben und verglichen wird[5], obwohl niemand auf die Idee käme, einer der hier eingeordneten faktischen Bildungsabschlüsse ließe sich ohne Rücksichten auf seine territorialen Gültigkeiten in Berufschancen oder auch nur in Reputation umsetzen. Jeder Bildungsabschluss dieser Welt kann in ISCED eingeordnet und erfasst werden. Zur Konstruktion dieser Skala reicht die Annahme, *dass* Bil-

---

[4] Siehe für die lokalen Bedingungen der Unternehmensglobalisierung Eckardt et al. 1999.
[5] Siehe http://www.unesco.org/education/information/nfsunesco/doc/isced_1997.htm

dungszertifikate allerorten sozial einen Unterschied machen, auch wenn *niemand weiss, worin* sich denn dieser Unterschied von Region zu Region unterscheidet. Verallgemeinernd zusammengefasst: Das Konzept des Indikators schliesst das Bildungsmonitoring nach aussen ab und eröffnet nach innen in Form der Skalenbildung das Potential zur global orientierten Vergleichbarkeit von regionalen Differenzen. Diese Form der Skalenbildung sollte nicht mit ‚Universalismus' gleichgesetzt werden. In der soziologischen Modernisierungstheorie von Talcott Parsons bezeichnet Universalismus, als eine der ‚pattern variables', die Orientierung an *einem allgemeinen Wert* (Gerechtigkeit, Freiheit,...), im Unterschied zur Orientierung an partikularen Interessen und milieuspezifischen Verpflichtungen (Parsons 1960). Skalenbildung postuliert aber gerade nicht *einen* Wert, sondern im Gegenteil die Annahme einer Variable, die *verschiedene* Werte annehmen kann. Ob das Verhältnis der Variablenwerte (der Daten) selber noch einmal bewertet wird, also ob sich alle an einem ‚obersten' Wert orientieren sollten und dies dann auch tun, ist eine zweite, sozial sehr unterschiedlich beantwortbare Frage. Zudem bezeichnet das Prinzip der Indikatorenbildung auch nur eine Komponente, die erst zusammen mit einer zweiten Beschränkung, der nachfolgend beschriebenen Ausrichtung an Territorialität, die Globalisierung der Bildungsbeobachtung ausmacht.

2 Eine Beschränkung nach innen: die Einteilung nach Territorialität

Das neben der Indikatorenbildung zweite dominante Merkmal im Textkorpus des Bildungsmonitorings liegt in seiner Orientierung an territorialen Referenzen. Das sind in der Regel Staatsgrenzen, können aber auch subnationale Staatseinheiten wie Bundesländer und Kantone oder supranationale Staatengebilde wie die EU und die OECD-Länder sein. Die Territorialreferenz wird so selbstverständlich angenommen, dass sie keiner Überlegung und erst recht keiner Kritik Wert erscheint. Dabei müsste es wenigstens jeden Bildungstheoretiker erstaunen, dass ausgerechnet Bildung etwas sein sollte, was in Inhalt, Reichweite oder Form irgendeine Kongruenz mit politischen oder rechtlichen Einheiten aufweisen könnte. Zu vermuten ist, dass die Unhinterfragbarkeit der Territorialität aus der allgemeinen öffentlichen Meinungsbildung bezogen wird, die ob des Zusammenspiels von Wahlen, Ämterzuteilungen und -zuständigkeiten sowie dem Verbreitungsradius der beteiligten Massenmedien das Territorialprinzip ebenfalls nie thematisiert, sondern als Selbstverständlichkeit reproduziert.[6]

---

[6] Siehe zur Globalität des Territorialkonzepts Lyman 1994.

Auf jeden Fall stellt die Einteilung nach Territorialität eine nicht begründungspflichtige Einschränkung dar, die das Bildungsmonitoring operativ überhaupt erst möglich macht. *Es wird nur gemessen, was auf der Ebene von territorialen Einheiten einen je verschiedenen Wert annehmen kann.* Bildung und ihre Faktoren werden zu Merkmalen von *Populationen*, die statistisch gesehen ohnehin viel homogener als Individuen sind, die durch Bildung ja gerade ihre Individualität und Unvergleichbarkeit kultivieren. Umgekehrt können auch Kenngrössen von territorialen Einheiten in die Bildungsbeobachtung einbezogen werden, die gar keinen Individuenbezug aufweisen, etwa die Arbeitslosenrate eines Territoriums, die Bevölkerungsdichte, die Einstellungsverteilung zu bestimmten Meinungs- und Glaubensitems, die Bildungsausgaben staatlicher oder privater Haushalte und Ähnliche mehr. Die Bildungsbeobachtung kann auf diese Weise Faktoren aufnehmen, die zuvor nur spekulativ mit Bildung, ihren Voraussetzungen und ihren Wirkungen verbunden werden konnten und von daher wenig theoretische oder rhetorische Resonanz erhielten.

Zur Operationalisierbarkeit der Skalen gehört, dass die Erfassung ihrer Werte anknüpfen kann an die bestehenden und ausbaubaren Formen der *amtlichen Datenerhebung* und der amtlichen Statistik – ein sowohl institutionell als auch ökonomisch nicht zu unterschätzender Faktor in der Entstehung und Institutionalisierung des Bildungsmonitorings. Ohne den Rückgriff auf die Datenerstellungskapazitäten der amtlichen Verwaltungen und Stellen wäre die Entstehung und Verbreitung des Bildungsmonitorings ebenso undenkbar wie ohne die Rationalisierung von Erhebungen, Auswertungen und Berichtsproduktionen durch die moderne EDV. Damit bleiben die Erhebungen, Auswertungen und Interpretationen aber auch *gebunden an die Kategorien und Bezeichnungen*, die in den jeweilig regionalen Bildungsverwaltungen gültig sind und deren Datenerfassung steuern und beschränken. Wir finden hier auf der Ebene der Bezeichnungen, der ‚institutionalized labels'[7], mithin eine Parallele zur oben beschriebenen Skalenbildung: die Labels stellen ‚Gegenstände' (inklusive Gegenstandsdifferenzierungen) vor, die (im Sinne der Territorialität) ‚überall' vorkommen und gleichzeitig regional eine je spezifische Ausprägung annehmen – wie beispielsweise einen einheitlichen Gegenstand ‚Schulstufe' mit diversen Ausprägungen, selbst wenn die Leitprinzipien des Abstufens regionenübergreifend gar nicht einheitlich sind (Alter der Schüler, schulische Anspruchsniveaus, Berufsbezüge, Einzugsgebiete, ...) und sich schwer ineinander übersetzen und miteinander verrechnen lassen. Das heisst unter anderem auch, dass die Operationalisierung nicht durch theoretische Begriffe kontrolliert wird, *sondern alle theoretischen Überlegungen an die*

---

[7] Ein Ausdruck aus der Wissenschaftsforschung (Barnes 1974: 22) zur Bezeichnung jener Begriffe, die zwischen Wissenschaftlern ‚ausgehandelt' werden oder als ausgehandelt gelten können und daher keine kontextübergreifenden Definitionen und Generalisierungen ermöglichen.

Bezeichnungsleistungen anschliessen müssen, die durch die administrativen Beobachtungspraktiken lokal, regional, historisch und kulturell vorgegeben sind.

Der ‚praktische' Teil der Globalisierung der Bildungsbeobachtung vollzieht sich daher in Prozessen der Abstimmung (des ‚negotiation') von Messverfahren und von Labels durch Lektüre der einschlägigen Texte sowie rege Konferenz- und Gremientätigkeiten[8], die tatsächlich alle politisch-territorial festgelegten Grenzen überschreiten *und doch genau auf diese Grenzen und die Unterschiede, die sie machen, Rücksicht nehmen*. Die Konsistenz von Messungen und Bezeichnungen ist keine Variable, die unabhängig von diesen Kommunikationsprozessen festgestellt werden könnte. Der erreichbare Grad an Konsistenz und das Maß der verkraftbaren Inkonsistenzen sind Funktionen des Funktionierens der Bildungsmonitoringtexte, also abhängig von den kognitiven Interessen und Ansprüchen ihrer Produzenten und ihrer Abnehmer, seien sie nun mehr am globalen Vergleich oder mehr an einer lokalen Bedeutung interessiert.

Für die Wissenschaft bedeutet dies vor allem, dass es keine einheitliche Theorie des Bildungsmonitorings gibt und das Monitoring auch nicht als ‚angewandte Wissenschaft' zu verstehen ist. Die Wissenschaft steuert Skalenbildungen, Messverfahren und entsprechend ausgebildetes Personal bei. Wenn es gelingt, Einzelelemente aus dem Netz der ‚ausgehandelten' Bezeichnungen, Skalen und Messungen herauszulösen und als isolierbare Faktoren zu behandeln, sind auch punktuelle Kausalanalysen möglich; wobei es wegen den Eigenbegrifflichkeiten des Monitorings ein besonderes Problem darstellt, solche Analysen mit den Erkenntnissen der beteiligten Disziplinen abzustimmen und untereinander zu integrieren. Eine allgemeine und anerkannte Theorie des Bildungsmonitorings kam auf diese Weise jedenfalls bislang nicht zustande; und angesichts der wachsenden Binnenkomplexitäten der Datenwerke und der vorherrschenden Orientierung an politischen, administrativen und massenmedialen ‚Vermittlungen' der Monitoringergebnisse erscheint die Entwicklung solch einer Theorie, die ja nur für die Wissenschaften selber interessant wäre, auch für die Zukunft eher unwahrscheinlich.

Was sich statt Theorieangeboten finden lässt, sind Selbstbeschreibungen der Bildungsmonitoringtexte – Beschreibungen, die empfehlen, als was und wie die Texte zu lesen sind, die im Tenor weitgehend folgendem Muster gleichen: „Bildungsmonitoring ist die systematische und auf Dauer angelegte Beschaffung und Aufbereitung von Informationen über ein Bildungssystem und dessen Umfeld. Es dient als Grundlage für Bildungsplanung und bildungspolitische Entscheide, für die Rechenschaftslegung und die öffentliche Diskussion." (Ambühl et al. 2002: 1) Die enge Einbindung in das Netzwerk institutioneller, wissenschafts-

---

[8] Und dann wiederum durch Lektüre der Konferenz- und Gremienvorlagen, -protokolle und -akten.

fremder Bezeichnungen setzt der Relevanz des Bildungsmonitorings für die Bildungstheorie und die Bildungsforschung sehr enge Grenzen. In diesem Punkt ist Bildungsmonitoring Globalisierung der Bildungs*verwaltung*, und die Bildungsforschung steht vor der Frage, ob sie die Folgen dieser Globalisierung für ihren Gegenstand, die Bildung, theoretisch erfassen kann, oder ob sie sich auf die genannten Leistungen in der Produktion politischer und administrativer Texte beschränken will.

3 Die thematische Kapazität des Bildungsmonitorings

Die beiden formalen Beschränkungen, die Indikatorenbildung und die territoriale Referenz, ermöglichen dem Bildungsmonitoring den Aufbau einer thematisch breit streuenden Komplexität. Als global vergleichbar und regional spezifizierend kann behandelt werden, was immer sich als Faktor des Bildungsgeschehens darstellen und populationsstatistisch messen lässt. Ein einschlägiger Text der Europäischen Kommission kommt auf 145 Indikatoren, mit denen Bildung beschrieben werden könnte (Rürup 2003: 14). Dabei geht es keineswegs nur um primär quantitative Faktoren wie Bildungsausgaben oder Quoten von Abschlüssen auf den verschiedenen Bildungsniveaus. Auch qualitative Faktoren wie das Unterrichtsklima, Lernmotivationen von Schülerinnen und Schülern oder Autonomiegrade von Schulen können behandelt werden, wenn sie methodisch korrekt in Skalen transformiert werden. Die Literatur des Bildungsmonitorings ist zum Teil schon sehr stark mit sich selbst und eigenen Konsistenzproblemen beschäftigt. Man bemüht sich um Übersichten, Harmonisierungen und Systematisierungen der Indikatorensammlungen. Das U.S. Office for Education sortiert beispielsweise 13 ausgewählte Variablen nach den Dimensionen ‚School Context', ‚Teachers' und ‚Classroom' (Mayer et al. 2000). Eine vorbereitende Studie für das Schweizer Bildungsmonitoring unterscheidet die Bildungsindikatoren nach ‚Kontext', ‚Prozesse', ‚Ergebnisse' und ‚Wirkungen' (Stamm 2003: 29). Der ‚Bildungsbericht für Deutschland' (Avenarius et al. 2003) kategorisiert ähnlich, aber mit einer Dimension weniger nach ‚Kontextqualitäten', ‚Prozessqualitäten' und ‚Wirkungsqualitäten'. Um die thematische Bandbreite zu veranschaulichen, seien auszugsweise einige der 145 Variablen der von der Europäischen Kommission herausgegebenen ‚Schlüsselzahlen zum Bildungswesen in Europa' aufgeführt (hier nach Rürup 2003: 14f.): Bevölkerungsentwicklung, Bildungsniveau nach Altersgruppen, Umfang der Schüler- und Studierendenpopulationen, Arbeitslosenquote, Beschäftigungsverhältnisse von Jugendlichen, Bildungszeiten, Anteile öffentlicher und privater Schulen, sonderpädagogische Schulangebote, Autonomiegrade der Schulen (allgemein, finanziell, curricular), Verfahren der

Lehrereinstellung, Elternbeteiligung, Vorhandensein von Leistungsmessungen, Strukturen im Primar-, Sekundar- und Tertiärbildungsbereich (Beteiligungsquoten, Betreuungsrelationen, Unterrichtsformen, Stundenvolumen, Curricula, Selektionsstrukturen,...), Ausbildung und Beschäftigungsverhältnisse des Lehrpersonals, Anteile des fremdsprachlichen Unterrichts und Förderung fremdsprachlicher Individuen, Bildungsfinanzierung durch öffentliche und private Haushalte.

Angesichts der tausenden von Seiten, die in Tabellen, Grafiken und Text von den Indikatoren und ihren regionalen Ausprägungen handeln, kann man tatsächlich den Eindruck gewinnen, das Bildungsmonitoring erfasse sowohl in der Tiefe wie in der Breite so ziemlich alles, was an Umständen, Strukturen und Ergebnissen für Bildung und Ausbildung relevant sein könnte. Bezeichnend für diesen Anspruch mag bereits der Titel der einschlägigen Reihe der OECD sein, der ‚Education at a Glance' verspricht.

4 Die Systemreferenzen des Bildungsmonitorings: Fremdbeobachtung der Bildung durch die Politik

Im Anschluss an die Rekonstruktion der textimmanenten Kommunikationsgrenzen des Bildungsmonitorings soll nun gefragt werden, *wer* denn in den dargestellten Formen liest und schreibt. In einer akteurstheoretischen Perspektive wäre dies die Frage nach den Interessen, die hinter dem sichtbaren Textkorpus stehen. Systemtheoretisch ist nach den Systemreferenzen zu fragen, nach den sozialen Systemen, die ihre Kommunikation mithilfe von Texten verlängern und komplexifizieren. Infrage kämen auf der gesellschaftlichen Ebene das System der Massenmedien, das Wissenschaftssystem, das politische System, die Wirtschaft oder auch das Bildungssystem selbst. Eventuell kommen auch Organisationen in Betracht, etwa solche der Bildungsverwaltung oder auch Ausbildungsorganisationen wie Schulen und Universitäten. Auszuschliessen sind hingegen Interaktionen, denn die dargestellten Kommunikationsbedingungen sind zu voraussetzungsvoll, um sie durch Kommunikation unter Anwesenden produzieren zu können. So trivial diese letzte Aussage auch sein mag, so hält sie zumindest fest, dass das Bildungsmonitoring den Unterricht nicht tangieren kann und sich ohnehin nur sehr begrenzt für Zwecke der Bildung selbst eignet, wenn man einmal von der Möglichkeit absieht, sich am Beispiel des Bildungsmonitorings über Techniken der Indikatorenanwendung auszubilden.

Die Frage nach der Systemreferenz kann nicht exklusiv beantwortet werden. Wie bei vielen anderen Textgattungen auch, wird mit einer ‚split audience' und ‚Mehrfachadressierung' (Kühn 1995) zu rechnen sein. Gleichwohl ist eine dominante Referenz identifizierbar: die Referenz auf das politische System. Die Referenzen auf eine allgemeine Öffentlichkeit, auf Wissenschaft und auch auf das Bildungs*system* sind – so die nachfolgende und abschliessende These – gegenüber der politischen Referenz sekundär.

Ganz allgemein wird in den Paratexten des Bildungsmonitorings eine an Bildungsfragen interessierte Öffentlichkeit angesprochen. Doch wird man kaum mit Lesern rechnen, die sich normalerweise nur über Bild- und Tonmedien an der öffentlichen Kommunikation beteiligen. Die Rezeption bedingt, wie gezeigt, ein Verständnis von Indikatorendarstellungen und -interpretationsmöglichkeiten, und diese Anforderung schliesst einen Grossteil des allgemeinen Publikums aus. Auch ist implizit vorausgesetzt, dass die angesprochene Öffentlichkeit ihrerseits keine globale ist, sondern eine, deren Interessen sich auf regional spezifische Bedingungen von Bildung, Ausbildung und Erziehung beschränken. Die Globalität liegt hier wie sonst allein in den angezeigten Möglichkeiten des interregionalen Vergleichs, die durch die Skalen produziert werden. Weiterhin lassen sich, wenn auch selten mit konkreten Forderungen verbunden, Verantwortlichkeiten ansprechen, also zum einen Personen wie Lehrkräfte und Eltern, die in den jeweiligen Regionen tätig sind respektive wohnen, zum anderen und in erster Linie aber auch Organisationen mit territorialen Adressen, wie politische Parteien, staatliche Verwaltungen, Amtsinhaber und Amtskandidaten, Verbände und Bildungseinrichtungen aller Art. Auf dieser Ebene der territorialen Adressenbildung wird der Politikbezug des Bildungsmonitorings am fassbarsten. Dabei, und hierin sehe ich eine zentrale Funktion der vorgestellten Textgattung, verhindert der Referenzapparat mit Daten und Faktorenanalysen, dass die Texte unmittelbar als Selbstbeschreibungen politischer Positionen oder als Artikulation politischer Interessen fungieren können. Sie können allenfalls von entsprechend interessierten Adressaten in ihren Texten und Verlautbarungen *zitiert* werden. Die indikatorengestützte Globalisierung ermöglicht und erzwingt, dass die normale Wert- und Interessenreferenz der politischen Kommunikation mit einer Semantik des Kognitiven, des objektiv Wahrnehmbaren unterbrochen und durchsetzt wird. Für das politische System verhilft das Bildungsmonitoring zur Konstruktion eines *externen* Referenten, eben ‚die Bildung', die interessenneutral, also aus Sicht der Politik ‚objektiv' beschrieben wird.

Komplementär zu dieser ‚Objektivierung' der Bildung ist die Semantik der ‚Steuerung' in die bildungspolitische Kommunikation übernommen worden (Oelkers 2002, Albrecht 2003, Fend 2005) und konkurriert dort mit den etablierten Terminologien der ‚Reform'. Wer steuern will oder soll, braucht ein Objekt, das zu steuern ist, sowie Veränderungen dieses Objekts, die sich eigenen Handlungen zurechnen lassen. Zwar liefert das Bildungsmonitoring eigentlich kein fassbares Objekt, aber es liefert sehr viele Daten, die im Zeitablauf oder im territorialen Vergleich variieren können. Es liefert also Veränderungen, und zwar –

das halte ich für entscheidend – in Zeitabständen, die sich den Rhythmen der Politik einpassen lassen, also den jährlichen Rechenschaftsfrequenzen oder auch den Frequenzen von Neuwahlen. Was das Objekt dieser Veränderungen ‚ist', und auch, welche Veränderungen sich welchen Massnahmen zurechnen lassen, kann und muss den politischen Kommunikationen und ihren je aktuellen Konstellationen überlassen bleiben. Bildungspolitische Interessen können Datenvariationen zitieren und sich als Steuerungserfolge zurechnen, wann immer die politischen Kommunikationsbedingungen solch eine Ursachenfixierung zulassen und tolerieren. Umgekehrt gilt dies selbstverständlich auch für die Zurechnung von Steuerungsmisserfolgen, wenn einer Opposition solch eine Kausalzuschreibung kommunikativ gelingt.

Bildungsmonitoring ist eine politische Beobachtung des Bildungssystems. Die Wissenschaft ist vor allem mit ihren methodischen Kompetenzen sowie mit den entsprechenden Skalen- und Messtheorien beteiligt. Diese Wissenschaftlichkeit des Monitorings leistet den eben beschriebenen Beitrag zur ‚Objektivierung' von bildungspolitischer Kommunikation, der seinerseits einer Aufwertung von Bildungspolitik in der Konkurrenz der Politikfelder untereinander zuarbeitet. Zugleich realisieren die Skalenkonstruktionen mit ihren territorial spezifizierbaren Operationalisierungen die Globalisierung der bildungspolitischen Kommunikation. Die wissenschaftliche Theoriebildung ist hingegen aus denselben Gründen nur marginal mit dem Bildungsmonitoring verbunden, denn sowohl die Restriktionen der sozialwissenschaftlichen Messtechnik als auch die Beschränkungen auf institutionell vorgegebene Erhebungskategorien lassen kaum Spielraum für eigensinnige Formulierungen, Erkenntnisabsichten und methodische Kontrollen.[9] Auch der Bezug des Bildungsmonitorings zur Wirtschaft ist kein direkter, sondern wird, wenn überhaupt, über den Umweg des politischen Systems vermittelt, über die Formulierung von Interessen an bestimmten Qualifikationsprofilen, an bestimmten Zertifikationsstrukturen, an bestimmten Ausgabenlenkungen öffentlicher Haushalte.

Seitens des Bildungssystems ist das Bildungsmonitoring als Fremdbeobachtung einzuschätzen. Bereits die aufgezeigten Ausgangsbeschränkungen, die Referenzen auf Indikatoren und auf Territorialität, sind keine Formen, die das Bildungssystem als spezifisch eigene Grössen erkennen, verstehen und behandeln könnte. Auch kommt die basale Grundoperation des Erziehens im Bildungsmonitoring nicht zum Tragen, die Kommunikation der Absicht, etwas für den individuellen Lebenslauf Brauchbares zu offerieren (Kade 2003). Das Bildungsmo-

---

[9] Ausnahmen mit sehr spezifischen Gegenständen bilden vor allem a) die Theorien über Kompetenzen, die sich aktuell an der Konstruktion von Skalen der Kompetenzerfassung beteiligen und über diesen Umweg auch die Lerntheorien sowie die Lernplanformulierung beeinflussen, sowie b) die Analyse ausgewählter Kausalannahmen in Form von Zusatzstudien oder auch von Evaluationen.

nitoring muss sowohl die individuellen Bildungsmotive als auch alle persönlichen Bildungsofferten der Erziehenden als extern gegeben voraussetzen. Wenn überhaupt, dann kann sie solche Motive und Kapazitäten wiederum nur als Aggregatmerkmale von Populationen erfassen, also in bildungsfremder Form. Zudem verengt die Steuerungssemantik das Feld aller Bildungsakteure auf jene, deren Verhalten überhaupt durch politische Vorgaben erreicht werden kann, also auf die Organisationen des Bildungssystems und die in ihnen angestellten professionell Erziehenden. Ausgeblendet werden die Familien, die Medien und auch die zu Erziehenden selbst.

Die umfassende Verbreitung des Bildungsmonitorings steht noch aus. Und auch die internen Komplexitätspotenziale sind, nimmt man die konzeptionellen Perspektiven in den Monitoringtexten selbst zum Maß, wohl noch nicht ausgeschöpft. Der Textkorpus des Bildungsmonitoring ist Ausdruck und zugleich Vehikel einer Globalisierung der Bildungspolitik. Zumindest die öffentliche Meinung über Bildungsfragen ist kaum mehr ohne einschlägige Referenzen und Zitate aus dem Indikatorenwerk zu beeindrucken und zu formen. Es sollte auch deutlich geworden sein, dass das Bildungsmonitoring eine Fremdbeobachtung und keine Selbstbeobachtung des Bildungssystems darstellt, und zwar eine Fremdbeobachtung, die vor allem wegen ihrer Begrenzung durch die Territorialorientierung eine politische Beobachtung ist und bleiben wird. Jede Kritik, das Monitoring erreiche gar nicht, was Bildung und Erziehung heissen könnten oder sollten, ist von daher berechtigt. Aber das Bildungsmonitoring schafft aus der Sicht der Politik für die Politik einen objektiven Referenten. Das Positive für das Bildungssystem liegt dann erst einmal darin, dass das Thema Bildung auf dieser Ebene gleichzieht mit den Themen Wirtschaft, Gesundheit und Sozialpolitik, die ähnliche Indikatorenwerke aufweisen und für die Politik politisch zitierfähiges Material liefern. Bildungspolitik erhält so mehr Volumen innerhalb der Politik, jedenfalls zunächst einmal innerhalb der öffentlichen Meinungsbildung. Ob aus dieser quantitativen Ausdehnung der Bildungspolitik auch qualitative und produktive Effekte für das Bildungssystem erwachsen, wäre eine zweite, eigens für sich zu klärende Frage. Das *theoretische* Problem bestünde darin, eine Wirkungsebene zu identifizieren, die *unabhängig* wäre von den dargestellten Beschränkungen, denen sich das Bildungsmonitoring verdankt. Ohne solch eine Unabhängigkeit bliebe man ins Bildungsmonitoring selbst, in den hier aufgezeigten Kommunikationsrahmen verstrickt. In der Konstruktion einer unabhängigen Beobachtung von Bildungsmonitoring und Bildungssystem sehe ich ein Problem jener Sozialwissenschaften, die sich der empirischen und theoretischen Bildungsforschung widmen. Dafür kann der vorliegende Beitrag keinen Lösungsentwurf mehr ausformulieren. Sein Ziel wäre erreicht, wenn die Problemstellung selbst sichtbar geworden ist.

Literatur

Albrecht, Clemens, 2003: Bildungskatastrophen als Krisen staatlicher Steuerung. S. 928-937 in: Jutta Allmendinger (Hg.), Entstaatlichung und Soziale Sicherheit. Verhandlungen des 31. Kongresses der Deutschen Gesellschaft für Soziologie in Leipzig 2002. Opladen: Leske + Budrich

Ambühl, Hans, Gilomen, Heinz, und Oggenfuss, Felix, 2002: Bildungsmonitoring Schweiz. Skizze. Bern: Schweizerische Konferenz der Kantonalen Erziehungsdirektoren

Avenarius, Hermann et al., 2003: Bildungsbericht für Deutschland: Erste Befunde. Opladen: Leske + Budrich

Barnes, Barry, 1974: Scientific Knowledge and Sociological Theory. London: Routledge

Bartelson, Jens, 2000: Three Concepts of Globalization, International Sociology 15: 180-196

Bauman, Zygmunt, 1996: Glokalisierung oder: Was für die einen Globalisierung, ist für die anderen Lokalisierung, Das Argument 38: 653-664

Berking, Helmuth, 1998: ‚Global Flows and Local Cultures'. Über die Rekonfiguration sozialer Räume im Globalisierungsprozeß, Berliner Journal für Soziologie 8: 381-392

Eckardt, Andrea, Köhler, Holm-Detlev, und Pries, Ludger (Hg.), 1999: Global Players in lokalen Bindungen. Unternehmensglobalisierung in soziologischer Perspektive. Berlin: edition sigma

Fend, Helmut, 2005: Systemsteuerung im Bildungswesen – Anschlussfähigkeiten an die Schulwirklichkeit. S. 15-27 in: Katharina Maag Merki et al. (Hg.), Schule wohin? Schulentwicklung und Qualitätsmanagement im 21. Jahrhundert. Zürich: Universität Zürich, Forschungsbereich Schulqualität & Schulentwicklung

Kade, Jochen, 2003: Erziehung als pädagogische Kommunikation. S. 198-231 in: Dieter Lenzen (Hg.), Irritationen des Erziehungssystems. Pädagogische Resonanzen auf Niklas Luhmann. Frankfurt/M.: Suhrkamp

Kellermann, Paul, 2006: Von Sorbonne nach Bologna und darüber hinaus. Zur Ideologie derzeitiger europäischer Hochschulpolitik, Soziologie 35: 56-69

Luhmann, Niklas, 1984: Soziale Systeme. Grundriß einer allgemeinen Theorie. Frankfurt/M.: Suhrkamp

Lyman, Stanford M., 1994: Territoriality as a Global Concept. Revija za Sociologiju 25: 139-150

Mayer, Daniel P., Mullens, John E., und Moore, Mary T., 2000: Monitoring School Quality: An Indicators Report. NCES 2001-030. Washington, DC: U.S. Department of Education. National Center for Education Statistics

Messner, Rudolf, 2003: PISA und Allgemeinbildung. Zeitschrift für Pädagogik 49: 400-412

Münch, Richard, 1998: Globale Dynamik, lokale Lebenswelten. Der schwierige Weg in die Weltgesellschaft. Frankfurt/M.: Suhrkamp

Oelkers, Jürgen, 2002: Steuerung durch Forschung: Bildungspolitische Implikationen von PISA. Ms. Zürich: Pädagogisches Institut der Universität Zürich

Parsons, Talcott, 1960: Pattern Variables Revisited: A Response to Robert Dubin. American Sociological Review 25: 467-483

Rürup, Matthias, 2003: Ausländische und internationale Bildungsberichte als Orientierung für die nationale Bildungsberichterstattung in Deutschland. S. 9-34 in: Hermann Avenarius et al. (Hg.), Bildungsberichterstattung für Deutschland: Konzeption. Frankfurt/M.: Deutsches Institut für Internationale Pädagogische Forschung

Stamm, Margrit, 2003: Konzept ‚Bildungsmonitoring Schweiz'. Zuhanden des Ausschusses ‚Bildungsmonitoring Schweiz' (EDK, BFS). Aarau: Institut für Bildungs- und Forschungsfragen

van Ackeren, Isabell und Hovestadt, Gertrud, 2003: Indikatorisierung der ‚Forum Bildung'-Empfehlungen. Ein exemplarischer Versuch unter Berücksichtigung der bildungsbezogenen Indikatorenforschung und -entwicklung. Essen: Arbeitsgruppe Bildungsforschung/Bildungsplanung, Universität Duisburg-Essen

Wilson, Rob und Dissanayake, Wimal (Hg.), 1996: Global/Local: Cultural Production and the Transnational Imaginary. Durham: Duke University Press

III. Attac, Weltsozialforum und Amerikanisierungskritik

Globalisierung und kein Ende? Zur Problemkonstruktion der neuesten sozialen Bewegung
Globalisierung und kein Ende?
René John und Holger Knothe

1 Gesellschaftliche Reflexion durch soziale Bewegung?

In vielen sozialwissenschaftlichen Beiträgen zum Wesen und Wirken der Globalisierung wird auf die Paradoxien und Ambivalenzen hingewiesen, die mit diesem Prozeß der steigenden, weltweiten ökonomischen, politischen und kulturellen Interdependenzen einhergehen. Eine besonders markante Paradoxie erkennt Ulrich Beck (2002: 419ff.) in der wechselseitigen Beziehung von Globalisierungsbefürwortern und -gegnern: Erst das – nichtintendierte – Zusammenspiel der beiden scheinbar gegensätzlichen Positionen bewirkt eine Beschleunigung von globalisierenden Prozessen mit nicht absehbaren Folgen. Dass sowohl Befürworter als auch Gegner sich auf den Begriff der Globalisierung beziehen ist Ausgangspunkt dieses Beitrags[1], der die Globalisierungskritiker zum Gegenstand hat.[2]

Prominenteste Vertreter der Globalisierungskritik in Deutschland sind die seit 2001 auch hierzulande aktiven Attac-Netzwerke, die sich als Zukunft des sozialen Protests begreifen. Denn mit der Gründung von Attac sollte etwas gelingen, das eine sinnvolle Alternative jenseits der eingeschliffenen dichotomen Entwicklung der Neuen Sozialen Bewegungen entweder zu NGOs oder zu Vertretern von Partikularinteressen andeutet. Diese Einschätzung wurde weitgehend von der massenmedialen wie auch von der akademischen Öffentlichkeit geteilt (Rink 2000).

Die sozialwissenschaftliche Begleitforschung beschreibt die Neuen Sozialen Bewegungen als Gruppierungen von Akteuren mit ähnlichen soziostrukturellen Merkmalen, die sich unter dem Ziel gleicher ökonomischer, politischer und wei-

---

[1] Die folgenden Erörterungen entstanden im Rahmen des Forschungsprojektes ‚Reflexive Individualisierung und posttraditionale Ligaturen' im Sonderforschungsbereich 535 ‚Reflexive Modernisierung' an der LMU München.
[2] In Anlehnung an den französischen Begriff ‚Altermondialiste' rekurriert das hier untersuchte Netzwerk Attac Deutschland auf Globalisierungskritik und weniger auf Globalisierungsgegnerschaft.

terer sozialer Lebensbedingungen im Feld der Politik engagieren. Dabei fungieren sie hauptsächlich als Stichwortgeber für eigene Identitätsprojekte, die in einer undurchschaubaren und kontingenten Welt zumindest die Sicherheit richtiger Werte herstellen (Japp 1993, Luhmann 1996, 2000, Rink 2000, Eder 2000a, 2000b). Nach Ansicht Eders (2000b) untergraben soziale Bewegungen dadurch jedoch die Möglichkeit zur Selbstaufklärung der Gesellschaft, denn deren Problemlagen und die daran angelagerten Themen geraten wegen der bindungsschaffenden Identitätsprojekte aus ihrem Blickfeld. Durch die Gründung des Netzwerkes Attac schien vorerst eine andere soziale Bewegung möglich zu sein.

Mit dem Ende der Ost-West-Konfrontation erlangte die Rede von der Entpolitisierung der Gesellschaft immer mehr an Überzeugungskraft, was auch zu einem Bedeutungsverlust Sozialer Bewegungen führte. Spätestens seit den Ereignissen um die WTO-Gipfel in Seattle 1998 und Genua 2001 scheint der globalen Ökonomie jedoch ein neuer, ebenfalls globaler Protest entgegenzutreten. Dabei steht vor allem Attac im medialen und sozialwissenschaftlichen Brennpunkt. Die großen Erfolge bei der Besetzung von Themen, der Erringung von Medieninteresse und der Protestmobilisierung erschienen als Anzeichen eines neuen politischen Aufbruchs der Gesellschaft.

Die ersten Reflexionen zur globalisierungskritischen Bewegung stellten insbesondere deren netzförmige Organisationsstruktur als Erfolgsgrund heraus und diskutierten deren längerfristige Vor- und Nachteile (Rucht 2002, Andretta et al. 2003). Die *Problemkonstruktion* (Karstedt 1999) der globalisierungskritischen Bewegung hingegen spielte keine Rolle. Dessen ungeachtet muss gerade die Art der Problemkonstruktion in den Fokus wissenschaftlicher Beobachtung gerückt werden, hängen doch davon die Möglichkeiten der Bewegungen ab, überhaupt noch im komplexen politischen Tagesgeschäft mit ihrer Agenda ernst genommen zu werden. Diese Beobachtung lässt sich im Anschluss an Eder (2000a, 2000b) auf die Frage zuspitzen, auf welche Art welche Welt zum Problem gemacht wird. Wenn in Anlehnung an das Attac-Motto ‚eine andere Welt möglich sein' soll, dann ist nach der Ausgangsposition dieses Veränderungswillens zu fragen, um zu wissen, was mit ‚anderer Welt' gemeint sein kann. Finden die sichernden Identitätsentwürfe also in überschaubar gemachten Lebenswelten – welche ein Kennzeichen älterer Neuer Sozialer Bewegungen sind – bei der globalisierungskritischen Bewegung ihre Fortsetzung oder kommen die Latenzen einer aus dem Ruder steuerungspolitischer Möglichkeiten laufenden Welt mittels vorhandener Reflexionspotentiale in den Blick? Bewegt sich Attac als Teil der globalisierungskritischen Bewegung mit der eigenen problemorientierten Weltsicht schon im avisierten postnationalen Raum und repräsentiert mithin die vierte

Generation[3] sozialer Bewegungen? Konstituiert und verhandelt Attac also die gesellschaftlichen Probleme als Themen des Protests postnational und polyvalent und im Bewusstsein kontingenter Weltsicht?

In diesem Zusammenhang gilt es zu prüfen, ob Attac eine zukunftsträchtige Alternative zur funktionalen Selbstbehinderung der sozialen Bewegungen ist. Darum wurde mittels eines kombinierten Ansatzes aus Framing- und Collective Identity-Analyse[4] unter den analytischen Perspektiven der Problemkonstruktion, der anschließenden identitätsstiftenden Themenaufbereitung und des Reflexionspotenzials eine Dokumentenanalyse programmatischer Schriften und ergänzender Selbstauskünfte durchgeführt.

Die netzförmige Struktur Attacs machte gerade am Beginn dieser Organisation immer wieder die Selbstverständigung und -aufklärung notwendig. Diese Bemühungen mussten in irgendeiner Form fixiert werden, damit sie eine über den Augenblick hinausreichende Verbindlichkeit erlangen konnten. Sowohl Internetdokumente als auch die von Attac Deutschland herausgegebene Schriftenreihe stellen geeignetes Material für die empirische Analyse zur Verfügung. Gemeinsame Kennzeichen dieser Texte sind die Bezugnahme auf Fragen des eigenen Selbstverständnisses und der eigenen Identität und die leichte Zugänglichkeit und Verfügbarkeit. Dass diese Texte auch in gedruckter Form vorliegen, unterstreicht ihre hohe Verbindlichkeit. Darüber hinaus wurden im Sinne der „Wahrnehmungsrevolution" (Rucht 2002) auch längere Stellungnahmen und Interviews einzelner Attac-Protagonisten einbezogen. Exemplarisch wurden hier sieben Texte für eine qualitative Inhaltsanalyse (Flick 1995, Mayring 1995, Titscher et al. 1998) ausgewählt.[5]

---

[3] Bei der Genealogie sozialer Bewegungen unterscheiden Luhmann (1998: 847ff.) wie auch bereits Eder (1986: 343) drei Generationen. Bei Eder sind dies die Bürgerliche und die Arbeiterbewegung sowie die Neuen Sozialen Bewegungen, denen er jeweils bestimmte ‚Diskursuniversen', d.h. sozial, thematisch und zeitlich spezifische Verweisungszusammenhänge zuordnet. Demgegenüber zählt Luhmann zunächst die sozialistischen, sodann die sozialen Bewegungen und schließlich die der Ausländerfeinde. Derartige Einteilungen geben allerdings kaum Auskunft über das Eingeteilte, als vielmehr über die Ordnungsabsichten der Einteilenden.
[4] Einen Überblick über diese Forschungsansätze gibt Hellmann (1998).
[5] Es handelt sich hierbei um folgende Texte: „Ein aufgehender Stern am Firmament sozialer Bewegung. Zur Konzeption von Attac" (Wahl 2002) von Attac-Sprecher Peter Wahl, die „Attac-Erklärung. Beschlossen am 26.5.02 auf dem ATTAC-Ratschlag in Frankfurt" (Attac 2002), „Zwischen Netzwerk, NGO und Bewegung. Das Selbstverständnis von Attac" (Attac 2001). Die beiden letztgenannten Texte sind auch in der von Attac Deutschland herausgegebenen Selbstdarstellung „Alles über Attac" (Attac Deutschland 2004) enthalten. Überdies werden die Texte „Attac stellt sich vor: Standpunkte und Perspektiven" (Wahl 2004) – wieder von Attac-Sprecher Peter Wahl – und „Zum Verständnis komplizierter Zusammenhänge: Der wissenschaftliche Beirat" (Altvater 2004) und der bilanzierende Text „Bewegung in der Bewegung? Erfahrungen und Perspektiven der GlobalisierungskritikerInnen" (Shahyar, Wahl 2005) sowie ein Interview mit dem Attac-Sprecher Sven Giegold (Süddeutsche Zeitung 17./18.4.2004) analysiert.

2 Problemkonstruktion Globalisierung

Als eindeutiger Bezugspunkt für Attac wird in allen Texten ‚Globalisierung' kommuniziert, denn sie „verändert die Gesellschaft mit enormem Tempo und greift tief in unsere Lebensbedingungen ein" (Attac 2002). Globalisierung erscheint einerseits als ein von außen gesteuerter Prozess, der bisher eindeutige, stabile gesellschaftliche Verhältnisse auflöst und bedroht. Andererseits werden diese stabilen gesellschaftlichen Verhältnisse im Vergleich zur von außen kommenden negativen Globalisierung damit unweigerlich als positiv affirmiert. Die Begründung für die negativen Veränderungstendenzen liegt im Charakter der Globalisierung selbst begründet: „Ihr Leitbild ist der Neoliberalismus" (Attac 2002). Globalisierung erscheint so als bloße Hülle für etwas Anderes, nämlich für „die neue Qualität kapitalistischer Entwicklung, jene Art von globalisierten Manchesterkapitalismus, die sich hinter der Rede von der Globalisierung verbirgt" (Wahl 2002). Hinter der Globalisierung werden einflussreiche Akteure vermutet, welche diese vorantreiben: „Sie wird bisher einseitig von mächtigen Wirtschaftsinteressen dominiert, von großen Banken, von Investmentfonds, transnationalen Konzernen und anderen großen Kapitalbesitzern" (Attac 2002). Unterstützt werden diese durch staatliche und zwischenstaatliche Institutionen: „Sie ist von den Regierungen der großen Industrieländer und mit Hilfe von internationalem Währungsfonds (IWF), Weltbank und Welthandelsorganisation (WTO) zielgerichtet betrieben worden" (Attac 2002). Die Auswirkungen der Globalisierung erstrecken sich auf alle Lebensbereiche und Räume, sowohl in den Industrie- als auch in den Entwicklungsländern. So werden als Globalisierungsfolgen eine Verschärfung der sozialen, ökonomischen und geschlechtsspezifischen Ungleichheiten, ein Demokratiedefizit, eine Zunahme der ökologischen Gefährdung, eine politische Destabilisierung, eine Militarisierung und eine kulturelle Vereinheitlichung konstatiert. Globalisierung als Ursache und Motor gesellschaftlichen Wandels beeinflusst also sehr verschiedene Lebensbereiche. Dies bedeutet aber nicht, dass von einer heterogenen, multizentrischen Themenkonstruktion ausgegangen werden kann. Dies erweist sich insbesondere an der Beziehung zwischen den heterogenen Themen und der Problemkonstruktion. Exemplarisch zeigt sich deren Kern an der Diskussion über mögliche andere Einflussvariablen, mit denen Veränderungen im Sozialsystem legitimiert werden können: „So sind beispielsweise auch der technische Fortschritt oder demographische Veränderungen von Bedeutung, aber dennoch ist der Abbau des Wohlfahrtsstaates *nur* in Zusammenhang mit der Globalisierung zu sehen" (Wahl 2004: 26; Hervorhebung der Autoren). Überdies werden die Auswirkungen der Globalisierung als eine potentiell unbegrenzte Anzahl von Folgeproblemen kommuniziert, die sich jedoch in einem kausalen Zusammenhang letztlich immer wieder auf das Problem der Globalisierung zurückführen lassen (vgl. Abbildung 1). Daran schließen – und das ist hier bemerkenswert – die heterogenen Weltbeschreibungen als vielfältige Themen an. Im Vergleich zu den so genannten ‚single issue movements' früherer Bewegungsgenerationen handelt es sich hier nur vordergründig um eine inhaltlich breit gefächerte Bewegung. Denn unter dem Dach der neoliberalen Globalisierung können prinzipiell unendlich viele Veränderungen und Missstände kommuniziert, verhandelt und bekämpft werden. Daraus resultieren Schließungs- und Öffnungsprozeduren. Schließung, weil die Vielfalt potentieller Themen auf Globalisierung reduziert werden kann. Öffnung, weil gleichzeitig heterogene Themen wie Ökologie, Sexismus, Ungleichheit etc. sowohl im lebensweltlichen als auch im globalen Bezugsrahmen verhandelt werden können. Attac fungiert in diesem Sinne zunehmend als Projektionsfläche für die Mitglieder, die verschiedene und reichhaltige Anschlüsse erlaubt. Die offene und plurale Struktur innerhalb Attacs ermöglicht die Generierung von Sinn; indem die Mitstreiter ihre Identitätskonstruktionen und Positionierungsversuche betreiben und damit temporäre Schließungen vornehmen.

Zwei Befunde werden an dieser Stelle deutlich: Erstens wird Globalisierung als entscheidender Motor gesellschaftlichen Wandels konzipiert. Und zweitens bleibt der Charakter der Globalisierung gerade wegen der fast schon universal anmutenden Zurechnung auf alle möglichen sozialen Tatbestände unscharf. Das wiederum hat-zur Folge, dass die Bezugnahme auf das *Problem der Globalisierung* und deren verschwommenen Charakter notwendigerweise bei der sozialen Bewegung selbst für unklare Konturen sorgt. So ist nicht hinreichend geklärt, für wen Attac spricht und agiert: für die an der Bewegung Beteiligten, für eine globale Zivilgesellschaft oder für Entitäten wie die Menschheit? Dies führt unmittelbar zur, für jede Soziale Bewegung integralen Frage des ‚Wer sind wir?', also zur Thematik der Identität.

Abbildung 1: Problemkonstruktion Globalisierung

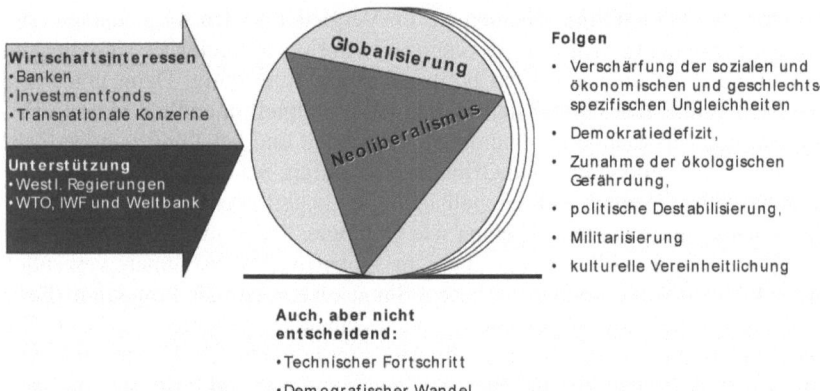

3 Heterogene Identitätskonstruktionen

Auf den ersten Blick handelt es sich bei Attac Deutschland laut Selbstbeschreibung, um die „prominenteste Kraft innerhalb der kritischen, außerparlamentarischen Bewegung in der Bundesrepublik Deutschland" (Wahl 2004: 23). Diese privilegierte Position ist Ergebnis einer „außergewöhnlichen Erfolgsgeschichte" (Wahl 2004: 23). Indes ist damit vorerst nur der Ort im außerparlamentarischen Bewegungsspektrum mittels einer besonderen Dynamik markiert, die Engagementbindung wird dadurch nicht hinreichend erklärt. Die bindenden, identitären Eigenschaften finden sich eher in den Antworten, die von Attac auf das Globalisierungsproblem gegeben werden, also mit der aktionsgenerierenden Thematisierung der Problemkonstruktion. Zwei Aspekte sind hierbei wesentlich: Die behauptete Heterogenität der Assoziationsstruktur als Potenzial und als Unterscheidung zu anderen, älteren Bewegungsformen und – daraus resultierend – die Notwendigkeit von identitätsgenerierenden Grenzziehungen.

Die Antworten auf das Problem der Globalisierung gehen von dem Befund aus, dass die „neoliberale Globalisierung keineswegs schicksalhaft und alternativlos" (Attac 2002) sei. Es wird bei Attac auf eine Erweiterung des Globalisierungsbegriffs gesetzt: „Attac setzt sich für die Globalisierung von sozialer Gerechtigkeit, politischen, wirtschaftlichen und sozialen Menschenrechten, für Demokratie und umweltgerechtes Handeln ein" (Attac 2001). Diese Umwertung des Globalisierungsbegriffs soll laut Selbstbeschreibung anhand bestimmter Maßnahmen oder Zieldefinitionen erfolgen. Unter dem globalen Ziel einer „ökologischen und solidarischen Weltwirtschaftordnung" (Attac 2002) wird ein Bündel von Maßnahmen und Vorschlägen entfaltet, das im Kontrast zu den älteren sozialen Bewegungen einen deutlichen Schwerpunkt in ökonomischen Aspekten hat, wie an den überwiegend steuerpolitischen und transferleistungsbezogenen Maßnahmeforderungen deutlich wird. In den Vorschlägen spiegelt sich die Entsprechung der Problemdefinition und -konstruktion von Attac asymmetrisch wider, in der Globalisierung als integrales Moment für alle denkbaren, auch nicht-ökonomischen Verschlechterungen beschrieben wird. Asymmetrisch deswegen, weil hier die überwiegende Mehrzahl der Vorschläge aus dem Bereich der Ökonomie stammt. Dies könnte damit zusammenhängen, dass die Tobin-Steuer[6] auslösendes Moment der Bewegung in Frankreich war, im Hinblick auf Attac in Deutschland aber mehr noch damit, dass es Befürchtungen gibt, Themenheterogenität führe allzu schnell zu inhaltlicher Konturlosigkeit, wie der früher entstandene Text ‚Zwischen Netzwerk, NGO und Bewegung' (Attac 2001) betont: Attac sollte „sich nicht jedem beliebigen Thema zuwenden. Zum einen endet ein thematischer Supermarkt schnell in Wirkungslosigkeit, zum anderen gibt es viele Organisationen, die wichtige Themen schon lange und erfolgreich bearbeiten. Es wäre falsch ihnen Konkurrenz machen zu wollen."

Tatsächlich besteht in der Art des Umgangs mit den Globalisierungsthemen eine große Schwierigkeit für die deutschen Attac-Netzwerke und deren Identitätsentwurf. Der Versuch einer Äquidistanz zwischen dem Modell eines längst verabschiedeten *single issue movements* mit dem Schwerpunkt Tobin-Steuer als Gründungsanlass einerseits und einer angestrebten Erweiterung der Themenpalette andererseits, ist zudem eng verknüpft mit der Wahrscheinlichkeit auf politischen Erfolg oder eben Misserfolg: „Generell ist bei der Definition unserer eigenen Agenda eine Konzentration auf einige Kernthemen notwendig. Eine uferlose thematische Ausweitung nimmt uns die Durchschlagskraft" (Wahl 2004: 31). Sowohl die Themenbreite als auch die Zuspitzung auf einzelne Themen stellen Anknüpfungsmöglichkeiten bereit, mit denen das für die Bewegung notwendige Engagement gebunden werden kann. So wird aber gerade die Heterogenität und große Bandbreite der handelnden Akteure als genuine Stärke von Attac und als Distinktionsmerkmal zu den älteren Neuen Sozialen Bewegungen ausgewiesen. Denn Attac ist ja angelegt „für all jene [...], die einen Ausweg aus der politischen Perspektiv- und Bedeutungslosigkeit emanzipatorischer Politik in den neunziger Jahren suchen" (Wahl 2002). Diese Aussage intendiert erwartungsgemäß ein großes Spektrum handelnder Personen. Zudem wird das Motiv der Heterogenität als spezifische Ressource für Attac kommuniziert: „Wer bei Attac mitmacht,

---

[6] Unter der Tobin-Steuer versteht Attac im Anschluss an die Vorschläge des amerikanischen Senators Tobin die Besteuerung internationaler Finanztransaktionen, namentlich von Devisentransfers.

kann christliche oder andere religiöse Motive haben, Atheist, Humanist, Marxist sein oder anderen Philosophien anhängen. Attac hat keine verbindliche theoretische, weltanschauliche, religiöse oder ideologische Basis und braucht eine solche nicht. Vielfalt ist eine Stärke" (Attac 2001). Diversifizierungsprozesse lassen sich bei Attac im Vergleich zu herkömmlichen Neuen Sozialen Bewegungen demgemäss eher nach Innen beobachten. Programmatisch und durch die netzförmige Struktur gesetzt, gibt es bei Attac die Möglichkeit, dass (fast) jeder mitmachen kann. Dennoch verweist die offensichtliche Notwendigkeit der Betonung des Unverbindlichen und des Verzichts auf eine gemeinsame Basis der Überzeugung auf *real* vorkommende Klammern der gemeinsamen Überzeugung und Bedürfnisse der Distinktion. Grenzziehungen werden im Außenverhältnis definiert, wie das Ausschlusskriterium des Neoliberalismus belegt. Denn in allen Texten stellt der Begriff ‚Neoliberalismus' das vorherrschende identitätsstiftende negative Distinktionsmerkmal für die Identitätsbildung von Attac dar. An dieser Stelle verengt sich das kommunizierte heterogene, auf Vielfalt abzielende *Boundary Management* von Attac auf ein Merkmal, den Neoliberalismus[7]. Dies verweist darauf, dass Gemeinschaftserzählungen bei offenen Innenbezügen über klar definierte Exklusionssemantiken hergestellt werden. Neben diesem impliziten Kriterium der Distinktion existieren gleichsam Mindestanforderungen für die Teilhabe an Attac: „Für Rassismus, Antisemitismus, Fremdenfeindlichkeit, Chauvinismus und verwandte Ideologien gibt es keinen Platz" (Attac 2001). Die starke Betonung eines ideologiefreien, weil pluralen Raumes der unterschiedlichen, auch entgegengesetzten Anschauungen und Ideologien sowie der prominente Ort von eigentlich Selbstverständlichem – zumindest für eine Bewegung die sich selbst im Kontext ‚progressiver' Neuer Sozialer Bewegungen begreift – wirft die Frage nach der Funktion solcher Herausstellungen auf. Eine mögliche Interpretation für die kommunikative Praxis der Öffnung unter Verzicht auf eine verbindliche Basis wäre die einer ‚gelernten' Erfahrung aus der Geschichte der Neuen Sozialen Bewegungen und damit der Verweis auf reflexives Potential im Hinblick auf die möglichen Erfolgsaussichten von Attac. Zur relativen Unbestimmtheit der Kriterien der identitätsstiftenden Merkmale gesellt sich bei Attac mit dem ebenso oft kommunizierten Verweis auf größere Bewegungszusammenhänge noch ein weiteres öffnendes Element hinzu: „Attac ist ein wichtiger Bestandteil der neuen, globalisierungskritischen Bewegung, ist aber nicht identisch mit ihr. Diese Bewegung ist weitaus breiter, differenzierter und vielfältiger als Attac und es gibt in ihr andere sehr gewichtige Akteure" (Attac 2001).

---

[7] Dieser Begriff freilich ist selbst Gegenstand von Kämpfen und Verhandlungen, auf die hier nicht näher eingegangen werden soll. Für eine Perspektive, die auf die Identitätskonstruktion des sozialen Akteurs Attac gerichtet ist, ist in erster Linie die Existenz *eines* negativ bewerteten Distinktionsmerkmals von Belang.

Diese Selbstverortung scheint auch strategisch motiviert, denn die Ziele von Attac sind „nur durchsetzbar, wenn es eine starke, international handelnde gesellschaftliche Bewegung gibt" (Attac 2002). Die Koordinaten dieser Bewegung sind weltweit und international, also global: „Attac ist Teil dieser Bewegung, die sich in Seattle, Prag, Genua sowie anderen Orten formiert hat und sich unter anderem im Weltsozialforum von Porto Alegre weiterentwickelt hat" (Attac 2002). Durch den Verweis der Bindung an mythisch aufgeladene Orte, deren Bedeutung nicht näher expliziert zu werden braucht, entsteht mittels der Unterscheidung zwischen dem Potentiellen und Virtuellen dieser Orte zu den Verwerfungen des aktuellen, täglichen Getriebes, Sinn (Luhmann 1998: 44ff.). Dies bedeutet auch, dass sich Attac in einem, auch medial immer wieder erzeugten, größeren Zusammenhang bewegt, der das Bild des prinzipiell unendlich erweiterbaren in einem globalen Bedeutungshorizont agierenden Akteurs aufscheinen lässt. Überdies wird durch die Rede von einer nationalstaatliche Grenzen übergreifenden gesellschaftlichen Bewegung Legitimation erzeugt. Auch weil alle Menschen auf der Erde von Globalisierung und deren Auswirkungen betroffen sind, offenbart sich Attac als Teil einer weltweiten Bewegung mit universalem Anspruch, d.h. Attac agiert nicht nur im Namen von z.B. Betroffenen vor Ort, sondern prinzipiell für alle oder die gesamte Menschheit. Zumindest wird dieser Anspruch immer mittransportiert.[8]

In den von Attac erzeugten Selbstbeschreibungen wird dies auch bei der Bestimmung der ‚Hauptmerkmale' und Charakteristika deutlich. So finden dort die über den reinen Bewegungszusammenhang hinausweisenden Begriffe wie Pluralismus, Basisorientierung, Bündnisorientierung und Internationalismus ihren prominenten Platz (Wahl 2002). Mit diesem – wiederum unspezifischen – Vertretungsanspruch werden aber die Motivlagen der Aktivitäten verdeckt und so der Reflexion entzogen und damit die von Eder (2000a) geforderte Identitätsreflexion verhindert.

4 Reflexionspotential Innovation

Die selbst zugeschriebenen Eigenschaften von Attac – Pluralismus, Basisorientierung und Heterogenität – werden unter dem Dach einer beständig kommunizierten Innovationsbehauptung gleichsam entfaltet: „Insofern ist Attac ein innovatives Projekt, das nicht ohne weiteres in die Kategorien Netzwerk, Verbandsinternationale, NGO oder Bewegung passt. Es enthält Schnittstellen zu

---

[8] Zu Problemen der Repräsentation in der globalisierungskritischen Bewegung vergleiche Messerschmidt 2005.

allen und versucht vor allem die Vorzüge der einzelnen Organisationstypen miteinander zu verknüpfen und deren Nachteile zu vermeiden" (Attac 2001). Innovation bezieht sich hier also nicht auf die verhandelten Inhalte, sondern auf den Aspekt der Organisation. Attac erscheint als der Ort, an welchem die Vorzüge der unterschiedlichen Organisationstypen, gewissermaßen das Beste aus diesen, unter Auslassung der mit den einzelnen Organisationstypen einhergehenden Nachteile verknüpft werden. Die normative Setzung dieses Anspruches wird zudem durch die Aufzählung der damit verbundenen Eigenschaften des innovativen Organisationstyps affirmiert: „a. Attac ist ein Ort, wo politische Erfahrungs- und Lernprozesse ermöglicht werden, b. in dem unterschiedliche Strömungen emanzipatorischer Politik miteinander diskutieren und c. zu gemeinsamer Handlungs- und Aktionsfähigkeit zusammenfinden" (Attac 2001).

Es kann an dieser Stelle nicht darum gehen, den realen oder fiktiven Innovationsgehalt dieses Idealtypus einer Organisation politischen Handelns herauszudestillieren. Vielmehr entsteht der Bedeutungsgehalt gerade erst durch die Setzung des auch in anderen Kontexten verwandten Innovationsbegriffs (Aderhold und John 2005). Mit der Selbstbeschreibung als innovativ rekurriert Attac auf die Attraktivität des Neuen und behauptet im Bewegungszusammenhang gelernte Erfahrungen in die aktuelle Verfasstheit der eigenen Organisation zumindest idealtypisch einfließen zu lassen. In diesem Sinne wird Reflexionspotential sichtbar, oder zugespitzt formuliert: Der Text intendiert geradezu auf die Anwesenheit von reflexiven Schleifen als integraler Bestandteil des innovativen und damit auch neuen und offenen Organisationstyps. Dies wird auch von Attac-Sprecher Sven Giegold auf die Nachfrage nach der gelernten Erfahrung aus der Geschichte gesellschaftlicher Bewegungen betont: „An vielen Stellen innerhalb von Attac sind Dinge festgelegt, die Erfahrungen der letzten 30 Jahre reflektieren. Das wichtigste ist vielleicht das Prinzip des Pluralismus, abgesichert durch unser Konsensverfahren. Das bedeutet, dass wir innerhalb von Attac sagen, wir haben nicht unsere Erklärung der Welt, wir haben auch nicht die Antwort auf alle Fragen" (Süddeutsche Zeitung 17./ 18.04.2004).

Die kommunizierte Einsicht, nicht auf alle Fragen eine Antwort zu haben, das Bewusstsein von Kontingenz also, zeigt sich auf der Ebene der Praxis in der Etablierung eines wissenschaftlichen Beirats. Dieser sieht sich laut Selbstbeschreibung vor der Aufgabe, den Zusammenhang komplexer Ereignisketten zwischen globalen Tendenzen und lokalen Ereignissen wissenschaftlich aufzuarbeiten (Altvater 2004: 167) – mit dem Ziel, die Bewegung mit Expertise zu versorgen. Überdies soll der wissenschaftliche Beirat die notwendigen Grundlagen zu einer „ökonomischen Alphabetisierungskampagne" bereitstellen, um „die neoliberale Hegemonie zu durchbrechen" und „Alternativen zu begründen" (Altvater 2004: 168). Es geht dem wissenschaftlichen Beirat demnach weniger darum, angesichts tatsächlich vorhandener Kontingenzen, organisationsinterne Reflexionsschleifen zu erzeugen, sondern vielmehr „um diskursives Eingreifen, um Hegemoniegewinn" (ebd.: 168).

Offensichtlich steht das Bekenntnis zur Lernfähigkeit und zur Reflexion der eigenen Anliegen nicht nur in einem zumindest widersprüchlichen oder problematischen Verhältnis zu den Zielen des beigeordneten wissenschaftlichen Beirats. Wenn eingangs das Bewusstsein gesellschaftlicher Kontingenz als Indiz für eine reflexive Öffnung der Organisation gedeutet werden konnte, so erscheint die damit einhergehende Einrichtung eines wissenschaftlichen Beirats unter diesen Zielvorgaben als intendierte Schließung unter ausdrücklichem Verzicht auf Reflexionsschleifen. Dennoch haben Reflexionsblockaden und Kontingenzausschluss bekanntlich durchaus stabilisierenden Charakter auch und gerade für Assoziationen im Bewegungskontext. Denn Erfolg wie auch Erfolglosigkeit sind existenzbedrohend: so muss die Problemvirulenz permanent aufrechterhalten werden, um Engagement zu binden. Gerade die Aussagen des wissenschaftlichen Beirats legen diese alte, schon durchschaute, aber vielleicht notwendige Strategie auch für Attac offen.

5 Alte und neue Wege mit Attac

Was also ist neu an Attac? Kann angesichts der hier untersuchten Kriterien der Problemkonstruktion, der Identität und der Reflexion eine substanzielle Differenz zu den bereits bekannten Neuen Sozialen Bewegungen und damit eine Neuartigkeit konstatiert werden?

Klar zu sehen ist, dass die monokausale Rückbindung aller Protestthemen an das Problem ökonomisch verstandener Globalisierung konstitutiv für die vielfältige Identitätsausgestaltung der netzwerkförmigen Organisation Attac ist (vgl. Abbildung 2). Gleichzeitig wird durch die Etablierung dieses archimedischen Punktes eine Vielzahl von Protestthemen erzeugt, die auch längerfristig unterschiedliche Motivlagen ansprechen. Diese organisieren sich in den konsensvermittelten Gruppen des Netzwerkes. Die heterogenen, thematisch aufgefächerten Identitätslagen haben aber nur ihren Platz, weil das Netzwerk selbst sich durch seine ökonomisch fixierte Problemdefinition von der Welt differenziert. Das reicht sogar soweit, dass selbst die Alternativen Attacs nur noch als ökonomische Alternativen denkbar zu sein scheinen. Mit Haunss (2000) wäre zu fragen, ob die Komplexitätsreduktion durch die *Problemkonstruktion Globalisierung* geeignet ist, heterogene und einander widersprechende Positionen auch längerfristig in einem ambivalenten, aber gelingenden Spannungsverhältnis zu halten. Die Beantwortung dieser Frage ist ein Schlüssel, um zur Frage der Neuartigkeit von

Attac und auch über deren mittel- und langfristige Existenz Auskunft geben zu können. Zum monokausalen Problem der ökonomischen Globalisierung als sinnbestimmender Identitätsgrundlage des Netzwerkes tritt unter dem Innovationsaspekt noch verstärkend die Differenz gegenüber den anderen, älteren Neuen Sozialen Bewegungen.

In der Analyse sollte deutlich geworden sein, dass die reflexive Bearbeitung von Kontingenz notwendig weder in der Problemkonstruktion, noch in den Identitätslagen oder in der Reflexion selbst stattfinden kann. Wenn Kontingenz der Weltbeobachtungen aufgenommen wird, dann in der Organisationsstruktur des konsensorientierten Netzwerkes.

Empirische Beobachtungen vor Ort bei regionalen Attac-Gruppen zeigen, dass die Motivlagen sich aufgrund mangelnder Organisationsidentität viel stärker an Subgruppen, Themen und persönliche Bindungen knüpfen und die Organisation zunehmend den sehr weiten Rahmen dafür abgibt. Die Motivationen können nur noch latent an die Organisation gebunden werden. Andererseits lässt die mit der Netzwerkmetapher verbrämte Unbestimmtheit viel Platz, um immer wieder neue Themen und damit spezifische Motivlagen aufzunehmen. Die Kosten dafür werden durch geringe Stabilität und reduzierte Handlungsfähigkeit beglichen.

Die von Eder (2000a) diagnostizierte Problemlage bei der Realisierung der gesellschaftlichen Lernfunktion durch die sozialen Bewegungen wird von Attac freilich nicht gelöst, sondern nur vertagt. Attac agiert nicht jenseits der alten Neuen Sozialen Bewegungen. Attac ist so – gerade wegen der Reflexionsbehauptung – unmittelbar auf organisatorische Strukturen und inhaltliche Erfahrungen der Neuen Sozialen Bewegungen zurückgeworfen. In der Tat scheint es fraglich, inwiefern soziale Bewegungen imstande sind, diesem postulierten Anspruch überhaupt gerecht werden zu können. Die globalisierungskritische Bewegung und mit ihr Attac sind wesentlich Versuche, sich in der unübersichtlichen Welt anhand eigener Wegweiser zurechtzufinden. Der Möglichkeit eines Scheiterns dieser Versuche sind sich auch viele der Protagonisten bewusst. Dies allerdings gibt Anlass zur Hoffnung, dass gesellschaftlich relevante Reflexivität dennoch ein wesentlicher Bestandteil der neuesten Sozialen Bewegung ist.

Globalisierung und kein Ende? 163

Abbildung 2: Neue und alte Wege mit Attac

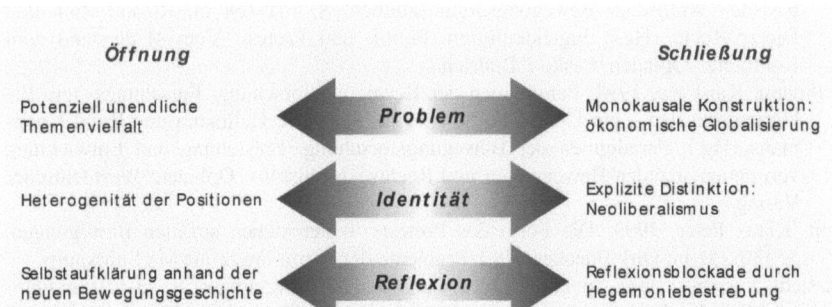

Literatur

Aderhold, Jens und John, René (Hg.), 2005: Innovation. Sozialwissenschaftliche Perspektiven. Konstanz: UVK

Altvater, Elmar, 2004: Zum Verständnis komplizierter Zusammenhänge. Der wissenschaftliche Beirat. S. 167–170 in: Attac Deutschland (Hg.), Alles über Attac. Frankfurt/M.: Fischer

Andretta, Massimiliano, della Porta, Donatella, Mosca, Lorenzo und Reiter, Herbert, 2003: No Global - New Global. Identität und Strategien der Antiglobalisierungsbewegung. Frankfurt/M./ New York: Campus

Attac Deutschland, 2001: Zwischen Netzwerk, NGO und Bewegung. Das Selbstverständnis von Attac, www.attac.de/interna/selbstverstaendnis011101.pdf (Zugriff: 12.6.04)

Attac Deutschland, 2002: Attac-Erklärung. Beschlossen am 26.5.02 auf dem ATTAC-Ratschlag in Frankfurt, www.attac-netzwerk.de/erklaerung/erklaerung.php (Zugriff: 10.6.04)

Attac Deutschland (Hg.), 2004: Alles über Attac. Frankfurt/M.: Fischer

Beck, Ulrich, 2002: Macht und Gegenmacht im globalen Zeitalter. Neue weltpolitische Ökonomie. Frankfurt/M.: Suhrkamp

Eder, Klaus, 1986: Soziale Bewegungen und kulturelle Evolution. S. 335-357 in: Johannes Berger (Hg.): Die Moderne - Kontinuität und Zäsuren. Soziale Welt: Sonderheft 4. Göttingen: Schwartz

Eder, Klaus, 2000a: Kulturelle Identität zwischen Tradition und Utopie. Soziale Bewegungen gesellschaftlicher Lernprozesse. Frankfurt/M.: Campus

Eder, Klaus, 2000b: Die Zukunft sozialer Bewegungen zwischen Identitätspolitik und politischem Unternehmertum. Forschungsjournal Neue Soziale Bewegungen 13: 43-47

Flick, Uwe, 1995: Qualitative Forschung. Theorie, Methoden, Anwendung in Psychologie und Sozialwissenschaften. Reinbek bei Hamburg: Rowohlt

Haunss, Sebastian, 2000: Das Innere sozialer Bewegungen. Strukturelle Konfliktlinien basisdemokratischer Bewegungsorganisationen. S. 141-164 in: Roland Roth und Dieter Rucht (Hg.), Jugendkulturen, Politik und Protest. Vom Widerstand zum Kommerz? Opladen: Leske + Budrich

Hellmann, Kai-Uwe, 1998: Paradigmen der Bewegungsforschung. Forschungs- und Erklärungsansätze – ein Überblick. S. 9-31 in: Kai-Uwe Hellmann und Ruud Koopmans (Hg.), Paradigmen der Bewegungsforschung. Entstehung und Entwicklung von neuen sozialen Bewegungen und Rechtsextremismus. Opladen: Westdeutscher Verlag

Japp, Klaus Peter, 1993: Die Form des Protests in den neuen sozialen Bewegungen. S. 230-251 in: Dirk Baecker (Hg.), Probleme der Form. Frankfurt/M.: Suhrkamp

Karstedt, Susanne, 1999: Soziale Probleme und soziale Bewegungen. S. 73-110 in: Günter Albrecht, Axel Grönemeyer und Friedrich W. Stallberg (Hg.), Handbuch sozialer Probleme. Opladen: Westdeutscher Verlag

Luhmann, Niklas, 1996: Protest. Systemtheorie und soziale Bewegungen. Frankfurt/M.: Suhrkamp

Luhmann, Niklas, 1998: Die Gesellschaft der Gesellschaft. Frankfurt/M.: Suhrkamp

Mayring, Philipp, 1995: Qualitative Inhaltsanalyse. Grundfragen und Techniken. Weinheim: Deutscher Studienverlag

Rink, Dieter, 2000: Soziale Bewegungen im 21. Jahrhundert. Forschungsjournal Neue Soziale Bewegungen 13: 32-35

Roth, Roland, 1998: ‚Patch-Work'. Kollektive Identität neuer sozialer Bewegungen. S. 51-68 in: Kai-Uwe Hellmann und Ruud Koopmans (Hg.), Paradigmen der Bewegungsforschung. Entstehung und Entwicklung von neuen sozialen Bewegungen und Rechtsextremismus. Opladen: Westdeutscher Verlag

Rucht, Dieter, 2002: Herausforderungen für die globalisierungskritischen Bewegungen. Forschungsjournal Neue Soziale Bewegungen 15: 16-21

Shahyar, Pedram und Wahl, Peter, 2005: Bewegung in der Bewegung. Erfahrungen und Perspektiven der GlobalisierungskritikerInnen. Hamburg: VSA

Titscher, Stefan, Wodak, Ruth, Meyer, Michael und Vetter, Eva, 1998: Methoden der Textanalyse. Opladen: Westdeutscher Verlag

Wahl, Peter, 2002: Ein aufgehender Stern am Firmament sozialer Bewegung. Zur Konzeption von Attac, www.attac.de/archiv/0109_pewl_ila.php (Zugriff: 19.7.04)

Wahl, Peter, 2004: Attac stellt sich vor: Standpunkte und Perspektiven. S. 23-34 in: Attac Deutschland (Hg.), Alles über Attac. Frankfurt/M.: Fischer

Strategien und Dilemmata globalisierungskritischer Bewegungen am Beispiel des Weltsozialforums – oder: was hat Nicos Poulantzas in Caracas zu tun?

Strategien und Dilemmata globalisierungskritischer Bewegungen
Ulrich Brand und Miriam Heigl

1 Einleitung

Die Weltsozialforen, die seit 2001 jährlich stattfinden, haben sich – wie auch die kontinentalen, nationalen und lokalen ‚Ableger' – zu wichtigen politischen Räumen entwickelt. In diesen tauschen die verschiedenen Teile der Bewegungen für eine andere Globalisierung Erfahrungen aus, werden Kampagnen entwickelt und Vertrauen geschaffen. Es wird um Einschätzungen der aktuellen Entwicklungen und ihre politisch-strategischen Implikationen gerungen.[1]

In diesem Beitrag, in dem es auf der Mesoebene um die organisatorischen und institutionellen Strukturen der Bewegungen für eine andere Globalisierung geht, soll zum einen die Bedeutung der Weltsozialforen skizziert und eingeschätzt werden. Zum anderen soll das Verhältnis der Bewegungen zu jener Institution der bürgerlichen Gesellschaft fokussiert werden, die zentral für die Artikulation politischer Anliegen und damit auch für soziale Bewegungen ist, nämlich den Staat. Auch hier gehen wir auf Debatten beim Weltsozialforum (WSF) ein und verknüpfen sie mit staatstheoretischen Überlegungen von Nicos Poulantzas (1938-1979), dessen These, dass der Staat ein soziales Verhältnis darstellt, in das sich durch Kämpfe hindurch auch die Anliegen emanzipativer Bewegungen

---

[1] In den Jahren 2001, 2002 und 2003 fanden die Weltsozialforen jeweils im südbrasilianischen Porto Alegre statt, 2004 im indischen Mumbai, 2005 wieder in Porto Alegre, 2006 als polyzentrisches Weltsozialforum in Bamako (Mali), Caracas (Venezuela) und Karachi (Pakistan). Anfang 2007 wird es wieder zentralisiert in Nairobi (Kenia) stattfinden. Daneben gibt es thematische und regionale Foren wie etwa seit 2002 ein ‚Europäisches Sozialforum' (erstmalig in Florenz, 2003 in Paris, 2004 in London und 2006 in Athen), nationale wie das erste bundesdeutsche Sozialforum 2005 in Erfurt und unzählige lokale Sozialforen (siehe als zentrale internationale Website www.forumsocial mundial.org.br und deutschsprachig www.weltsozialforum.org sowie die übersichtlichen Informationen bei *wikipedia*).

einschreiben, unseres Erachtens von großer Aktualität ist (vgl. ähnlich Kastner 2006).

2 Das Weltsozialforum als temporärer, zukünftig vielleicht institutioneller Kristallisationspunkt

Das 6. Weltsozialforum in Caracas im Januar 2006 machte zuletzt die enorme inhaltliche Pluralität der Bewegungen deutlich – und die damit verbundenen Konfliktlinien der Kämpfe gegen die neoliberal-imperiale Globalisierung. In einem partizipativen Vorbereitungsprozess wurden elf ‚thematische' Achsen herausdestilliert, die für die globalen sozialen Bewegungen zentral sind: Wissen und Wiederaneignung von Technologien; Diversität, Pluralität und Identitäten; Kunst und Kultur; Kommunikation; Gemeingüter als Alternative zu Privatisierung und Kontrolle durch transnationale Konzerne; soziale Kämpfe und Demokratie; Frieden und Demilitarisierung; internationale Demokratie; alternative Ökonomie; Menschenrechte, Ethik und Spiritualität. ‚Transversal' hierzu sollten die Themen soziale Emanzipation und politische Dimension von Kämpfen, Kämpfe gegen den patriarchalen Kapitalismus, Kämpfe gegen Rassismus, Geschlechterverhältnisse und Diversität in die Debatten eingewoben werden. Ein Blick in das Programm zeigt, dass die Themen Privatisierung (hier besonders Wasser), Landreform, Militarisierung und Menschenrechte von besonderer Bedeutung waren.

Das Weltsozialforum erfüllt, wie seine regionalen, nationalen und lokalen Pendants, verschiedene ‚Funktionen'. Die meisten dieser Funktionen werden abseits der großen Medienöffentlichkeit erbracht, weshalb sie nicht weniger wichtig sind. Nach außen hin stellt das Forum, schon aufgrund seiner Parallelität zum Weltwirtschaftsforum in Davos, einen wichtigen *symbolischen Kontrapunkt* zu den herrschenden Kräften und Prozessen der neoliberal-imperialen Globalisierung dar. Hier die farbenfrohe und enorm dynamische Suche nach einer anderen Welt – dort die unter Polizeischutz tagenden, in ihren grauen Anzügen tristen Profiteure und Verwalter des Elends. Neben den Protesten gegen G8- oder Weltbank/IWF-Versammlungen wird auf einem WSF besonders deutlich, dass es den Bewegungen nicht nur um Kritik geht, sondern um emanzipative Alternativen. Insofern betreiben sie auch ein verhaltenes *agenda setting*. Auf der Ebene der Infragestellung neoliberaler Konsense sind die aktuellen Bewegungen zweifellos recht erfolgreich. Hierfür sind auch ‚Köpfe' und Begriffe wie De-Globalisierung, Gemeingüter, *ya basta!* (es reicht), radikale Transformation wichtig. Das WSF dient zudem der *Identitätsbildung* der Teilnehmenden und vieler Nicht-Teilnehmenden, die sich den Bewegungen zugehörig fühlen. Zu wissen, dass andere Menschen ähnlich denken und handeln, stellt eine enorme Ermunterung für die eigenen Praxen dar. Zu verstehen, wie andere denken und handeln, und sich mit einigen sogar noch gemeinsame Perspektiven zu erarbeiten, ist eine große Herausforderung, mit der man bei einem WSF wächst. Deshalb spielt die fantastische Stimmung eine wesentliche Rolle und sollte das Forum nicht zum Festival abstufen. Stimmung heißt ja nicht nur, zu feiern oder sich inhaltlich-rhetorisch gelungene Vorträge anzuhören, sondern bedeutet Zufriedenheit nach einem konzentrierten dreistündigen Workshop oder Gesprächen mit neuen Bekannten. Es geht auf einem WSF auch wesentlich munterer und weniger technokratisch zu als auf NGO-Foren um bestimmte UNO-Konferenzen herum. Eine weitere Funktion ist der *Erfahrungsaustausch*: Das WSF ist eine weltweit einzigartige Ideenbörse, bei der konkrete Kämpfe gegen die herrschenden Verhältnisse sowie entstehende Alternativen beschrieben und reflektiert werden. Das ist u.E. der prickelndste Aspekt, denn hier werden die schwierigen Suchprozesse, Hindernisse und Kontingenzen am deutlichsten. Über große und kleine Diskussionen dient es der *Selbstverständigung* darüber, was die Dynamiken der gegenwärtigen Entwicklungen ausmacht. Das geschieht über Persönlichkeiten wie Immanuel Wallerstein, Vandana Shiva, Arundhati Roy oder Walden Bello, die sehr verschiedene Felder und Themen behandeln oder in Workshops zur Regulierung der Finanzmärkte, Strategien gegen Staudämme oder alternative Landwirtschaft entlang konkreter Konflikte. Daraus entwickelt sich ein Verständnis, dass es nicht um die eine alternative ‚Große Erzählung' und die eine andere Welt geht, sondern im Plural um „andere Welten als Suchräume" (Badura 2006) geht. Insofern ist das WSF eine gigantische Bildungsveranstaltung. Und schließlich dient es für *konkrete Absprachen und Strategieentwicklungen* – sei es für internationale Kampagnen, weiteren Erfahrungsaustausch, Treffen von Projektpartnern, Vernetzung von Intellektuellen. Hier entsteht in face-to-face-Kommunikation jenes Vertrauen, das für ein gemeinsames Agieren notwendig ist.

Der enorme kollektive Lernprozess, insbesondere in Lateinamerika, ist für Teilnehmer und Teilnehmerinnen spürbar, wenngleich von außen wenig offensichtlich: Praxen von Dialog und Anerkennung, die nicht-vertikale Form der Organisierung, die Ablehnung der Kontrolle durch bestimmte Strömungen stellen eine neue Politikform dar. Die Dynamik der lateinamerikanischen Bewegungen wird in den verschiedensten Formen konkret. Auf dem WSF werden die vielfältigen anti-neoliberalen und anti-imperialen Widerstände und Alternativen nicht nur repräsentiert, sondern sie verbinden sich miteinander. Unsere These lautet, dass es sich bislang beim WSF vorrangig um eine Veranstaltung gehandelt hat, welche die oben beschriebenen ‚Funktionen' ausübt. Das WSF dient vorrangig als Raum für Erfahrungsaustausch und trat weniger als Akteur in Erscheinung. Aufgrund der jahrelangen Routinisierung gewinnen jedoch inzwischen zunehmend Fragen um die konkrete Art der Verstetigung dieser Treffen, d.h. ihrer Inhalte und Modi an Bedeutung. Dabei spielt auch die Frage, inwiefern es sich über einen Raum hinaus zu einem institutionellen Kristallisationspunkt im Sinne eines Akteurs entwickeln soll, eine wichtige, wenn auch nicht explizit artikulierte Rolle. Mit dieser Beschreibung wollen wir nicht die enormen organisatorischen Probleme und inhaltlich-strategischen Differenzen überspielen. Dennoch sollten zunächst die produktiven Aspekte hervorgehoben werden, um im Folgenden auf ein zentrales Dilemma einzugehen.

3 Globale soziale Bewegungen, Parteien und Staat

Ein zentraler Aspekt, der für die zukünftige Entwicklung des Weltsozialforums u.E. von entscheidender Bedeutung ist, ist das Verhältnis der Bewegungen für eine andere Globalisierung zu progressiven Parteien und zum Staat.[2] Auf dem Weltsozialforum in Caracas wurde diese Debatte durch die starke Präsenz der venezolanischen Regierung angestoßen. Viele der Teilnehmer und Teilnehmerinnen aus Bewegungen fühlten sich von der Regierung um Hugo Chávez zu Statisten einer PR-Veranstaltung degradiert. Aber auch die negativen Erfahrungen mit einigen als progressiv bezeichneten Regierungen in Lateinamerika (insbesondere in Brasilien und Uruguay) trugen zur Initiierung von Diskussionen über das Verhältnis von Staat, Regierungen, linken Parteien und emanzipatorischen Bewegungen bei. Allerdings wird die Debatte bislang noch wenig strukturiert geführt. Die – in sich heterogene – Position einer scharfen Parteien- und Staatskritik steht *neben* der wichtiger werdenden Position, dass es neben Bewegungen eben auch um Parteien und Staatsmacht zur emanzipatorischen Veränderung gesellschaftlicher Verhältnisse gehe.

Der wichtigste Eindruck aus Beobachtungen und Diskussionen in Caracas ist, dass sich die Spannung zwischen Bewegungen und progressiven Regierungen in der Region abzubauen scheint. Es bildet sich eine Art ‚anti-neoliberales Projekt' heraus, das sich an den progressiven Regierungen orientiert. Nationale Souveränität, Emphase gegenüber der *Patria* (Heimatland) und Anti-Imperialismus sind die – nationalen – Orientierungen, in denen sich viele Aktive wiederfinden. ‚Für Würde und Souveränität. Patria oder Tod' lautet ein Motto von Hugo Chávez, das offenbar viele unterstützen. Ergänzt wird dies um das Projekt einer lateinamerikanischen Integration. Es wird teilweise bereits von einem ‚südamerikanischen Konsens' gegen den berühmt-berüchtigten neolibera-

---

[2] Ein- und Überblicke über die Entwicklung der Bewegung der Bewegungen geben etwa NcNally (2002), Patomäki/Teivainen (2004), Brunnengräber (2006), Leggewie (2003), die Beiträge in iz3w (2001), iz3w/BUKO (2002), BUKO (2003), Aronowitz/Gautney (2003), Fisher/Ponniah (2003), Brand (2005), Marchart/Weinzierl (2006).

len ‚Washington Konsens' gesprochen. Theoretischer Ausdruck der aktuellen Entwicklungen ist die wieder stärker rezipierte und in Diskussionen angewendete, teilweise reformulierte Dependenztheorie (Heigl 2005).

Dass diese auf den Nationalstaat setzenden Projekte nicht unbedingt im Einklang stehen mit den Forderungen und Visionen progressiver globaler Bewegungen, wurde in Caracas besonders deutlich. Damit wurde erstmals das bis dato kaum *explizit* diskutierte Verhältnis der Bewegungen zum Staat und zu den linken politischen Parteien zum Thema, welches unserer Einschätzung nach in Zukunft weiter an Bedeutung gewinnen wird.

Seit geraumer Zeit lassen sich im Rahmen des WSF jedoch *implizite* Staatsverständnisse identifizieren. Diese sind eng verknüpft mit den theoretischen Positionen der „organischen Intellektuellen" (Gramsci 1991ff.: 98ff., 1500) der Bewegungen. Emir Sader aus Brasilien, einer der prominentesten linken Intellektuellen Lateinamerikas, rief bereits im Vorfeld das WSF dazu auf, den Schulterschluss mit den progressiven Regierungen zu suchen. Sonst würden die aktuellen Bewegungen rasant an Einfluss verlieren und das WSF zu einer Folklore-Veranstaltung werden. Bewegungen und Regierungen müssten eine ‚strategische Allianz' eingehen, so ergänzte Präsident Hugo Chávez. Eine zweite grobe Orientierung, die insbesondere in Lateinamerika stark ist, fokussiert den US-amerikanischen Staat als zentrale politische Instanz des transnationalen Kapitals. (US-)Imperialismus ist sicherlich eine der am häufigsten verwendeten Kategorien. Theoretisch wird das beispielsweise unterfüttert durch die These von einem ‚informellen' *American Empire* (Panitch und Gindin 2004), das in der Lage sei, die Staatsapparate der abhängigen Gesellschaften im Interesse der herrschenden (US-amerikanischen) Kapitalinteressen umzubauen. Ob und wie das tatsächlich gelingt und welche Rolle dabei widerständige Akteure spielen, wird kaum untersucht. Vielmehr wird implizit angenommen, dass die USA in der Lage sind, ihre Interessen durchzusetzen. Auf der anti-staatlichen Seite geben John Holloway (2002) sowie Michael Hardt und Toni Negri (2002) Orientierung. Der Staat wird hier zur Instanz von Spaltung und Herrschaft, der in Zeiten des ‚Empire' ohnehin an Bedeutung verliere und noch deutlicher als zuvor zum Erfüllungsgehilfen des Kapitals werde (Hardt und Negri 2002: 24f.). Die widersprüchliche Institutionalisierung politischer Herrschaft interessiert nicht weiter, vielmehr konstatieren bzw. plädieren Hardt und Negri für den Aufbau autonomer Strukturen und Praxen.

Alle drei Positionen haben eines gemeinsam: Sie verstehen den Staat als den gesellschaftlichen Akteuren und insbesondere den sozialen Bewegungen weitgehend äußerliches Ensemble. Paradoxerweise entsprechen diese Perspektiven so gar nicht den widersprüchlichen konkreten Erfahrungen vieler Bewegungen. Es stellt sich daher nicht zuletzt entlang des Verhältnisses von Staat zu emanzipatorischen Bewegungen die Frage nach den ‚Eingriffsmöglichkeiten' eben dieser Bewegungen in gesellschaftliche Prozesse, d.h. nach Inhalten sowie kurz-, mittel- und langfristigen Zielen, nach Formen und Orten, nach geeigneten Momenten und spezifischen Alternativen. Notwendig ist es unseres Erachtens, in diesem Kontext die Diskussion um Staat, Parteien und Bewegungen sowie deren Rolle für emanzipatorische gesellschaftliche Veränderungen staatstheoretisch zu fundieren. Dafür bietet die Theorie von Nicos Poulantzas geeignete Anknüpfungspunkte.

4 ‚Innerhalb' und ‚außerhalb' des Staates: Anknüpfungen an Poulantzas

Was bringen die staatstheoretischen Überlegungen Poulantzas für die theoretische Analyse von Kämpfen auf der analytischen Mesoebene und die strategisch-politische Ausrichtung emanzipatorischer sozialer Bewegungen wie jenen für eine andere Globalisierung?

Poulantzas insistiert darauf, dass es kein ‚innen' und ‚außen' des Staates gibt und dass Staat – als institutionelles Ensemble, als Diskurs, als konkrete *Policies* – Teil von Auseinandersetzungen und Kräftekonstellationen ist. Sein Grundgedanke, den Staat als *soziales Verhältnis* zu begreifen, ist auch heute von hoher Relevanz. Gleichwohl muss seine Theorie teilweise aktualisiert, modifiziert und konkretisiert werden. Denn historisch-materialistische Theorie, dies ist eine Selbstverständlichkeit, muss sich immer am Konkreten bewähren.

Unser Argument im Anschluss an Poulantzas lautet, dass der Staat ein soziales Verhältnis und als solches ein herrschaftsförmig strukturiertes strategisches Terrain ist, auf dem emanzipative Bewegungen sich zwar meistens als dem Staat ‚äußerlich' konstituieren (etwa im Unterschied zu Parteien). Sie wirken aber auf die Stabilisierung bzw. Veränderung gesellschaftlicher Diskurse und Kräfteverhältnisse und damit auf das soziale Verhältnis Staat hin, denn Auseinandersetzungen schreiben sich in die staatliche Apparatur und in staatliche Diskurse sowie Politiken ein. Gleichzeitig prägt das soziale Verhältnis Staat die sozialen Kämpfe. Beispielsweise ‚entstehen' Bewegungsakteure, etwa im Fall von NGOs, auch um bestimmte Staatsapparate herum oder werden sogar von diesen aktiv geschaffen (Brand et al. 2001).

Darüber hinaus ist jedoch entscheidend, dass gesellschaftliche Transformationsprozesse nicht nur über den Staat gedacht und angegangen werden. Poulantzas bettete den Staat theoretisch in den Kontext sich verändernder Produktionsverhältnisse und Arbeitsteilung ein. Man könnte auch mit Gramsci sagen: Die Auseinandersetzungen innerhalb der Zivilgesellschaft sind entscheidend für die Möglichkeiten staatlicher Projekte und staatlicher Politik. Interessen, Normen, Identitäten und Projekte werden in vielen Bereichen erst oder besonders wirksam über ihre ‚Staatswerdung', d.h. über die Absicherung durch Gesetze, staatliche Ressourcen und Legitimität oder die ‚Panzerung' mit Zwang (Gramsci 1991ff.: 1560).

Der Staat ist für Poulantzas weder eine neutrale, dem Gemeinwohl und der effektiven Problembearbeitung verpflichtete Instanz, noch ein Instrument der herrschenden Klassen. Entsprechend können emanzipative Bewegungen weder darauf setzen, dass der Staat bzw. die staatlichen Akteure Politik im Sinne des ‚Gemeinwohls' betreibt, noch kann der Staat ‚übernommen' werden im Sinne eines Instrumentes emanzipativer Projekte. Zentral ist Poulantzas theoretischer Vorschlag, den Staat nicht als äußerlich zu den gesellschaftlichen Kräften und deren Verhältnis zueinander zu verstehen. Wenn die kapitalistischen Produktionsverhältnisse, gesellschaftliche Arbeitsteilung und entsprechende Machtverhältnisse immer schon durch Kämpfe und Kräfterelationen konstituiert sind und wiederum konstitutiv sind für Kämpfe, dann kann Poulantzas den kapitalistischen Staat konzeptualisieren als „*die materielle Verdichtung eines Kräfteverhältnisses zwischen Klassen und Klassenfraktionen, das sich im Staat immer in spezifischer Form ausdrückt*" (Poulantzas 2002: 159).

Wenn der Staat derart gedacht wird, dann kann er nicht auf politische Herrschaft reduziert werden und der Staatsapparat erschöpft sich nicht in der Staatsmacht. Vielmehr schreibt sich in die institutionelle Materialität des Staates eine historisch-spezifische Form politischer Herrschaft ein, die wiederum eng mit den kapitalistischen Produktionsverhältnissen, gesellschaftlicher Arbeitsteilung und entsprechenden gesellschaftlichen Machtverhältnissen verbunden ist. So kommt Poulantzas zu seiner pointierten Einschätzung: Der Staat ist ein ‚strategisches Feld', auf dem gesellschaftliche Kräfte um die Stärkung ihrer Interessen (wozu auch Identitäten und Wertevorstellungen gehören) und gegebenenfalls die Durchsetzung komplexerer gesellschaftlicher Projekte ringen.

Poulantzas wies darüber hinaus auf die Widersprüche im hierarchisch gegliederten Staatsapparat und auf die konkurrierenden Staatsprojekte hin. Die Widersprüche zwischen den herrschenden Klassen und die Kräfteverhältnisse innerhalb des Blocks an der Macht nehmen „die Form von Widersprüchen zwischen den verschiedenen staatlichen Zweigen und Apparaten an, sowie die Form von Widersprüchen innerhalb dieser Zweige und Apparate sowohl in vertikaler wie in horizontaler Richtung [...], existieren also als *im Inneren des Staates verknotete widersprüchliche Verhältnisse*" (Poulantzas 2002: 164f.).

Die in Auseinandersetzungen sich mehr oder weniger stark artikulierenden Interessen der Subalternen wirken entweder auf Distanz und verschärfen die Reibungen und Widersprüche zwischen den Staatsapparaten oder sie sind in einigen, eher schwachen Staatsapparaten – und dort unterschiedlich – präsent. Über den Staat werden die instabilen Kompromisse zwischen dem Block an der

Macht und den beherrschten Klassen organisiert. Zudem werden die beherrschten Klassen und Kräfte desorganisiert und gespalten (Poulantzas 2002: 171f.). Verschiedene staatliche Apparate kondensieren verschiedene Interessen und Projekte und tragen damit gleichzeitig zu ihrer Stabilisierung bei. Der mächtigste Apparat strebt danach Sitz der Interessen der hegemonialen Fraktion im ‚Block an der Macht' zu werden. Die politisch herrschenden Kräfte – Poulantzas fokussiert hier Klassen und Klassenfraktionen – finden im ‚Block an der Macht' zu einer Einheit. Gleichzeitig versucht die hegemoniale Fraktion im Block an der Macht ihre Interessen in diesem Apparat zu verankern (Poulantzas 2002: 164ff.). Diese Versuche sind allerdings beständig vom Scheitern bedroht. Die ökonomischen Staatsapparate haben tendenziell eine wichtigere Stellung. Aber die Spannungen und Hierarchien zwischen den einzelnen Apparaten müssen als verdichtete Kräftekonstellationen verstanden werden. In Zeiten starker herrschaftskritischer Bewegungen können etwa die politischen Machtzentren aus bestimmten Apparaten in andere verlegt werden, welche den Ansprüchen der Beherrschten gegenüber weniger offen sind.

Für eine der interessantesten theoretischen Kategorien, um das Verhältnis von Staat und Bewegungen zu denken, halten wir die der *strategischen Selektivität* von Bob Jessop. Mit diesem Begriff weist Jessop darauf hin, dass der Zugang einzelner Kräfte zum Staat bzw. zu den spezifischen Apparaten asymmetrisch ist und dieser Sachverhalt in den materiellen Aufbau und in die strategischen Orientierungen des Staates eingelassen ist. Spezifische Interessen werden privilegiert. „Ein gegebener Staatstyp, eine gegebene Staatsform, eine gegebene Regimeform wird einigen Kräften zugänglicher als anderen sein entsprechend den Strategien, die sie verfolgen, um die Staatsmacht zu erlangen. Und es wird sich aufgrund der Interventionsweisen und Ressourcenformen, die dieses System charakterisieren, zur Verfolgung einiger Typen ökonomischer oder politischer Strategien eher als zu anderen eignen" (Jessop 1992: 233f.).

Der bürgerlich-kapitalistische Staat konstituiert das Terrain, auf dem soziale Konflikte in staatlich-politische transformiert und damit spezifischen Auftragungsmodi unterworfen werden. Der Staat ist eine wesentliche Instanz, um ‚instabile Kompromissgleichgewichte' (Poulantzas verwendet diesen Begriff in Anlehnung an Gramsci) zu schaffen. Dies ist der Fall, weil der Staat über spezifische strategische Kapazitäten verfügt: über Gesetze, Ressourcen, Anerkennung als allgemeine, nicht-partikulare Instanz der Gesellschaft, den Einsatz oder Nicht-Einsatz physischer Gewaltmittel. Der Staat ist aber auch deshalb wichtig, weil die gesellschaftlichen Akteure ein bestimmtes Wissen über den Staat haben. Der Staat und seine Rolle ist für seine Apparate selbst, aber auch innerhalb der Gesellschaft ein tief verankertes Dispositiv.

Staat ist aber nicht nur Terrain und Ausdruck von Auseinandersetzungen und Kompromissen, sondern er gibt den Kämpfen eine Form. Wenn soziale Kräfte um die Stärkung oder gar Verallgemeinerung von Interessen und Projekten ringen, dann ist der Staat ein Terrain der Verallgemeinerung. Aber dieses Terrain ist bereits vorstrukturiert, die Akteure haben sich bestimmten staatlich-politischen Regeln zu unterwerfen, z.b. in einem Gesetzgebungsverfahren oder im Agieren gegenüber staatlichen Bürokratien. Dass spezifische Sachverhalte durch bestimmte Kräfte als entscheidende Strategien und Konflikte für die zukünftige gesellschaftliche Entwicklung aufgeladen werden (etwa die notwendige Schwächung eines vermeintlich ineffizienten Staates durch die Neoliberalen) führt dazu, dass diese Strategien ‚politikfähig' werden müssen, also geordnet in öffentlichen, parlamentarischen und bürokratischen Prozessen umgesetzt werden. Diese Regeln zu übertreten ist natürlich möglich, aber es drohen Sanktionen und es bedarf der besonderen Legitimation.

Poulantzas setzt im Zuge der soeben skizzierten theoretischen Perspektive politisch-strategisch auf die schrittweise Veränderung der gesellschaftlichen Kräfteverhältnisse und des Staatsapparates selbst. Emanzipative soziale Akteure müssen sich teilweise auf das Terrain des Staates begeben, ohne dessen hierarchische Struktur zu unterschätzen und ohne der Illusion linker Expertinnen und Experten aufzusitzen, mit alternativem Wissen auf politischer Augenhöhe mit den herrschenden Kräften agieren zu können.

5 Wider den Sog des Etatismus: Emanzipatorische Kämpfe und ihr Verhältnis zum Staat

Hinsichtlich des Verhältnisses von Staat und emanzipativen Bewegungen bzw. ihren politisch-strategischen Überlegungen hat die Staatstheorie Poulantzas erhebliche Konsequenzen. Wir schließen in diesem Teil daran an und gehen mit einigen Überlegungen über Poulantzas hinaus.[3]

Eine Konsequenz aus der Theorie von Poulantzas liegt darin, aktuelle neoliberal-imperiale Politiken als verdichtete soziale Kräftekonstellationen und als Teil kapitalistischer Produktionsverhältnisse und Arbeitsteilung zu verstehen. Es handelt sich eben nicht nur um staatliche Politik, sondern um umkämpfte, aber mehr oder weniger erfolgreiche *gesellschaftliche* Projekte. Damit soll der Eigensinn von Politik – im Sinne eines aus ‚der Ökonomie' oder den Anforderungen der Kapitalakkumulation abgeleiteten Verhältnisses – nicht negiert, gleichwohl

---

[3] In diesem Beitrag geht es aus Platzgründen nicht um die Frage, wie die internationale Ebene der Politik als Teil des sich internationalisierenden Staates begriffen werden kann (siehe hierzu Görg/Wissen 2003, Hirsch 2005, Brand et al. 2007).

aber auf den gesamtgesellschaftlichen Zusammenhang hingewiesen werden. Diesen Gesamtzusammenhang gilt es daher, wenn von emanzipatorischen Strategien die Rede ist, zu verändern. Dies ist unseres Erachtens, wenngleich nicht in der Theoriesprache Poulantzas, auf dem WSF präsent. Das Forum selbst, und das macht seine Faszination aus, gibt einen Eindruck über die vielfältigen defensiven wie offensiven Kämpfe, die aus direktem Überlebensinteresse oder strategisch-mittelfristig in sehr unterschiedlichen Bereichen und auf verschiedenen räumlichen Maßstabsebenen stattfinden. Manche Bewegungen orientieren sich stärker an staatlichen Institutionen, andere haben bzw. sehen in diesen eher Gegner und kümmern sich mehr oder weniger gezwungenermaßen um den Aufbau eigener sozio-ökonomischer wie politischer Strukturen.

Wir haben bereits deutlich gemacht, dass der Staat nicht nur ein neutrales Terrain zur Verallgemeinerung bzw. Absicherung von Interessen darstellt. Vielmehr wirkt der Staat als institutionelles Ensemble diskursiv und über konkrete Politiken auf die Organisations- und Artikulationsfähigkeit spezifischer sozialer Kräfte ein. Diese Einwirkung ist nicht völlig offen, sondern – da der Staat selbst ein verdichtetes Kräfteverhältnis ist – von den gesellschaftlichen Strukturen und Kräfteverhältnissen geprägt. Auch die Mittel, mit denen der Staat agiert, sind nicht neutral, sondern sie sind selbst bürgerlich-kapitalistisch strukturiert: Recht, Geld, das Angewiesensein auf Steuern und damit eine funktionierende kapitalistische Ökonomie. Poulantzas argumentierte – unseres Erachtens zu Recht – gegen ein vereinfachtes Staatsverständnis. Auch dieser Sachverhalt wird in vielen Diskussionen deutlich. Der Zugang von Bewegungen zu staatlichen Apparaten, die konkret asymmetrischen Kräftekonstellationen und die keineswegs neutralen Mittel des Staates – insbesondere das Recht – werden immer wieder diskutiert.

Das Dilemma bleibt aber bestehen: Es bedarf unter den gegebenen Bedingungen auch des Staates zur Absicherung emanzipativer Errungenschaften. Daraus folgt, dass auch emanzipatorische Bewegungen Staat – im Sinne eines verdichteten Kräfteverhältnisses – in ihr Kalkül einbeziehen müssen. Eine einfache Negation der Bedeutung des Staates, wie in manchen der oben skizzierten theoretischen Ansätze, die auf dem WSF kursieren, hilft unseres Erachtens hier nicht weiter. Gleichzeitig liegt in diesem Punkt ein gewisser ‚Sog des Etatismus' begründet, den wir genauer entschlüsseln und auf dessen Gefahren wir verweisen wollen.

Kommen wir zunächst zum materiellen Aufbau des Staates im engeren Sinne: In den einzelnen Apparaten verdichten sich je spezifische Kräfteverhältnisse. Das hat enorme Auswirkungen auf politisch-strategische Überlegungen, denn Strategien müssen dann auch spezifisch formuliert werden. Das ist ja eine produktive Einsicht vieler NGOs und eines relevanten Spektrums der Bewegungen für eine andere Globalisierung. Gleichzeitig besteht bei NGOs aber die Gefahr des Expertismus oder linker Technokratie, denn sehr schnell geraten soziale Kräfteverhältnisse sowie tief verankerte soziale Praktiken (der Produktion, des Konsums, der Geschlechterverhältnisse) und damit einhergehende Grenzen bestimmter Strategien aus dem Blick. Poulantzas wies auf die Etatisierung bzw. die Sozialdemokratisierung von Auseinandersetzungen hin, wenn diese sich nicht ihrer eigenen, vom Staat relativ unabhängigen Basis vergewissern (Poulantzas 2002: 292).

Ein weiteres Problem des Binnenverhältnisses von Bewegungen besteht darin, dass diejenigen Teile der Bewegung, die sich auf die Struktur der staatlichen Matrix in ihren Kämpfen einlassen, oftmals staatliche Formen der Auseinandersetzung aufgreifen – von der Form des Lobbying bis zur Formulierung von Gesetzestexten oder gar zu staatlich zugesprochenen Sonderstellungen wie etwa das Verbandsklagerecht. Damit erringen sie tendenziell die Artikulationshoheit gegenüber den ‚autonomen' Teilen einer Bewegung. Reproduziert werden so die durch die staatlichen Apparate aufrechterhaltenen Hierarchien auch in der Bewegung. Dieser Sachverhalt wird weiter verkompliziert durch linke Parteien, die sich qua Existenz auf das staatlich strukturierte Terrain einlassen (siehe dazu weiter unten).

Ein weiterer Sachverhalt ist in diesem Zusammenhang strategisch bedeutsam: Unterschiedliche Kräfte haben je spezifische Zugänge zu einzelnen Apparaten. Bob Jessop nennt dies, wie oben ausgeführt, eine ‚strategische Selektivität' der Apparate. Die Veränderung strategischer Selektivität findet zum einen ‚aus der Distanz' statt, d.h. durch sich verschiebende Kräftekonstellationen. Zum anderen können Selektivitäten zugunsten herrschender Kräfte und Themen durch kluge Strategien, erkannte Widersprüche zwischen den Apparaten sowie ‚Möglichkeitsfenster' wie Protest und Krisen verringert werden. Dies kann nur gelingen, wenn die staatliche Matrix als ein zentrales Konfliktterrain wahr- und ernst genommen wird. So ist ein zentraler Ansatzpunkt der Bewegungen für eine andere Globalisierung jener, sich gegen die neoliberal-imperiale Transformation der Gesellschaft und damit auch des Staates zur Wehr zu setzen. Staat ist als soziales Verhältnis eben kein abgeschlossenes Terrain, sondern als institutionalisiertes Praxisverhältnis immer im Werden. Besonders deutlich wird das derzeit in der internationalen Politik, in der viele Terrains erst geschaffen werden und sich nicht umsonst viele Kämpfe darauf konzentrieren, die neoliberal-imperiale Selektivität internationaler politischer Institutionen zu verhindern (etwa gegen die Welthandelsorganisation oder die amerikanische Freihandelszone).

Staat als institutionelles Ensemble sichert nicht nur spezifische Interessen und Kompromisse über Recht, Ressourcen und Legitimität ab. Der Staat ist auch ein gewolltes Verhältnis, d.h. es gibt im bürgerlichen Alltagsverstand bzw. Politikverständnis einen breit akzeptierten Staat samt seinen Zuständigkeiten für das gesellschaftliche ‚Allgemeine' (die sich historisch-spezifisch verschieben, wie das Thema Privatisierung zeigt). Staat ist also als Diskurs das Zentrum des bürgerlichen Politischen und es gehört teilweise zu den Strategien von Bewegungen, an diesen Diskurs *anzuschließen*. Die politisch-strategische Kunst besteht darin, den Diskurs bzw. das bürgerliche Politikverständnis *gleichzeitig zu unterlaufen*. Dies kann etwa über ‚radikale Forderungen' erfolgen (Wissen et al. 2003). Dies geschieht auf dem WSF beispielsweise migrationspolitisch mit der Forderung ‚Grenzen auf für alle' und dem postulierten Recht auf Migration, in der Diskussion um einen Schuldenerlass als notwenige Weigerung südlicher Regierungen, die illegitimen Schulden zu bezahlen oder mit dem Begriff der De-Globalisierung (Bello 2005), demzufolge es um eine Schwächung internationaler politischer Institutionen geht, um Spielraum für lokale Entwicklungen zu schaffen. Immer spielt der Staat eine Rolle als Adressat von Forderungen und als Akteur sie umzusetzen. Gleichzeitig sollen aber die Grenzen staatlicher Handlungsfähigkeit deutlich und damit Menschen motiviert werden, sich selbst zu organisieren und wichtige Probleme so weit wie möglich eigenständig anzugehen.

Einen besonderen Stellenwert nehmen im bürgerlich-kapitalistischen Staatsapparat Parteien ein – und nicht umsonst ranken sich viele Diskussionen innerhalb emanzipatorischer Bewegungen um das Verhältnis zu linken politischen Parteien. Sie sind normalerweise jene von der Verfassung mit einer privilegierten Rolle ausgestatteten Entitäten, welche politischen Interessen im politischen Prozess formulieren, bündeln und/oder repräsentieren. Das ist ambivalent: Zum einen haben Parteien, insbesondere als Regierungsparteien, aber auch jene der Opposition, einen privilegierten Zugang zu staatlichen Apparaten bzw. stellen deren Spitzenpersonal und spielen eine – von oft ärmlichen Inhalten absehen – herausragende Rolle in der bürgerlich-politischen Öffentlichkeit, von der soziale Bewegungen nur träumen können. Das Umfeld von Parteien, in Deutschland etwa Stiftungen, aber auch Publikationen wirken strukturierend auf gesellschaftliche Auseinandersetzungen ein. Für emanzipative Bewegungen können linke Parteien und ihr Umfeld eine nicht zu unterschätzende organisatorische und intellektuelle Infrastruktur darstellen.

Zum anderen sind Parteien selbst Teil des Staatsapparates. Sie müssen sich bestimmten Regeln unterwerfen, insbesondere der Konkurrenz zu und Distinktion von anderen Parteien, aber auch um sich zu finanzieren und den eigenen Apparat zu unterhalten. Parteien sind etablierter Bestandteil der Rotation politischer Eliten und damit der relativen Erneuerungsfähigkeit und Legitimität bürgerlicher Herrschaft. Sie verkörpern ein tendenziell etatistisch-professionelles Politikverständnis und homogenisieren vielfältige Interessen. Die aktuelle Diskussionen um die Linkspartei – die in sie gehegten Hoffnungen und geäußerten Befürchtungen bzw. konkrete Erfahrungen wie hinsichtlich der Regierungsbeteiligung in

Berlin – verdeutlichen das. Bei dem Parteienbündnis *Frente Amplio* (Breite Front) in Uruguay und der Arbeiterpartei in Brasilien, um andere Beispiele zu nennen, haben sich hochgesteckte Erwartungen in kürzester Zeit zerschlagen. Allgemein kann gesagt werden: Linke Parteien bzw. deren ‚aufgeschlossene Teile' sind wichtig für Bewegungen und deren politische Artikulation. Parteien sind in gewisser Weise selbst Teil historisch-spezifischer Konstellationen und verdichteter Kräfteverhältnisse. Es ist jedoch aus den genannten und anderen Gründen für die Bewegungen ein hochgradig ambivalentes Verhältnis.

Eine wichtige Orientierung hat sich in den letzten Jahren entwickelt, die in den 1970er Jahren noch eher schwach war und bei Poulantzas kaum eine Rolle spielt: Die Pluralität von sozialen Konfliktlagen und von entsprechenden emanzipativen Kämpfen sowie deren Spannungen untereinander zu sehen. Poulantzas dachte noch stark in den Kategorien von Klassen und Parteien. Diese Vielfältigkeit, die eben nicht nur in unterschiedlichen politischen Sichtweisen, sondern auch in der Pluralität gesellschaftlicher Konflikte liegt, hat eine wichtige Konsequenz: Emanzipative oder gegen-hegemoniale Strategien können nicht als ein immer größer werdender und sich vereinheitlichender Strom von Gegenmacht konzeptualisiert werden. Wichtig sind jedoch gemeinsame Orientierungen, Bezugspunkte und Diskussionen.

Im Anschluss an Poulantzas kann gesagt werden, dass die spezifischen emanzipativen Spektren die jeweiligen dominanten Strategien und ihre Versuche der Verallgemeinerung und Staatswerdung – die ja nie abgeschlossen sind, sondern Teil von Auseinandersetzungen bleiben – analysieren und bekämpfen müssen.

Die angestellten Überlegungen bringen uns zu einer Einsicht, die in der recht abstrakten Theorie von Poulantzas keine Rolle spielt (die dem politischen Intellektuellen aber klar war): Es bedarf permanenter Klärungsprozesse und strategischer Diskussionen innerhalb des emanzipatorischen Spektrums. Voraussetzung dafür sind politisches Vertrauen und geeignete Formen des Zusammenkommens. Deshalb bleibt die Entwicklung vom Staat relativ unabhängiger Strukturen wie etwa der politischen Organisierung, materieller Reproduktion oder von Öffentlichkeit wichtig.

Gerade eine solche Perspektive impliziert, die Zentralität des staatlichen Terrains nicht zu unterschätzen und einen Modus der *strategischen Intervention* zu entwickeln. Damit ist gemeint, dass die Bedeutung und die Funktionen des Staates in der bürgerlichen Gesellschaft reflektiert werden sollten. Eine Negation des Staates löst die Probleme nicht, die sich aus dem ambivalenten, aber nur in den seltensten Fällen radikal äußerlichen Verhältnis von sozialen Bewegungen und Staat für Erstere ergeben. Unter strategischen Interventionen verstehen wir eine Vielzahl von Verhaltensweisen im konkreten Verhältnis von sozialen Bewegungen und Staat. Beispielsweise muss für die Organisierung einer breiten sozialen Bewegung durchaus auf staatliche Ressourcen zurückgegriffen werden, so auch zur Finanzierung der Sozialforen, was allerdings nicht mit einer Festlegung von Inhalten im Sinne der staatlichen Geldgeber einhergehen sollte. Auch das Stellen radikaler anstelle realpolitischer Forderungen ist ein Element von strategischen Interventionen. Ebenso die bewusste Überschreitung innerhalb einer Bewegung von staatlich perforierten Grenzen, wie beispielsweise die Trennung von legalen und illegalen Aktionsformen. Beim Fungieren als Kulisse für bestimmte Regierungen, wie dies teilweise beim Sozialforum 2006 der Fall war, handelt es sich u.E. nicht um eine ‚strategische Intervention'.

6   Ausblick: radikale Transformationen

Das Forum im Sinne des WSF ist von großer Bedeutung für viele Bewegungen und hat sich als eigenständiger Kontrapunkt der Bewegungen zum Weltwirtschaftsgipfel in Davos etabliert.

Dennoch strahlt die derzeit zumindest in Lateinamerika dominant werdende und in Europa weiterhin bestehende Orientierung am Staat die damit verbundene Abwertung jener Bewegungen, die sich nicht zuvorderst darauf beziehen, aus. Abgeschattet wird tendenziell auch der Horizont, in dem die herrschaftsförmige Gestalt des Staates überhaupt überwunden wird und sein Gegensatz von ‚National'- und ‚Welt'-Staatlichkeit ersetzt wird „durch ganz neue und komplexere Verbindungen lokaler, regionaler und globaler, zentraler und dezentraler politischer Organisation" (Hirsch 2006: 99). Diese Überlegungen können verbunden werden mit der These, dass es sich bei den globalen sozialen Bewegungen um Demokratisierungsbewegungen (McNally 2002, Marchart und Weinzierl 2006) handelt. Der Signifikant Demokratie gilt als weitgehend unangefochtener Horizont, denn die Bewegungen agieren innerhalb der bestehenden Demokratie und versuchen gleichzeitig, sie zu radikalisieren (so Marchart und Weinzierl 2006a in Anlehnung an Ernesto Laclau und Chantal Mouffe). Zumindest in den Strategiediskussionen und in der öffentlichen Diskussion bedeutet das aber, dass es auch um die ganz konkreten Auseinandersetzungen ‚vor Ort', in Betrieben, Stadtteilen, Universitäten und persönlichen Nahverhältnissen geht. Dies könnte mit der wachsenden Staatsorientierung wichtiger WSF-Akteure unterlaufen werden.

Zudem stellt sich im WSF das Problem der Hierarchien, die vielfach informell und undurchsichtig sind. Daher wird die Demokratisierung des WSF eine Aufgabe der kommenden Jahre sein. Nähmen diese Entwicklungen sowie die Ausrichtung des WSF als Akteur überhand, dann würden bestimmte Strömungen nicht mehr teilnehmen. Ob das von den dominanten Kräften in Kauf genommen wird bzw. sich bestimmte Positionen als dominante gegen die Zustimmung relevanter anderer durchzusetzen vermögen, das ist eine der wichtigsten Fragen des WSF. Entsprechend gibt es unter den Machern des WSF, versammelt im so genannten ‚Internationalen Rat' (in dem etwa 160 Organisationen vertreten sind), heftige Auseinandersetzungen um die zukünftige Entwicklung. Die einen wollen es als politischen Akteur mit klaren Positionen etablieren, es soll sich einmischen und Orientierung stiften. Das ist bei Positionen wie jenen gegen Krieg und Militarisierung, gegen die WTO oder gegen Privatisierung auch nicht umstritten. Andere sehen jedoch eine Gefahr darin, dass ein Forum, das sich zu vielen Sachverhalten äußert, das Konsensprinzip verlassen würde und damit auf mittlere Sicht seine Attraktivität verlieren könnte.

Das WSF durch Staatsnähe stärken zu wollen, wird es schwächen, denn zu viele Kräfte finden sich nicht dabei wieder. Spannend bleibt, dass – entgegen der öffentlichen Wahrnehmung – viele Teilnehmer diese Umarmung gar nicht mit sich machen lassen. Das spezifische Verhältnis von Staat, Parteien und Bewegungen wird entlang konkreter Probleme immer wieder deutlich und müsste, so unser Argument, noch stärker reflektiert werden. Die Attraktivität des Forums als Raum liegt unter anderem darin, dem ‚Sog des Etatismus' zu entgehen und die Rolle des Staates als strategisches, aber herrschaftsförmiges Terrain allgemein und jeweils konkret zu reflektieren.

Literatur

Aronowitz, Stanley und Gautney, Heather (Hg.), 2003: Implicating Empire. Globalization & Resistance in the 21st. Century World Order. New York: Basic Books

Badura, Jens, 2006: Dekonstruktive Globalisierungskritik. Sondierungen zum substantiellen Nein. S. 150-155 in: Oliver Marchart und Rupert Weinzierl (Hg.), Stand der Bewegung? Protest, Globalisierung, Demokratie – eine Bestandsaufnahme. Münster: Westfälisches Dampfboot

Bello, Walden, 2005: De-Globalisierung: Widerstand gegen die neue Weltordnung. Hamburg: VSA

Brand, Ulrich, 2005: Gegen-Hegemonie. Perspektiven globalisierungskritischer Strategien. Hamburg: VSA

Brand, Ulrich, Demirovic, Alex, Görg, Christoph und Hirsch, Joachim (Hg.), 2001: Nichtregierungsorganisationen in der Transformation des Staates. Münster: Westfälisches Dampfboot

Brand, Ulrich, Görg, Christoph, Hirsch, Joachim und Wissen, Markus, 2007: Contested Terrains. Conflicts about genetic resources and the internationalisation of the state. London: Routledge

Brunnengräber, Achim, 2006: „New Global Opposition"... oder was ist wirklich neu an den globalisierungskritischen Bewegungen. S. 16-34 in: Oliver Marchart und Rupert Weinzierl (Hg.), Stand der Bewegung? Protest, Globalisierung, Demokratie – eine Bestandsaufnahme. Münster: Westfälisches Dampfboot

BUKO – Bundeskoordination Internationalismus (Hg.), 2003: radikal global. Bausteine für eine internationalistische Linke. Für die Bundeskoordination Internationalismus. Hg. Theo von Bruns, Moe Hierlmeier, Alexander Schudy und Markus Wissen. Berlin: Assoziation A

Fisher, William F. und Ponniah, Thomas (Hg.), 2003: Another World is Possible. London u.a.: Zed Books

Görg, Chistoph und Wissen, Markus, 2003: National dominierte globale Herrschaft. Zum Verhältnis von Uni- und Multilateralismus in der „Neuen Weltordnung". Prokla 33: 625-644

Gramsci, Antonio, 1991ff.: Gefängnishefte. Hg. von Klaus Bochmann und Wolfgang-Fritz Haug. Hefte 1, 12 und 13. Hamburg/Berlin: Argument

Hardt, Michael und Negri, Antonio, 2002: Empire. Die neue Weltordnung. Frankfurt/M./New York: Campus

Heigl, Miriam, 2005: Auf dem Weg zur finalen Krise des Kapitalismus? Weltsystemtheoretische Beiträge zur neueren Debatte um Imperialismus. Prokla 35: 267-286

Holloway, John, 2002: Die Welt verändern, ohne die Macht zu übernehmen. Münster: Westfälisches Dampfboot

Hirsch, Joachim, 2005: Materialistische Staatstheorie. Transformationsprozesse des kapitalistischen Staatensystems. Hamburg: VSA

Hirsch, Joachim, 2006: Soziale Bewegungen in demokratietheoretischer Perspektive. S. 88-104 in: Oliver Marchart und Rupert Weinzierl (Hg.), Stand der Bewegung? Protest, Globalisierung, Demokratie – eine Bestandsaufnahme. Münster: Westfälisches Dampfboot

iz3w – Informationszentrum Dritte Welt (Hg.), 2001: Gegenverkehr. Soziale Bewegung im globalen Kapitalismus. Freiburg: iz3w

iz3w – Informationszentrum Dritte Welt und BUKO – Bundeskoordination Internationalismus (Hg.), 2002: Wo steht die Bewegung? Eine Zwischenbilanz der Globalisierungskritik. Freiburg: iz3w

Jessop, Bob, 1992: Regulation und Politik. Integrale Ökonomie und integraler Staat. S. 232-262 in: Alex Demirovic, Hans-Peter Krebs und Thomas Sablowski (Hg.), Hegemonie und Staat. Kapitalistische Regulation als Projekt und Prozess. Münster: Westfälisches Dampfboot

Leggewie, Claus, 2003: Die Globalisierung und ihre Gegner. München: C.H. Beck

Kastner, Jens, 2006: Globalisierungskritik und Kräfteverhältnisse. Zur Staatskonzeption bei Zygmunt Baumann, Pierre Bourdieu, Noam Chomsky und Subcomandante Marcos. S. 172-193 in: Oliver Marchart und Rupert Weinzierl (Hg.), Stand der Bewegung? Protest, Globalisierung, Demokratie – eine Bestandsaufnahme. Münster: Westfälisches Dampfboot

Marchart, Oliver und Weinzierl, Rupert, 2006a: Radikale Demokratie und Neue Protestformationen. S. 7-15 in: Dies. (Hg.), Stand der Bewegung? Protest, Globalisierung, Demokratie – eine Bestandsaufnahme. Münster: Westfälisches Dampfboot

Marchart, Oliver und Weinzierl, Rupert (Hg.), 2006b: Stand der Bewegung? Protest, Globalisierung, Demokratie – eine Bestandsaufnahme. Münster: Westfälisches Dampfboot

McNally, David, 2002: Another World is Possible. Globalization and anti-capitalism. Winnipeg: Arbeiter Ring

Jessop, Bob, 1992: Regulation und Politik. Integrale Ökonomie und integraler Staat. S. 232-262 in: Alex Demirovic, Hans-Peter Krebs und Thomas Sablowski (Hg.), Hegemonie und Staat. Kapitalistische Regulation als Projekt und Prozess. Münster: Westfälisches Dampfboot

Patomäki, Heikki und Teivainen, Teivo, 2004: A Possible World. Democratic Transformation of Global Institutions. London/New York: Zed Books

Panitch, Leo und Gindin, Sam 2004: Globaler Kapitalismus und amerikanisches Imperium. Hamburg: VSA

Poulantzas, Nicos, 2002 (1978): Staatstheorie. Politischer Überbau, Ideologie, Sozialistische Demokratie. Hamburg: VSA

Wissen, Markus, Habermann, Friederike und Brand, Ulrich, 2003: Vom Gebrauchswert radikaler Kritik. Perspektiven für eine gesellschaftsverändernde Praxis. S. 43-56 in: BUKO – Bundeskoordination Internationalismus (Hg.), radikal global. Bausteine für eine internationalistische Linke. Für die Bundeskoordination Internationalismus. Hg. Theo von Bruns, Moe Hierlmeier, Alexander Schudy und Markus Wissen. Berlin: Assoziation A

Amerikanisierungskritik und Globalisierung: Das Fallbeispiel Südkoreas

Thomas Kern

1 Kulturelle Differenz in der Globalisierung

Ein zentrales Problem der gegenwärtigen Globalisierung ist das Verhältnis zwischen kultureller Homogenisierung und Heterogenisierung. Die Globalisierung wird häufig gleichgesetzt mit der weltweiten Ausbreitung der westlichen Kultur (Barber 1996, Revel 2004). Soweit die USA den westlichen Lebensstil in besonderer Weise verkörpern, wird dabei oft auch von ‚Amerikanisierung' gesprochen. Im 19. Jahrhundert wurde damit noch die kulturelle Assimilation europäischer Einwanderer beschrieben. Heute ist zumeist die „stetige Anpassung von Wirtschaft, Gesellschaft und Kultur eines anderen Landes an die Gegebenheiten in den USA" (Wikipedia) gemeint. Mit dem Szenario einer Amerikanisierung werden oftmals kulturelle Vorurteile und Ängste geschürt, die im Gegenzug Widerstand provozieren, der wiederum zumeist als ‚Anti-Amerikanismus' etikettiert wird. Die Palette widerständiger Ausdrucksformen reicht dabei von Schutzbestimmungen für die eigene Kultur über den Boykott amerikanischer Produkte bis hin zu gewalttätigen Anschlägen.

Die Gleichsetzung von Globalisierung und ‚Amerikanisierung' greift jedoch zu kurz. Folgt man den Darstellungen Luhmanns (1998: 806ff., Stichweh 2000), so bildet die weltweite Ausdehnung der Teilsysteme Wirtschaft, Politik, Wissenschaft, Bildung, Religion etc. den harten Kern der Globalisierung. Die damit einhergehende Verallgemeinerung und Vereinheitlichung von Institutionen, Symbolen und Praktiken beschreibt dabei aber nur *die* Seite der Transformation, die das Besondere einer umfassenden Vergleichbarkeit unterwirft (Luhmann 1999). Als Folge müssen sich beispielsweise alle kognitiven Wahrheitsansprüche zunehmend am Maßstab der Wissenschaftlichkeit messen lassen, unabhängig von wem oder wo sie erhoben werden. In der Wirtschaft garantiert die freie Konvertierbarkeit der Währungen die weltweite Vergleichbarkeit von Besitz; und im politischen System hat sich die Demokratie zur Standardform politischer Herrschaft entwickelt.

Paradoxerweise folgt daraus aber nicht zwangsläufig die kulturelle Nivellierung und Homogenisierung der Weltgesellschaft. Die Homogenisierung bildet vielmehr die Voraussetzung dafür, dass kulturelle Differenzen erst *sichtbar* werden: Zahlungen beziehen sich zwar immer auf Zahlungen und konstituieren damit den Raum der Weltwirtschaft – erst innerhalb dieses Rahmens wird jedoch deutlich, dass ökonomische Transaktionen mit unterschiedlichsten Motiven, semantischen Figuren, symbolischen Bedeutungen, Praktiken und Legitimationen verbunden sein können (Nassehi 2004: 9). Ähnliches gilt auch für die anderen Teilsysteme. Auf diese Weise formt sich eine „globale kulturelle Ökonomie" (Appadurai 1990), die neue Möglichkeiten der Imagination, Behauptung und Verteidigung lokaler Identitäten eröffnet.

‚Amerikanisierung' ist somit nur eine von vielen möglichen Beschreibungsformeln für Homogenisierungsprozesse im Zuge der Globalisierung. Obwohl die weltweit dominante Stellung der US-amerikanischen Kultur nicht zu leugnen ist (Mackay 2000), beschränkt sich die Angst vor kulturellem Imperialismus und Identitätsverlust in vielen Ländern nicht allein auf das Verhältnis zu den USA. Die Islamisierung Europas, Indisierung Südasiens, Japanisierung Ostasiens und nicht zu vergessen: Latinisierung der USA weckt in den betroffenen Weltregionen ähnliche und teilweise schlimmere Befürchtungen vor kultureller ‚Überfremdung'. Die damit einhergehende Selbst- und Fremdkonstruktion kollektiver Identitäten ist Ausdruck einer zunehmenden kulturellen Heterogenisierung.

Die weltweite Ausbreitung des Wirtschafts-, Politik-, Bildungs-, Wissenschafts- oder Religionssystems bildet somit den Rahmen für die Definition kultureller Differenzen. Die besondere Dynamik der Globalisierung liegt dabei nicht im Nebeneinander unabhängiger Prozesse der kulturellen Homogenisierung und Heterogenisierung, sondern in ihrer wechselseitigen Verschränkung (Robertson 1998). Das heißt, durch die Globalisierung wird kulturelle Diversität nicht zwangsläufig zerstört; vielmehr ist damit zu rechnen, dass kleinste religiöse, ethnische oder regionale Differenzen unter dem Vorzeichen einer neuartigen Verbindung von Homogenisierung und Heterogenisierung verstärkt ins Bewusstsein treten. Die Wahrnehmung der ‚Amerikanisierung' erweist sich dabei als hochgradig standortabhängig: In Europa fällt sie anders aus als in Lateinamerika, im Nahen und Mittleren Osten oder in den USA (Krastev 2004, Faath 2003, Oettler 2003, Ceaser 2003). Gerade dadurch bietet sie sich aber als Ansatzpunkt für die Konstruktion und Behauptung partikularer Identitäten gegen vermeintliche oder tatsächliche kulturelle Homogenisierung.

Dies gilt gerade für den Fall Südkoreas. Traditionell gehört das Land zu den engsten Verbündeten der USA. In den vergangenen 15 Jahren wurde es jedoch immer wieder von massiven Protestwellen mit teilweise scharfer Kritik an den USA überrollt, die ihren vorläufigen Höhepunkt zwischen 2002 und 2004 erreichten (Kern 2005a). Vor diesem Hintergrund beschäftigt sich der vorliegende Artikel mit den strukturellen Rahmenbedingungen für die rasante Zunahme von Protesten gegen die USA in jüngster Zeit und der Frage, welche Rolle dabei die Globalisierung spielt. Die Argumentation gliedert sich dabei in zwei Teile: Im ersten Teil werden die Proteste gegen die USA in den 1980er Jahren untersucht. Obgleich dem Thema in dieser Zeit viel Aufmerksamkeit geschenkt wurde, spielte die Kritik an den USA bei der Mobilisierung der breiten Bevölkerung nur eine geringe Rolle. Im zweiten Teil wird an Beispielen aus den Teilsystemen Bildung, Politik und Wirtschaft gezeigt, dass die starke Zunahme der Proteste in den 1990er Jahren eng mit der Globalisierung zusammenhängt.

2 Kritik an den USA zwischen 1980 und 1987

Seit dem Ende des Korea-Kriegs (1950-1953) bestehen zwischen Südkorea und den USA enge politische, wirtschaftliche und militärische Beziehungen. Durch die Stationierung von zeitweise bis zu 37.000 Soldaten garantierten die USA nicht nur die Sicherheit des Landes gegenüber Nordkorea, sondern leisten darüber hinaus durch umfangreiche finanzielle Transfers einen wesentlichen Beitrag zu dessen wirtschaftlichem Aufstieg. Vor diesem Hintergrund war die Stimmung in der südkoreanischen Öffentlichkeit gegenüber den USA über Jahrzehnte hinweg überwältigend positiv.

Dies änderte sich nach 1980 jedoch grundlegend: Im Dezember 1979 putschte sich eine kleine Gruppe von Generälen an die Macht. Angesichts wachsender Massenproteste verhängte das neue Regime im Mai 1980 das Kriegsrecht über das ganze Land: Alle Versammlungen wurden untersagt, Hochschulen geschlossen, die Zensur eingeführt und jede unerlaubte Entfernung vom Arbeitslatz unter Strafe gestellt. In der südwestlich gelegenen Provinzmetropole Gwangju eskalierte die Situation jedoch, als Studenten und Bürger während einer Demonstration gegen die Verhängung des Kriegsrechts von Sicherheitskräften brutal misshandelt wurden. Aus Entrüstung schlossen sich immer mehr Bürger den Protesten an, vertrieben die Sicherheitskräfte und brachten die Stadt schließlich unter ihre Kontrolle. Erst nach mehrtägiger Belagerung gelang es der Armee, unter Einsatz von Panzern und Kampfhubschraubern die Kontrolle über die Stadt wiederzugewinnen. Schätzungen zufolge sind dabei über 2000 Zivilisten ums Leben gekommen (Kern 2005c).

Die Niederschlagung der so genannten ‚Gwangju-Rebellion' hat sich tief in das kollektive Gedächtnis der Südkoreaner eingeprägt (Stokes und Lee 2000). Bis weit in die 1990er Jahre hinein bestimmte die politische, rechtliche und moralische Aufarbeitung dieser Geschehnisse die öffentliche Diskussion. Regelmäßig forderten Dissidenten Aufklärung über die Umstände der Niederschlagung und eine Wiedergutmachung für die Opfer. Für das Verhältnis zu den USA war an diesem Ereignis von Bedeutung, dass innerhalb des militärischen Bündnisses zwischen Washington und Seoul ein Grossteil der südkoreanischen Truppenverbände einem US-amerikanischen General unterstehen. Die für die Niederschlagung der Unruhen in Gwangju eingesetzten Truppen konnten demnach nur mit US-amerikanischer Zustimmung in Bewegung gesetzt werden. Davon ausgehend sind viele Koreaner bis heute fest davon überzeugt, dass ohne eine zumindest stillschweigende Duldung der USA die militärische Niederschlagung der Demonstrationen in Gwangju nicht möglich gewesen wäre. Dieser Vorwurf wiegt umso schwerer, als die Bürger von Gwangju bei ihrem Widerstand gegen ein diktatorisches Regime gerade auf Unterstützung aus den USA gehofft hatten.

Unter dem Eindruck dieses Schlüsselereignisses wurde die Kritik an den USA zunächst in intellektuellen Kreisen immer lauter. Führende Dissidenten der Demokratiebewegung machten aus ihrer Enttäuschung, dass die US-Regierung die brutale Niederschlagung der Unruhen nicht verhindert hatte, kein Geheimnis. Die Frustration darüber, drückte sich in den folgenden Jahren immer wieder in scharfer Kritik oder gewaltsamen Protesten aus. Zwischen 1980 und 1983 wurden in den Städten Gwangju, Busan und Daegu drei Brand- und Bombenanschläge auf US-amerikanische Kultureinrichtungen ausgeübt. Im Mai 1985 besetzten Studenten für 72 Stunden das *US-Information Service Building* (USIS) in Seoul und verlangten von der US-Regierung Aufklärung über ihre Verwicklung in die brutale Niederschlagung der so genannten Gwangju-Rebellion und eine offizielle Entschuldigung. In den nachfolgenden Monaten fand dieses Beispiel zahlreiche Nachahmer: In der Tageszeitung *Korea Times* wurden über zwölf (versuchte) Besetzungen von US-Einrichtungen und Gebäuden durch Studenten und andere Aktivisten gemeldet.

Nicht zuletzt aufgrund der Regierungspropaganda prägten diese spektakulären Ereignisse das öffentliche Bild der südkoreanischen Demokratiebewegung in den 1980er Jahren. Vor allem studentische Aktivisten galten als linksorientiert, radikal und ‚antiamerikanisch'. Die Realität sah jedoch anders aus. Trotz der Diskussionen über wachsenden ‚Antiamerikanismus' zeigt eine empirische Analyse der Protestereignisse zwischen der Machtergreifung durch das Militär 1979 und dem demokratischen Regimewechsel 1987, dass Proteste gegen die USA eher eine Ausnahme waren (siehe Tabelle 1). Nur etwa 3 Prozent aller Protestereignisse, über die in der Tageszeitung *Korea Times* berichtet wurde, verweisen auf Kritik an den USA. Die überwiegende Mehrheit der Forderungen beschäftigt sich mit Fragen der Verfassungsänderung, Polizeigewalt und der Repression von Studenten, Arbeitern und politischen Dissidenten.

Tabelle 1: Proteste nach Thema (1979–1987)

Protestthemen	Prozent
Verfassungsänderung	40,0
Repression von studentischen Aktivitäten	24,6
Polizeigewalt	13,9
Repression von Arbeitern und politischen Dissidenten	12,4
Verschiedene Grundrechte	3,9
Kritik an den USA	3,1
Sonstiges	2,1
Total	100,0

Quelle: Eigene Berechnungen auf der Basis der gesammelten Protestmeldungen der Tageszeitung *Korea Times*, 1979-1987, 6 Ausgaben pro Woche (N = ermittelte Protestthemen gewichtet mit der entsprechenden Zahl an Protesten).[1]

Obgleich die Proteste gegen die USA in der öffentlichen Diskussion eine wichtige Rolle spielten, waren sie für die Mobilisierung der breiten Bevölkerung kaum von Bedeutung. Wie an anderer Stelle ausführlich dargelegt (Kern 2005c), kreisten die Konflikte in den Teilsystemen vor allem um Probleme, die mit der autoritären Herrschaft der Militärs verbunden waren: Studenten demonstrierten gegen die Repression an den Universitäten, Oppositionspolitiker gegen unfairen politischen Wettbewerb, Arbeiter gegen miserable Arbeitsbedingungen und schlechte Bezahlung etc. Im Zentrum stand die Forderung nach Demokratie. Das größte Hindernis auf diesem Weg bildete das Militärregime; die USA spielten zumeist nur indirekt eine Rolle, soweit sie die autoritären Machthaber stützten. Mit der Forderung nach freien Wahlen, Menschenrechten und sozialer Gerechtigkeit wurde die Lösung der Probleme noch im Rahmen der nationalstaatlich organisierten Gesellschaft angestrebt (siehe Tabelle 1).

Mit dem demokratischen Regimewechsel im Juni 1987 änderte sich das politische Klima in Südkorea jedoch grundlegend. In den nachfolgenden Jahren wurde die Allianz mit den USA immer offener in Frage gestellt. Heute sind viele Südkoreaner fest davon überzeugt, dass die Allianz zwischen beiden Staaten ungleich und unfair ist (Mitchell 2004). Proteste gegen die USA haben sich zu einem beinahe normalen Bestandteil des öffentlichen Lebens entwickelt. Vor diesem Hintergrund stellt sich die Frage, warum dieser Wandel – nach mehr als 40 Jahren enger Beziehung – gerade in den 1990er Jahren stattfand. Darum wird es im folgenden Abschnitt gehen.

---

[1] Für eine ausführliche Darstellung der methodischen Vorgehensweise siehe Kern (2005c: 94ff.).

3 Neue Konfliktlinien

Im Zuge des jüngsten Globalisierungsschubs sind in vielen Gesellschaften neue strukturelle Gegensätze entstanden, die als Ausgangspunkt für die Mobilisierung neuer kollektiver Identitäten dienen (Kern 2006, Kriesi und Grande 2004). Dies gilt auch für Südkorea. Wie eingangs erwähnt, spielen die Teilsysteme als institutioneller Rahmen für die Wahrnehmung und Definition kultureller Differenzen – und damit als Ausgangspunkt für Proteste – eine zentrale Rolle. Dieser Zusammenhang wird in den folgenden Abschnitten exemplarisch an den Teilsystemen Bildung, Politik und Wirtschaft untersucht. Der Fokus liegt dabei auf den veränderten strukturellen Rahmenbedingungen im Kontext der Globalisierung.

3.1 Bildung: Konkurrenz um kulturelles Kapital

Ein charakteristisches Merkmal des südkoreanischen Bildungssystems ist seine ausgeprägte Eliten-Orientierung. Wer in einer der wenigen angesehenen Hochschulen wie der Seoul National University oder Yonsei-University aufgenommen wird, hat beste Karriereaussichten. Darüber hinaus ist es zur Gewohnheit geworden, dass Schüler und Studenten gerade aus wohlhabendenden Familien ihre Bildungslaufbahn mit einem Abschluss an einer ausländischen, zumeist amerikanischen Hochschule krönen. In der Folge hat sich das Studium an einer Elite-Universität in Kombination mit einem längeren Aufenthalt in den USA in den vergangenen Jahren zu einer der wichtigsten sekundären Eigenschaften für eine erfolgreiche Karriere in Südkorea entwickelt. Fast alle führenden Positionen in den Bereichen Politik, Wirtschaft und Bildung sind mit Personen besetzt, die über den Abschluss von einer der renommierten südkoreanischen Universitäten hinaus einige Studienjahre in den USA nachweisen können (Dormels 2005).

Wer sich beides nicht leisten kann, dessen Karrierechancen sind – trotz formal gleicher Qualifikation – enge Grenzen gesetzt. Die Bildungssozialisation in den USA erweist sich somit als ein „kulturelles Kapital" (Bourdieu 1992), mit dem das südkoreanische Establishment andere gesellschaftliche Gruppen vom Zugang zu sozialen Spitzenpositionen ausschließt. Dieser Sachverhalt lässt sich anschaulich am Beispiel der Besetzung von Lehrstühlen an führenden Universitäten dokumentieren. Der Professorenberuf gehört in Südkorea traditionell zu den Tätigkeiten mit dem höchsten Sozialprestige. Über die Universität hinaus verfügen Professoren über einen enormen Einfluss in Medien, Politik und Wirtschaft.

Abbildung 1 bietet eine Übersicht darüber, in welchen Ländern Professoren der Yonsei University in Seoul aus den Fachbereichen Politik, Verwaltung, Medien, Volkswirtschaftslehre (VWL) und Soziologie promoviert haben. Wie aus der Gegenüberstellung deutlich wird, haben die in den USA promovierten Professoren ein deutliches Übergewicht: Im Gesamtergebnis erhielten 81 Prozent aller Professoren der untersuchten Fachbereiche ihren Doktortitel in den USA, 7 Prozent in Südkorea und 12 Prozent im restlichen Ausland. Der Zugang zu wissenschaftlichen Spitzenpositionen an einer Elite-Universität ist somit fast ausschließlich Professoren vorbehalten, die in den USA promoviert haben. Promotionen in Südkorea spielen nur eine marginale Rolle und müssen häufig durch alternative Formen eines längeren Aufenthaltes in den USA kompensiert werden. Promotionen aus dem restlichen Ausland haben zwar bessere Karriereaussichten als Promotionen in Südkorea, spielen jedoch ebenfalls nur eine marginale Rolle.

Abbildung 1: Yonsei-Professoren nach Promotionsstandort

Fachbereich	USA	Korea	Andere Länder
Politik	11	2	0
Verwaltung	8	1	2
Medien	7	1	1
VWL	7	0	0
Soziologie	8	2	1

Quelle: Yonsei-University, www.yonsei.ac.kr, Zugriff am 05.11.2003.

Im Widerspruch zu diesem Selektionsmuster steht aber die Tatsache, dass mit dem Ausbau und der Expansion des Bildungssystems in den vergangenen Jahrzehnten die Zahl der in Südkorea ausgebildeten, hochqualifizierten Akademiker in den letzten Jahren dramatisch zugenommen hat (Kern 2005b). Wie Abbildung 2 zeigt, verzeichnen die Promotionen in Südkorea seit Jahren ein stetiges Wachstum, während die Promotionen in den USA stagnieren bzw. leicht zurückgehen. Paradoxerweise erfahren die koreanischen Promotionen aufgrund ihrer starken Wachstumsentwicklung im Konkurrenzkampf um gesellschaftliche Spitzenpositionen somit einen dramatischen Wertverlust, während die Distinktionskraft von US-Promotionen zuzunehmen scheint: 1980 entfielen auf einen US-Promovierten knapp drei Konkurrenten aus Südkorea, 1990 waren es vier und 2004 elf. Dies ist ein Hinweis darauf, dass der strukturelle Gegensatz innerhalb der gebildeten Elite sich seit Beginn der 1990er Jahre verschärft.

Amerikanisierungskritik und Globalisierung: Das Fallbeispiel Südkoreas   189

Abbildung 2: Promotionen von Südkoreanern in den USA und Südkorea (1980-2004)

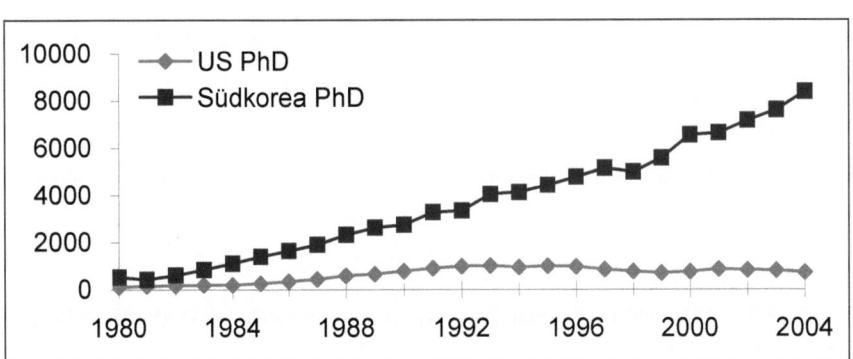

Quelle: Daten für Promotionen in Südkorea: Korea National Center for Education Statistics and Information, www.std.kedi.re.kr, Zugriff am 29.08.2006; Daten für Promotionen in den USA: Korea Research Foundation, http://www.krf.or.kr/html/rip/siStat.htm, Zugriff am 30.8.2006.

Inwiefern bilden diese Verteilungsstrukturen einen Ausgangspunkt für Proteste gegen die USA? Spannungen innerhalb der Elite spielen bei der Mobilisierung sozialer Proteste eine zentrale Rolle (Goldstone 1991: 38). Soweit die Eliten einen großen Teil der Kontrolle über die gesellschaftlichen Ressourcen ausüben, ist ihre Beteiligung für das Zustandekommen einer ‚kritischen Masse' für Proteste oft von zentraler Bedeutung (Oliver et al. 1985: 524, Granovetter 1978). Dies gilt gerade auch für die Bildungseliten. Es spricht somit vieles dafür, dass der Graben zwischen Akademikern mit US-Universitätsabschluss und der überwiegenden Mehrheit von Akademikern, die ihren Bildungsweg ausschließlich in Südkorea absolviert haben, eine zentrale Kraft hinter der Mobilisierung amerikanisierungskritischer Proteste darstellt.

Die Exklusion der überwiegenden Mehrheit der Bildungselite von führenden gesellschaftlichen Positionen stellt somit eine Gelegenheitsstruktur dar, die sich auf die Diffusion amerikanisierungskritischer Einstellungen und die Mobilisierung von Protesten förderlich auswirkt. Diese Annahme korrespondiert mit Umfrageergebnissen, denen zufolge die Antipathie gegenüber den USA unter den höher gebildeten Südkoreanern besonders stark ausgeprägt ist (siehe Tabelle 2). Vor diesem Hintergrund lassen sich die Proteste gegen die USA in Südkorea zum Teil als Ausdruck eines gesellschaftlichen Diskurses interpretieren, der auf die Abwertung des spezifischen ‚kulturellen Kapitals' abzielt, das mit dem Erwerb eines Bildungsabschlusses in den USA verbunden ist. Je mehr dieses Kapital an Wert verliert, desto stärker öffnen sich soziale Spitzenpositionen auch für die neue Bildungselite.

Tabelle 2: Einstellung gegenüber den USA nach höchstem Bildungsabschluss

Frage	Middle School	High School	College und darüber
Welches Land mögen Sie am meisten? (Antwort: USA)	33,5%	16,2%	14,7%
Welches Land mögen Sie am wenigsten? (Antwort: USA)	7,2%	21,8%	31,7%
Von welchem Land geht die größte Bedrohung für Südkorea aus? (Antwort: USA)	12,3%	26,5%	31,1%
Fühlen Sie sich den USA freundschaftlich verbunden? (Antwort: Ja)	70,5%	51,8%	40,8%
Haben Sie gegenüber den USA eine kritische Einstellung? (Antwort: Ja)	29,1%	47,5%	59,1%

Quelle: September 2003 *JoongAng Ilbo* – CSIS – RAND Polls, Survey 1, in: Mitchell (2004:131ff.).

3.2 Politik: ‚Balancing' versus ‚Bandwagoning'

In letzten Jahren haben sich auch im politischen System, ähnlich wie im Bildungssystem, neue Konfliktlinien gebildet. Nach dem Fall des eisernen Vorhangs und dem wirtschaftlichen Aufstieg Chinas veränderte sich das politische Kräfteverhältnis in Ostasien grundlegend. Vor diesem Hintergrund ist der politische Diskurs in Südkorea über das Verhältnis zu den USA tief gespalten zwischen den beiden strategischen Optionen des *Balancing* und *Bandwagoning* (Schoerning 2003). Balancing beschreibt die Bildung von Allianzen zwischen schwächeren Staaten um gegenüber stärkeren Staaten oder Koalitionen ein Gegengewicht bilden zu können. Bandwagoning bezeichnet hingegen das Bündnis zwischen einem schwächeren und einem stärkeren Staat.

Viele Südkoreaner scheinen dem Balancing gegenüber dem Bandwagoning mittlerweile den Vorzug zu geben. Insbesondere gegenüber Nordkorea haben sich die Interessen Südkoreas, das seit Einführung der so genannten ‚Sonnenscheinpolitik' auf Wandel durch Kooperation setzt, von den USA immer weiter entfernt. Diese wollen Nordkorea durch politische und ökonomische Isolation bezwingen. Engere Beziehungen zu China, Russland, der ASEAN und der Europäischen Union scheinen vielen Südkoreanern daher vielversprechender zu sein als die Bindung an die USA. Dieser Gegensatz wird von der politischen Elite immer wieder zur Mobilisierung von Anhängern genutzt. In den vergangenen

Amerikanisierungskritik und Globalisierung: Das Fallbeispiel Südkoreas 191

Jahren konzentrierte sich die öffentliche Debatte zwischen beiden Lagern auf folgende Punkte:

(a) Die veränderte Nordkoreapolitik der USA: Nach dem Antritt der Bush-Regierung wurden die USA zunehmend als eines der größten Hindernisse für eine Aussöhnung mit Nordkorea angesehen. Im Jahr 2000 hatte Präsident Kim Dae-jung mit seiner populären ‚Sonnenscheinpolitik' – dem Gipfeltreffen mit dem nordkoreanischen Staatsoberhaupt Kim Jong-il und dem Zustandekommen von mehreren Treffen zwischen getrennten Familien – weit mehr erreicht, als viele zu hoffen gewagt hatten. Unter der veränderten Sicherheitslage in Ostasien sehen vor allem jüngere Südkoreaner in Nordkorea immer weniger eine Gefahr für den Frieden. In ihrer Wahrnehmung geht die Bedrohung hauptsächlich von den USA aus. Die ablehnende Haltung der Bush-Regierung gegenüber der von Clinton unterstützten Sonnenscheinpolitik und die ‚Axis of Evil'-Rede im Januar 2002 sorgten in Südkorea für beträchtliche Irritationen (Cha 2003: 281). In der Folge festigte sich bei vielen der Eindruck, dass die USA den Status Quo auf der Halbinsel um jeden Preis erhalten wollen. Mit dem Bekannt werden des nordkoreanischen Atomprogramms wuchs außerdem die Angst vor einem US-amerikanischen Präventivschlag, der auf der koreanischen Halbinsel unvermeidlich zu einer Katastrophe führen würde. Dieses Thema zieht sich seither wie ein roter Faden durch die öffentliche Diskussion über das Verhältnis zu den USA und spielt bei Protesten oft eine wichtige Rolle.

(b) Truppenentsendung in den Irak: Mit der Entsendung von mehr als 3.000 Soldaten in den Irak stellte Südkorea 2004 das zweitgrößte nichtamerikanische Truppenkontingent hinter Großbritannien. Dieses Engagement stieß in der Bevölkerung jedoch auf heftigen Widerstand. Die Massendemonstrationen während des Amtsenthebungsverfahrens gegen Präsident Roh Moo-hyun im April 2004 waren bereits stark von der Kritik am militärischen Engagement Südkoreas getragen (*Korea Herald*, 28.03.2004). Nach der Entführung und Ermordung des südkoreanischen Übersetzers Kim Sun-il im Irak im Juni 2004, erreichten die Proteste gegen den Krieg ihren vorläufigen Höhepunkt. In ihrem Jahresbericht zählte die Polizei landesweit 177 Veranstaltungen an denen sich schätzungsweise 40.000 Menschen beteiligten. Eine Koalition von über 350 NGOs kritisierte vor allem die mangelnde Autonomie ihres Landes gegenüber den USA und verwies auf das Vorbild Frankreichs und Deutschlands, die sich an der Besatzung des Iraks nicht beteiligten. Sie machte geltend, dass das Engagement südkoreanischer Soldaten im Irak nicht den nationalen Interessen entspreche und verurteilte das militärische Vorgehen der USA als einen „immoral imperialist war, especially in the light of recent prison abuse scandals" (*Korea Herald*, 10.06.2004). In diesem Sinne wurde immer wieder eine größere politische Unabhängigkeit von den USA gefordert.

(c) Status of Forces Agreement (SOFA): Der Streit über die juristische Zuständigkeit bei Straftaten von amerikanischen Militärangehörigen führt seit Jahrzehnten immer wieder zu öffentlichen Protesten gegen die USA. Das SOFA räumt der südkoreanischen Justiz in genau definierten Fällen zwar den Zugriff auf Straftäter ein, die Regelung gilt vielen Südkoreanern aber als nicht ausreichend. Vor diesem Hintergrund kann beinahe jede von US-Soldaten begangene Straftat einen Sturm nationaler Entrüstung auslösen. In der Vergangenheit gaben vor allem Kapitalverbrechen wie Morde und Vergewaltigungen immer wieder Anlass zu hitzigen öffentlichen Diskussion und Protesten gegen das SOFA (Kern 2004). Ein weiterer Schwerpunkt waren Fälle von Umweltverschmutzung wie etwa die illegale Entsorgung von Giftfässern auf US-Militärbasen in Südkorea im Februar 2000. Ihren jüngsten Höhepunkt erreichten die Proteste gegen das SOFA in der zweiten Jahreshälfte 2002, nachdem bekannt geworden war, dass ein US-Militärfahrzeug zwei südkoreanische Schulmädchen überfahren hatte. Als die beiden Fahrer von der amerikanischen Justiz freigesprochen wurden, kam es in Seoul über Wochen hinweg zu Massendemonstrationen. Die Polizei registrierte allein zwischen dem 20.11.2002 und 31.12.2002 625 Trauerveranstaltungen mit schätzungsweise 189.000 Teilnehmern. Diese Demonstrationen hatten einen signifikanten Einfluss auf die Wahl des gegenüber den USA distanzierteren Präsidentschaftskandidaten Roh im Dezember 2002.

3.3 Wirtschaft: Freihandel versus Protektionismus

Im ökonomischen System spaltet die zunehmende Liberalisierung des Welthandels bekanntlich ganze Bevölkerungen in Gewinner und Verlierer. Vieles spricht dafür, dass dabei vor allem diejenigen Gruppen ökonomischen Protektionismus propagieren, die vom Abbau von Handelsbarrieren betroffen sind (Kriesi und Grande 2004). Es ist daher keine Überraschung, dass sich gerade südkoreanische Bauernorganisationen und Gewerkschaften der zunehmenden ökonomischen Globalisierung widersetzen. Angesichts der traditionell großen ökonomischen Abhängigkeit Südkoreas kommt es dabei immer wieder auch zu scharfen Protesten gegen die USA.

Im Bereich der Landwirtschaft geht es zumeist um die Aufhebung von Importrestriktionen. Die Geschichte der Auseinandersetzungen reicht dabei bis in die 1980er Jahre zurück, als die USA im bilateralen Verhältnis angesichts einer zunehmend positiven Handelsbilanz Südkoreas ihren Druck auf die Öffnung nationaler Märkte – insbesondere im Bereich der Agrarprodukte – erhöhten (Lee 2005). Bauernorganisationen widersetzten sich der Liberalisierungspolitik jedoch massiv, und seit Südkorea 1995 der Welthandelsorganisation beigetreten ist, hat sich der Widerstand gegen eine weitere Öffnung der Agrarmärkte beinahe verstetigt. Für ihre gutorganisierten und radikalen Anti-WTO-Proteste sind die südkoreanischen Landwirte mittlerweile über die Landesgrenzen hinaus bekannt. Sie glauben, dass US-Agrarprodukte im Falle einer unkontrollierten Öffnung die Märkte überfluten und damit den Wert heimischer Produkte empfindlich vermindern werden.

Neben den Bauernorganisationen verfügt auch die südkoreanische Arbeiterbewegung über eine lange Tradition des Protests gegen die USA. In den 1970er und 1980er Jahren machten Gewerkschafter die USA teilweise für die repressive Arbeitspolitik des autoritären Militärregimes verantwortlich. Die miserablen Arbeitsbedingungen in Südkorea wurden als Bestandteil einer globalen Ausbeutungsstruktur interpretiert, von der vor allem die US-Konsumenten profitieren. Einige Zwischenfälle, bei denen sich südkoreanische und amerikanische Manager in die USA abgesetzt haben, ohne die ausstehenden Löhne ihrer Mitarbeiter zu bezahlen, sorgten dabei für großes öffentliches Aufsehen und fügten dem Image der USA empfindlichen Schaden zu (Liem und Kim 1992).

Nach dem demokratischen Regimewechsel im Jahr 1987 vereinigte sich die Arbeiterbewegung mit der Bauerbewegung im Widerstand gegen die Liberalisierung der südkoreanischen Märkte. Die Proteste erreichten einen ersten Höhepunkt während der Asienkrise im Jahr 1997. Angesichts eines drohenden ökonomischen Bankrotts war das Land dringend auf finanzielle Hilfen von Außen angewiesen. Der Internationale Währungsfond (IWF), der von den meisten Südkoreanern als US-dominiert angesehen wurde, verlangte von der südkoreanischen Regierung jedoch als Gegenleistung einige schmerzhafte Reformen. Die damit verbundenen Maßnahmen wurden in der Öffentlichkeit als Ausverkauf der politischen und ökonomischen Souveränität des Landes wahrgenommen. Unter den Vorgaben des IWF wurden Importrestriktionen abgebaut, Organisationsstrukturen in Unternehmen neu geordnet und unprofitable Betriebe geschlossen. Dies rief den entschiedenen Widerstand der Gewerkschaften auf den Plan. Die Zahl der Arbeitskämpfe lag dabei deutlich über den vergleichbaren Werten früherer Jahre; und die Kritik an den USA spielte bei der Mobilisierung eine zentrale Rolle. In der Gegenwart konzentrieren sich die Proteste von Gewerkschaften, Bauern- und anderen Bürgerorganisationen auf die laufenden Gespräche über das geplante bilaterale Freihandelsabkommen mit den USA.

4 Schluss

Die vorangehenden Überlegungen konzentrierten sich auf den Zusammenhang zwischen Amerikanisierungskritik und Globalisierung in Südkorea. Wie eingangs erwähnt führte die enge Beziehung zwischen Südkorea und den USA über einen langen Zeitraum zu keinen größeren Konflikten in der Öffentlichkeit. Erst in den 1980er Jahren änderte sich die Situation unter dem Eindruck der Ereignisse in Gwangju. Die enge Verbindung zwischen dem autoritären Regime in Südkorea und der US-Regierung wurde von den Dissidenten der Demokratiebewegung zunehmend kritisiert. Dennoch beschränkten sich die Proteste gegen die USA auf kleine – zumeist studentische – Zirkel. Bei der Mobilisierung der breiten Bevölkerung spielte das Thema kaum eine Rolle.

Erst unter dem Einfluss des jüngsten Globalisierungsschubs haben sich die Bedingungen grundlegend verändert. Mit der Konsolidierung der Demokratie wurden die Teilsysteme autonomer und es entstanden neue Konflikte und Bündniskonstellationen. Während in den 1980er Jahren viele glaubten, dass sich die Konflikte innerhalb der nationalstaatlich organisierten Gesellschaft etwa durch mehr Inklusion oder institutionelle Reformen lösen ließen, wurden die Probleme in den 1990er Jahren zunehmend als Ausdruck eines Mangels an politischer, ökonomischer und kultureller Unabhängigkeit gedeutet. Der Einfluss der USA erschien plötzlich in einem neuen Licht. Die Abgrenzung gegenüber den USA entwickelte sich dabei zu einem zentralen Leitmotiv für die Mobilisierung kollektiven Protesthandelns.

Die Konfliktlagen in den Teilsystemen fallen dabei sehr unterschiedlich aus: In der Bildung geht es um Karrierechancen und den Zugang zu gesellschaftlichen Spitzenpositionen, in der Politik um die Neudefinition ‚nationaler Interessen' und in der Wirtschaft um eine angemessene Reaktion auf die Herausforderungen des wachsenden Freihandels. Für das Zustandekommen der Protestbewegung war dabei von Bedeutung, dass es in allen drei Fällen gelang, den Konflikt auf einen kulturellen Gegensatz zwischen Befürwortern und Gegnern der ‚Amerikanisierung' zu reduzieren.

Strukturelle Spannungen in den Teilsystemen bilden somit nur Rahmen für die Konstruktion kollektiver Identitäten, in dem sie die Anschlussfähigkeit bestimmter Deutungsmuster in unterschiedlichen gesellschaftlichen Bereichen vergrößern. Im nächsten Schritt müsste allerdings gezeigt werden, wie über die Grenzen einzelner Teilsysteme hinaus ein gemeinsamer Interpretationsrahmen und ein Netzwerk von Organisationen gebildet wurde, in dem sich die verschiedenen Gruppen und Akteure koordinieren. Hier spielen Prozesse der Ressourcenmobilisierung und Framing-Strategien eine ausschlaggebende Rolle (Kern 2006, Hellmann und Koopmans 1998). Dieses Unterfangen hätte den Rahmen des Artikels jedoch gesprengt. Dennoch eröffnete der vorgestellte Ansatz nicht nur Einblicke in die strukturellen Rahmenbedingungen amerikanisierungskritischer Proteste in Südkorea, es ergeben sich auch interessante Vergleichmöglichkeiten mit ähnlichen Protestbewegungen in anderen Ländern und Regionen der Welt im Zeitalter der Globalisierung.

Literatur

Appadurai, Arjun, 1990: Disjuncture and Difference in the Global Cultural Economy. Theory Culture & Society 7: 295-310

Barber, Benjamin R., 1996: Jihad vs. McWorld. New York: Ballantine Books

Bourdieu, Pierre, 1992: Homo academicus. Frankfurt/M.: Suhrkamp

Castells, Manuel, 2003: Die Macht der Identität. Das Informationszeitalter II. Opladen: Leske + Budrich

Ceaser, James W., 2003: A Geneology of Anti-Americanism. Public Interest 152: 3-18

Cha, Victor, 2003: America and South Korea: The Ambivalent Alliance? Current History 102: 279-284

Dormels, Rainer, 2005: Der Ausbildungshintergrund hoher Funktionsträger in Südkorea. Korea Forum (1+2): 83-87

Faath, Sigrid (Hg.), 2003: Antiamerikanismus in Nordafrika, Nah- und Mittelost – Formen, Dimensionen und Folgen für Europa und Deutschland. Hamburg: Deutsches Orient-Institut

Goldstone, Jack A., 1991: Revolution and Rebellion in the Early Modern World. Berkeley: University of California Press

Granovetter, Mark S., 1978: Threshold Models of Collective Behavior. The American Journal of Sociology 83: 1420-1443

Hellmann, Kai-Uwe und Koopmans, Ruud (Hg.),1998: Paradigmen der Bewegungsforschung. Entstehung und Entwicklung von neuen sozialen Bewegungen und Rechtsextremismus. Opladen: Westdeutscher Verlag

Kern, Thomas, 2004: Antiamerikanismus als Master Frame – Strukturelle Spannungen und Protest in Südkorea. S. 199-230 in: Patrick Köllner (Hg.), Korea 2004. Politik, Wirtschaft, Gesellschaft. Hamburg: Institut für Asienkunde

Kern, Thomas, 2005a: Anti-Americanism in South Korea: From Structural Cleavages to Protest. Korea Journal 45: 257-288

Kern, Thomas, 2005b: Südkoreas Bildungs- und Forschungssystem. S. 149-167 in: Ders. und Patrick Köllner (Hg.), Südkorea und Nordkorea. Einführung in Geschichte, Politik, Wirtschaft und Gesellschaft. Frankfurt/M.: Campus

Kern, Thomas, 2005c: Südkoreas Pfad zur Demokratie. Modernisierung, Protest, Regimewechsel. Frankfurt/M.: Campus

Kern, Thomas, 2006: Modernisierung und Protest. Politikformen individualisierter Betroffenheiten. Einführung in die Soziologie sozialer Bewegungen. Fernstudienkurs Nr. 3740. Hagen: FernUniversität Hagen

Krastev, Ivan, 2004: The Anti-American Century? Journal of Democracy 15: 5-16

Kriesi, Hanspeter und Grande, Edgar, 2004: Nationaler politischer Wandel in entgrenzten Räumen. S. 402-420 in: Ulrich Beck und Christoph Lau (Hg.), Entgrenzung und Entscheidung: Was ist neu an der Theorie reflexiver Modernisierung? Frankfurt/M.: Suhrkamp

Lee, Kang-ro, 2005: Critical Analysis of Anti-Americanism in Korea. Korea Focus 13: 74-98

Liem, Ramsay und Kim, Bong-ki, 1992: Pico Korea Workers Struggle, Korean Americans and the Lessons of Solidarity. Amerasia 18: 49-68

Luhmann, Niklas, 1998: Die Gesellschaft der Gesellschaft. Frankfurt/M.: Suhrkamp

Luhmann, Niklas, 1999: Kultur als historischer Begriff. S. 31-54 in: Ders. (Hg.), Gesellschaftsstruktur und Semantik. Studien zur Wissenssoziologie der modernen Gesellschaft Bd. 4. Frankfurt/M.: Suhrkamp

Mackay, Hugh, 2000: The Globalization of Culture? S. 47-84 in: David Held (Hg.), A Globalizing World? Culture, Economics, Politics. London: The Open University

Mitchell, Derek J. (Hg.), 2004: Strategy and Sentiment: South Korean Views of the United States and the U.S.-ROK Alliance. Washington: Center for Strategic and International Studies

Nassehi, Armin, 2004: One Multiple Modernity. Modernity as a Strategy of Comparison and Difference, http://www.lrz-muenchen.de/~ls_nassehi/nassehi/MultipleMod.pdf, Zugriff am 10.05.2005

Oettler, Annika, 2003: Neuer Imperialismus, neuer Antiamerikanismus? Lateinamerika und der Irak-Krieg. Brennpunkt Lateinamerika 8: 69-75

Oliver, Pamela E., Marwell, Gerald und Teixeira, Ruy, 1985: A Theory of the Critical Mass I: Interdependence, Group Heterogeneity, and the Production of Collective Action. The American Journal of Sociology 90: 522-556

Revel, Jean-Francois, 2004: Anti-Globalism = Anti-Americanism. The American Enterprise 6: 36-38

Robertson, Roland, 1998: Glokalisierung: Homogenität und Heterogenität in Raum und Zeit. S. 192-220 in: Ulrich Beck (Hg.), Perspektiven der Weltgesellschaft. Frankfurt/M.: Suhrkamp

Schörning, Niklas, 2003: Neorealismus. S. 61-87 in: Siegfried Schieder und Manuela Spindler (Hg.), Theorien der internationalen Beziehungen. Opladen: Leske + Budrich

Scott-Stokes, Henry und Lee, Jai-eui (Hg.), 2000: The Kwangju Uprising. Eyewitness Press Accounts of Korea's Tiananmen. New York: M.E. Sharpe

Stichweh, Rudolf, 2000: Die Weltgesellschaft. Soziologische Analysen. Frankfurt/M.: Suhrkamp

Globalisierung, Wirtschaftseliten und soziale Verantwortung

Peter Imbusch

1 Einleitung

Wenn über die Globalisierung und ihre Kritiker gesprochen wird, denken die meisten ganz sicher zunächst an einige NGOs, soziale Bewegungen, die Linksparteien und die Gewerkschaften. In diesem Kontext von den Wirtschaftseliten zu reden, mag befremdlich erscheinen. Befremdlich könnte das deshalb sein, weil man Unternehmer, Top-Manager und die Wirtschaftseliten insgesamt eher bei den Globalisierungsbefürwortern vermutet und unterstellt, dass es gerade diese Gruppen der Gesellschaft sind, die auf ganz unterschiedlichen Ebenen von der Globalisierung und ihren Auswirkungen profitieren, sie politisch zu nutzen und auf spezifische Weise für ihre Gewinninteressen zu instrumentalisieren verstehen. Die Wirtschaftseliten werden entsprechend häufig als Globalisierungsgewinner wahrgenommen.

Solche Wahrnehmungen können sich auf eine Fülle von Alltagserfahrungen stützen: Sie reichen von einer seit langem kolportierten, sich mit der Globalisierung aber verstärkenden tendenziellen Gewissen- und Verantwortungslosigkeit der Wirtschaftseliten über das Ausnutzen von Globalisierungszwängen für Drohgebärden, um Wirtschaftspolitiken von Staaten zu beeinflussen, bis hin zu den in jüngster Zeit erhobenen Vorwürfen eines moralischen Erosionsprozesses im Zuge der ausschließlichen Verpflichtung auf shareholder values, die Heuschreckenmetapher und unpatriotischen Verhaltensweisen. Sie ergeben sich daraus, dass Manager z.B. gleichzeitig hohe Gewinne und Massenentlassungen verkünden, massiv Produktionsstätten ins Ausland verlagern, ohne hier Arbeitsplätze zu schaffen, oder sich die Bezüge kräftig erhöhen, während das Lohnniveau der Masse der Bevölkerung seit Jahren stagniert oder sogar rückläufig ist. Das legendäre Victory-Zeichen von Josef Ackermann (Deutsche Bank) ist zu einem Sinnbild für managerielle Arroganz geworden. Die gemeinsame Grundlage dafür ist die vermeintlich mit der Globalisierung einhergehende Entmenschlichung der Wirtschaft und die mangelnde Ethik unternehmerischer Entscheidungen. In der

Öffentlichkeit ist immer häufiger die Rede davon, dass die Wirtschaftseliten im Prozess der Globalisierung ihrer gesellschaftlichen Verantwortung nicht mehr nachkommen und durch ihr Handeln soziale Kälte befördern, zumal viele Menschen ohnehin den Eindruck haben, dass es nicht mehr sozial gerecht zugeht. In einem solchen gesellschaftlichen Klima wachsen ‚Ellbogenmentalitäten' und die soziale Indifferenz nimmt zu.

Gleichwohl wird die Rolle der Wirtschaftseliten im Globalisierungsprozess mit Blick auf ihre gesellschaftliche Verantwortung unterschiedlich eingeschätzt. Nicht zuletzt die Wirtschaft selbst hat solchen Kritiken immer widersprochen und sie mal als Ausbund von Geschmacklosigkeit bezeichnet, mal in ihnen eine Parolenpolitik gesehen, die Weltbildern von gestern anhinge und lediglich Umverteilungs- und Neiddebatten schüren würde. Gerade in Zeiten der Globalisierung finden sich aus Wirtschaftskreisen mehr denn je emphatische Bekenntnisse zu sozialer Verantwortung, Corporate Citizenship, Corporate Social Responsibility, nachhaltigen Wachstumsstrategien, umwelt- und sozialverträglichen Regelungen und Hinweise auf eine Interessenorientierung auch auf die Stakeholder. Gern wird bei öffentlichen Anlässen die Selbstpräsentation gefeiert und auf das soziale Engagement der Wirtschaft auf einer Vielzahl von Feldern verwiesen.

Doch was bleibt jenseits platter Diffamierung und schönfärberischer Phrasen von solchen Einschätzungen übrig? Wie stehen die Wirtschaftseliten zur Globalisierung und was denken sie über die sich immer rascher vollziehende Internationalisierung nicht nur der Wirtschaft, sondern auch anderer gesellschaftlicher Bereiche? Wie steht es um die gesellschaftliche Verantwortung der Wirtschaftseliten im Prozess der Globalisierung und wie definieren sie diesbezüglich ihre eigene Rolle? Und wie und in welchem Umfang nehmen Wirtschaftseliten gesellschaftliche Verantwortung unter Globalisierungsbedingungen konkret wahr?

Mit diesen Fragen möchte ich mich im Folgenden auseinander setzen und dabei einige Ergebnisse aus einem kürzlich abgeschlossenen Forschungsprojekt präsentieren.[1] Zunächst werde ich ein paar knappe Hinweise zum Forschungskontext geben, sodann mich mit der Frage auseinander setzen, wie die Wirtschaftseliten überhaupt zur Globalisierung stehen und was sie von der weit verbreiteten Globalisierungskritik halten, um anschließend zu erörtern, wie es im Prozess der Globalisierung um die gesellschaftliche Verantwortungsübernahme der Wirtschaftseliten bestellt ist.

---

[1] Das Forschungsprojekt ‚Wirtschaftseliten zwischen Globalisierungsdruck und gesellschaftlicher Verantwortung' gehörte zum Bielefelder Forschungsverbund ‚Desintegrationsprozesse' und wurde für drei Jahre vom BMBF finanziell gefördert. Zur Projektgruppe gehörten Dieter Rucht und der Autor als Leiter des Projekts; Annette von Alemann und Christian Galonska waren die wissenschaftlichen Mitarbeiter.

2 Der Projektkontext

Hintergrund für die Kritik an den Wirtschaftseliten ist die Wahrnehmung, dass diese seit rund zwei Jahrzehnten ein in die beschleunigten Globalisierungstendenzen eingebettetes neoliberales Modernisierungsprojekt favorisieren, das im Kern aus Maßnahmen der Liberalisierung, Deregulierung und Entstaatlichung sowie der betriebsinternen Rationalisierung besteht. Diese werden von den Wirtschaftseliten als notwendige Mittel der Standortsicherung unter globalisierten Konkurrenzbedingungen legitimiert und sowohl das neoliberale Projekt wie auch die Globalisierung erscheinen dabei als Sachzwänge, denen sich die Wirtschaftseliten genauso zu unterwerfen hätten wie alle anderen gesellschaftlichen Gruppen auch. Kritiker halten dieser Auffassung entgegen, dass die Unternehmer und ihre Verbände die Globalisierung nutzten, um weit reichende gesellschaftliche Machtveränderungen durchzusetzen, die gesellschaftliche Desintegrationsprozesse zur Folge haben, soziale Spannungen erhöhen und die bisherigen Reproduktionsbedingungen von Gesellschaften und Staaten untergraben. Gerade im Zuge der Herausbildung globaler Märkte und im Rahmen einer scheinbar grenzenlosen Mobilität des Kapitals würden lokale und regionale Loyalitäten und staatsbürgerliche Verantwortung auf geradezu dramatische Weise schrumpfen. Nicht zuletzt dadurch, dass Vertreter der Wirtschaftseliten sehr dezidiert in der Öffentlichkeit auftreten und beizeiten durch symbolträchtige Aktionen Unverständnis und Empörung hervorrufen, werden sie im Zeitalter der Globalisierung für zahlreiche Probleme und Krisen zumindest mit verantwortlich gemacht.

Diese Befunde bildeten den Auslöser für das Forschungsprojekt über ‚Wirtschaftseliten zwischen Globalisierungsdruck und gesellschaftlicher Verantwortung'[2], dessen Ausgangspunkt die begründete Vermutung war, dass sich das Verantwortungsbewusstsein der Wirtschaft im Zuge der beschleunigten Globalisierung der letzten beiden Jahrzehnte erkennbar abgeschwächt hat und dass shareholder-Orientierungen, kurzfristiges Gewinnstreben und die Ökonomisierung des Sozialen deutlich zugenommen haben. Im Mittelpunkt standen dabei Fragen danach,

- wie Wirtschaftseliten unter den gegenwärtigen Globalisierungsbedingungen das Verhältnis von Wirtschaft und Gesellschaft beschreiben,
- welche gesellschaftlichen Leitbilder und Zielorientierungen die Wirtschaftseliten vertreten,

---

[2] Vergleiche Forschungsverbund ‚Desintegrationsprozesse – Stärkung von Integrationspotenzialen einer modernen Gesellschaft', Antrag für das BMBF, Bielefeld, Dezember 2001, S. 95-118; Forschungsverbund ‚Desintegrationsprozesse – Stärkung von Integrationspotenzialen einer modernen Gesellschaft', Abschlussbericht für das BMBF, Bielefeld, Oktober 2006, S. 103-129.

- wie Wirtschaftseliten angesichts zunehmender Internationalisierung noch ihre eigene gesellschaftliche Verantwortung definieren, und
- wie und wo Wirtschaftseliten gesellschaftliche Verantwortung konkret wahrnehmen.

Um gehaltvolle Antworten auf diese Fragen zu erhalten, mussten unterschiedliche methodische Herangehensweisen miteinander kombiniert werden: Zunächst führten wir eine Inhaltsanalyse zweier Tageszeitungen in ausgewählten Jahrgängen durch, um zu ermitteln, mit welchen Themen Wirtschaftseliten in der Öffentlichkeit Position beziehen und wer wie über Verantwortungsübernahme spricht. Zweitens haben wir Dokumente und Materialien der Wirtschaftseliten und ihrer Verbände ausgewertet. Drittens führten wir über 50 Leitfadeninterviews mit hochrangigen Vertretern der Wirtschaft und führender Wirtschaftsverbände durch. Viertens schließlich untersuchten wir mittels einer Typologie abgestufter Verantwortung an neun Fallstudien den konkreten Umgang der Wirtschaft mit gesellschaftlicher Verantwortung.[3]

3 Wirtschaftseliten und Globalisierung

Schaut man sich einmal die Aussagen der Wirtschaft zu den Globalisierungsprozessen genauer an, dann finden sich bei Ihnen nicht nur höchst unterschiedliche und sehr differenzierte Globalisierungsverständnisse, sondern v.a. auch gegensätzliche Positionen zum Globalisierungsprozess selbst – und zwar angefangen von der vorbehaltlosen Bejahung der Globalisierung bis hin zur mehr oder weniger strikten Ablehnung einer weiteren Internationalisierung ob ihrer vermeintlichen negativen Folgen für das Gemeinwesen. In der Mitte zwischen diesen Extremen liegt eine Art fatalistischer Akzeptanz dessen, was man ohnehin nicht ändern kann, an das man sich aber bestmöglich anpassen muss.

Die vorbehaltlosen Befürworter des Globalisierungsprozesses sind im Grunde in der TOP 100 Sparte der deutschen Unternehmen zu finden, die alle bereits über eine beträchtliche Internationalisierung verfügen und seit langem auf den Weltmärkten in marktführender Position tätig sind. So sagt ein führender Vertreter der chemischen Industrie: „Insgesamt glaube ich, dass die Globalisierung sich für uns eher positiv auswirkt als nachteilig. Man muss nur richtig mit

---

[3] Die Ergebnisse unserer Untersuchung werden in Kürze in zwei Bänden publiziert: Dieter Rucht/Peter Imbusch et al., Vom Paternalismus zur Imagepflege? Eine empirische Untersuchung zur gesellschaftlichen Verantwortung deutscher Wirtschaftseliten. Wiesbaden: VS; Peter Imbusch/Dieter Rucht (Hg.), „Ohne Druck geht nichts!" – Fallstudien zur gesellschaftlichen Verantwortung der Wirtschaft, Wiesbaden: VS.

ihr umgehen. Man darf sich nicht den Entwicklungen verschließen und so tun, als könnte man sich von der Welt abgeschottet hier in Ruhe auf der einsamen Insel in der Gemütlichkeit weiter entwickeln und sonnen. Das Umfeld wird härter und da muss man eben seine eigenen Vorteile und Qualitäten ausspielen, die wir zweifellos immer noch haben" (V-08).[4] Und ein Verbandsvertreter der Versicherungswirtschaft fügt durchaus paradigmatisch hinzu: „Wenn man international aufgestellt ist, kann Globalisierung gar keine Bedrohung sein" (V-13). Für die meisten dieser Unternehmen ist Globalisierung im Grunde nichts Neues und eine Selbstverständlichkeit, auch wenn die Manager immer wieder betonen, dass der Wettbewerb härter geworden sei und sich in den folgenden Jahren Kosten und Nutzen der Globalisierung weiter verschieben könnten. Indikativ dafür ist etwa die Aussage eines Vertreters der Automobilindustrie: „Für die Automobilindustrie ist die Globalisierung gar nichts Neues. Wir haben schon 1970 eine Firma in Australien gehabt. Das ist ja schon damals Globalisierung gewesen. [...] Globalisierung hieß bisher immer neue Märkte. Neue Märkte, Zusatz, Wachstum, unheimlich große Sicherheit. Heute heißt aber Globalisierung auch – und in Zukunft noch viel stärker – mehr Konkurrenz, mehr ausländische Lieferanten, billigere Produkte. [...] Früher war das mehr einseitig, da sind wir ins Ausland gegangen und haben unsere Märkte erweitert, heute stehen wir vor ganz anderen Herausforderungen" (V-10). Bei den Managern dieser Unternehmen existiert in der Regel ein Bewusstsein dafür, dass Globalisierung durch sie voran getrieben wird und nationale Grenzen eine zunehmend geringere Rolle spielen. Die Unternehmer und Top-Manager dieser Unternehmen stellen entsprechend die Freiheitsgewinne für den Einzelnen und die durch den Freihandel realisierbaren Wachstums- und Gewinnmöglichkeiten für das Unternehmen in den Mittelpunkt. Sie betonen dabei auch, dass die Vorteile der Globalisierung keineswegs nur den Großunternehmen zugute kommen, sondern dass gerade auch kleine und mittlere Unternehmen vom Globalisierungsprozess profitieren würden. So heißt es in einer bezeichnenden Aussage eines Verbandsvertreters der chemischen Industrie: „Globalisierung bedeutet einmal, dass der Wettbewerb zugenommen hat, enorm zugenommen hat. Auf der anderen Seite bedeutet das, dass die Unternehmen sich sehr stark an den internationalen Märkten ausrichten. Wenn Sie die Großunternehmen anschauen, dann sind die überall auf der Welt mit Standorten präsent. Aber auch unsere kleineren Unternehmen und Mittelständler sind inzwischen in der Lage, Produktionen in Südamerika oder China aufzubauen. Das ist eine sehr interessante Entwicklung" (V-08). Dass die Unternehmen aber nicht nur treibende, sondern auch getriebene Kräfte im Prozess der Globalisierung sind, wird

---

[4] Dieses und alle weiteren nicht eigens gekennzeichneten Zitate sind wörtliche Entnahmen aus den im Projektkontext durchgeführten Interviews mit hochrangigen Vertretern der deutschen Wirtschaft.

mustergültig an folgender Aussage eines Managers der chemischen Industrie deutlich: „Früher war das Thema Globalisierung ein Thema, das eigentlich nur die größeren Unternehmen betroffen hat. Heute sind auch die kleineren und mittleren Unternehmen gezwungen, wenn sie mitspielen und ein überregionales Geschäft machen wollen, Auslandsstandorte aufzubauen. [...] Der globale Standortwettbewerb ist gravierend, wer global nicht gut aufgestellt ist, wird nicht überleben und wird von irgendeinem anderen übernommen" (V-16).

Ein Großteil der Unternehmen begreift dagegen die Globalisierung ganz nüchtern als einen unabänderlichen, von weltweiten Marktveränderungen erzwungenen Prozess, mit dem man als Unternehmer bzw. Manager umzugehen lernen muss, da es darauf ankomme, sich unter veränderten Marktbedingungen richtig zu positionieren und zu überleben. So heißt es in einer Aussage eines Repräsentanten der Zigarettenindustrie: „Internationalisierung und Globalisierung – das sehe ich jetzt völlig wertfrei – sind für mich weder gut noch schlecht, das sind einfach Lebenstatsachen" (V-17). Wenn auch hier von Globalisierungseuphorie keine Rede sein kann, so findet doch auch keine Verdammung mancher mit der Globalisierung in Verbindung gebrachten Tendenzen statt. Vielmehr wird immer wieder betont, dass es zur Globalisierung keine Alternative gebe, so dass viele der in diese Kategorie fallenden Unternehmer den Globalisierungsprozess für sich handhabbar zu machen und zu gestalten versuchen. Der Repräsentant eines führenden Industrieverbandes bringt diese Haltung ganz sachlich auf den Punkt: „Die Globalisierung ist eine Sache, zu der es keine Alternative gibt" (V-03). Entsprechende Handlungsstrategien der Unternehmen reichen dann von genauer Marktbeobachtung und dem Eingehen strategischer Partnerschaften bis hin zur Verlagerung bestimmter Arbeitsplätze und Produktionsstätten in ein mit günstigeren Standortfaktoren und Kostenstrukturen ausgestatteten Ort im Ausland. In diese Gruppe fällt inzwischen auch ein Gutteil mittelständischer Unternehmer, die zunehmend dazu übergehen, bestimmte Arbeitsprozesse im Ausland durchführen zu lassen. Gleichwohl überwiegt auch in dieser Gruppe von Unternehmern oder Managern der Optimismus hinsichtlich der Wirkungen der Globalisierung, wenn es für deren Gestaltung auch bestimmter Regeln bedarf, wie ein Repräsentant des BDA betont: „Zunächst einmal ist die Globalisierung etwas, das stattfindet, und zwar unabhängig davon, ob man daran mitmachen oder mitarbeiten will oder nicht. Globalisierung ist ein Prozess, der sich unabhängig davon vollzieht, wie sich ein Volk oder eine Volkswirtschaft dazu stellt. Zum zweiten sehe ich in der Globalisierung überwiegend Chancen. Und insofern, natürlich unter Einhaltung von Regeln der Ethik, der Moral, der Humanität, ist Globalisierung etwas, was ich aus persönlicher Sicht, aus gesellschaftlicher Sicht und aus wirtschaftlicher Sicht positiv beurteile" (V-04).

Globalisierung, Wirtschaftseliten und soziale Verantwortung 205

Nur eine kleine Gruppe von Unternehmern und Managern steht der Globalisierung bzw. den mit ihr assoziierten Umständen und Folgen ablehnend gegenüber. Diese Ablehnung entzündet sich dabei in der Regel an bestimmten, als Auswüchsen gebrandmarkten Erscheinungen weltweiter Marktliberalisierung, dem Fallen von Handelsschranken und dem damit verbundenen Protektionismus für nationale Märkte. Diese Unternehmer und Manager weisen darauf hin, dass die Vor- und Nachteile der Globalisierung sehr unterschiedlich verteilt sind und die Gewinner des Globalisierungsprozesses v.a. die großen Unternehmen sind, denen mit ihren Entscheidungen eine große Verantwortung zukommt: „Ein Großteil der sozialen Probleme, die wir im hochindustrialisierten Nochwohlstandsland bekommen haben, resultiert ja daraus, dass die Grenzen gefallen sind. Vor allem größere Betriebe können das natürlich ausnutzen, zum Schaden vielleicht des Landes, wo sie ursprünglich einmal ihren Unternehmenssitz hatten. Das fängt mit der Frage an, wo stelle ich was am günstigsten her und es endet mit der Frage, wo versteuere ich am Schluss meine Gewinne. Da sehe ich eine große Verantwortung vor allem von Großunternehmen, die dieses Spiel eben betreiben" (V-14). Bei dieser Gruppe von Unternehmern und Managern werden auch die vermeintlichen Rückwirkungen der Globalisierung auf die Sozialstaatlichkeit und der mögliche Verlust an Arbeitsplätzen beklagt, wenn dieser Prozess auch letztlich ökonomischen Rationalitäten folgt: „Wir sehen diese Entwicklungen sehr kritisch und wir bangen natürlich um jeden Arbeitsplatz und hoffen, dass der in Deutschland bleibt. Aber das Risiko ist natürlich schon da, dass in den nächsten Jahren durch den Wegfall von Handelsschranken eine Verlagerung der Produktion in ein Billiglohnland einfacher wird als es vorher war. [...] Prag ist näher als Hamburg, von Frankfurt aus gesehen" (V-10). Sehr kritisch wird in dieser Gruppe von Unternehmen auch die immer kurzfristigere, rein betriebswirtschaftlich ausgerichtete Orientierung der global player und ihre übermäßige Ausrichtung am shareholder value gesehen. So heißt es in einer Stellungnahme des Bundesverbandes der Cigarettenindustrie: „Ich bin davon überzeugt, dass das Wort shareholder value zum Unwort des letzten Jahrhunderts wird, weil ich denke, dass man mit dem shareholder value sehr viel Übles treibt. Ich sage es jetzt mal salopp: Die Börse, die Finanzmärkte, das ist heute eine Mischung zwischen Irrenhaus und Spielbank. Vor hundert Jahren hat ein Unternehmer eine Idee gehabt, hat ein Produkt produziert, hat den Menschen etwas gegeben, was den Menschen geholfen hat, Dinge besser zu machen, er hat Mitarbeiter eingestellt und in einem verantwortungsvollem Umfang für sie gesorgt, ob das die alten Thyssens, die alten Krupps, die alten Borsigs, die Boschs oder die Siemens' waren [...]. Und wenn Sie heute mal EM TV nehmen, die Brüder Haffa, da passiert eigentlich das genaue Gegenteil: Man will eigentlich das schnelle Geld machen, man will an die Börse, selbst wenn man nur ein Drei-Mann-Softwarehaus ist. Das ist doch im Grunde einfach Unsinn. Und wenn ich dann sehe, dass Unternehmen, die eigentlich nur wenige kreative Köpfe haben, wo kein brand-value da ist, wo kein goodwill da ist, wo keine Investitionen da sind, wo keine Prozesskenntnisse da sind, wo es keine assets gibt, wenn die dann Hunderte von Millionen Dollar wert sein sollen, das glaube ich einfach nicht" (V-17).

Allerdings gibt es auch noch eine andere Art von globalisierungskritischer Sichtweise bei manchen Unternehmen. Diese sehen das Hauptproblem der Globalisierung nicht in ihren unmittelbaren Folgen und Auswirkungen für die eigene Wirtschaft und Gesellschaft, sondern sie betonen insbesondere die ungleichzeitige Durchsetzung von Globalisierungsprozessen, die dazu führen würde, dass manche Länder von Entwicklungsprozessen gänzlich abgekoppelt werden. „Man kann nicht Globalisierung wollen oder nicht wollen. Für mich ist das größte Problem mit der Globalisierung, dass es riesige Landstriche auf der Welt gibt, die daran nicht teilhaben" (V-12).

Die führenden Unternehmer und Manager dieses Landes haben also durchaus unterschiedliche Haltungen und Meinungen zum Globalisierungsprozess und seinen Auswirkungen. Durch die Reihe weg abgelehnt werden allerdings die Argumentationen und Handlungen von globalisierungskritischen Bewegungen wie Attac u.a. Dabei lassen sich vielleicht drei Argumentationsmuster differenzieren. Das erste tut die Kritik einfach pauschal als versponnen oder gar weltfremd ab. Indikativ für diese Haltung sind Aussagen wie die folgenden: „Also ich kann die Globalisierungskritik nicht nachvollziehen, weil das rückwärtsgewandte Diskussionen sind. Die Globalisierung findet mit oder ohne uns statt. Wir haben also gar keine Alternative" (V-09). Und in einem anderen Statement heißt es: „Ich glaube, dass die Globalisierungskritiker in vielen Fällen einfach uninformiert sind" (V-08). Ein zweites Argumentationsmuster setzt sich kritisch mit dem „Nationalismus" im Denken der Globalisierungskritiker auseinander. Indikativ dafür ist etwa die folgende Aussage: „Benutzen wir mal ein Beispiel, sozialpolitisch gedacht: Wir verlagern Arbeitsplätze von Deutschland nach Tschechien. Das ist dann für einen deutschen Sozialpolitiker schlimm, für einen tschechischen Sozialpolitiker wunderbar und für einen europäischen Sozialpolitiker der einzige Weg, um mit der Zeit zu einem Ausgleich zu kommen. Und deshalb verstehe ich an und für sich die Globalisierungsgegner nicht so richtig" (V-16). Ein drittes Argumentationsmuster schließlich äußert hier und da noch Verständnis für den hinter bestimmten Aktionen stehenden politischen Idealismus, stellt aber die Berechtigung der vorgebrachten Kritik in Frage und tut sie eher als Jugendsünden ab. So sagt ein hochrangiger Vertreter des deutschen Versicherungsgewerbes: „Man kann doch nicht gegen die Fakten der Welt anlaufen. Ich halte das für aussichtslos. Ich wüsste auch gar nicht mit welchen Mitteln die sich das vorstellen, dass man die Globalisierung behindert. [...] Ich wundere mich

Globalisierung, Wirtschaftseliten und soziale Verantwortung

über diese Attac-Geschichten. Ich verstehe ja noch, dass der Idealismus von jungen Leuten diese so reagieren lässt. Aber ich habe kein Verständnis dafür, dass einer sagt, die Wirtschaft muss neu geordnet werden. Die Wirtschaft ordnet sich schon von ganz allein" (V-15). Und ein Repräsentant der chemischen Industrie betont: „Ich kann die Globalisierungskritik aus der Sicht der so genannten Globalisierungskritiker zumindest nachvollziehen. Ich kann also persönlich verstehen, woher diese Kritik kommt und welche Ängste da eine Rolle spielen. Aber berechtigt ist sie nicht" (V-08). Dort, wo die Globalisierungskritiker auf reale Probleme aufmerksam machen, die auch in Wirtschaftskreisen gesehen werden, findet sich zumindest eine größere Bereitschaft, die Kritik ernst zu nehmen: „Ich verstehe die Globalisierungsgegner, wenn Globalisierung nur von denen betrieben wird, die das rein marktwirtschaftlich, rein kapitalistisch vorantreiben. Es gibt rein Gewinn optimierende, Gewinn maximierende Konzerne in den Entwicklungsländern, die man schon mit Sorge betrachten kann" (V-03). Aber insgesamt gilt die Kritik doch als entweder unberechtigt oder sie wird – spätestens wenn sie handlungsmächtig wird – abgelehnt. Dabei wird nicht zuletzt persönliche Betroffenheit gegen übergeordnete strukturelle Zwänge ausgespielt. So heißt es bei einem Repräsentanten des BDA: „Da mag der ein oder andere Beweggrund durchaus berechtigt sein. Aber vom Grundsatz her halte ich diese Kritik an der Globalisierung für unberechtigt" (V-04). Und ein anderer sagt: „Also die kann ich sehr wohl nachvollziehen, ich halte aber nichts von den Methoden, wie das umgesetzt wird; ich habe allerdings auch, sagen wir mal, ein gewisses Verständnis, dass gegen Dinge rebelliert wird" (V-17).

Will man die im Globalisierungsprozess von Unternehmern, Managern und Verbandsvertretern eingenommen Haltungen zur Globalisierung weiter sortieren und nach bestimmten Kriterien differenzieren, dann wird rasch deutlich, dass es keineswegs *die* Unternehmer oder *die* Manager sind, die eine rasch voranschreitende Globalisierung befürworten oder tragen, sondern nur bestimmte von ihnen, und dass die wesentlichen Forderungen nach größerer Marktliberalisierung und umfassender Flexibilisierung von den großen Wirtschafts- oder den Branchenverbänden als „politischer" Speerspitze der Unternehmen vorgebracht werden, nicht jedoch in erster Linie von den Unternehmern selbst, die mit den artikulierten Positionen der Verbände durchaus ihre Schwierigkeiten haben können.

Die zeitweilige Dauerorchestrierung der Öffentlichkeit mit wirtschaftsliberalen Stellungnahmen seitens der Wirtschaft darf also nicht vorschnell mit den Einstellungen aller oder einer Mehrheit der Unternehmer gleichgesetzt werden. Aus gesellschaftsvergleichenden Untersuchungen zu den Ländern des Cono Sur in Südamerika wissen wir etwa, dass auch dort die Wirtschaftseliten ihr Credo eines uneingeschränkten Marktliberalismus nur solange öffentlichkeitswirksam nach außen trugen, bis sich die Diktaturen der 1970er Jahre anschickten, es

Wirklichkeit werden zu lassen (Birle et al. 1997). Die politisierte Ideologie freier Märkte und der Zurückdrängung des Staates wich dort rasch einem Realismus, der auf ein gehöriges Maß von Protektion nicht verzichten wollte, so dass nur in einem einzigen Fall – nämlich Chile – und auf Grund besonderer Bedingungen, eine radikale Marktliberalisierung und die Eingliederung in den Weltmarkt auf neuer Grundlage vollzogen wurde (Imbusch 1995, 2000). Die politisierten Debatten um die Chancen und Gefahren der Globalisierung in Deutschland sind darauf zurück zu führen, dass die Verbände die wesentlichen Sprecher der Wirtschaft in der Öffentlichkeit waren und dort mit pointierten Stellungnahmen auftraten und weniger einzelne Unternehmer sich zu Wort meldeten. Letztere handeln im Alltag ohnehin weniger nach politischen Ideologien, sondern in Übereinstimmung mit ihren rationalen (betriebswirtschaftlichen) Interessen. Legt man ein solches interessenbasiertes Handlungsmodell zur Erklärung zugrunde, dann wird deutlich,

- warum die großen Wirtschaftsverbände liberaler auftreten können als die Unternehmen selbst,
- warum angestellte Manager für radikale Marktlösungen offener sind als Eigentümerunternehmer,
- warum große, international orientierte Unternehmen weniger Sorgen mit der Globalisierung haben als kleine und mittlere Unternehmen,
- warum bestimmte Branchen generell besser auf dem Weltmarkt aufgestellt sind als andere,
- wie die Wettbewerbssituation eines Unternehmens und die Produktpalette die Haltung zur Internationalisierung und Globalisierung bestimmen,
- wie entscheidend nicht zuletzt auch die politischen und ökonomischen Rahmenbedingungen eines Landes dafür sind, Weltmarktstrategien zu fahren oder in nationaler Selbstbeschränkung zu verharren.

4 Verlust sozialer Verantwortlichkeit im Prozess der Globalisierung?

Die Frage, ob die gesellschaftliche Verantwortung der Wirtschaftseliten im Zuge des Globalisierungsprozesses durch härtere Konkurrenz, finanzielle Rigiditäten oder ökonomische Rationalisierung aufgezehrt wird und das Bild von der Macht ohne Verantwortung richtig ist, kann nicht einfach mit Ja oder Nein beantwortet werden. Zu unterschiedlich sind dafür die Situationen und zu widersprüchlich die Befunde über das gesellschaftliche Engagement der Unternehmen. Das Spektrum gesellschaftlicher Verantwortung der Wirtschaftseliten kann auf einer breiten Skala abgebildet werden: An dem einen Ende steht die strikt wirtschaftsliberale

Position, dass Wirtschaft eben Wirtschaft sei und sich entsprechend um die Erzielung von Gewinnen zu kümmern habe, was als Nebeneffekt dann positive gesellschaftliche Konsequenzen zeitigen würde. Ein weiter reichendes soziales Engagement wird dagegen als Privatangelegenheit einzelner Personen aufgefasst.[5] Am anderen Ende der Skala wird aus einer dezidiert wirtschaftsethischen Position darauf hingewiesen, dass Unternehmen als „quasi-öffentliche Institutionen" eine deutliche Verpflichtung zu gesellschaftlicher Verantwortung auch unter Abstrichen von ihren Profitinteressen hätten und sie gegenüber der Gesellschaft in der Pflicht stünden (Ulrich und Thielemann 1992, Ulrich 2000).

Zunächst einmal ist ganz allgemein festzustellen, dass der Umfang der öffentlichen Debatte über die gesellschaftliche Verantwortung der Wirtschaftseliten im Zeitverlauf zunimmt. So gibt es bereits seit Mitte der 1960er Jahre in der Presse eine steigende Tendenz, die gesellschaftliche Verantwortung von Wirtschaftseliten zu thematisieren und zu reklamieren. Dieser Trend dürfte damit zusammenhängen, dass in einer Ära beschleunigter Globalisierung das Verhalten der Wirtschaftsakteure auf das Engste mit gesellschaftspolitischen Fragen verknüpft ist und immer deutlicher wird, dass die Wirtschaftseliten mit ihren betriebswirtschaftlich ausgerichteten Entscheidungen weit reichende gesellschaftliche Folgen produzieren.

Die Wirtschaftseliten reagieren allerdings auf externe Erwartungen an ihre gesellschaftliche Verantwortung in ganz unterschiedlicher Weise. In den Interviews, Fallstudien und Medienanalysen unseres Projekts finden sich Beispiele für eine Vielzahl von Reaktionsweisen in Bezug auf gesellschaftliche Verantwortungsübernahme, die in einem induktiven Verfahren in eine Typologie überführt wurden. Das Spektrum reicht von glatter Verweigerung von Verantwortungsübernahme über unterschiedliche Arten von Tauschgeschäften und die Ausübung von Zwang bis hin zu eigenständigem proaktiven Engagement.[6] Die Bereitschaft zur Übernahme gesellschaftlicher Verantwortung nimmt – zumindest rhetorisch – im Zeitverlauf zu. Allerdings ist auf Differenzierungen hinzuweisen: So zeigt eine Untersuchung, dass kleine und mittlere Unternehmen (mit weniger als 100 Beschäftigten) relativ zu ihrer Größe bzw. zum Umsatz etwa vier bis fünf Mal so viel Geld für soziale Zwecke ausgeben als die Großunternehmen. Im ersten Fall sind dies 0,24%, im letztgenannten Fall lediglich 0,05%

---

[5] Von Milton Friedman ist z.B. der schöne Satz überliefert: „There is one and only one social responsibility of business – to use its resources and engage in activities designed to increase its profits."
[6] Die daraus resultierenden Fallstudien beschäftigen sich mit Mannesmann/Vodafone, mit der Tabakindustrie, der Zwangsarbeiterentschädigung, dem Deutschen Corporate Governance Kodex, dem Fall 5000x5000 bei VW, dem Gleichstellungsgesetz der deutschen Wirtschaft, der innerbetrieblichen Umweltrichtlinie EMAS, dem Schulprojekt der Boston Consulting Group und der so genannten Schockwerbung von Benetton.

des Umsatzes (Maaß und Clemens 2002). Diese achten dagegen mehr darauf, ihr soziales Engagement und ihre gesellschaftliche Verantwortung auch werbewirksam anzupreisen. Engagement und gesellschaftliche Verantwortungsübernahme erscheinen hier eher als eine lohnende „Investition" in ein bestimmtes gesellschaftliches Umfeld.

Wirtschaftseliten neigen dazu, bereits ihre ökonomische Verantwortung, insbesondere die Sorge um den Erhalt des Unternehmens und alle direkt davon ableitbaren Handlungen, als gesellschaftlich verantwortliches Handeln darzustellen. Dies ist wohl die überwiegende Sicht im Unternehmerlager. Eine Unternehmensbefragung der Bertelsmann-Stiftung (2005: 6) ergab hinsichtlich der Assoziationen zum Begriff „gesellschaftliche Verantwortung von Unternehmen", dass am häufigsten „Verantwortung für die Mitarbeiter" und „Arbeitsplätze sichern" genannt wurden (je 38%). Andere Aspekte wie „Ethisch-moralische Werte zeigen" (8%) und „Demokratische Rechte und Pflichten ernst nehmen" (6%) erzielten dagegen nur geringe Anteile. Gesellschaftliche Verantwortungsübernahme muss aber über genuin wirtschaftliche Tätigkeiten hinaus weisen und sollte sich im Hinblick auf mögliche Resultate nicht als zwangsläufiger Effekt wirtschaftlicher Tätigkeiten ergeben (z.B. die Schaffung von Arbeitsplätzen als Folge einer betriebswirtschaftlich notwendigen Investition), sondern besondere Anstrengungen, möglicherweise auch Opfer verlangen. Anspruchsvollere Varianten der Wahrnehmung von gesellschaftlicher Verantwortung könnten darin bestehen, dass ein Unternehmen auf ein gewinnträchtiges und durchaus legales „Geschäft" verzichtet, weil damit eine Schädigung ohnehin benachteiligter Gruppen verbunden wäre. In diesen und ähnlich gelagerten Fällen setzt das Prädikat „gesellschaftlich verantwortliches Handeln" voraus, dass ethische Kriterien (Gesetzestreue, Rücksicht auf benachteiligte Gruppen bzw. das Gemeinwohl) das Interesse an Marktbehauptung und Gewinnmaximierung überwiegen. Es sind aber auch Win-Win-Situationen denkbar und empirisch gegeben, in denen moralische Gebote und unternehmensbezogene Gewinninteressen Hand in Hand gehen, so dass das gesellschaftliche Engagement zugleich wirtschaftliche Vorteile bringt.

Die Wirtschaftseliten haben in den letzten Jahren einen deutlichen Schwenk in Richtung „mehr Markt" vollzogen. Dies schlägt sich auch in den propagierten gesellschaftlichen Leitwerten und davon abgeleiteten politischen Instrumenten nieder. Es zeigt sich eine Verschiebung von Konzepten der Solidarität und der Verantwortung des Staates hin zur individuellen Verantwortung und marktförmigen Steuerung. Mit Blick auf einige zentrale Dimensionen des Spannungsverhältnisses zwischen einer wohlfahrtsstaatlichen und einer neoliberalen Ordnung neigen Wirtschaftseliten heute ganz eindeutig der neoliberalen Seite zu. Damit ist eine gravierende Verschiebung des semantischen Gehalts von gesellschaftlicher Verantwortung verbunden gewesen.

Auch wenn sich keine scharfe zeitliche Zäsur erkennen lässt, so zeichnet sich mit dem ausklingenden „sozialdemokratischen Jahrhundert" (Ralf Dahrendorf) in Deutschland doch ein tief greifender Wandel ab, der eine tendenzielle Umorientierung insbesondere großer, international operierender Unternehmen im Umgang mit der Frage gesellschaftlicher Verantwortung beinhaltet. Zwar folgten die Unternehmen auch in der Vergangenheit den Imperativen der Gewinnmaximierung. Soweit sie soziale Leistungen erbrachten und gesellschaftliche Verantwortung wahrnahmen, geschah dies selten aus eigenem Antrieb, sondern es wurde ihnen von den Belegschaften, Gewerkschaften oder von Seiten eines interventionistischen Staates abgetrotzt. Freilich gab es unter dem „rheinischen Kapitalismus" auch das Leitbild und die real existierende Figur des sorgenden Unternehmers, des Patriarchen, des Mäzens.

Inzwischen hat das traditionelle Leitbild des Unternehmers als „Patriarch" endgültig zugunsten zweier anderer Akteursgruppen ausgedient (Berghahn et al. 2003). Dies sind zum einen die Kapitalanleger, prototypisch vertreten durch die Verwalter großer Fonds und Banken, die ständig auf der Suche nach der jeweils ertragreichsten Anlageform sind (Windolf 2005). Die zweite zentrale Akteursgruppe bilden die Manager, die nur temporär und auf Abruf eine bestimmte Funktion ausüben. Der Horizont ihres Handelns wird immer kurzfristiger, weil im Aktionärsinteresse erzielte und zu erwartende Erträge von Quartal zu Quartal bilanziert werden müssen.[7] Entsprechend wird auch das Management einem permanenten Prozess der Bewertung unterzogen, so dass die Manager sowohl treibende als auch getriebene Kräfte im sich globalisierenden Konkurrenzkampf sind.

Vor diesem Hintergrund behandeln die Führungskräfte eines Unternehmens die Frage nach dessen gesellschaftlicher Verantwortung tendenziell anders als noch vor wenigen Jahrzehnten: In der Blütezeit des Wohlfahrtsstaates wurde gesellschaftliche Verantwortung als eine moralische Verpflichtung betrachtet, die auf individueller Ebene beispielsweise die Bereitschaft zu beträchtlichen Steuern und Abgaben und auf staatlicher Ebene die Sorge um öffentliche Güter und soziale Sicherheit bedeutete. Leitend waren die Annahmen, dass (a) gesellschaftliche Verantwortung eine Verpflichtung aller sei, insbesondere aber der Wohlhabenden, und dass (b) die Unterprivilegierten ein Recht auf Transferleistungen hätten. Diese Annahmen wurden allmählich zugunsten einer Sichtweise in Frage gestellt, die gesellschaftliche Verantwortung als eine Option von Privatleuten ansieht. Die Übernahme gesellschaftlicher Verantwortung ist demnach ein freiwilliger Akt von Individuen, Assoziationen und Unternehmen, der gewährt

---

[7] Vergleiche Identity Foundation, Quellen der Identität einer neuen Wirtschaftselite. Ein Soziogramm von Managern und Gründern der New Economy, Düsseldorf o.J.; Identity Foundation, Quellen der Identität. Das Selbstverständnis der Top-Manager der Wirtschaft. Düsseldorf o.J.

oder unterlassen, aber nicht per Gesetz erzwungen werden kann. Diese Haltung signalisiert eine Verlagerung vom eher europäischen Modell einer Solidarität der Brüderlichkeit (basierend auf wechselseitigen Erwartungen und Verpflichtungen) zum eher US-amerikanisch geprägten Modell von charity, einer Solidarität des Mitleids, beruhend auf der Gunst der Gebenden und der Dankbarkeit der Nehmenden. Diese Verlagerung ist zudem vor dem Hintergrund eines Wandels der historischen Kontextbedingungen zu sehen, nämlich der insgesamt größeren Legitimation sozialer Ungleichheiten (Müller und Wegener 1995, Lessenich 2003) und der Betonung vor allem natürlicher und individueller Ungleichheiten durch die Eliten.

Die Verantwortlichkeit der Wirtschaftseliten hat sich also im Zuge der Globalisierung beträchtlich transformiert. Ungeachtet einer teilweise anders lautenden Rhetorik interpretieren sie diese Verantwortung faktisch im Sinne rein taktischer bzw. strategischer Kalküle im Hinblick auf extern vorgenommene Bewertungen des Unternehmens. Gesellschaftliches Engagement wird heute nicht mehr aus reinem Altruismus betrieben, sondern als eine Art Investition betrachtet, die nicht nur für die Unternehmen immer wichtiger wird, sondern sich auch rechnen muss. Damit rückt die Frage, was die Gesellschaft und ihre benachteiligten Gruppen am ehesten brauchen, in den Hintergrund zugunsten der Frage, welche Art des Engagements dem einzelnen Unternehmen, einer Branche oder der Wirtschaft insgesamt nützt. „Image construction" tritt in den Vordergrund und wird zum Wettbewerbsfaktor. In diesem Lichte sind auch die neuen Konzepte von Corporate Social Responsibility, von Corporate Citizenship und der Beteiligung am Global Compact zu sehen.[8] Sie sind eine Antwort auf die wachsende Kritik am Gebaren von Unternehmen. Da die Wirtschaftseliten hinsichtlich ihrer gesellschaftlichen Verantwortung im öffentlichen Diskurs zunehmend kritisch bewertet werden, reagieren sie darauf ihrerseits mit primär öffentlichkeitsbezogenen Schlagworten, Initiativen und Kampagnen. Deren Hintergrund bildet allerdings ein emphatisches Loblied auf die Leistungsfähigkeit des Marktes und die Tugend der Selbstverpflichtung. Sich gesellschaftlich verantwortlich zu zeigen, scheint heute – insbesondere auf internationaler Ebene – eine Voraussetzung dafür sein, Geschäfte machen zu können.

---

[8] Siehe dazu Global Compact Office (2001); zur Kritik an diesen Konzepten siehe Aid (2004) und Whitehouse (2003).

5 Resümee

Globalisierungsprozesse und Konkurrenzdruck auf der einen Seite, soziale Verantwortung auf der anderen Seite stehen also in einer komplexen Wechselwirkung miteinander und bilden trotz der flächendeckenden Favorisierung marktradikalerer Positionen seitens der Wirtschaft nicht zwingend ein Ausschlussverhältnis. Allerdings lehnen Wirtschaftseliten unter Verweis auf zunehmenden ökonomischen Druck der nationalen und insbesondere der Weltmarktkonkurrenz gesellschaftliche Verantwortung als eine *Verpflichtung* ganz überwiegend ab. Gleichwohl bekennt sich – abgesehen von jenen, die angeben, sie könnten sich gesellschaftliche Verantwortung aus ökonomischen Gründen nicht leisten oder seien dafür nicht zuständig – die Mehrheit der Unternehmen zu ihrer Verantwortung. Diese hat aber mit dem hohe Verbindlichkeitsgrade aufweisenden Verantwortungsverständnis früherer Jahre nicht mehr viel gemeinsam, da Verantwortung heute anders definiert wird und allenfalls auf freiwilliger Basis stattfinden soll. Unter dieser Voraussetzung wird die Interpretation gesellschaftlicher Verantwortung sogar mit dem neoliberalen Credo vereinbar, indem es die eigene und möglicherweise sogar rücksichtslose Vorteilnahme als „unausweichlich" oder „notwendig" ausgibt oder „im gesellschaftlichen Interesse" für gerechtfertigt hält. Damit konstruieren Unternehmen ein je besonderes Verantwortungsprofil, das in seinem Inhalt, seinem Ausmaß und seiner Form keine bindende Verpflichtung mehr enthält und somit jederzeit nach den „Markterfordernissen" umgestaltet werden kann.

Literatur

Aid, Christian (Hg.), 2004: Behind the Mask: The Real Face of Corporate Social Responsibility, London

Berghahn, Volker, Unger, Stefan und Ziegler, Dieter (Hg.), 2003: Die deutsche Wirtschaftselite im 20. Jahrhundert. Kontinuität und Mentalität. Essen: Klartext Verlag

Bertelsmann Stiftung (Hg.), 2005: Die gesellschaftliche Verantwortung von Unternehmen. Dokumentation der Ergebnisse einer Unternehmensbefragung der Bertelsmann Stiftung. Gütersloh

Birle, Peter, Imbusch, Peter und Wagner, Christoph, 1997: Unternehmer und Politik im Cono Sur – Eine vergleichende Analyse. S. 58-85 in: Lateinamerika Jahrbuch. Frankfurt/M.: Vervuert Verlag

Global Compact Office (Hg.), 2001: The Global Compact. Corporate Leadership in the World Economy. New York

Imbusch, Peter, 2000: Marktkonstitution und die Erzeugung dynamischer Unternehmer als gewaltsames politisches Zwangsprojekt: Chile. S. 126-146 in: Roland Czada und Susanne Lütz (Hg.), Die politische Konstitution von Märkten, Opladen: Westdeutscher

Imbusch, Peter, 1995: Unternehmer und Politik in Chile. Eine Studie zum politischen Verhalten der Unternehmer und ihrer Verbände. Frankfurt/M.: Vervuert Verlag

Lessenich, Stephan (Hg.), 2003: Wohlfahrtsstaatliche Grundbegriffe. Historische und aktuelle Diskurse. Frankfurt/M.: Campus

Maaß, Frank und Clemens, Reinhard, 2002: Corporate Citizenship: Das Unternehmen als ‚guter Bürger'. Wiesbaden: Gabler

Müller, Hans-Peter und Wegener, Bernd (Hg.), 1995: Soziale Ungleichheit und soziale Gerechtigkeit. Opladen: Leske + Budrich

Ulrich, Peter, 2000: Republikanischer Liberalismus und Corporate Citizenship – Von der ökonomistischen Gemeinwohlfiktion zur republikanisch-ethischen Selbstbindung wirtschaftlicher Akteure, Universität St. Gallen, Berichte des Instituts für Wirtschaftsethik, Nr. 88

Ulrich, Peter und Thielemann, Ulrich, 1992: Ethik und Erfolg. Unternehmensethische Denkmuster von Führungskräften – eine empirische Untersuchung. Bern u.a.: Haupt

Whitehouse, Lisa, 2003: Corporate Social Responsibility, Corporate Citizenship and the Global Compact. A New Approach to Regulating Corporate Social Power? Global Social Policy 3: 299-318

Windolf, Paul (Hg.), 2005: Finanzmarkt-Kapitalismus. Analysen zum Wandel von Produktionsregimen. Wiesbaden: VS

Die extreme Rechte als globalisierungskritische Bewegung?

Fabian Virchow

Auch fast zehn Jahre, nachdem John Cassidy *Globalisierung* als „*the* buzzword of the late twentieth century" (Cassidy 1997) bezeichnet hat, steht der Begriff als Symbol aktueller Entwicklungen, negative Chiffre sozialer Verwerfungen oder magische Anrufung im Mittelpunkt zahlreicher politischer, medialer und wissenschaftlicher Diskurse (Badura et al. 2005). Dabei ist das Wesen dessen, was diskursiv als Globalisierung markiert wird, ebenso umstritten wie seine (welt)gesellschaftliche Reichweite, seine Ausprägungen, seine zeitliche Verortung oder die (normative Bewertung der) Auswirkungen auf einen relevanten Anteil der auf diesem Planeten lebenden Menschheit (Kiely 2005). Entsprechende Kontroversen und disparate Perspektiven finden sich denn auch in der politikwissenschaftlichen und soziologischen Diskussion.

Einige halten den gegenwärtig dominierenden Diskurs über die Globalisierung für ein „gigantic misreading of current reality" (Wallerstein 2000: 250) und verweisen darauf, dass die in den kommenden Jahrzehnten bevorstehende grundlegende Transformation des kapitalistischen Systems nur im Kontext der seit 1450 stattfindenden Durchsetzung der kapitalistischen Weltökonomie sowie des seit 1945 andauernden Kondratieff-Zyklus zu verstehen sei. Andere kritisieren, dass Begriff und Idee der Globalisierung „a process of convergence to some single standard" (Hall 2000: 68) suggeriere, wohingegen die Weltökonomie noch weit davon entfernt sei, global zu sein, transnationale Unternehmen tatsächlich noch immer „national firms with international operations" (Hall 2000: 66) seien und im Bereich der Migration die Ökonomien des Nordens ihre Selektionskriterien verfeinern und die Zugangsbarrieren erhöhen und daher von einem globalen Arbeitsmarkt keine Rede sein könne. Auch finden sich historische Unersuchungen, die zeigen, dass beispielsweise das Niveau der internationalen Verflechtungen und Kooperationen Ende des 20. Jahrhunderts mit jenem kurz vor dem Ersten Weltkrieg erreichten Maß vergleichbar ist (Hirst and Thompson 1996, Sutcliffe und Glyn 1999, Bairoch 2000) und die internationale Geschäftswelt noch immer „rests upon rather resilient national bases" (Caroll und Fennema 2002:

414), so dass von einer *transnational business community* (bisher) nicht die Rede sein könne.

Bartelson (2000: 191) sieht eine (nicht-lineare) historische Abfolge der *Konzeptionalisierung* der Globalisierung – von der ‚Transferenz' über die ‚Transformation' zur ‚Transzendenz': „Hence, behind the veil of semantic ambiguity we find the conviction that globalization is *taking place*, without such a conviction constituting common ground, there would be no discourse or debate on globalization." Zumindest lässt sich wohl von einer Wirkmächtigkeit und soziologischen Bedeutsamkeit von Diskursen sprechen („the wide acceptance of globalization as a fact is *itself a social fact*"; ebd.: 180), die Globalisierung als einen Prozess ansehen, bei dem „industrial and commercial companies as well as financial institutions increasingly operate transnationally [...] This goes hand-in-hand with an increase in mergers and the acquisition of industrial, commercial and financial companies, leading to an increase in the global role of large, multi-national companies and to a lessening of the role of nation-states. The diminution of the role of states (or of regional governments) has been further accelerated by the shift toward the privatization of public companies (including services) and by deregulation" (Bairoch 2000: 197f.).

Der mit den ‚Zwängen der Globalisierung' diskursiv begründete Abbau sozialer Sicherungssysteme und arbeitsrechtlicher Vereinbarungen im Sinne einer „non-negotiable logic of economic discipline" (Hay 2006: 20), der von zahlreichen Aufforderungen zur Stärkung der Eigenverantwortung und -vorsorge begleitet wird, hat in der Bundesrepublik insbesondere im Zusammenhang mit den so genannten Hartz IV-Beschlüssen zu einer Politik der Angst und der Entwürdigung beigetragen. In Kombination mit einer Steuerpolitik, die einkommensseitig zu einem starken Rückgang der von Unternehmen und Aktienbesitzern aufzubringenden Steuern und – qua restriktiver Ausgabenpolitik – zu einer Unterminierung elementarer Staatsaufgaben geführt hat, sind inzwischen nicht mehr nur „Arbeitnehmerhaushalte mit niedrigen Einkünften aus Arbeit und Kapital, die mangels Arbeitsplatzsicherheit am ehesten auf staatliche Transferleistungen angewiesen sind" (Leggewie 2003: 51) betroffen. Auch große Teile der Mittelschichten fühlen sich von dieser Politik verunsichert oder gar bedroht (Kocher 2006).

Die Verunsicherungen in den Lebensverhältnissen und das Auftreten vielfältiger Kontrollverluste (Heitmeyer 2001: 506ff.) fallen häufig mit einer gravierenden Vertrauensreduktion in die politischen Parteien zusammen und können – unter bestimmten Bedingungen – als ursächlich mitverantwortlich für die Entwicklung bzw. Verfestigung von extrem rechts affinen Einstellungen bzw. von Wahlerfolgen extrem rechter bzw. rechtspopulistischer Parteien betrachtet werden (Betz 2001, Swank und Betz 2003, Flecker und Hentges 2004). Ob sich eine solche Konstellation auch in der Stimmabgabe oder gar dauerhaften Unterstützung einer Partei der extremen Rechten niederschlägt, hängt nicht zuletzt davon ab, ob diese von der technischen Reichweite ihrer Kommunikationsangebote und insbesondere bezüglich des *Framings* (Klandermans 1988, Snow und Benford 1992) des als soziales oder politisches Problem angesehenen Sachverhalts Deutungen anzubieten hat, die an die Lebenssituation der Zielgruppe und deren emotionale wie kognitive Verarbeitung anknüpfen.

Die extreme Rechte hat ihre Kampagnenthemen in den 1990er Jahren um die Thematisierung der ‚sozialen Fragen' bzw. der ‚Globalisierung' erweitert (Stöss 2005: 37ff.) und schließt damit im Kontext der Massenarbeitslosigkeit und der Strukturveränderungen in den Systemen sozialer Sicherung an gesellschaftliche Auseinandersetzungen an, die im Verlaufe der 1990er Jahre eine beträchtliche diskursive und reale Dynamik erreicht haben. Die NPD erklärte 1998 die Frage eines gerechten Wirtschaftssystems zum „Dreh- und Angelpunkt nationaler Politik".[1]

Die folgenden Ausführungen untersuchen die Ursachendiagnose (*diagnostic framing*), die Ansätze zur Lösung des Problems (*prognostic framing*) und die auf politische Praxis zielende Überzeugungskommunikation (*motivational framing*) insbesondere der NPD und der neonazistischen *groupuscules* (Virchow 2004), also jenen Teil der extremen Rechten, der in den vergangenen zehn Jahren zunehmend bewegungsförmig auftritt (Virchow 2006a) und gegenüber anderen Strömungen innerhalb der extremen Rechten – wie etwa die Partei ‚*Die Republikaner*', die ein Modell des autoritären Neoliberalismus favorisieren und das Prinzip der *préférence national* zu einer zentralen Achse politischen Handelns machen möchten (Ptak 1999) – an Gewicht gewonnen hat. Den Terminus ‚extreme Rechte' verwende ich im Anschluss an Hans-Gerd Jaschke (1994: 31) für die „Gesamtheit von Einstellungen, Verhaltensweisen und Aktionen, organisiert oder nicht", die von einer „rassisch oder ethnisch bedingten sozialen Ungleichheit der Menschen ausgehen, nach ethnischer Homogenität von Völkern verlangen und das Gleichheitsgebot der Menschenrechtsdeklarationen ablehnen, die den Vorrang der Gemeinschaft vor dem Individuum betonen, von der Unterordnung des Bürgers unter die Staatsräson ausgehen und die den Wertepluralismus einer liberalen Demokratie ablehnen und die Demokratisierung rückgängig machen wollen."

Als empirisches Material der Untersuchung dienen Demonstrationen und öffentliche Kundgebungen sowie im Internet oder in gedruckter Form verbreitete politische Stellungnahmen der extremen Rechten. Aus der Perspektive der politischen Kommunikation lässt sich mit Dieckmann sagen, dass „ideologische Poly-

---

[1] Vergleiche *Deutsche Stimme* 7/1998.

semie" (Dieckmann 1969: 70) in politischen Systemen, in denen konkurrierende politische Kräfte und Ideologien in öffentlichen Auseinandersetzungen um Zustimmung ringen, – zumindest auf der Ebene zentraler politischer Begriffe – „durchweg identisch [wird; F.V.] mit offenem oder latentem semantischen (Konkurrenz-)Kampf" (Klein 1991: 58). Aufgrund der Polysemie zentraler Begriffe, die in politischen Diskursen als bedeutsam gesetzt werden und die – wie etwa ‚Frieden' oder ‚Freiheit' – im Alltagsverständnis positiv konnotiert oder – wie etwa ‚Profit', ‚Kapitalismus' oder ‚Sozialismus' – überwiegend negativ bzw. ambivalent besetzt sind, bedarf es der Rekonstruktion der Innensicht der hier behandelten Akteure, um die mit den Begriffen verbundenen Voraussetzungen und Implikationen erkennbar zu machen und Sinnpotentiale und handlungsstiftende Wirkungen zu erkennen (Hennig 1982). Methodisch folge ich der Überlegung Neumanns, dass die Untersuchung der nationalsozialistischen Ideologie anhand der Äußerungen ihrer Protagonisten einen wichtigen Beitrag zum Verstehen der letztlich angestrebten Ziele leistet (Neumann 1977: 65ff.).

1 Globalisierungskritik als Antiamerikanismus und Antisemitismus

Im Rahmen ihrer ‚Demonstrationspolitik' haben NPD und neonazistische Bewegungsunternehmer bei zahlreichen Gelegenheiten auch zum Thema ‚Globalisierung' und arbeitsmarkt- bzw. sozialpolitischen Entwicklungen Stellung bezogen (Virchow 2006a). Auf den dabei mitgeführten Transparenten waren Losungen zu erkennen wie „Arbeitsplätze statt Globalisierung", „Arbeit für Millionen statt Profite für Millionäre" oder auch „Arbeitsplätze zuerst für Deutsche – Kapitalismus und Globalisierung stoppen!" sowie „Sozialabbau nicht mit uns".

Zur Rekonstruktion der zentralen Wissensbestände und Deutungsmuster des *diagnostic framings* ist zunächst danach zu fragen, was für diesen Teil der extremen Rechten ‚Globalisierung' (bzw. ‚Globalismus') bedeutet und mit welchen Sinngehalten dies verbunden wird. Unter ‚Globalisierung' schreibt etwa der NPD-Funktionär Lutz Dessau in der NPD-Parteizeitung *Deutsche Stimme*, sei die „Aushöhlung staatlicher und kommunaler Herrschaftsgewalt"[2] zu verstehen. Mit der „These von der Globalisierung der Märkte und Herstellungsräume wird die Unterordnung des Staates unter das Kapital verlangt"[3], notiert Reinhold Oberlercher in der Publikation *Staatsbriefe*. Im Aufruf der NPD zur 1. Mai-Demonstration in Berlin im Jahre 2003 hieß es schlicht „Globalisierung heißt: Ver-

---

[2] Dessau, Lutz: „Sie verkaufen unserer Enkel ihre Häuschen". Umfangreiche Hökerei auch im Bereich Wohnen/Klüngel aus BRD-Funktionären und US-"Geierfonds", in: *Deutsche Stimme* 1/2006, S. 4.
[3] Oberlercher, Reinhold: Entwurf einer neuen Volkswirtschaft, in: *Staatsbriefe* 2/1997, S. 6-13, (6).

Die extreme Rechte als globalisierungskritische Bewegung? 219

lust von Arbeit, Heimat, Identität". Etwas ausführlicher nimmt das NPD-Parteiprogramm von 1997 Stellung: „Die NPD lehnt die in der kapitalistischen Wirtschaftsordnung systematisch betriebene Internationalisierung der Volkswirtschaften entschieden ab. Diese Globalisierung der Wirtschaft", heißt es dort weiter, „beruht auf einem überholten und falschen Ziel der maximalen Ausbeutung der Erde durch Schaffung von Monokulturen. [...] Die NPD lehnt die Globalisierung der deutschen Wirtschaft auch deswegen ab, weil die unmittelbar zur Massenerwerbslosigkeit geführt hat".[4] Die als negativ bezeichnete ‚Globalisierung' bezieht sich demnach also auf eine Schwächung staatlicher Institutionen, ursächlich auf das Problem der Massenarbeitslosigkeit sowie auf Prozesse ökonomischer und kultureller Internationalisierung.

In den Verlautbarungen der extremen Rechten werden zahlreiche Beispiele genannt, in denen solche Prozesse der Globalisierung erkennbar seien. An erster Stelle gelte dies für den Arbeitsmarkt; aber auch die EU-Dienstleistungsrichtlinie[5], das in einer zunehmenden Zahl von Kommunen praktizierte Cross-Border-Leasing[6], die Überlegungen zur Veränderung des Status der Sparkassen, die zwar noch unabhängig vom „internationalen Finanzgangstertum"[7], aber das „nächste Objekt plutokratischer Privatisierungsbestrebungen"[8] seien und in jüngster Zeit der Verkauf bisher im Besitz der Kommune befindlichen Wohneigentums werden in der Publizistik der extremen Rechten als Ausdruck der Globalisierung betrachtet. So schlussfolgert etwa Dessau, dass „die Verscherbelung hinsichtlich des Bereichs Wohnen die Handlungsfähigkeit der Kommunen bzw. des Staates einschränkt und somit jenem Schema entspricht, wie es durch das ‚Multilaterale Abkommen über Investitionen' (MAI) vorgezeichnet wird. [...] Das MAI, fraglos eines der wichtigsten Mittel der Globalisierer, soll Rechtssicherheit für ‚Investitionen' schaffen."[9] Die prekäre finanzielle Lage der meisten Kommunen wird beklagt und auf die „Unterstützung von kulturzersetzenden Einrichtungen und Projekten, Förderung von antideutschen Jugend-Treffs"[10] sowie die „jährlichen, selbstgewollten Frondienste in Höhe von nahezu 200 Mrd. Euro, die Abschreibungsmöglichkeiten für Konzerne"[11] zurückgeführt. Dass die Ausgaben für einige Jugendzentren, die im Regelfall mit knappen Budgets aus kommunalen Haus-

---

[4] Nationaldemokratische Partei Deutschlands (Hg.): Parteiprogramm, Stuttgart 1997.
[5] Jennewein, Ludwig: Offener Widerstand. Dienstleistungsrichtlinie ist noch nicht ‚durch', in: *Deutsche Stimme* 1/2006.
[6] Dessau, Lutz: Der „Investor", die Stadt und der Ruin, in: *Deutsche Stimme* 12/2003, S. 1 und 7.
[7] Aufschwung, Otto: Die Sparkassen, das nächste Objekt plutokratischer Privatisierungsbestrebungen, in: *Deutschland. Schrift für neue Ordnung* 1-2/2004, S. 62-65.
[8] Ebd.
[9] Dessau (siehe Fußnote 2).
[10] Ebd.
[11] Ebd.

halten auskommen müssen, und – das ist mit den ‚Frondiensten' gemeint – Zahlungen an supra-nationale Organisationen, die aus dem Bundeshaushalt geleistet werden, für die schwierige Haushaltslage von Kommunen verantwortlich sind, ist eine groteske Verzerrung der Ursachen, zu denen insbesondere die Übertragung von zusätzlichen Aufgaben an die Kommunen ohne gleichzeitige Bereitstellung adäquater Finanzmittel zu zählen ist. Auch von der Einschränkung des den Kommunen unmittelbar zugute kommenden Steueraufkommens durch politische Entscheidungen ist in den Stellungnahmen der extremen Rechten nichts zu finden.

Zu den im nationalen politischen und ökonomischen Kontext auftretenden Akteuren der Globalisierung zählt die extreme Rechte Politiker aller Parteien, die sich „ohne Skrupel zu Interessenvertretern ausländischen Kapitals machen"[12] ließen, sowie die Kaste der Manager, die „nicht selten amerikanisiert"[13] seien. Diese Deutung versucht nicht nur von der diskursiven Gegenüberstellung von US-amerikanischem und rheinischem Kapitalismus zu profitieren, sondern konstruiert auch eine Typologie von Managern und multinationalen Unternehmen. Bezüglich der führenden Manager großer deutscher Unternehmen glaubt Mechtersheimer eine nicht-nationale Einstellung konstatieren zu können, da diese „sich überall zu Hause [fühlen; F.V.], allenfalls in Gütersloh oder München, aber nicht in Deutschland"[14]. Der diskursive Bezug zum Kollektivsubjekt ‚Deutschland' setzt sich in der These fort, dass nur in Deutschland der „virulente antinationale Komplex der Deutschen zu der Annahme [verleitet; F.V.], ein Weltkonzern sei so etwas wie eine supranationale Kraft jenseits der einzelnen Länder. In Wirklichkeit gibt es gar keine ‚Multis' in diesem Sinne. Denn General Motors beispielsweise ist ein US-Konzern, Total Fina Elf […] ein französischer und Ikea ein schwedischer und sonst nichts. Diese Konzerne sind zwar weltweit tätig, aber ihre wirtschaftlichen, finanziellen und politischen Machtzentren liegen eindeutig in ihren Heimatländern".[15] Wird hier implizit eine nationale Interessenvertretung eingeklagt, so soll der Eindruck, deutsche Konzerne würden durch Firmenaufkäufe und Direktinvestitionen im Ausland (also im Rahmen des heftig kritisierten Globalisierungsprozesses) ihrerseits die gesellschaftlichen Strukturen der jeweiligen Gesellschaften durchdringen und dominieren, d.h. quasi ‚germanisieren', entschieden zurückgewiesen: „Natürlich kaufen auch deutsche Unternehmen im Ausland Firmen auf. Aber da gibt es große Unterschiede. […] Deutsche

---

[12] Mechtersheimer, Alfred: Globalisierungsopfer Deutschland. Der Ausverkauf der deutschen Wirtschaft, in: Gesellschaft für freie Publizistik e.V. (Hg.): *Freiheit bewahren – das Volk erhalten*, 2003, S. 110-121, (118).
[13] Ebd., S. 117.
[14] Ebd.
[15] Ebd.

Die extreme Rechte als globalisierungskritische Bewegung? 221

Aufkäufe konzentrieren sich auf kulturell neutrale Bereiche, wie den Energiesektor oder den Maschinenbau, während ausländische Aufkäufer auf den Konsumgüterbereich und damit auf die Lebensgewohnheiten und letztlich das Denken, die Normen zielen."[16] Diese These wird bereits durch das umfangreiche Investment deutscher Unternehmen im Mediensektor der osteuropäischen Staaten ad absurdum geführt. Sie soll jedoch ermöglichen, dass die ‚deutsche Nation' aufgrund des ‚Ausverkaufs der deutschen Wirtschaft' in ihrer Totalität als Globalisierungsopfer erscheint, Kritik an vergleichbarem Investitionsverhalten deutscher Unternehmen jedoch als unberechtigt angesehen werden kann.

Die Setzung der ‚deutschen Nation' als Opfer der Globalisierung wird häufig verknüpft mit Verweisen auf das ‚internationale Kapital' bzw. am ‚Kapitalismus', das bzw. der von der Globalisierung und der Umverteilung der Einkommen profitiere. Dabei wird unter Kapital meist das Finanzkapital bzw. das ‚internationale Bankenkapital' verstanden, „das sich in den Händen weniger Mega-Konzerne und hyperreicher Multi-Milliardäre"[17] befinde. Diese Fokussierung auf das Finanzkapital korrespondiert mit einem Verständnis von Kapitalismus, welches diesen nicht nur explizit als ‚anti-deutsches' System mit fremdbestimmten wirtschaftlichen Entscheidungsprozessen versteht, sondern auch als – im antisemitischen Sinne – ‚vagabundierendes transnationales Finanzkapital' bzw. ‚vagabundierendes Raubritterkapital' ablehnt. Als Kern des (Problems des) Kapitalismus wird dabei die Entwicklung einer Konstellation angesehen, in der sich Geldvermögen aufgrund von Verzinsung und Spekulation vervielfachen kann, ohne dass diesem ein realer Gegenwert an Gütern entspreche.[18] Diese Kapitalismuskritik bezieht sich lediglich auf die Zirkulationssphäre des Kapitals.

Wenn sich auch gelegentlich kursorische Bezüge auf Karl Marx finden, so wird seinem materialistischen Ansatz unter Verweis auf Max Weber und Werber Sombart und deren Betonung der Bedeutung von Mentalitäten und Verhaltensweisen bei der historischen Entstehung des Kapitalismus explizit widersprochen. Bei Sombart sieht man sich durch dessen Verweis, dass der ‚jüdische Geist' eine zentrale Rolle bei der Entwicklung des Kapitalismus gespielt habe (Herf 1984: 130ff.), in seinen antisemitischen Denkmustern bestätigt. Da die offene Formulierung antisemitischer Positionen sanktionsbewehrt ist, verwendet die extreme Rechte in den meisten Fällen Chiffren, die von Gleichgesinnten decodiert werden (können). Hierzu gehört an zentraler Stelle die Verortung des Machtzentrums der ‚Globalisierer' in den USA, insbesondere an der US-amerikanischen

---

[16] Ebd., S. 119.
[17] Richter, Karl: Auf dem Höllentrip. Großkapital gegen Nationalstaaten, in: *Nation & Europa* 2/2004, S. 20-24, (23).
[18] Ehrlichmann, Lothar: Sind die Arbeitslosen das einzige Problem?, in: *Deutsche Stimme* 2/2005, S. 16.

„Ostküste". Dieser Begriff meint nicht einfach nur eine geographische Region, sondern impliziert die Existenz einer kleinen verschworenen Gruppe von Akteuren, die entweder selbst Juden sind, in jüdischem Auftrag handeln, unter deren Einfluss stehen oder sich aus egoistischen Interessen beteiligen, und die insbesondere in New York ansässig sind (Virchow 2006b: 78f., 172). Von Seiten „jener Internationale, die sich mit dem großen Geld, den Börsen, dem amerikanischen Moloch verbindet"[19] werde der „Angriff auf die europäischen Volksvermögen" durchgeführt, der sich hinter Worthülsen wie Flexibilisierung, Globalisierung und Privatisierung tarne: „Unter dem Strich ist überall das Gleiche gemeint: Produzieren und Anbieten auf niedrigstem Preisniveau, Erschließung immer neuer Einnahmequellen für kapitalkräftige Privatunternehmen, wobei vorzugsweise staatliche Zuständigkeiten bis hin zum Gesundheitswesen, zur Wasser- und Stromversorgung, ja bis hin zur Übertragung militärischer Aufgaben privatisiert und in klingende Münze verwandelt werden."[20] Tatsächlich sehen viele Menschen derartige Entwicklungen mit Skepsis und Sorge, zum Teil lehnen sie diese entschieden ab. Daher versucht sich die NPD mit ihrer Globalisierungskritik wie mit ihrem Antiamerikanismus als symbolische Speerspitze gegen den Neoliberalismus und die (Auswirkungen der) Globalisierung zu profilieren, indem sie antikapitalistische bzw. kapitalismuskritische Gefühlslagen unter der Klammer ‚nationaler Solidarität' zur Ideologie der Volksgemeinschaft transformiert.

2 Globalisierungskritik als Nationalismus und Ideologisierung der Arbeit

Die NPD und die neonazistischen Netzwerke haben in den vergangenen Jahren die Entwicklung von alternativen (wirtschafts)politischen Programmatiken zu der von ihnen kritisierten Globalisierung vorangetrieben und verfügen so über – im Vergleich zu den siebziger und achtziger Jahren des 20. Jahrhunderts – elaborierte *prognostic frames*, aus denen hervorgeht welche Lösungsansätze für die angegebenen gesellschaftlichen Probleme vertreten werden. Auch hierfür liefern Losungen von Transparenten erste Anhaltspunkte: „Für Frieden und freie Völker! Gegen Globalisierungskriege", „Kampf dem Ausbeutungskapitalismus. Für eine zinsfreie Wirtschaftsordnung", „Für die Enteignung und Verstaatlichung von Großkonzernen und Banken! Nationalen Sozialismus durchsetzen!", oder auch „Kampf dem Kapital! Für Volksgemeinschaft und Nation!".

---

[19] Richter, Karl: Auf dem Höllentrip. Großkapital gegen Nationalstaaten, in: *Nation & Europa* 2/2004, S. 20-24, (22).
[20] Ebd.

Die Gegenentwürfe kreisen um grundlegende Kategorien wie ‚Souveränität', ‚Freiheit' und ‚Volksgemeinschaft' und skizzieren auf der Basis eines vormodernen Antikapitalismus eine Reihe von konkreten Forderungen. „Der erste Schritt zur Wiederherstellung der Wirtschaftssouveränität", formuliert etwa Oberlercher, „ist die Errichtung der national-staatlichen Souveränität. Deren Hauptinstrumente sind Armee und Polizei. [...] Nach der nationalpolitischen Souveränität kann die nationalökonomische Souveränität errichtet werden. Ihr Hauptinstrument ist der Zoll, d.h. die Wirtschaftspolizei".[21] Schwab, der sich positiv auf das Konzept des ‚geschlossenen Handelsstaates' von Johann Gottlieb Fichte bezieht, suggeriert ebenfalls eine enge Verknüpfung von Wirtschaftspolitik und nationaler Souveränität, wobei er zu letzterer auch die Verfügungsgewalt über Atomwaffen zählt.[22]

Zugleich findet sich eine enge Verknüpfung der Termini ‚souverän' und ‚Souveränität' mit den Begriffen ‚frei' und ‚Freiheit', deren allgemein positive Konnotation sich die extreme Rechte zu Nutze zu machen versucht. Hatte bereits in der Weimarer Republik die antidemokratische Rechte mit ihrem ‚deutschen' „Freiheitsbegriff [...] das liberale Schlagwort frei" im Sinne einer organischen Gesellschaftstheorie umgedeutet und dazu aus „dem weiten geschichtlichen Bedeutungsgefüge des Wortes *liberal* [...] den Zug im Denksystem des Gegners, der traditionsgemäß negative Effekte in großen Gruppen der Gesellschaft auslöst" (Clason 1991: 149) isoliert, so hatte auch die NSDAP das Lexem ‚Freiheit' „häufig mit dem Adjektiv ‚deutsch' verknüpft" (Nill 1991: 312) und so zu einem ihrer wichtigsten Fahnenwörter gemacht, dessen Referenzbereich sich „ausschließlich auf die Ebene der Nation, also nicht auf die einzelnen Bürger, sondern auf Deutschland" bezog, während die „elementaren Bedeutungskomponenten von ‚Freiheit', die sich mit ‚Selbstbestimmung' oder ‚Abwesenheit von äußerem Zwang' paraphrasieren lassen, [...] hier bezogen auf das Individuum keine Rolle" (ebd.: 314) spielten. Wie Nill weiter am Beispiel des Sprachgebrauchs von Goebbels gezeigt hat, kann ‚Freiheit' auch „zu einer Artikulationsform des Antisemitismus werden", denn „Befreiung" sei „vor allem durch den Kampf gegen ‚den Juden' zu erreichen" (ebd.: 313f.). Auch in der extrem rechten Propaganda der Gegenwart findet sich eine entsprechende Verwendung des Terminus ‚Freiheit', deren antisemitischer Gehalt etwa im Ruf nach einer „Freiheitsdoktrin für Europa"[23] zum Ausdruck kommt, deren „neue Ordnung [...] auf dem Selbstbestimmungsrecht und der gewachsenen Identität seiner Völker beruhen

---

[21] Oberlercher, Reinhold: Entwurf einer neuen Volkswirtschaft, in: *Staatsbriefe* 2/1997, S. 6-13, (9).
[22] Schwab, Jürgen: Deutschland – Land der Kapitalismuskritik, in: *Deutschland in Geschichte und Gegenwart* 3/2005, S. 15-17, (17).
[23] Burger, Rüdiger: Das souveräne Deutschland und die USA, in: *Nation & Europa* 6/1991, S. 4-6, (4).

werde"[24] und gegen den (schlichtweg behaupteten) Einfluss ‚der Juden' durchgesetzt werden müsse.

Unter verschiedenen Oberbegriffen (‚deutscher Sozialismus', ‚antikapitalistischer Politikansatz', ‚patriotische Wirtschaftspolitik') zusammengefasste Maßnahmen enthalten beispielsweise

- ein gesetzliches Abwanderungsverbot für Unternehmen in Billiglohnländer;
- Importbeschränkungen und Schutzzölle gegen ‚Billigkonkurrenz aus Sozialdumpingländern'
- eine Reglementierung der Beteiligung ausländischer Unternehmen an deutschen Firmen
- die Gestaltung des Arbeitslosengeldes als Festentgeld für erwerbslose Deutsche
- den Großeinsatz des Arbeitsdienstes in „Mitteldeutschland"
- die Abschaffung des mühe- und arbeitslosen Einkommens und bei Nichteinhaltung sofortiger Zwangseinzug in den Arbeitsdienst.

Für das angestrebte Gesellschaftsmodell findet das Fahnenwort ‚Volksgemeinschaft' Verwendung; ihr völkisches Kollektiv (Schwagerl 1993: 105) soll ständisch organisiert sein. Die Verwendung des Begriffs ‚Sozialismus' bezieht sich keineswegs auf Überlegungen zur Übergabe/-nahme der Produktionsmittel in die Hände der Produzierenden, sondern folgt der Gleichsetzung von Sozialismus und Gemeinschaft: „Was bedeutet also ‚Sozialismus' wirklich? Es ist die Idee der Gemeinschaft! ‚Gemeinschaft' das kann heißen Familie, Sippe, Stamm, Betrieb und Stadt bis hin zu Volks-, Kultur- und Rassengemeinschaft. [...] Unser Volk (also unsere Gemeinschaft – unser Sozialismus) ist ein biologischer Organismus."[25] Die Verbindung von ‚Sozialismus' und ‚Nation', deren ideologische Synthese verschiedene Modelle hervorgebracht hat (Werth 1996), ist in diesem Kontext paradigmatisch, denn nur ein gesunder Sozialismus auf nationaler Grundlage ist und bleibt die einzige Alternative zur bestehenden Politik. [...] Nur ein nationaler Sozialismus schafft Arbeit und soziale Gerechtigkeit!".[26]

Welches Verständnis von ‚Arbeit' dabei impliziert wird, lässt sich nicht nur an den o.g. Absichtserklärungen zum Arbeitsdienst erkennen, sondern auch anhand einer Transparentaufschrift kontextualisieren, die anlässlich einer neonazistischen Demonstration am 1. Mai 2004 in Leipzig zu sehen war. Auf ihr hieß es:

---

[24] Ebd., S. 6.
[25] Leverkusener Aufbruch: Sozialismus – Was ist das überhaupt?, in: Durchblick Nr. 1 (Mai 2004), S. 6-7, (6).
[26] ‚Nein zur Agenda 2010. Ein neues System bietet neue Möglichkeiten', online-Dokument unter http://www.netzspeicher24.de/agenda/index.php (download 16.08.2004).

„Arbeit macht frei – Freiheit für alle". Dieses Motto erinnert zunächst an jene schmiedeeiserne Schmuckzeile über Toren verschiedener Konzentrations- und Vernichtungslager des NS-Regimes. Die Parole ‚Arbeit macht frei' fand, wie Brückner (1998) gezeigt hat, erstmals 1872 im freireligiös-deutschnationalen Milieu Verwendung und tauchte zu Beginn der 1920er Jahre in einer Publikation des pangermanisch-antisemitischen *Deutschen Schulvereins* in Österreich wieder auf. In dem Maße wie Arbeit in preußisch-protestantischem Geist zur ‚deutschen Tugend' erklärt wurde, gerieten ‚Faulheit' und ‚Schlamperei' in den Geruch, ein Ausfluss ‚undeutschen Geistes' sein zu müssen. Entsprechend huldigten zahlreiche völkische Bewegungen in Deutschland – so etwa die Artam-Bewegung – einem Arbeitsbegriff, der Arbeit als Opfer für und Dienst an Nation und Volksgemeinschaft verstand. Eine solche Nationalisierung der Arbeit wurde im deutschen Faschismus noch biologisch unterfüttert: Wer aus so genannten ‚rassischen Gründen' nicht ‚zum Arbeiten geboren' sei, verdiente auch nicht zu leben. Frei könne nur der arbeitende Mensch sein. Der deutsche Faschismus, dessen Reichsarbeitsdienst die Tore seiner Lager mit der Parole ‚Arbeit adelt' schmückte, bezeichnete sich diesem Verständnis zufolge selbst als ‚Staat der Arbeit'.

Einer Ideologisierung von Arbeit folgen auch weite Teile der bundesdeutschen extremen Rechten – sei es in Gestalt der o.g. Programmpunkte, sei es bei der Namensgebung (z.B. Volkssozialistische Bewegung/Partei der Arbeit) oder in Form entsprechender Appelle zur Entwicklung und Stärkung eines „moralgetragenen Arbeitsethos"[27] bzw. der Wiederentstehung eines Arbeiterstandes als eines Bundes mit „einem beruflich motivierten Ethos"[28], der unter den Mitgliedern selbst für Fleiß und Disziplin sorgt. Die Idee eines ‚selbstlosen Arbeitsethos', der als „Verbeugung vor der Arbeit"[29] insbesondere in der DDR eingeübt worden sei, wird auch in der *National-Zeitung* propagiert, was nicht zuletzt an die Verwendung des Begriffs ‚Sozialismus' als Metapher für das Leistungsprinzip durch Vertreter des völkischen Nationalismus im frühen 20. Jahrhundert erinnert (Breuer 2001: 210).

So verbinden NPD, DVU und neonazistische Netzwerke ihre Deutung, der zufolge die ‚deutsche Nation' durch Prozesse der Globalisierung bedroht sei, mit der politischen-programmatischen Vorstellung einer auf rassistische bzw. ethnische Exklusion setzenden, die Geschlossenheit der völkisch bestimmten Nation aufrufenden und in ständischen Strukturen fixierten ‚Volksgemeinschaft', in der moralische Anerkennung und Zugang zu sozialer Sicherung qua Arbeitswillig-

---

[27] Keck, Alfred: Moralische Grundlagen der Sozialstaatserneuerung, in: Deutsche Stimme 11/2001.
[28] Sander, Hans-Dietrich: Thesen zur Bildung einer nichtsozialistischen Arbeiterbewegung, in: Staatsbriefe 7-8/1994, S. 30-32, (31).
[29] Richard: Die Würde des Menschen, in: National-Zeitung 38/2004, S. 5.

keit und -leistung geregelt werden sollen. Paradoxerweise wird diese Vorstellung mit den Begriffen ‚Freiheit' und ‚Sozialismus' in Verbindung gebracht.

3 Globalisierungskritik als Inszenierung und Praxeologie

Tritt die extreme Rechte als kollektiver Akteur und Deute-Gemeinschaft im Feld der Globalisierungsdebatte auf (Maegerle 2004, Greven 2006, Grumke und Klärner 2006, Pfahl-Traughber 2006), so ist eine ideologiekritische Dekonstruktion ihrer politisch-programmatischen Aussagen nicht hinreichend. Dudek und Jaschke haben mit ihrer Konzeptualisierung von ‚rechtsextremen Ereignisketten' auch auf die Bedeutung von Handlungen und Aktionen verwiesen, durch die politische Akteure an die Öffentlichkeit treten und versuchen, ihren programmatischen Vorstellungen und Zielen Gehör zu verschaffen (1984: 167ff.). In welcher Art und Weise dies geschieht, hängt nicht nur von den jeweiligen gesellschaftlichen Diskursen und konkreten Anlässen sowie von den politischen Strategien und Selbstverständnissen der einzelnen Akteure ab, sondern ebenso von den diesen Akteuren – gleich ob Partei, Netzwerk oder Bewegungsunternehmer – zur Verfügung stehenden personellen, finanziellen und infrastrukturellen Ressourcen sowie ihrem politisch-kulturellen Kapital in Gestalt von inter-personellen und inter-organisatorischen Kontakten bzw. von strategisch einsetzbarem Wissen. Ohne an dieser Stelle eine umfassende Systematik solcher Ressourcen und politisch-kultureller Kapital-Bestände sowie der damit verknüpften Formen politischer Praxeologien[30] (Reichardt 2002) vorlegen zu wollen, kann doch gezeigt werden, dass die den unterschiedlichen Strömungen der extremen Rechten zur Verfügung stehenden Ressourcen des ‚seizing and making opportunities' an jeweils differente Organisationsverständnisse und Aktionsrepertoire-Profile gebunden sind (Virchow 2006b: 53ff.).

---

[30] Reichardt hat in seiner luziden Studie über die deutsche SA und den italienischen Squadrismus vorgeschlagen, sich bei der Analyse des Faschismus nicht so sehr mit dessen – seiner Ansicht nach als umfassender Gesellschaftsentwurf mit systematischem Anspruch ohnehin nicht existierender – Ideologie zu befassen, sondern vielmehr mit den politischen Aktionen, dem politischen Stil und der Organisationspraxis der faschistischen Bewegungen (2002: 19ff.). Auch wenn diese zugespitzte Sichtweise hier nicht geteilt wird und einer empiriegesättigten Untersuchung der Ideologeme der extremen Rechten erheblicher Stellenwert eingeräumt wird – nicht zuletzt, weil diesen eine bedeutende handlungsleitende Funktion zukommt –, so ist dem Hinweis auf die Bedeutung einer die Praxeologie umfassenden Analyse für das Verständnis der extremen Rechten (vor allem seiner neo/faschistischen Strömung) auch für die Gegenwart zuzustimmen. Praxeologie wird dabei verstanden als ein theoretisches Verständnis sozialer Praktiken, die „die körperlichen Verhaltensroutinen, kollektiven Sinnmuster und subjektiven Sinnzuschreibungen der historischen Akteure und die Verankerung ihrer Symbole zum zentralen Gegenstand ihrer Analyse und Theoriebildung macht" (Reichardt 2004: 129).

Insbesondere bezüglich jener hier im Fokus der Betrachtung stehender Teile der extremen Rechten, die mit ihren jugendkulturellen Freizeitangeboten und demonstrativen Aktionen eine Selbstinszenierung als radikale Systemopposition betreiben[31], treffender freilich mit der Bezeichnung der ‚reaktionären Rebellen'[32] zu fassen sein dürften, drängt sich eine akteurs- und handlungszentrierte Perspektive geradezu auf. Die öffentlichen Aktionen und Demonstrationen, die nahezu immer mit Polizeieinsätzen und Gegendemonstrationen einhergehen, leisten ebenso wie Symbol und Stil (Hennig 1989) einen bedeutsamen Beitrag zur habituellen politischen Sozialisation, d.h. der Übernahme eines spezifischen Kanons an Verhaltenserwartungen bzw. -weisen, der hier mit dem Verweis auf die Schlagworte ‚Kameradschaft' und ‚Treue', ‚Disziplin' und ‚Ordnung' nur angedeutet sein soll (Virchow 2006a).

Die Inszenierung als ‚radikale Systemopposition' findet nicht nur über die verwendeten Begriffe und Formeln statt (‚Imperialismus bekämpfen'; ‚Aktion Widerstand'; ‚revolutionäre Kraft'), sondern auch über die Auswahl symbolischer Orte und Daten zur Durchführung öffentlicher Kundgebungen (Demonstrationen am 1. Mai; Aktionen vor Arbeitsämtern und Unternehmen) sowie die verwendete Ikonographie. Weit entfernt davon, auf die Verwendung von Abzeichen und Bildern aus dem Fundus faschistischer Bewegungen rund um den Globus zu verzichten, finden sich zugleich – wie bereits in der Weimarer Republik – Versuche der Aneignung von Stilelementen der (radikalen) Linken und deren Instrumentalisierung für den bzw. Anpassung an das politische Profil des Neonazismus. Dies gilt etwa für Versuche, Che Guevara zur Leitfigur des ‚modernen Nationalismus' zu machen oder den so genannten *Schwarzen Block* der ‚Autonomen' bzw. das Symbol der *Antifaschistischen Aktion* zu imitieren. Auch einzelne Arbeiten des Kommunisten und Künstlers Gerd Arntz (1900-1988), der Ende der zwanziger Jahre die so genannte Wiener Methode der Bildstatistik entwickelte, deren Zeichenmodelle zu Vorläufern international gebräuchlicher Piktogramme wurden. Ein von ihm gefertigter Linol-Schnitt, der eine größere Zahl Arbeiter und Arbeiterinnen vor einem Fabrikgebäude in entschlossenem Schritt zeigt, wurde nicht nur mit der Parole ‚Nationalen Sozialismus durchsetzen' versehen, sondern eine rote Fahne durch die Einfügung eines weißen Kreises insoweit verändert, dass sie nun zum Platzhalter für das Hakenkreuz geworden ist, dessen Verwendung im öffentlichen Raum der Bundesrepublik strafbewehrt ist.

---

[31] Zur Dimension der Theatralität und Performativität politischer Ereignisse siehe Brosda und Schicha (2003) sowie Horn und Warstat (2003).
[32] So der Titel einer Publikation des Archivs der Jugendkulturen mit dem Schwerpunkt *Rechtsextreme Musik in Deutschland* (Berlin 2001).

Die Bezugnahme auf solche Motive ist ein weiteres Indiz dafür, dass sich ein beträchtlicher Teil von NPD und neonazistischen *groupuscules* einer Strategie des innenpolitischen Machtgewinns verbunden fühlen, die in der vermuteten Zunahme sozialer Problemlagen und negativer Anerkennungsbilanzen sowie einem fortschreitenden Vertrauensverlust in die ‚etablierten Parteien', wozu zumindest in Ostdeutschland auch die PDS gehört, eine aussichtsreiche Entwicklung zur Vergrößerung des politischen Einflusses und der Stabilisierung einer sozialen Basis sehen. Nicht zufällig finden sich zahlreiche Aufrufe in den Publikationen der extremen Rechten, sich in politische Auseinandersetzungen um den Billiglohn, die Verkäufe kommunalen Wohneigentums oder die sozialen Sicherungssysteme offensiv und selbstbewusst einzuschalten. Dabei kalkuliert man darauf, dass sich in einer Situation der krisenhaften Zuspitzung Vertrauensgewinne für jene politischen Akteure einstellen, die ‚das System' zuvor am schärfsten kritisiert haben und in den vorangegangenen Auseinandersetzungen auch Opfer auf sich genommen haben. So radikal diese Inszenierung in ihrer programmatisch-ideologischen wie habituell-praxeologischen Dimension daherkommt, so wenig kommt sie letztlich über eine „konformistische Rebellion" (Flecker et al. 2005: 23) hinaus.

4 Zusammenfassung

Die insbesondere von der NPD, neonazistischen *groupuscules* und in zentralen Strategieorganen der extremen Rechten entwickelte Globalisierungskritik verwendet eine auf die Zirkulationssphäre reduzierte Kapitalismuskritik, die sich – bei Verwendung z.T. ähnlicher Begrifflichkeiten – bewusst von einem marxistisch inspirierten Kapitalismusverständnis abgrenzt. Unter Globalisierung (bzw. Globalismus) wird dabei vor allem der mittels Finanztransaktionen vorangetriebene Prozess der Internationalisierung der Ökonomie – und in deren Gefolge sozialer und gesellschaftlicher Strukturen und kulturelle Muster – verstanden. Für die Globalisierung und deren Folgen, zu denen u.a. Massenarbeitslosigkeit und kriegerische Konflikte gezählt werden, werden insbesondere die USA und Israel (häufig verwendet als Chiffre für ‚die Juden') verantwortlich gemacht. Insofern sind der Globalisierungskritik der extremen Rechten im Kern Anti-Amerikanismus und Antisemitismus eingeschrieben, auch wenn diese beiden Elemente der Weltanschauung aufgrund der Polysemie von Fahnenwörtern wie Kapitalismus, Imperialismus oder Globalisierung nicht immer sofort erkennbar sind bzw. hinter manchen Parolen, die denen anderer/linker Globalisierungskritiker zum verwechseln ähnlich sehen, verschwinden.

Mit der Inszenierung als globalisierungskritischer kollektiver Akteur versuchen Teile der extremen Rechten das gewachsene, verstärkt auch öffentlich artikulierte Unbehagen an der zunehmenden Internationalisierung ökonomischer und politischer Vorgänge auszunutzen. Insbesondere von/im Umfeld der NPD hat sich in diesem Kontext auch eine Diskussion über mögliche Alternativen entwickelt. Diese sehen eine Stärkung des – politisch und ethnisch homogen imaginierten – Nationalstaates vor, der dem Grundmodell einer ‚raum-orientierten Volkswirtschaft' folgen soll, die sich an ökonomischen Autarkie-Konzepten orientiert.

Die gesellschaftliche Reichweite der hier vorgestellten Interpretationsangebote ist kaum seriös einzuschätzen, da Rezeptionsstudien fehlen. Sicher dürfte jedoch sein, dass diese sich sowohl hinsichtlich der jeweiligen *frames* unterscheiden, d.h. die *diagnostic frames* und die *prognostic frames* – insbesondere wenn sie in Form schlagwortartiger Parolen verdichtet sind (‚Grenze dicht für Lohndrücker!') – auf breitere Zustimmung stoßen als die *motivational frames*.

Der hier angesprochene Teil der extremen Rechten ist nicht globalisierungskritisch in dem Sinne, dass bestimmte Ausprägungen der Inter- und Transnationalisierung ökonomischer, politischer und sozialer Prozesse auf die ihnen zugrunde liegenden Interessen und ihre Folgen hin befragt werden; er ist mit seiner nationalistischen Orientierung vielmehr grundsätzlicher Globalisierungsgegner. Lediglich den Prinzipien und Handlungsparadigmen des völkischen Nationalismus und des Sozialdarwinismus, die als ‚naturgesetzlich' behauptet werden (Virchow 2006b: 65ff.), wird globale Verbreitung gewünscht.

Literatur

Badura, Jens, Rieth, Lothar und Scholtes, Fabian (Hg.), (2005): ‚Globalisierung'. Problemsphären eines Schlagwortes im interdisziplinären Dialog. Wiesbaden: VS

Bairoch, Paul, 2000: The Constituent Economic Principles of Globalization. Historical Perspective. International Sociology 15: 197-214

Bastelson, Jens, 2000: Three Concepts of Globalization. International Sociology 15: 180-196

Betz, Hans-Georg, 2001: Radikaler Rechtspopulismus im Spannungsfeld zwischen neoliberalistischen Wirtschaftskonzepten und antiliberaler autoritärer Ideologie. S. 167-185 in: Dietmar Loch und Wilhelm Heitmeyer (Hg.), Schattenseiten der Globalisierung. Frankfurt/M.: Suhrkamp

Breuer, Stefan, 2001: Ordnungen der Ungleichheit – die deutsche Rechte im Widerstreit ihrer Ideen 1871-1945. Darmstadt: WBG

Brosda, Carsten und Schicha, Christian, 2003: Politikvermittlung als ‚Event'-Marketing. Zur Performativität politischer Inszenierungen am Beispiel von Parteitagen und Protestaktionen neuer sozialer Bewegungen. S. 319-338 in: Erika Fischer-Lichte, Christian Horn, Sandra Umathum und Matthias Warstat (Hg.), Performativität und Ereignis. Tübingen/ Basel: Francke

Brückner, Wolfgang, 1998: ‚Arbeit macht frei'. Herkunft und Hintergrund der KZ-Devise. Opladen: Leske + Budrich

Carroll, William K. und Fennema, Meindert, 2002: Is There a Transnational Business Community? International Sociology 17: 393-419

Cassidy, John, 1997: The next thinker: the return of Karl Marx. New Yorker (Oktober): 20-27

Clason, Synnöve, 1991: Von Schlagwörtern zu Schimpfwörtern. Die Abwertung des Liberalismus in der Ideologiesprache der ‚Konservativen Revolution'. S. 144-159 in: Frank Liedtke, Martin Wengeler und Karin Böke (Hg.), Begriffe besetzen. Strategien des Sprachgebrauchs in der Politik. Opladen: Westdeutscher Verlag

Coates, David, 2002: Models of Capitalism. Debating Strengths and Weaknesses. Northampton, MA: Edward Elgar

Dieckmann, Walther, 1969: Sprache in der Politik. Einführung in die Pragmatik und Semantik der politischen Sprache. Heidelberg: Winter

Dudek, Peter und Jaschke, Hans-Gerd, 1984: Entstehung und Entwicklung des Rechtsextremismus in der Bundesrepublik Bd. 1. Opladen: Westdeutscher Verlag

Flecker, Jörg und Hentges, Gudrun, 2004: Rechtspopulistische Konjunkturen in Europa – sozioökonomischer Wandel und politische Orientierungen. S. 119-148 in: Joachim Bischoff, Klaus Dörre und Elisabeth Gauthier (Hg.), Moderner Rechtspopulismus. Hamburg: VSA

Flecker, Jörg, Kirschenhofer, Sabine, Krenn, Manfred und Papouschek, Ulrike, 2005: Leistung, Unsicherheit und Ohnmacht. Österreichische Zeitschrift für Soziologie 30: 3-27

Greven, Thomas, 2006: Rechtsextreme Globalisierungskritik: Anti-globaler Gegenentwurf zu Neoliberalismus und Global Governance. S. 15-29 in: Thomas Greven und Thomas Grumke (Hg.), Globalisierter Rechtsextremismus? Wiesbaden: VS

Grumke, Thomas und Klärner, Andreas, 2006: Rechtsextremismus, soziale Frage und Globalisierungskritik – Eine vergleichende Studie zu Deutschland und Großbritannien seit 1990. Berlin: FES

Hall, John A., 2000: Globalization and Nationalism. Thesis Eleven 63: 63-79

Hay, Colin, 2006: What's Globalisation Got to Do with It? Economic Interdependence and the Future of European Welfare States. Government and Opposition 41: 1-22

Heitmeyer, Wilhelm, 2001: Autoritärer Kapitalismus, Demokratieentleerung und Rechtspopulismus. S. 497-534 in: Dietmar Loch und Wilhelm Heitmeyer (Hg.), Schattenseiten der Globalisierung. Frankfurt/M.: Suhrkamp

Held, David, McGrew, Anthony G., Goldblatt, David und Perraton, Jonathan, 1999: Global Transformations. Cambridge: Polity Press

Held, David, 2000: Regulating Globalization? The Reinvention of Politics. International Sociology 15: 394-408

Hennig, Eike, 1982: Die politische Soziologie faschistischer Bewegungen und die hermeneutische Analyse nationalsozialistischer Selbstdarstellungen. Kölner Zeitschrift für Soziologie und Sozialpsychologie 34: 549-563

Hennig, Eike, 1989: Die Bedeutung von Symbol und Stil für den Neonazismus und die Rechtsextremismusforschung in der Bundesrepublik. S. 179-196 in: Rüdiger Voigt (Hg.), Symbole der Politik – Politik der Symbole. Opladen: Leske + Budrich
Herf, Jeffrey, 1984: Reactionary modernism. Cambridge: Cambridge University Press
Hirst, Paul und Thompson, Grahame, 1996: Globalization in Question. Cambridge: Polity Press
Horn, Christian und Warstat, Matthias, 2003: Politik als Aufführung. S. 395-417 in: Erika Fischer-Lichte, Christian Horn, Sandra Umathum und Matthias Warstat (Hg.), Performativität und Ereignis. Tübingen/Basel: Francke
Jaschke, Hans-Gerd, 1994, Rechtsextremismus und Fremdenfeindlichkeit. Begriffe, Positionen, Praxisfelder. Opladen: Westdeutscher Verlag
Kiely, Ray, 2005: Globalization and Poverty, and the Poverty of Globalization Theory. Current Sociology 53: 895-914
Klandermans, Bert, 1988: The Formation and Mobilization of Consensus. S. 173-196 in: Bert Klandermans (Hg.), International Social Movement Research Vol. 1. Greenwich/ Conn.: JAI Press
Klein, Josef, 1991: Kann man „Begriffe besetzen"? Zur linguistischen Differenzierung einer plakativen politischen Metapher. S. 44-69 in: Frank Liedtke, Martin Wengeler und Karin Böke (Hg.), Begriffe besetzen. Strategien des Sprachgebrauchs in der Politik. Opladen: Westdeutscher Verlag
Kocher, Renate, 2006: Mehr Zustimmung, aber weniger Vertrauen. Sympathiegewinne und Bedeutungsverluste der Gewerkschaften. Frankfurter Allgemeine Zeitung vom 21.06.2006: 5
MacLean, Jason, 2000: Globalization and the Failure of the Sociological Imagination: A Review Essay. Critical Sociology 26: 329-349
Maegerle, Anton, 2004: Globalisierung aus Sicht der extremen Rechten. Braunschweig: Arbeit und Leben
Neumann, Franz L., 1977: Behemoth. Struktur und Funktion des Nationalsozialismus 1933-1944. Köln/Frankfurt/M.: EVA
Nill, Ulrich, 1991: Die ‚geniale Vereinfachung'. Anti-Intellektualismus in Ideologie und Sprachgebrauch bei Joseph Goebbels. Frankfurt/M. u.a.: Lang
Pfahl-Traughber, Armin, 2006: Globalisierung als Agitationsthema des organisierten Rechtsextremismus in Deutschland. S. 30-51 in: Thomas Greven und Thomas Grumke (Hg.), Globalisierter Rechtsextremismus? Wiesbaden: VS
Ptak, Ralf, 1999: Die soziale Frage als Politikfeld der extremen Rechten. S. 97-145 in: Jens Mecklenburg (Hg.), Braune Gefahr. DVU, NPD, REP – Geschichte und Zukunft. Berlin: ElefantenPress
Reichardt, Sven, 2002: Faschistische Kampfbünde. Köln/ Weimar/ Wien: Böhlau
Reichardt, Sven, 2004: Praxeologie und Faschismus. Gewalt und Gemeinschaft als Elemente eines praxeologischen Faschismusbegriffs. S. 129-153 in: Karl H. Hörning und Julia Reuter (Hg.), Doing Culture. Neue Positionen zum Verhältnis von Kultur und sozialer Praxis. Bielefeld: transcript
Sassen, Saskia, 2000: Territory and Territoriality in the Global Economy. International Sociology 15: 372-393

Schwagerl, Joachim H., 1993: Rechtsextremes Denken. Merkmale und Methoden. Frankfurt/M.: Fischer
Snow, David A. und Benford, Robert D., 1992: Master Frames and Cycles of Protest. S. 133-155 in: Aldon D. Morris und Carol McClurg Mueller (Hg.), Frontiers in Social Movement Theory. New Haven/ London: Yale University Press
Stöss, Richard, 2005: Rechtsextremismus im Wandel. Berlin: FES
Sutcliffe, Bob und Glyn, Andrew, 1999: Still Underwhelmed: Indicators of Globalization and Their Misinterpretation. Review of Radical Political Economies 31: 111-132
Swank, Duane und Betz, Hans-Georg, 2003: Globalization, the welfare state and rightwing populism in Western Europe. Socio-Economic Review 1: 215-245
Therborn, Göran, 2000: Globalizations. International Sociology 15: 151-179
Virchow, Fabian, 2004: The groupuscularization of neo-Nazism in Germany: the case of the Aktionsbuero Norddeutschland. Patterns of Prejudice 38: 56-70
Virchow, Fabian, 2006a: Dimensionen der ‚Demonstrationspolitik der extremen Rechten in der Bundesrepublik. S. 68-101 in: Andreas Klärner und Michael Kohlstruck (Hg.), Moderner Rechtsextremismus in Deutschland. Hamburg: Hamburger Edition
Virchow, Fabian, 2006b: Gegen den Zivilismus. Internationale Beziehungen und Militär in den politischen Konzeptionen der extremen Rechten. Wiesbaden: VS
Wallerstein, Immanuel, 2000: Globalization or the Age of Transition. International Sociology 15: 249-265
Werth, Christoph H., 1996: Sozialismus und Nation. Opladen: Westdeutscher Verlag

Globalisierungskritiker in Deutschland: Zwischen moralisch ambitionierter Kritik und professionalisierter politischer Arbeit
Globalisierungskritiker in Deutschland
Ivonne Bemerburg und Arne Niederbacher

1 Einleitung

Im Winter 1999 demonstrierten anlässlich einer Ministerkonferenz der Welthandelsorganisation (WTO) rund 50.000 Menschen im Nord-Westen der USA gegen die in ihren Augen negativen Auswirkungen der ‚neoliberalen Globalisierung'. Die Proteste hatten zur Folge, dass die WTO-Konferenz am 3. Dezember 1999 ohne Ergebnis abgebrochen wurde. Unabhängig davon, dass das Scheitern der Ministerkonferenz in den Augen kritischer Beobachter nicht in erster Linie auf die Proteste, sondern vielmehr auf eine verfehlte Konferenzdiplomatie seitens der Clinton-Administration zurückzuführen ist, und auch unabhängig davon, dass erste globalisierungskritische Proteste bereits zu Beginn der 1980er Jahre stattgefunden haben[1], gilt diese als ‚Battle of Seattle' in die Geschichte eingegangene Demonstration seither als Geburtsstunde der Globalisierungskritikerschaft und wurde zu deren Gründungsmythos.

In der Folgezeit reihten sich auf dem ganzen Globus teilnehmerstarke globalisierungskritische Protestveranstaltungen (wie z.B. in Davos, Washington, Prag, Nizza, Göteborg oder Genua) aneinander und stießen – nicht zuletzt aufgrund ihres eventartigen Charakters, aber auch wegen der zum Teil gewalttätigen Auseinandersetzungen zwischen Protestaktivisten und öffentlichen Ordnungsmächten – auf großes mediales Interesse. Die dergestalt erzeugte öffentliche

---

[1] So war beispielsweise bereits der 10. Weltwirtschaftsgipfel 1984 in London von Protesten und einer Gegenkonferenz (‚The alternative economic summit') begleitet (Eskola/Kolb 2002: 204). Auch in Deutschland gab es bereits lange vor Seattle globalisierungskritische Proteste: So demonstrierten im Mai 1985 rund 30.000 Menschen gegen den G7-Gipfel in Bonn, und im September 1988 trugen rund 80.000 Menschen ihren Protest gegen die Tagung von Weltbank und Internationalem Währungsfond (IWF) in Berlin auf die Straße (Rucht 2002: 50). Einen systematischen historischen Rückblick auf die Entwicklung von globalisierungskritischen Protestveranstaltungen liefern Miriam Holzapfel und Karin König (2001).

Aufmerksamkeit für globalisierungskritische Themen führte weltweit zu einer nahezu explosionsartigen Entwicklung der Globalisierungskritikerschaft: Immer mehr Menschen nahmen an Protestveranstaltungen teil, und globalisierungskritische Gruppierungen konnten ihre Mitglieder- und Sympathisantenzahlen vervielfachen.

Doch nicht nur in die medialen, sondern auch in die Diskurse der so genannten ‚Wirtschaftseliten' fand die auf diese Weise angefachte kritische Globalisierungsdebatte Eingang: Zwar wurde Globalisierungskritik hier zunächst nicht selten als ‚theoretisch anspruchslose Kritik' einer ‚verblödeten Linken' (Lau 2001) oder bestenfalls als ‚romantischer Rückfall' von ‚Christen und Chaoten' (Lucke 2002: 22) etikettiert, allerdings änderte sich das Bild schnell, insbesondere als auch aus den eigenen Reihen Kritik am globalen ‚Neoliberalismus' geäußert wurde[2]. Dies hatte zur Folge, dass die Legitimität globalisierungskritischer Forderungen von Globalisierungsbefürwortern nicht mehr pauschal in Abrede gestellt (werden konnte), sondern zum Gegenstand politischer Erörterungen gemacht wurde (Kraushaar 2001: 19).

In Deutschland setzte der globalisierungskritische ‚Boom' etwas später als in den meisten anderen europäischen Ländern ein, nämlich insbesondere mit den Protesten gegen den G8 Gipfel in Genua, die im Jahr 2001 stattfanden und in deren Rahmen ein Demonstrant zu Tode kam. Zu dieser Zeit erhielt vor allem der im Jahr 2000 gegründete deutsche Ableger des weltweiten globalisierungskritischen Netzwerks ‚Attac' erheblichen Zuspruch und auch Zulauf. Bis heute stellt Attac hierzulande den größten und profiliertesten – jedoch keineswegs einzigen und funktional bedeutsamsten – globalisierungskritischen Kollektiv-Akteur dar.[3] Vielmehr konstituiert sich die Globalisierungskritikerschaft in Deutschland als ausgesprochen komplexes Geflecht von zahlreichen – sowohl im Hinblick auf ihre weltanschauliche Provenienz als auch im Hinblick auf ihre Zielvorstellungen und inhaltlichen Schwerpunktsetzungen – heterogenen (Kollektiv-)Akteuren: Linksradikale Autonome gehören ebenso dazu wie Friedensbewegte, Kapitalismuskritiker, Sozialisten, Feministinnen, Umweltaktivisten, Menschrechtler, Protestanten, Katholiken etc., die mit verschieden(artig)sten

---

[2] Vergleiche hierzu exemplarisch die globalisierungskritischen Veröffentlichungen von Joseph E. Stiglitz (2002) und George Soros (2000, 2003). Eine differenzierte Analyse zur Frage, welche Haltungen Wirtschaftseliten gegenüber derzeitigen Globalisierungsprozessen einnehmen, liefert Peter Imbusch in diesem Band.

[3] Zwar stagnieren derzeit die Mitgliederzahlen – nicht nur, aber eben auch – bei Attac, so dass in den Medien bereits die Rede davon ist, Attac würde – nicht zum Wenigsten aufgrund von internen ‚Flügelkämpfen' – in einer ‚tiefen Krise' stecken (Grill et al. 2006) und ‚bröckeln' (Lee 2006). Unseren Beobachtungen zufolge ist die Stagnation jedoch insbesondere darauf zurückzuführen, dass derzeit geeignete ‚windows of opportunities' fehlen, die das Potential bergen, eine breite Masse von Menschen für globalisierungskritische Themen zu interessieren und zu mobilisieren.

politischen Gruppierungen sympathisieren bzw. in ihnen organisiert sind (z.b. Attac, Greenpeace, Robin Wood, Gewerkschaften, BUND, Antifa, MLPD, DKP, WASG, Friedens-, Umwelt- und Bürgerinitiativen etc.). Das Spektrum der Akteure reicht von Wirtschaftswissenschaftlern, die alternative ökonomische Konzepte zur gerechten Umverteilung des Kapitals entwickeln, über Umweltaktivisten, die sich für die Rettung des brasilianischen Regenwalds einsetzen bis hin zu Aktivisten, die mit sozialmoralischem Impetus eine ‚Revolution der Herzen' fordern. Gemeinsam ist diesem „bunten Haufen" (Leggewie 2000: 3) von Akteuren und Akteursgruppen einzig, dass sich ihre Kritik im Kern gegen die inter- bzw. transnational wirksame ökonomische Dimension[4] derzeitiger Globalisierungsprozesse richtet, und dass sie sich im linken politischen Spektrum verorten.[5]

Trotz der enormen Heterogenität der Globalisierungskritikerschaft, begreifen sich einschlägig engagierte Akteure und Akteursgruppen als Teile des selben sozialen Phänomens und werden auch von der Öffentlichkeit, wenn nicht als einheitliche, so doch zumindest als zusammengehörige politische Kraft wahrgenommen. In diesem Beitrag wird der Frage nachgegangen, wie Globalisierungskritiker mit Konflikten, Widersprüchen und Brüchen umgehen, die sich aus den verschieden(artig)en Einstellungen, Weltbildern und Zielvorstellungen ergeben. Und wie es ihnen schließlich gelingt, sich trotzdem als einen handlungs- und durchsetzungsfähigen politischen Kollektiv-Akteur darzustellen.[6]

2 Die Konstitution von Zugehörigkeit

Bei der Globalisierungskritikerschaft handelt es sich um eine ‚wolkige' soziale Formation, deren Ränder nach außen hin nicht eindeutig abgrenzbar sind, was in erster Linie darauf zurückzuführen ist, dass sich Zugehörigkeit nicht zwingend über formale Mitgliedschaft in einer globalisierungskritischen Gruppierung konstituiert. Vielmehr reicht es in der Regel aus, eine kritische Haltung gegenüber

---

[4] Ulrich Beck (1997) unterscheidet (ohne Anspruch auf Vollständigkeit und Trennschärfe) die ökonomische, die kommunikationstechnische, die ökologische, die arbeitsorganisatorische, die kulturelle und die zivilgesellschaftliche Dimension der Globalisierung.
[5] Zunehmend wird aber auch im rechten bzw. rechtsradikalen politischen Spektrum Globalisierungskritik geübt (siehe dazu den Beitrag von Fabian Virchow in diesem Band sowie die Beiträge in Greven und Grumke 2006).
[6] Bei den folgenden Ausführungen handelt es sich um Teilergebnisse aus dem von der Deutschen Forschungsgemeinschaft geförderten Projekt ‚Globalisierungskritiker: Eine bewegte Szene?', das am ‚Lehrstuhl für Allgemeine Soziologie' der Universität Dortmund unter der Leitung von Prof. Dr. Ronald Hitzler durchgeführt wurde (für weitere Informationen zum Projekt siehe www.hitzler-soziologie.de).

aktuellen neoliberal geprägten Globalisierungsprozessen einzunehmen, um sich selbst als Globalisierungskritiker zu begreifen. Um jedoch Zugehörigkeit zum sozialen Gesellungsgebilde der Globalisierungskritikerschaft zu erlangen, muss sich diese kritische Haltung darüber hinaus in – wie auch immer geartetem – persönlichem Engagement bzw. in persönlicher Teilhabe entäußern. Diese Teilhabe wird für globalisierungskritische Akteure in zwei prinzipiell voneinander unterscheidbaren Interaktionszusammenhängen alltagsweltlich erfahrbar: Einerseits in der ‚face to face' Teilnahme an – wie auch immer konkret ausgestalteten – Zusammenkünften von Globalisierungskritikern (1) und andererseits in der Beteiligung an medial vermittelten globalisierungskritischen Diskussionen (2).

(1) Zusammenkünfte von Globalisierungskritikern lassen sich analytisch danach unterscheiden, ob es sich (eher) um intern orientierte Treffen oder (eher) um nach außen gerichtete Veranstaltungen handelt.[7] In ihren konkreten Ausdrucksformen und Funktionen unterscheiden sich diese beiden Veranstaltungstypen wie folgt:

Intern orientierte Zusammenkünfte fungieren – ganz gleich, ob sie beispielsweise im kleinen Rahmen eines Attac-Ortsgruppentreffens stattfinden, oder ob es sich um einen groß angelegten Bildungs-Kongress handelt – in erster Linie als Informations- und Diskussionsplattformen. Das heißt, hier werden organisatorische Fragen geklärt, ideologische Konflikte ausgetragen und darüber hinaus werden einschlägige Wissensbestände weitergegeben. Zu erwähnen ist in diesem Zusammenhang, dass sich die Wissensweitergabe keineswegs ausschließlich auf theoretisches Wissen über globalisierungskritische Themen (z.B. über Devisentransferbesteuerungen oder über Cross-Boarder-Leasing) beschränkt, sondern dass ebenfalls ‚anwendungsorientierte' Wissensbestände über konkrete Protestpraxen diskutiert und weitergegeben werden.[8] Bei intern orientierten Treffen handelt es sich also in erster Linie um Bildungsveranstaltungen, die einerseits der Selbstverständigung in der Globalisierungskritikerschaft, andererseits der Selbstvergewisserung der einzelnen Akteure dienen. Außerdem bieten solcherlei

---

[7] Andreas Hepp und Waldemar Vogelgesang (2004: 234) kommen zu einer ähnlichen Differenzierung, indem sie „interne organisatorische Treffen" von „externen bildungs- und publikumsorientierten Veranstaltungen" unterscheiden. Unseren Beobachtungen zufolge sind globalisierungskritische Bildungsveranstaltungen jedoch nicht zwingend extern orientiert. Vielmehr werden in der Globalisierungskritikerschaft häufig Bildungsveranstaltungen durchgeführt, die ausschließlich an globalisierungskritische Akteure adressiert sind (z.B. wenn es darum geht, sich zunächst einmal über Inhalte zu verständigen).

[8] So berichtet z.B. einer unserer Interviewpartner, dass er unter anderem ‚Molotow-Cocktail Workshops' durchführt, in deren Rahmen einerseits auf theoretischer Ebene emanzipatorische Fragen diskutiert werden, indem danach gefragt wird: ‚Wann kann ein Molotow-Cocktail emanzipatorisch sein? Wann ist überhaupt Gewalt emanzipatorisch und wann ist sie das Gegenteil?' und andererseits ‚das technische Know How' vermittelt wird, wie man einen Molotow-Cocktail ‚herstellt', und welche Sicherheitsmaßnahmen beim Einsatz zu beachten sind.

Veranstaltungen Globalisierungskritikern die Möglichkeit, neue Kontakte zu knüpfen bzw. Kontakte zu aktualisieren und intensivieren, wodurch das globalisierungskritische Netzwerk ausgeweitet bzw. stabilisiert wird.

Mit nach außen gerichteten Veranstaltungen zielen Globalisierungskritiker in erster Linie darauf ab, eine breit(er)e Öffentlichkeit auf von ihnen als Missstände wahrgenommene politische und gesellschaftliche Entwicklungen aufmerksam zu machen. Hierbei handelt es sich um Protestveranstaltungen, die entweder auf ein (tages-)aktuelles Thema fokussieren, gegen das sich der Protest richtet, oder so terminiert sind, dass sie zeitgleich mit von der Globalisierungskritikerschaft als ‚unerwünscht' deklarierten politischen Ereignissen bzw. Veranstaltungen stattfinden. Derartige Veranstaltungen lassen sich danach unterscheiden, ob es sich um Demonstrationen oder um Aktionen handelt.

Das typische ‚Programm' einer Demonstration beinhaltet a) verschiedene Kundgebungen, bei denen Kritik von Rednern – zumeist provokativ – konkretisiert wird, b) einen Protestmarsch und c) ein kulturelles Rahmenprogramm. An zentralen (Treff-)Punkten wird ‚globalisierungskritisches Merchandising' betrieben; das heißt, es werden einschlägige Publikationen, Buttons, Fahnen, T-Shirts etc. verkauft. Außerdem werden diverse (thematisch mehr oder weniger einschlägige) Informationsmaterialien verteilt.

Für globalisierungskritische Aktionen lässt sich kein typisches ‚Programm' beschreiben, da diese sich gerade dadurch auszeichnen, dass es sich um besonders vielfältige, außergewöhnliche, kreative, einfallsreiche und zuweilen auch spontane Protestformen handelt. Das Aktionsspektrum reicht von Straßentheater-Aufführungen über ‚Adbusting'[9] bis hin zu Aktionen zivilen Ungehorsams (zu den verschiedenen Aktionsformen siehe Amman 2004). Hierbei bedienen sich globalisierungskritische Akteure nicht nur aus dem ‚Protestaktionsrepertoire' (neuer) sozialer Bewegungen, sondern sie sind ständig darum bemüht, neue bzw. neuartige besonders spektakuläre Aktionsformen zu ‚erfinden'. Kennzeichnend ist, dass Aktionsteilnehmer – vor allem im Hinblick auf Aktionen zivilen Ungehorsams – in der Regel über ein höheres Maß an Abenteuerlust und Risikobereitschaft verfügen (müssen) als Demonstranten. Der in diesem Zusammenhang entstehende Nervenkitzel ist für zahlreiche Aktivisten ein besonderer Spaßfaktor.

(2) Das zentrale Kommunikations- und Informationsmedium der Globalisierungskritikerschaft ist das Internet. Hier findet sich inzwischen eine unüberschaubare Vielzahl von globalisierungskritischen Homepages, Medien- und Diskussionsforen, moderierten und nicht moderierten Mailinglisten und E-Mail-Ver-

---

[9] Mit dem Begriff ‚Adbusting' wird die Veränderung von Werbeplakaten, Slogans und Logos bezeichnet, die darauf abzielt, eine ‚Antiwerbung' zu gestalten. So wurde z.B. im Rahmen der Attac-Kampagne ‚Stoppt Vodafone' das Logo der Firma verändert, indem ‚Vodafone' durch 'Vodaklau' ersetzt wurde.

teilern (z.B. das unabhängige Medienforum ‚Indymedia' (www.indymedia. org) oder das Diskussionsforum von Attac-Deutschland (www.attac.de/forum). Im Zuge dieser Entwicklung hat sich ein beträchtlicher Teil globalisierungskritischer Debatten mittlerweile in den virtuellen Raum verlagert. Daraus resultiert, dass die Teilhabe an der Globalisierungskritikerschaft nicht mehr zwingend an ‚face-to-face' Kontakte gebunden ist, sondern auch (ausschließlich) medial vermittelt stattfinden kann.

Auf welche Art und Weise und in welchem Ausmaß sich die einzelnen Akteure in der Globalisierungskritikerschaft engagieren variiert stark. Das Spektrum reicht von ‚Sympathisanten', die sich lediglich sporadisch und in Regel ausschließlich medial vermittelt an globalisierungskritischen Diskussionen beteiligen, bis hin zu hochgradig engagierten Aktivisten, die bei (nahezu) allen relevanten Veranstaltungen anwesend sind und sich intensiv an den virtuellen Debatten beteiligen. In der Regel liegt das Engagement jener, die sich als Globalisierungskritiker verstehen, zwischen diesen beiden Extremen. Typischerweise lassen sich jedoch (eher) bildungsorientierte Akteure, die sich vorwiegend an internen Veranstaltungen und medialen Debatten beteiligen, von (eher) aktionsorientierten Akteuren, die globalisierungskritische Protestveranstaltungen – insbesondere Aktionen – bevorzugen, unterscheiden.

3 Was wollen Globalisierungskritiker erreichen?

Globalisierungskritiker zeichnen sich insbesondere dadurch aus, dass sie ein hohes Ungerechtigkeitsempfinden in Bezug auf gesellschaftliche und politische Zusammenhänge und Entwicklungen explizieren. Dieses Ungerechtigkeitsempfinden kann im einen Extrem auf einer wissenschaftlich fundierten Kritik an spezifischen Missständen basieren und im anderen Extrem auf rein moralisch ambitionierten Betroffenheitswahrnehmungen beruhen. Grundsätzlich besteht das Ziel globalisierungskritischer Akteure darin, die von ihnen wahrgenommenen Ungerechtigkeiten zu thematisieren und nach Möglichkeit zu beseitigen oder zumindest nachhaltig zu ‚reduzieren', um dergestalt eine Verbesserung der Verhältnisse zu erreichen. Anders ausgedrückt: Globalisierungskritiker wollen gesellschaftlichen Wandel herbeiführen, um – im Sinne ihres zentralen Slogans formuliert – ‚eine andere Welt möglich zu machen'.[10] In diesem Zusammenhang verstehen sie sich als ‚Weltveränderer', ‚Weltverbesserer' oder als ‚Retter der

---

[10] Z.B. stehen die jährlich stattfinden Weltsozialforen unter dem Motto ‚Eine andere Welt ist möglich'. Auch im Rahmen von Attac nimmt dieser Slogan einen zentralen Stellenwert ein, indem beispielsweise die bundesweite Homepage von Attac-Deutschland überschrieben ist mit dem Motto ‚Globalisierung ist kein Schicksal – eine andere Welt ist möglich'.

Welt'. Die Vorstellungen davon, wie diese veränderte, verbesserte bzw. gerettete Welt konkret aussehen soll, hängen davon ab, welche weltanschaulichen Hintergründe die Akteure jeweils haben (z.b. marxistische, sozialistische, anarchistische, sozialdemokratische, christliche, esoterische etc.). Darüber hinaus unterscheiden sie sich hinsichtlich der Frage, ob sie (eher) revolutionäre oder (eher) reformistische Zielvorstellungen verfolgen. Revolutionär orientierte Akteure verfolgen symptomatischer Weise das Ziel, ein herrschendes politisches und gesellschaftliches System *radikal* und *abrupt* zu verändern. Das ‚Gros' der Globalisierungskritikerschaft zeigt jedoch nicht zuletzt aufgrund pragmatischer An- bzw. Einsichten eine (eher) reformistische Haltung. Angestrebt wird dementsprechend kein abrupter radikaler Systemumbruch, sondern ein allmählicher sozialer Umbau.[11]

Diese Zielvorstellungen versuchen Globalisierungskritiker nicht nur dadurch zu realisieren, dass sie im Rahmen von Bildungs- und Protestveranstaltungen bestehende Missstände kritisieren und relevante politische Entscheidungsträger zur Verringerung bzw. Beseitigung dieser Missstände auffordern, sondern auch dadurch, dass sie wirtschafts- und gesellschaftspolitischen Alternativen entwickeln und durchzusetzen suchen. Darüber hinaus versuchen sie durch eine ‚bewusste' und ‚reflektierte' persönliche Lebensweise, also durch eine mehr oder weniger konsequent betriebene ‚Politik in erster Person'[12], Veränderungen ‚im Kleinen' zu bewirken.

Auffällig ist, dass sich globalisierungskritische Akteure nicht allein aus gesellschaftskritisch ideellen Motivlagen heraus engagieren, sondern immer auch egoistisch bzw. egozentrisch motiviert handeln, was sich insbesondere darin manifestiert, dass der Spaß- und Erlebnisaspekt bei Globalisierungskritikern einen ausgesprochen hohen Stellenwert hat. Das heißt: Ihre Politik muss globalisierungskritischen Akteuren (auch) Spaß machen – wenn sie inhaltlich diskutieren genauso wie wenn sie sich zu kulturellen und sozialen Geselligkeiten im Rahmen globalisierungskritischer Veranstaltungen zusammenfinden (sei es nun beim Rahmenprogramm einer Demonstration oder bei einer Party im Anschluss

---

[11] Aus diesen unterschiedlichen Ideologien und Zielvorstellungen ergeben sich in der Globalisierungskritikerschaft nicht selten Spannungen und Konflikte. Exemplarisch sei in diesem Zusammenhang darauf verwiesen, dass bei den so genannten ‚Montagsdemonstrationen gegen Hartz IV' Konflikte zwischen MLPD-Aktivisten und Akteuren anderer globalisierungskritischer Gruppierungen entstanden. In vielen Städten haben diese Konflikte schließlich dazu geführt, dass zwei voneinander – mehr oder weniger – unabhängige Protestveranstaltungen durchgeführt wurden.

[12] Die ‚Politik in erster Person' beeinflusst insbesondere die Konsum- und Ernährungsgewohnheiten von Globalisierungskritikern. So konsumieren sie beispielsweise – wiederum mehr oder weniger konsequent – keine Waren von Großkonzernen, deren Praktiken in ihren Augen Anlass zu Kritik bieten (z.B. von Konzernen die ihre Produktionsstandorte in so genannte ‚Billiglohnländer' verlegen), und sie bevorzugen ‚fair-gehandelte' Nahrungsmittel (z.B. Kaffee und Bananen).

an eine Bildungsveranstaltung). Nicht zum Wenigsten kommen die kreativen und ‚spannenden' Elemente globalisierungskritischer Protestveranstaltungen (z.b. das so genannte ‚Katz-und-Maus-Spiel' mit der Polizei) dem Bedürfnis der Aktivisten nach Erlebnissen durchaus entgegen. Egoistische bzw. egozentrische Motivlagen können sich aber auch darin äußern, dass Menschen sich innerhalb der Globalisierungskritikerschaft engagieren, wenn sie (auf welche Art und Weise auch immer) von gesellschaftlichen oder politischen Veränderungen persönlich betroffen sind. Exemplarisch sei dies daran verdeutlicht, dass die Einführung von ‚Hartz IV' in Deutschland die Mobilisierung zahlreicher – nicht nur, aber eben auch – davon betroffener Personen mit sich gebracht hat. Ein weiteres egoistisches bzw. egozentrisches Motiv besteht darin, dass das globalisierungskritische Engagement enorme Lern- und Qualifikationsgewinne für den einzelnen Akteur mit sich bringt. So lassen sich im Rahmen globalisierungskritischen Engagements vielfältige Kompetenzen erwerben, ausbauen und stabilisieren, die nicht nur innerhalb der Globalisierungskritikerschaft, sondern auch in (anderen) alltäglichen und beruflichen Zusammenhängen nutzbringend eingesetzt werden können (siehe dazu ausführlich Hitzler und Pfadenhauer unter Mitarbeit von Bemerburg 2007).

4 Globalisierungskritische Themenvielfalt

Auch in Bezug auf inhaltliche Schwerpunktsetzungen unterscheiden sich globalisierungskritische Akteure stark voneinander. Herrschte in der Entstehungsphase der Globalisierungskritikerschaft noch weitestgehend eine inhaltliche ‚One-Issue-Fokussierung' auf die Regulierung der internationalen Finanzmärkte vor, so differenzierte sich das thematische Spektrum in der Folge schnell aus. Mittlerweile setzen sich globalisierungskritische Akteure – je nach persönlichen Neigungen und Interessen – mit nahezu jedem Thema auseinander, bei dem ein Globalisierungsbezug hergestellt werden kann. So streiten sie beispielsweise für die weltweite Anerkennung der Menschenrechte, für ökonomische Gerechtigkeit, für weltweite Demokratie, für die Verteidigung sozialer Sicherungssysteme, für die Gleichberechtigung der Geschlechter, für globalen Umweltschutz, für die Beibehaltung kultureller Vielfalt, gegen geistige Monopolrechte oder gegen die Privatisierung von öffentlichen Leistungen – um nur einige globalisierungskritische Themen zu benennen.

Die enorme Ausdifferenzierung des globalisierungskritischen Themenspektrums hat dazu geführt, dass sozial bewegte Akteure jeglicher thematischer Orientierung (z.b. Umweltschützer oder Friedensbewegte) in der Globalisierungskritikerschaft Identifikations- und Anknüpfungspunkte finden. Das heißt, Globalisierungskritik fungiert zunehmend als thematischer Kristallisationspunkt von gesellschaftskritischen Akteuren und Akteursgruppen.

Mit der globalisierungskritischen Themenvielfalt gehen die Akteure typischerweise auf zwei verschiedene Arten um: Während einige Akteure (eher) eine thematische ‚One-Issue-Orientierung' aufweisen, indem sie sich (dauerhaft) auf ein bestimmtes Thema – das ihren persönlichen Interessen entspricht und für das sie sich begeistern können – spezialisieren, sich umfangreiche Wissensbestände darüber aneignen und vorwiegend an globalisierungskritischen Protest- und Bildungsveranstaltungen teilnehmen, die sich mit diesem Thema auseinandersetzen, kann die thematische Orientierung anderer Akteure (eher) als ‚Topical-Issue-Orientierung' bezeichnet werden. Das heißt, die thematische Schwerpunktsetzung dieser Akteure richtet sich in der Regel danach, welches Thema aus dem globalisierungskritischen Themenspektrum jeweils aktuell und brisant ist.

5 Idealtypen von Globalisierungskritikern

Die bisherigen Ausführungen haben gezeigt, dass die Sinnwelt der Globalisierungskritiker, die sich in den typischen Deutungs- und Handlungsmustern der Akteure widerspiegelt, äußerst facettenreich ist und in der (allgemeinen) Figur des Globalisierungskritikers nur unzureichend widergespiegelt werden kann. Auf der Basis der skizzierten typischen Engagementformen, Weltanschauungen, Zielvorstellungen und thematischen Orientierungen lassen sich vier Idealtypen von Globalisierungskritikern deutlich voneinander unterscheiden. Diese konstituieren sich als spezifische Kombinationen der oben ausgearbeiteten Deutungs- und Handlungsmuster und heben sich als deren Verdichtungen in der kleinen sozialen Lebens-Welt der Globalisierungskritiker ab:

(1) Der *Besser-Wisser* betreibt Globalisierungskritik in der Regel auf der Basis eines breiten wissenschaftlich bzw. theoretisch fundierten, thematisch einschlägigen Wissens. Diese Wissensbestände eignet er sich an durch den Besuch von globalisierungskritischen Bildungsveranstaltungen, durch die intensive (medial vermittelte) Teilnahme an globalisierungskritischen Diskussionen und durch die Rezeptionen von Fachliteratur, thematisch einschlägigen Presseberichten und Internetseiten. Sein Wissen stellt er bereitwillig und (mehr oder weniger) häufig anderen globalisierungskritischen Aktivisten zur Verfügung, indem er beispielsweise Referate oder Vorträge bei globalisierungskritischen Bildungsveranstaltungen hält oder selber Publikationen veröffentlicht. Der Besser-Wisser ist in der Regel ‚one-issue' orientiert, wobei sich seine Einstellung typischerweise dadurch auszeichnet, dass seiner Ansicht nach erst eine fundierte (theoretische bzw. wissenschaftliche) Wissensbasis die Voraussetzungen dafür schafft, Kritik

zu üben, und dass Veränderungen nur dann evoziert werden können, wenn die Kritikpunkte durch nachvollziehbare theoretische Argumentationen einer breit(er)en Öffentlichkeit zugänglich gemacht werden. Nicht zuletzt aufgrund dieses Einstellungsmusters verfolgt der Besser-Wisser reformistische Zielvorstellungen. Seine bevorzugte Engagementform ist typischerweise ‚bildungsorientiert', wobei er in der Regel erhebliche zeitliche Ressourcen für sein Engagement aufwendet. Das für die Globalisierungskritikerschaft typische Konsummuster ist beim Typus des Informierten aufgrund seines ‚umfassenden' Wissens stark ausgeprägt.

(2) Der *Nutz-Nießer* weist hinsichtlich seiner Motive typischerweise eine egoistische bzw. egozentrische Grundhaltung auf, die sich dadurch auszeichnet, dass er sich in erster Linie gegen solche Missstände wendet, die ihn persönlich betreffen. Darüber hinaus zieht er seine Motivation daraus, dass er sich im Rahmen seines Engagements Kompetenzen aneignet, die er auch in anderen (alltäglichen) Zusammenhängen verwerten kann. Durch sein Engagement verfolgt der Nutz-Nießer dementsprechend das Ziel, Veränderungen zu evozieren, die in erster Linie zu einer Verbesserung seiner persönlichen Lebensumstände führen. Aktiv wird der Nutz-Nießer nur dann, wenn er den Eindruck hat, dass sein Engagement Erfolg versprechend ist, d.h. wenn er glaubt, dass er durch das, was er tut, tatsächlich erkennbare Veränderungen evozieren kann, oder wenn seine Aktivitäten einen persönlichen Nutzwert für ihn aufweisen. Die von ihm bevorzugte Engagementform ist in erster Linie ‚aktionsorientiert', wobei er die Events, an denen er teilnimmt, anhand des Kriteriums der zielführenden und/oder persönlichen ‚Nutzbarkeit' auswählt. Sein thematisches Interesse ist dementsprechend ‚topical-issue' orientiert. Das in der Globalisierungskritikerschaft vorherrschende Konsummuster ist beim Nutz-Nießer nur sehr gering ausgeprägt, denn auch auf diesen Aspekt wirkt sich seine ‚egoistische' Grundhaltung aus. So konsumiert er z.B. durchaus ‚politisch unkorrekte' Produkte, wenn sie seine (aktuellen) persönlichen Bedürfnisse befriedigen.

(3) Der *Experimentierfreudige* ist vor allem dadurch gekennzeichnet, dass sein Engagement einem ‚Ausprobierhandeln' gleicht. Das heißt, er engagiert sich sozusagen probeweise in verschiedenen globalisierungskritischen Gruppierungen und nimmt an allen möglichen globalisierungskritischen Veranstaltungen teil. Beim Experimentierfreudigen resultiert das globalisierungskritische Engagement zumeist aus moralisch ambitionierten Betroffenheitswahrnehmungen und Ungerechtigkeitsempfindungen, wobei er in der Regel (zunächst) nur über rudimentäre theoretisch fundierte Wissensbestände verfügt. Beim Typus des Experimentierfreudigen handelt es sich in der Regel um einen jüngeren Aktivisten, für den die kreativen und ‚spannenden' Aspekte, die sich im Rahmen von globalisierungskritischem Engagement ergeben (können), eine besondere Relevanz besit-

zen. Das hat zur Folge, dass der Experimentierfreudige im Hinblick auf seine Engagementformen zwar sozusagen ein ‚Hans Dampf in allen Gassen', dass seine präferierte Engagementform jedoch ‚aktionsorientiert' ist. Die Deutungs- und Handlungsmuster, die der Experimentierfreudige im Rahmen seines globalisierungskritischen Engagements ausgebildet hat, wirken sich bei ihm (nahezu) auf alle Lebensbereiche aus, d.h. er betreibt intensiv die so genannte ‚Politik in erster Person', was nicht zuletzt darauf zurückzuführen ist, dass für ihn das politische Engagement zumeist neu ist. Für den Experimentierfreudigen fungiert die Globalisierungskritikerschaft nicht selten sozusagen als ‚Durchlauferhitzer'. Damit ist gemeint, dass dieser Typus sich im Rahmen seines globalisierungskritischen Engagements ausgesprochen vielfältige Kenntnisse, Fähigkeiten und Fertigkeiten aneignet, die ihn später dazu befähigen, auch in anderen politischen Zusammenhängen zentrale Positionen zu besetzen.

(4) Der *Bewegungsfunktionär* leitet, koordiniert und begleitet – zum Teil im Rahmen von ehrenamtlichem Engagement, zum Teil aber auch im Rahmen einer beruflichen Anstellung – den Alltag von globalisierungskritischen Gruppierungen. Er organisiert transnationale Protestaktionen, Kampagnen, Kongresse und Tagungen und repräsentiert die jeweilige Gruppierung nach außen. Bei ihm handelt es sich in der Regel um einen bereits seit langer Zeit in einer bestimmten globalisierungskritischen Gruppierung bzw. in neunen sozialen Bewegungen aktiven Akteur, wobei er gleichermaßen intensiv sowohl an Bildungs- als auch an Protestveranstaltungen teilnimmt. Die Motive des Bewegungsfunktionärs sind sowohl gesellschaftskritisch ideell als auch – vor allem, wenn er seinen Aktivitäten im Rahmen einer beruflichen Anstellung nachgeht – individualistisch geprägt. Der Bewegungsfunktionär agiert zumeist nicht nur auf lokaler bzw. regionaler Ebene, sondern sein Engagement erstreckt sich (darüber hinaus) auf bundesweite bzw. internationale Zusammenhänge. Das hat zur Folge, dass seine Tätigkeiten zeitintensiv sind und seine Aktivitäten und Entscheidungen eine große Reichweite und Wirkmächtigkeit aufweisen, weil sie stark und nachhaltig sowohl von der Globalisierungskritikerschaft selber als auch von der Öffentlichkeit wahrgenommen werden. Daraus resultiert, dass es sich beim Typus des Bewegungsfunktionärs grundsätzlich um einen ‚existentiell' engagierten Globalisierungskritiker handelt. Der Bewegungsfunktionär kann dementsprechend als professionell handelnder Globalisierungskritiker bezeichnet werden.

6 Einheit(lichkeit) in der Vielfalt?

Globalisierungskritische Akteure agieren in einem Spannungsfeld das reformistische und revolutionäre Zielvorstellungen, gesellschaftskritisch ideelle und egoistische bzw. egozentrische Motivlagen, umfangreiche theoretische Wissensbestände und rudimentäres Wissen und das nicht zuletzt moralisch ambitionierte Kritik und professionalisierte politische Arbeit beinhaltet. Im Rahmen dieses Spannungsfeldes ergeben sich zahlreiche Widersprüche und Konflikte. Derartige Widersprüche und Konflikte haben in der Vergangenheit häufig zu Zerfalls- oder Zersplitterungsprozessen von sozialen Bewegungen geführt – insbesondere deshalb, weil Bewegungsakteure auf Konflikte häufig mit Abwendung und Neuorientierung reagieren. Zwar lassen sich derartige ‚Konfliktbewältigungsstrategien' ebenfalls innerhalb der Globalisierungskritikerschaft beobachten. Globalisierungskritische Akteure bemühen sich jedoch in der Regel um ein hohes Maß an Toleranz gegenüber anderen Meinungen, Einstellungen und weltanschaulichen Hintergründen. Die dahinter erkennbare Strategie geht von der Annahme aus, dass sich Veränderungen nur durch den Zusammenschluss von möglichst vielen Menschen und Ideen evozieren lassen. Globalisierungskritiker empfinden die Auseinandersetzungen mit anderweitig orientierten Akteuren in der Regel als fruchtbar und sind durchaus bereit, trotz unterschiedlicher bzw. widersprüchlicher Einstellungsmuster, für ein konkretes gemeinsames Ziel einzutreten. Ein derart toleranter Umgang mit anderen Meinungen, Einstellungen und ideologischen bzw. weltanschaulichen Hintergründen wirkt ihrer Meinung nach zudem Zerfallsprozessen entgegen.

In den Augen kritischer Beobachter führt insbesondere die thematische Heterogenität dazu, dass sich in der Globalisierungskritikerschaft keine kollektive Identität und somit kein tragfähiges Wir-Gefühl ausbilden kann. Daraus resultiert ihrer Meinung nach eine Zerfaserung der Globalisierungskritikerschaft, die schließlich in deren politischer Wirkungslosigkeit enden kann (Buchsteiner 2004, Rucht 2001, Steinhilber 2002). Globalisierungskritische Akteure verbinden mit der thematischen Vielfalt jedoch in erster Linie Vorteile. Zum einen wird durch die vielfältigen gesellschaftskritischen Anknüpfungspunkte die Mobilisierungsbasis der Globalisierungskritikerschaft immens verbreitert. Zum anderen sehen Globalisierungskritiker in der Vielfalt der Inhalte den Vorteil, dass sie sich nicht dauerhaft auf ein spezifisches Thema festlegen müssen, sondern dass sie je nach ihrer (derzeitigen) Interessenlage entscheiden können, mit welchem Thema sie sich auseinandersetzen wollen, ohne dafür den globalisierungskritischen Bezugsrahmen verlassen zu müssen. So beschreiben nahezu alle von uns interviewten ‚Aktivisten', dass sie den entscheidenden Vorteil ihres globalisierungskritischen Engagements darin sehen, dass man sich auf bestimmte ‚Grundprinzipien' einigt, aber darüber hinaus niemandem ‚Rechenschaft' ablegen muss und ‚frei' in seiner Themenwahl ist. Die Globalisierungskritikerschaft bietet dementsprechend ihren Akteuren einen ‚multioptionalen' (Gross 1994 und 1999) Raum, in dem sie sich ihre je individuelle ‚gesellschaftskritische Identität' zusammenbasteln können (Hitzler 1999), ohne dabei das vergemeinschaftende ‚Dach' der Globalisierungskritikerschaft verlassen zu müssen. Dieser Aspekt verweist zentral darauf, dass das gemeinsame sinn- und identitätsstiftende thematische ‚Dach' genügend Anknüpfungspunkte zur Ausbildung eines ‚Wir-Gefühls' zur Verfügung stellt.

Zusammenfassend lässt sich konstatieren, dass globalisierungskritische Akteure nicht den Anspruch erheben, Einheit(lichkeit) in der Vielfalt zu erzeugen, sondern dass nicht zum Wenigsten die für die Globalisierungskritikerschaft typischen Strategien im Umgang mit Widersprüchen und Konflikten dazu führen, dass sich diese soziale Formation – trotz der enormen Heterogenität – als handlungs- und durchsetzungsfähiger politischer Kollektiv-Akteur mit einer aus unterschiedlichen Traditionsformen herleitbaren – zwar anhaltend vagen – gleichwohl aber tragfähigen ‚Identität' erweist.

Literatur

Amman, Marc, 2004: Go. Stop. Act! Die Kunst des kreativen Straßentheaters. Geschichten, Aktionen, Ideen. Grafenau: Trotzdem

Beck, Ulrich, 1997: Was ist Globalisierung? Irrtümer des Globalismus – Antworten auf Globalisierung. Frankfurt/M.: Suhrkamp

Buchsteiner, Jochen, 2004: Weltsozialforum. Das Protestkonglomerat. FAZ, Nr. 16, 20.01.2004: 1

Eskola, Kaisa/ Kolb, Felix, 2002: Globalisierung ist kein Schicksal. S. 199-212 in: Christiane Frantz und Annette Zimmer (Hg.), Zivilgesellschaft international. Alte und Neue NGOs. Opladen: Leske + Budrich

Greven, Thomas und Grumke, Thomas (Hg.), 2006: Globalisierter Rechtsextremismus? Die extremistische Rechte in der Ära der Globalisierung. Wiesbaden: VS

Grill, Markus et al., 2006: ‚Wie bei einer Sekte! Das globalisierungskritische Netzwerk Attac steckt in einer tiefen Krise in der Krise. Stern Nr. 36: 142-147

Gross, Peter, 1994: Die Multioptionsgesellschaft. Frankfurt/M.: Suhrkamp

Gross, Peter, 1999: Ich-Jagd. Frankfurt/M.: Suhrkamp

Hepp, Andreas und Vogelgesang, Waldemar, 2004: Medienkritik der Globalisierung. Die kommunikative Vernetzung der globalisierungskritischen Bewegung am Beispiel von Attac. S. 214-244 in: Andreas Hepp, Friedrich Krotz, und Carsten Winter (Hg.), Globalisierung der Medien. Eine Einführung. Wiesbaden: VS

Hitzler, Ronald, 1999: Verführung statt Verpflichtung. Die neuen Gemeinschaften der Existenzbastler. S. 223-233 in: Claudia Honegger, Stefan Hradil und Franz Traxler (Hg.), Grenzenlose Gesellschaft? Teil 1. Opladen: Leske + Budrich

Hitzler, Ronald und Pfadenhauer, Michaela unter Mitarbeit von Bemerburg, Ivonne, 2007: Das Bildungsprogramm der Globalisierungskritiker-Szene. In: Ronald Hitzler und Michaela Pfadenhauer (Hg.), Kompetenzen durch Szenen. Die unsichtbaren Bildungsprogramme juveniler Gemeinschaften. Wiesbaden: VS-Verlag (im Erscheinen)

Holzapfel, Miriam und König, Karin, 2001: Chronik der Anti-Globalisierungsproteste. Mittelweg 36, 10: 24-34

Kraushaar, Wolfgang, 2001: Die Grenzen der Anti-Globalisierungsbewegung. Mittelweg 36, 10: 4-23

Lau, Mariam, 2001: Die verblödete Linke. Der Globalisierungsprotest stilisiert sich als Erbe spanischer Anarchisten – ohne jedes Konzept. Die Welt, 21.07.2001. URL: http://www.welt.de/data/2001/07/21/507344.html [18.09.2006]

Lee, Felix, 2006: Im stillen 6. Jahr. Die Euphorie der Gründerjahre ist vorbei. Attac ist in der Normalität angekommen. Die Tageszeitung (TAZ), 08.08.2006: 4

Leggewie, Claus, 2000: David gegen Goliath: Seattle und die Folgen. Aus Politik und Zeitgeschichte 48: 3-4

Lucke, Albrecht von, 2002: Made by Attac. Eine Marke und ihr Marketing. Forschungsjournal Neue Soziale Bewegung 15: 22–26

Rucht, Dieter, 2001: Zwischen Strukturlosigkeit und Strategiefähigkeit. Herausforderungen für die globalisierungskritischen Bewegungen. Entwicklung und Zusammenarbeit 12: 358-360

Rucht, Dieter, 2002: Von Seattle nach Genua – Event-hopping oder neue soziale Bewegung? S. 50-56 in: Bernard Cassen et al. (Hg.), Eine andere Welt ist möglich! Hamburg: VSA

Soros, George, 2000: Die Krise des globalen Kapitalismus. Offene Gesellschaft in Gefahr. Frankfurt/M.: Fischer

Soros, George, 2003: Globalisierungsreport. Weltwirtschaft auf dem Prüfstand. Reinbek bei Hamburg: Rowohlt

Steinhilber, Jochen, 2002: Attac, ein politikfähiger Akteur der Globalisierungskritik? Lendemains 27: 164-178

Stiglitz, Joseph E., 2002: Die Schatten der Globalisierung. München: Goldmann

Angaben zu den Autoren

Bemerburg, Ivonne, 1972, Dipl.-Päd., Wissenschaftliche Mitarbeiterin am Lehrstuhl für Allgemeine Soziologie der Universität Dortmund, email: i.bemerburg @web.de, homepage: www.hitzler-soziologie.de

Brand, Ulrich, 1967, Dr. habil., lehrt im Internationalen Studiengang Politikmanagement der Hochschule Bremen, email: ulibrand@hs-bremen.de, homepage: www.ispm-bremen.de

Brosziewski, Achim, 1961, Prof. Dr., Professor (Bildungsforschung und Bildungssoziologie) an der Pädagogischen Hochschule Thurgau/Kreuzlingen (Schweiz), email: achim.brosziewski@phtg.ch, homepage: www.phtg.ch

Gottschlich, Pierre, 1977, M.A., Wissenschaftlicher Mitarbeiter am Lehrstuhl für Internationale Politik und Entwicklungszusammenarbeit an der Universität Rostock, email: pierre.gottschlich@uni-rostock.de, homepage: www.wiwi.uni-rostock.de/~polreg

Heigl, Miriam, 1975, M.A., Promovendin und Lehrbeauftragte am Fachbereich Gesellschaftswissenschaften (,Globalisierung und Politik') der Universität Kassel, email: miriam_heigl@yahoo.de

Holzer, Boris, 1970, Ph.D., Wissenschaftlicher Assistent am Institut für Soziologie der Ludwig-Maximilians-Universität München, email: b.holzer@lmu.de, homepage: www.lrz-muenchen.de/~bfh

Imbusch, Peter, 1960, PD Dr., Zentrum für Konfliktforschung, Philipps-Universität Marburg, email: imbusch@staff.uni-marburg.de, homepage: www.peter-imbusch.de

Inhetveen, Katharina, Dr., Wissenschaftliche Assistentin, Soziologie, Universität Siegen, email: inhetveen@soziologie.uni-siegen.de, homepage: www.fb1.uni-siegen.de/soziologie/mitarbeiter/inhetveen

John, René, 1969, Dipl.-Soz.Wiss., Wissenschaftlicher Mitarbeiter im Kompetenzzentrum Gender und Ernährung an der Universität Hohenheim, email: renejohn@uni-hohenheim.de, homepage: www.uni-hohenheim.de/kge/sites/index.htm

Kern, Thomas, 1968, PD Dr., Wissenschaftlicher Mitarbeiter am Leibniz-Institut für Globale und Regionale Studien (GIGA) in Hamburg, email: kern@giga-hamburg.de, homepage: www.giga-hamburg.de

Knothe, Holger, 1969, Dipl.-Soz., Wissenschaftlicher Mitarbeiter im Sonderforschungsbereich 536 ‚Reflexive Modernisierung' (Teilprojekt B2) der Ludwig-Maximilians-Universität München, email: knothe@ipp-muenchen.de, homepage: www.ipp-muenchen.de

Kuchler, Barbara, 1974, Dipl.-Soz., Wissenschaftliche Mitarbeiterin im Arbeitsbereich Allgemeine Soziologie an der Universität Bielefeld, email: barbara.kuchler@uni-bielefeld.de, homepage: www.uni-bielefeld.de/soz

Luedtke, Jens, 1962, PD Dr., Oberassistent am Lehrstuhl für Soziologie II der Katholischen Universität Eichstätt, im WS 2006/07 Vertretung der Professur für Mikrosoziologie an der Universität Kassel, email: jens.luedtke@ku-eichstaett.de, homepage: www.ku-eichstaett.de/Fakultaeten/GGF/fachgebiete/Soziologie/lehrstuehle/Soziologie2.de

Niederbacher, Arne, 1970, Dr., Wissenschaftlicher Mitarbeiter am Lehrstuhl für Allgemeine Soziologie der Universität Dortmund, email: niederbacher@web.de, homepage: www.hitzler-soziologie.de

Opielka, Michael, 1956, Prof. Dr., Dipl. Päd., Professor für Sozialpolitik an der Fachhochschule Jena (Fachbereich Sozialwesen), Geschäftsführer des Instituts für Sozialökologie in Königswinter, email: michael.opielka@fh-jena.de, homepage: www.sw.fh-jena.de/people/michael.opielka

Prisching, Manfred, 1950, Prof. Mag. Dr., Professor am Institut für Soziologie der Universität Graz, email: manfred.prisching@uni-graz.at, homepage: http://domino.uni-graz.at/dekanat-extern/main.nsf

Rösel, Jakob, 1948, Prof. Dr., Lehrstuhl für Internationale Politik und Entwicklungszusammenarbeit an der Universität Rostock, email: jakob.roesel@uni-rostock.de, homepage: www.wiwi.uni-rostock.de/~polreg

Virchow, Fabian, 1960, Dr., Lehrbeauftragter an den Universitäten Marburg und Lüneburg, im WS 2006/07 Vertretung einer Professur für Friedens- und Konfliktforschung an der Philipps-Universität Marburg, email: virchow@staff.uni-marburg.de

Neu im Programm Soziologie

Hans Paul Bahrdt
Die moderne Großstadt
Soziologische Überlegungen
zum Städtebau
Hrsg. von Ulfert Herlyn
2. Aufl. 2006. 248 S. Br. EUR 34,90
ISBN 978-3-531-14985-1

Nina Baur
Verlaufsmusteranalyse
Methodologische Konsequenzen
der Zeitlichkeit sozialen Handelns
2005. 367 S. Br. EUR 39,90
ISBN 978-3-531-14727-7

Jürgen Gerhards
**Kulturelle Unterschiede
in der Europäischen Union**
Ein Vergleich zwischen Mitgliedsländern,
Beitrittskandidaten und der Türkei
2., durchges. Aufl. 2006. 316 S.
Br. EUR 27,90
ISBN 978-3-531-34321-1

Andreas Hadjar / Rolf Becker (Hrsg.)
Die Bildungsexpansion
Erwartete und unerwartete Folgen
2006. 362 S. Br. EUR 27,90
ISBN 978-3-531-14938-7

Ronald Hitzler /
Michaela Pfadenhauer (Hrsg.)
Gegenwärtige Zukünfte
Interpretative Beiträge zur sozialwissen-
schaftlichen Diagnose und Prognose
2005. 274 S. Br. EUR 19,90
ISBN 978-3-531-14582-2

Jürgen Mackert
Ohnmächtiger Staat?
Über die sozialen Mechanismen
staatlichen Handelns
2006. 240 S. Br. EUR 32,90
ISBN 978-3-531-15044-4

Gunter Schmidt / Silja Matthiesen /
Arne Dekker / Kurt Starke
Spätmoderne Beziehungswelten
Report über Partnerschaft und Sexualität
in drei Generationen
2006. 159 S. Br. EUR 21,90
ISBN 978-3-531-14285-2

Georg Vobruba
**Entkoppelung von Arbeit
und Einkommen**
Das Grundeinkommen in der
Arbeitsgesellschaft
2006. 211 S. Br. EUR 24,90
ISBN 978-3-531-14934-9

Erhältlich im Buchhandel oder beim Verlag.
Änderungen vorbehalten. Stand: Januar 2007.   **www.vs-verlag.de**

VS VERLAG FÜR SOZIALWISSENSCHAFTEN

Abraham-Lincoln-Straße 46
65189 Wiesbaden
Tel. 0611.7878 - 722
Fax 0611.7878 - 400

Lehrbücher

Heinz Abels
Einführung in die Soziologie
Band 1: Der Blick auf die Gesellschaft
3. Aufl. 2007. 402 S. Br. EUR 24,90
ISBN 978-3-531-43610-4

Band 2: Die Individuen in ihrer Gesellschaft
3. Aufl. 2007. 434 S. Br. EUR 24,90
ISBN 978-3-531-43611-1

Andrea Belliger / David J. Krieger (Hrsg.)
Ritualtheorien
Ein einführendes Handbuch
3. Aufl. 2006. 483 S. Br. EUR 34,90
ISBN 978-3-531-43238-0

Nicole Burzan
Soziale Ungleichheit
Eine Einführung in die zentralen Theorien
2. Aufl. 2005. 210 S. Br. EUR 17,90
ISBN 978-3-531-34145-3

Paul B. Hill / Johannes Kopp
Familiensoziologie
Grundlagen und theoretische Perspektiven
4., überarb. Aufl. 2006. 372 S.
Br. EUR 28,90
ISBN 978-3-531-53734-4

Wieland Jäger / Uwe Schimank (Hrsg.)
Organisationsgesellschaft
Facetten und Perspektiven
2005. 591 S. Br. EUR 26,90
ISBN 978-3-531-14336-1

Hermann Korte
Einführung in die Geschichte der Soziologie
8., überarb. Aufl. 2006. 235 S.
Br. EUR 16,90
ISBN 978-3-531-14774-1

Stefan Moebius / Dirk Quadflieg (Hrsg.)
Kultur. Theorien der Gegenwart
2006. 590 S. Br. EUR 26,90
ISBN 978-3-531-14519-8

Bernhard Schäfers / Johannes Kopp (Hrsg.)
Grundbegriffe der Soziologie
9., grundl. überarb. und akt. Aufl. 2006.
373 S. Br. EUR 16,90
ISBN 978-3-531-14686-7

Erhältlich im Buchhandel oder beim Verlag.
Änderungen vorbehalten. Stand: Januar 2007.

www.vs-verlag.de

VS VERLAG FÜR SOZIALWISSENSCHAFTEN

Abraham-Lincoln-Straße 46
65189 Wiesbaden
Tel. 0611.7878-722
Fax 0611.7878-400

MIX
Papier aus verantwortungsvollen Quellen
Paper from responsible sources
FSC® C105338

If you have any concerns about our products,
you can contact us on
ProductSafety@springernature.com

In case Publisher is established outside the EU,
the EU authorized representative is:
Springer Nature Customer Service Center GmbH
Europaplatz 3, 69115 Heidelberg, Germany

Printed by Libri Plureos GmbH
in Hamburg, Germany